강제동원피해자
유족 증언집

빼앗긴 어버이를 그리며

민족문제연구소

빼앗긴 어버이를 그리며

강제동원피해자 유족 증언집

2017년 6월 14일 인쇄
2017년 6월 20일 발행
2017년 12월 29일 2쇄 발행

기획 민족문제연구소·태평양전쟁피해자보상추진협의회
지은이 김민철 김승은 김영환 김진영 강동민 노기카오리
펴낸곳 민연
펴낸이 방학진
편집 손기순
등록번호 제8-860호
주소 서울시 동대문구 왕산로 283(청량리동 금은빌딩)
홈페이지 www.historybank.net
전화 02-969-0226
팩스 02-965-8879
인쇄 디자인 내일

정가 20,000원

ISBN 978-89-93741-16-2

감사의 글

앞서 떠난 이들을 기리며

드디어 유족 증언집이 세상에 나오게 되었습니다. 증언집의 주인공으로 함께 해 주신 23명의 유족 분들 감사합니다. 그동안 바쁜 시간에도 이 책이 나오기까지 애써주신 모든 관계자 분들에게도 정말 고마운 마음을 전합니다.

제가 유족들의 이야기를 책으로 출간해야겠다고 생각한 것은 오래 전 일입니다. 잃어버린 아버지의 흔적을 찾기 위해 유족들과 함께 자료조사를 본격적으로 시작하던 2000년부터였습니다. 저도 1989년부터 아버지 기록을 찾기 위해 활동을 시작했고, 다행스럽게도 몇 가지 기록에 담긴 아버지 죽음의 진실을 알게 되었습니다. 아버지 없는 상실감을 외할머니의 사랑으로 위로받으면서 자랐지만 부모님의 빈자리는 컸습니다. 말 못할 울음을 삼키며 견뎌온 세월이 어느덧 팔십 고개를 바라볼 만큼 흘렀습니다. 우리 강제동원 희생자 유족들의 마음을 누구보다 잘 알고 있는 저로서는 일본에 아버지, 형제를 빼앗기고 눈물겨운 고생을 겪은 사연들을 접할 때마다 늘 가슴이 미어지는 것 같았습니다.

어린 나이에도 '대가 끊길까봐 죽지 못했다'고 말하던 유족. 죽고 싶을 때마다 참고 이겨낸 것은 '내가 아버지 대신 우리 집 대를 이어야 한다. 그러지 못하면 아버지께 죄인이 된다'는 생각 때문이었다는 유족. 아버지 생사를 처음 확인해 준 문서 쪼가리 한 장을 들고 오열하던 유족. 자료조사를 아무리 해도 기록을 찾지 못해 실망하고, 증거 기록이 없으니 피해보상 청구소송에도 참여하지 못해 아쉬워하던 유족. 그들이 할 수 있는 것이라고는 세상에 흔적 하나 남기지 않고 행방불명된 아버지를 원망하는 일뿐이었습니다.

너무나 살기 힘들어 자살을 생각했지만 죽는 것도 마음대로 안 되더라고 헛웃음 지으며 털어놓는 구구절절한 사연 속에는 더 아픈 이야기들도 있었습니다. 아버지를 잃은 슬픔보다 더한 고통을 준 게 친척들이라는 것이었습니다. 유족들은 대부분 아버지 얼굴도 모를 정도로 어린 나이에 아버지를 잃었기 때문에 친척들의 도움을 받아야만 하는 처지에 있었습니다. 그러나 친척들은 오히려 학대와 차별로 대했고, 버림받은 유족들은 가난과 외로움 속에서 자랄 수밖에 없었습니다. 심지어 아버지가 물려받아야 할 재산마저 친척들이 알게 모르게 빼앗아 가기도 했습니다. 어떤 유족은 재판을 통해 아버지 재산을 되찾기도 했지만 대부분은 가족들이 돌려줄 생각조차 하지 않거나, 그마저도 탕진해 찾을 수 없는 경우도 있었습니다. 많은 세월이 흘러서 이제는 야속하고 원망스런 속마음을 털어 놓을 법도 한데 가족이기 때문에 여전히 감싸 돌기도 합니다. 헐벗고 굶주림에 배우지도 못하고 힘겹게 살아왔지만 '살아계신 친척들도 있고, 우리 가족 사이 문제이기 때문에 다 말 못해'라고 끝내 입을 다무는 거죠. 그래서 한 맺힌 이야기를 다 담아내려면 몇 권의 책으로도 모자랄 것입니다. 그 가운데 몇 자락이라도 이 증언집에서 풀어냈다면 제가 이 증언집을 엮기 위해 노력한 보람이 있을 텐데요.

제가 유족 이야기를 책으로 남겨야겠다고 처음 마음먹었을 때만 해도 죽음의 문턱에서 살아오신 생존자 분들이 많이 계셨습니다. 생존자 어르신들은 아버지 얼굴도 모르는 유족들에게 생사를 넘나들던 강제동원 현장의 이야기를 생생하게 들려주었습니다. 어르신들은 오랜 세월 가슴에 묻고 살아 온 억울하고 한 맺힌 사연을 들어주는 제가 있어 좋았고 저는 그 이야기를 들으며 아버지와 나눠보지 못한 슬픔을 공감하며 위로 받았습니다. 어르신들은 '나도 그때 전쟁터에서 살아오지 못했다면 우리 가족들이, 우리 자식들이 내 흔적을 찾느라 이렇게 헤매고 있었겠지' 하면서 자식마냥 저를 격려하고 용기를 주었습니다. 무엇 하나라도 도와주고 싶어 했던 어르신들이 새삼 사무치게 그립습니다. 생존자 어르신들이 살아 계셨다면 유족들이 아버지의 흔적을 찾기도 쉽고, 아버지가 돌아가신 이유와 상황도 좀 더 실감나게 이 증언집에 담을 수 있었을 텐데 하는 짙은 아쉬움이 있습니다. 긴 세월이 지나는 동안 도와주겠다던 어르신들도 우리 곁을 떠났고, 유족들도 증언집을 준비하는 동안 얼굴도 모르는 아버지를 만나러 떠나버렸습니다.

이러다가 아무 것도 남기지 못하겠다는 절박한 심정으로 2013년부터 본격적으로 유족증언집 작업을 시작했습니다. 유족들 스스로가 할 수 있는 것도 아니라서 한 해, 두 해 지나다 보니 그 사이에 함께 준비하던 유족 몇 분이 또 아버지 곁으로 가버렸습니다. 세상을 먼저 등진 유족 가운데는 아프고 안타까운 가족사지만 다 털어놓겠다는 다짐이 대단했던 분들도 있었는데 그 결실을 미처 보지 못하고 말았습니다.

그러나 유족증언집을 발간하려는 결심의 끈을 놓지 않고 있었기 때문에 조금씩 진행해 나갔고, 드디어 많은 분들의 도움으로 23명 유족 이야기가 책으로 묶여 나오게 되었습니다. 저는 이 책을 완성하면서 지난날을 되돌아보는 기회가 많았습니다. 해결해야 할 일들은 아직도 산더미 같지만 피해자 스스로 할 수 있는 일은 별로 없습니다. 그럴 때마다 저는 배우지 못한 것이 한없이 후회스러웠습니다. 그 때문에 늘 분노가 가슴 속에 가득했고, 그 분노로 이제까지 버텨왔는지도 모르겠습니다.

유족들의 진술을 들으면서 무엇이 어디서부터 잘못되었는지 어떻게 풀어나가야 할지 가슴 먹먹해진 적이 많았습니다. 우리들의 아버지는 식민지 시대에 태어난 죄밖에 없는 그저 평범한 아들이자 남편이었고,

아버지였습니다. 아버지를 잃은 것은 유족들 탓이 아닌데도 우리들은 아버지가 없다는 이유만으로 많은 것을 포기하고 또 빼앗겨야 했습니다. 고아처럼 굶주리고 죽음을 곁에 두고 사는 힘겨운 삶이었습니다. 정당한 권리를 주장할 인권마저 빼앗긴 채 바보처럼 살았습니다. 1965년 한일협정으로 우리는 과연 무슨 보상을 받은 것인지, 오히려 우리가 당당히 주장해야 할 권리마저 빼앗긴 것이 아닌지 되묻게 됩니다. 청구권자금으로 경제는 발전했다지만 이렇게 힘들게 혼자 힘으로 버텨온 유족들은 국가로부터 외면당하고 방치되어 왔습니다. 나라는 해방되었을지 모르지만 우리 유족들은 아직도 식민지배가 남긴 상처에 고통받고 있습니다. 유족들에게 식민지기의 역사는 과거형이 아니라 현재형입니다.

이 책 속에 담긴 이야기들은 일본에 아버지를 빼앗겼고, 친척들에게 버림받았고, 국가도 외면한 사람들의 슬픈 자화상입니다. 자식에게도 털어놓지 못했던 부끄러운 삶의 고백입니다. 팔십을 바라보는 나이에 이르러서야 마음으로 용서하고 다시 한번 가족들을 끌어안은 화해의 편지입니다. 식민지 백성으로 태어나 아버지를 잃고 그 슬픔을 가슴에 묻고 그리움과 고통 속에 살아온 자식들이 남기는 마지막 증언입니다. 그리고 일본이 우리 유족에게 대를 이어 남긴 슬픈 유산이자 일본을 향한 유족들의 영원한 고발입니다.

일본은 대대손손 사죄와 용서를 구해야 할 것입니다. 1965년 한일협정으로 모든 보상은 끝났다고 되풀이할 것이 아니라 진심어린 반성과 책임을 다해야 합니다. 그리고 한국 정부도 우리 유족이 다 죽기 전에 빼앗긴 권리를 되찾는 노력을 해야 할 것입니다. 식민지 백성으로 겪은 어린 시절 슬픔과 고통을 아름다운 노후로 보상받을 수 있도록 우리 새 정부가 힘써 주었으면 좋겠습니다. 국가로부터 품격 있는 위로도 받고, 행복한 노후로 보상받을 수 있다면 우리는 진정 해방된 민족의 기쁨을 느낄 수 있을 것 같습니다. 빼앗긴 것을 모두 되찾을 수는 없지만 긴 세월 한 맺힌 슬픔을 조금이라도 치유하고 아버지를 만나러 가기를 간절히 바라봅니다.

이 책을 엮으며 한 사람 한 사람의 이야기에 아쉬움이 남지 않도록 노력을 했지만 차마 담지 못한 것, 아직도 마음에만 묻어둔 사연도 있습니다. 책이 나오고 보니 아쉬움이 남거나 이번에 함께 하지 못한 유족들은 용기를 내어 개인의 자서전을 준비하시는 것도 좋겠다는 생각을 했습니다.

마지막으로 증언집을 준비하는 동안 세상을 떠나신 생존자 어르신들과 유족들의 명복을 빕니다. 할 일은 많았지만 도와줄 일손도 없고 경제적으로도 힘들고 어려운 시기에 피해자들의 권리회복을 위해 애써 준 김은식 전 사무국장과 보추협의 공동대표를 맡아 지금까지 헌신적인 노력을 아끼지 않으시는 장완익 변호사님. 이 두 분이 책을 만들면서 가장 많이 떠올랐습니다. 20년 가까이 우리가 쌓아 온 세월이 헛되지 않았다는 감사의 말을 전하고 싶습니다. '빼앗긴 어버이를 그리며' 증언집이 세상에 나올 수 있도록 마지막 손길까지 애써 준 민족문제연구소의 모든 식구들에게 유족들과 함께 진심으로 고맙다는 말을 전합니다.

2017.6.20.

청량리 사무실의 마지막 추억을 기록하며

태평양전쟁피해자보상추진협의회

이 희 자

책을 내면서

너무 쉽게 생각했다. 강제동원 피해자의 유족들이 살아 온 이야기를 정리해서 책으로 내고 싶다는 이희자 대표님의 말씀을 듣고 시작할 때만 해도 일이 이렇게까지 오래 걸릴 줄은 몰랐다. 그동안 소송을 준비하면서 유족들의 진술서를 받아놓은 것도 있고, 여러 차례 구술 작업을 한 일도 있고 해서 큰 힘 들이지 않고 후딱 써내려갈 줄 알았다.

그런데 이걸 어쩌나. 두 가지 장벽에 부딪혔다. 인터뷰를 하면서 느꼈던 수많은 감정들을 글로 바꾸는 일은 예상 외로 어렵고 고통스러웠다. 가뜩이나 아내에게서 '가슴보다는 머리가 발달한 사람'이라고 자주 핀잔을 받고 있던 터에 나의 감성으로 유족들의 그 신산한 삶을 제대로 전달하기가 애초부터 불가능한 일이었던 것 같았다. 게다가 쪼개진 시간들을 효율적으로 관리하지 못하는 걸 바쁘다는 핑계로 버텨오던 나쁜 습성이 상황을 더 악화시켰다.

책에 들어갈 유족들을 인터뷰 한 뒤 1년이 쏜살같이 흘렀다. 사태가 호전될 기미가 보이지 않자 이 책의 기획자이자 편집장이신 희자쌤(연구소에선 애칭삼아 그렇게 부른다)의 독촉과 압력이 눈에 띄게 늘어났다. 압박의 압권은 출판기념회의 날짜를 먼저 잡아두신 것이다. '아니, 애도 아직 안 뱄는데 돌잔치 날짜부터 먼저 잡은 격'이라고 유족들은 웃어넘기셨지만, 그 압박은 꽤나 효과가 있었다. 희자쌤의 고도의 전술임을 어찌 모르겠냐마는 다른 일을 핑계로 마냥 버틸 수만도 없는 일이었다. 그래서 고민 끝에 쪼개기 전법을 썼다. 혼자서는 불가능하다고 판단해서 집필 대상자들을 연구원들이 나눠서 쓴 다음, 초고를 모은 뒤 전체를 다시 글의 투나 형식, 내용면에서 고르게 수정하는 방식으로 바꾼 것이다.

멈췄던 일이 다시 시작되었다. 그러나 이 역시 일정대로 진행되지는 않았다. 책을 준비하는 과정에서 예정에도 없던 『군함도-끝나지 않은 전쟁』이 먼저 나와 희자쌤을 보기 민망한 상황도 일어났다. 쪼개기를 하기 전보다는 상황이 많이 나아졌으나 학교 강의와 외부 약속들 때문에 자리를 비운 일이 많아지는 만큼 희자쌤의 애가 그만큼 타신 것 같다. 사태가 심상치 않다고 판단한 희자쌤이 마침내 특단의 대책을 세우셨다. 이름 하여 일상적인 감시체계를 가동하기 시작한 것이다. 아침에 출근하시면 먼저 3층의 연구실부터 들러 내가 나왔는지 확인하신 뒤 5층 보추협 사무실로 올라가셨다. 그리고 시간 단위로 3층과 5층을 오가며 진행상황을 점검하셨다. 이 책은 희자쌤의 그런 정성 속에서 완성될 수 있었다.

강제동원 피해자와 유족들과의 인연은 2000년으로 거슬러 올라간다. 당시 민족문제연구소가 친일인명사전을 발간하기 위한 모금과 함께 친일 문제 이외에 일제침략사와 한일간의 과거청산 문제 등을 주요 사업으로 추진하기 위해 통일시대민족문화재단을 만들었다. 이때 강제동원 피해문제를 주요사업으로 결정하고 관련 단체들을 조사하던 중 태평양전쟁피해자보상추진협의회를 알게 되었다. 더 정확하게 말하자면 보추협의 사무국장 김은식을 알게 된 것이다. 김은식 사무국장을 통해 보추협이 다른 피해자단체와 달리 진상규명과 소송 등을 통한 권리 회복 운동 그리고 한일간의 시민연대에 힘을 쏟고 있는 모습을 보며 큰 감동을 받았다. 피해자 단체 사이의 소란스러움은 익히 들어 알고 있던 터라 가능하면 거리를 두고 있었지만, 보추협만은 그런 소란스러움에서 벗어나 왕성한 활동을 하고 있었다.

일찍부터 피해자 단체와 연구 단체를 모아 느슨하지만 연대조직을 결성하면 서로에게 도움이 될 것이라고 생각하던 터에 마침 일본에서 역사교과서를 왜곡하는 일이 일어났다. 그래서 곧장 피해자 단체로는 보추협과 정신대문제대책협의회, 연구 단체로는 민족문제연구소와 역사문제연구소가 의기투합하여 '일본 역사교과서 바로잡기 운동본부'를 만들어 일본의 역사 왜곡 반대와 우익 교과서 채택 저지 운동을 함께 했다. 그리고 강제동원진상규명특별법 제정을 위해 '강제동원진상규명시민연대'를 만들어 연대사업을 벌여나갔다. 이 연대사업의 한 중심에 김은식이라는 재주가 뛰어난 후배가 있었다. 그리고 그것이 가능하도록 배경을 만들어 준 분이 이희자 대표라는 것도 알게 되었다.

그런 만남이 계기가 되어 연구소와 보추협은 오랜 세월을 함께 해 온 것이다. 희자쌤은 연구소 덕분에 보추협이 마음 놓고 특별법도 만들고 진상규명도 하게 되었다고 누차 말씀 하신다. 하지만 역으로 연구소는 보추협 덕분에 일본의 고민하는 시민들과 만날 수 있게 되었고 지금까지 동지로서 관계를 가질 수 있게 되었다. 그리고 많은 피해자 분들과 유족들을 만날 수도 있게 되었다. 연구소가 연구와 실천이라는 두 가지 과제를 안고 씨름할 수 있었던 배경 중의 하나는 역사의 피해자들과 함께 해왔다는 경험이 자리하고 있다. 문서더미가 아니라 살아 숨 쉬는 이야기와 소문자 역사들과 함께 호흡했기 때문에 건조한 이론가나 문서더미의 해석자를 넘어설 수 있었다고 생각한다. 이 소중한 경험은 다른 어떤 연구 단체도 가질 수 없는 귀한 자산이다. 그러니 연구소가 오히려 보추협에게 고맙다고 해야 할 것이다.

책을 준비하면서 가장 어려웠던 문제는 유족들의 마음을 책에 고스란히 담아낼 수 있을까 하는 것이었다. 고백하건데 이 책은 유족들의 마음을 십분의 일도 제대로 그려내지 못했다고 생각한다. 유족들의 삶과 마음 속으로 들어가기엔 우리들로서는 역부족이었다. 인생에 대한 짧은 이해와 경험들이 유족들의 아픔을 온전하게 그려내지 못했다. 그리고 여전히 말하지 못한, 아니 말할 수 없는 사연들이 있다. 그리고 유족과 기록자들 사이에 메울 수 없는 실존적 간극들도 존재한다. 그런 것들이 유족들을 주저하게 만들었음을 솔직하게 고백한다.

고아, 식모살이, 구두닦이, 막노동꾼, 여자라는 이유만으로 받아들여야 하는 차별적인 삶들을 아무리 자세하게 듣고 공감했다고 해서 어떻게 온전하게 전달할 수 있겠는가. 애초부터 불가능한 도전이었는지 모른다. 물론 비교적 어려움을 겪지 않고 자란 유족들도 있지만, 자기만의 고유한 아픔과 사연들을 안고 있다. 모두 각자의 색깔을 갖고 있듯이 자기만의 소문자 역사를 갖고 있다. 그것이 위대하지도 화려하지도 않겠지만 그 무게는 결코 가볍지 않다.

자기만의 삶의 무게를 갖고 살아온 인생을 온전하게 담아내지는 못했지만 누군가는 기억해야 할 이야기들이기에 기록자들은 만용을 부렸다. 누군가를 대변할 능력도 없고 그럴 처지도 아니지만, 소중하지만 귀기울이지 않았던 유족들의 이야기를 후속 세대에 전할 수 있는 기회를 가졌다는 그 자체만으로도 큰 기쁨이었다. 기록자로서의 역할을 잘했다고 자부하진 못하나 최선을 다하는 마음으로 상재하고자 했다. 부족했다면 그건 모두 저를 비롯한 기록자들의 몫일 것이다. 때로는 부모처럼 때로는 큰형님과 누님처럼 때로는 동무처럼 지낸 유족들에게 이 책이 자그마한 위로와 힘이 되었으면 좋겠다.

2017. 6.

유족과 기록자들의 마음을 모아

김 민 철

차 례

강제동원과
4·3사건의 이중 피해자

강종호

배와 함께 끌려간 아버지

내 아버지 강태휴는 1923년 6월 25일 전라남도 남제주군 중문면 하예리(현재 서귀포시 하요동)243번지에서 4남 2녀의 장남으로 태어났다. 할아버지는 농사를 지었으나 형편이 어려워 아버지는 어부로 생계를 도왔다. 아버지가 19세 되던 해인 1940년, 큰집의 양자로 입양되었으나 생활은 여전히 곤궁하였다. 그해, 중문에서 멀리 떨어진 제주시에 살던 두 살 연상인 김태언과 결혼했다. 당시 어부로 집에서 생활하는 것보다는 타향 바다에서 보내는 시간이 더 많았다.

나는 1941년 5월 30일 어머니의 고향에서 태어났다. 내가 태어난 것을 아버지는 보지 못했다. 아버지는 집에 들르지도 못하고 기약도 없이 부산에서 어부로 일하던 중 강제동원되었다. 큰 배는 아니었지만 수송물자를 옮길 정도가 되는 목선과 함께 징집된 것이라 한다. 그렇게 나는 아버지의 얼굴 한 번 보지 못한 채 이별하고 말았다. 아버지 소식은 훗날 같은 마을의 어른을 통해 들은 것이 전부였다.

당시 동네 부자집 아들이 일본에 유학 가서 생활하던 중 우연히 나가사키에서 아버지를 만났다. 우동집에서 우동을 먹으면서 아버지는 '철선鐵船이 폭격으로 모두 파괴되었기 때문에 물자를 싣고 남양군도로 간다. 아무래도 돌아오지 못할 것 같다'는 말을 남기고 헤어졌다. 아버지의 생사에 관한 이야기는 이것이 전부였다.

아버지를 한 번도 보지 못한 나는 아버지가 태어난 6월 5일에 제사를 모시고 있다. 어디서 돌아가셨는지는 모르나 아마 바다에서 죽어 물고기 밥이 되었을 거라는 생각 때문에 지금까지 나는 제사상에 생선을 올려놓지 못하고 있다.

아버지가 끌려간 뒤로 전혀 소식이 없자 어머니의 근심은 커져갔다. 고민 끝에 동네 어른들에게 어떻게 하면 좋을지 의논하자, 어른들은 정한수를 떠놓고 아침저녁으로 빌어보라고 조언했다. 그날 이후로 어머니는 지극 정성을 다해 정한수를 떠놓고 아버지가 무사하게 돌아오기를 기도했다. 그러자 사달이 나고 말았다. 우연히 기도하는 모습을 보게 된 할아버지와 할머니는 '네가 사대독자 죽이려고 하느냐. 멀쩡하게 살아있는 사람, 죽은 사람 취급하느냐'고 심하게 어머니를 야단쳤다. 어머니는 어머니대로 '죽었는지 살았는지도 모르고, 살아있으면 배라도 곯지 마시라'고 정성을 드리는 거라고 말했다. 그러나 할아버지와 할머니는 그런 행위 자체가 못마땅했다. 어머니와 갈등은 지속되었고, 두 분의 분노는 조언을 해 준 동네 사람들에게도 미쳐 집안끼리 싸움이 나버렸다.

내가 네 살 되던 해, 할아버지와 할머니는 어머니를 친정으로 돌려보냈다. 고부간의 갈등이 컸기 때문이라고도 하고, 아버지가 돌아올 가망이 전혀 없다고 판단한 삼촌들이 어머니가 하루라도 빨리 새 삶을 살도록 하기 위해 친정으로 보냈다는 이야기도 있다. 어느 쪽이든 어린 내겐 청천벽력과도 같은 일이었다.

어머니는 나를 데려가겠다고 했지만, 집안으로서야 사대독자를 절대 보낼 수 없었다. 어머니와 생이별하던 날을 나는 지금도 잊지 못한다. 어머니를 따라가겠다고 울고불고 난리를 폈지만 어린 나로서는 아무 것도 할 수 없었다. 몇날 며칠을 울어 목이 부어 말도 하지 못할 정도였다.

어머니가 야속하고, 말리는 삼촌들도 야속했다. 힘들고 어렵더라도 같이 살아야지, 왜 헤어져야 하는지 이해할 수 없었다. 어른이 된 뒤에는 그럴 수밖에 없었겠지 이해하면서도 여전히 야속한 마음은 없어지지 않는다. 그만큼 그날의 상처는 컸다.

연리에 불어 닥친 4·3

내가 8살 되던 해인 1948년, 4·3사건이 터졌다. 분단이 기정사실로 되고 38선 이남에 대한민국 정부가 수립되는 과정에서 일어난 이 비극적인 사건은 내 삶을 뒤흔들어 놓았다. 3·1절 기념행사 때 경찰 발포 사건이 계기가 되어 시작된 제주도 주민들의 격렬한 시위와 미군정과 경찰, 우익청년단의 무자비한 탄압으로 4·3 무장 봉기로 이어졌고, 결국에는 단독정부 수립 반대 항쟁으로 발전하게 되었다. 토벌대와 무장대 간의 전투가 소강상태에 있다가 대한민국 정부가 수립되고 난 뒤인 10월부터 대대적인 토벌작전이 시작되었다. 1948년 10월부터 1949년 3월까지 약 5개월 동안 집중적으로 참혹한 학살이 일어났다. 4·3사건 전 기간 동안 3만 명의 넘는 사람들이 죽은 것이다.

내 고향 연리에서도 참극은 벌어졌다. 몇 월이었는지는 정확한 기억이 없다. 어느날 밤 총소리가 요란하게 들렸다. 산사람들이 마을로 내려왔다가 싸움이 벌어졌다. 다음 날 아침 경찰들이 민가를 뒤지기 시작했다. 우리 집에 도착한 경찰들은 '아들 어디 갔어'라고 다그쳤다. 할아버지는 아버지가 징용 가서 돌아오지 못했다고 말했지만 그들은 믿지 않았다. 그 시절, 청장년이 없는 집은 모두 산으로 도망간 빨갱이 집이라 낙인찍히던 때였다. 경찰관과 젊은 청년들이 할아버지와 할머니를 끌어갔다. 두 분을 뒤쫓아 가자 할머니는 못 따라 오게 말렸다. 할머니는 끌려가면서 '하늘님, 하늘님' 낮은 목소리로 중얼거렸다.

경찰관과 청년들이 마을 주민들을 데리고 간 지 몇 시간이나 흘렀을까. 갑자기 마을이 소란스러웠다. 대성통곡하는 소리가 들렸다. 마을 어른 이야기로는 끌려간 28명의 주민 모두 총살당했다고 한다. 곧이어 경찰과 청년들이 총살한 주민들의 집을 돌아다니며 불을 붙였다. 그런데 우리 집만 불을 붙이지 않았다. 어머니가 시집 올 때 지은 집으로 세 채인데, 할아버지, 할머니와 나, 그리고 삼촌들이 모두 모여 살고 있던 집이었다. 뒤에 안 이야기지만 열다섯 살 난 셋째 삼촌 강태숙도 그때 행방불명되었다.

며칠 후 토벌대가 몰려 와 집안 살림들을 모두 마당에 모아놓고 불을 질러 태웠다. 그런 다음, 집 주변을 돌아가면서 큰 돌담을 성처럼 쌓아 토벌대의 주둔소로 사용했다. 집 옆으로 군산이라는 높은 산이 있어 토벌대는 군산을 향해 총을 쏘곤 했다. 산에 빨갱이들이 숨어있다고 했다. 어린 나는 돌아가는 사정을 제대로 이해하지 못했다. 믿을 순 없었지만 토벌대들은 빨갱이들이 할아버지와 할머니를 죽였다고 말했다. 동네 친척들은 모두 침묵을 지켰다. 어찌된 탓인지 가까이 접근조차 하지 않았다. 졸지에 천애고아가 된 나는 굶어 죽지 않고 살아나는 일만 생각해야 했다. 이제는 내 집이 아닌 '거기'서 토벌대의 잡일을 거들고 밥을 빌어먹었다.

그러던 어느 날, 토벌대가 '빨갱이 두 명을 잡았다'고 마을 주민들을 모두 불러 모았다. 청년들에겐 죽창을 만들어 오게 하고 꼬마들에겐 몽둥이를 가지고 나오라고 했다. 나도 몽둥이를 들고 나갔다. 나가보니 군산에서 잡혀 온 청년 둘이 포승줄을 뒤로 묶인 채 마당에 꿇어 앉아 있었다.

"애들부터 나와. 이놈들을 패라. 빨갱이들이 학교를 불태우고 가족들을 죽였으니, 죽도록 때려라. 내가 총을 쏘면 때리기 시작해."

말을 타고 온 서귀포 경찰서장이 총을 쏘자 아이들은 몽둥이질을 시작했다. 빨갱이가 할아버지, 할머니를 죽였다고 생각한 나도 가세했다. 어떻게 때렸는지 기억이 나질 않았다. 정신없이 때리다 다시 총소리가 났다. 아이들이 뒤로 물러나자, 청년들이 나왔다. 또 다시 총소리가 나자 두 사람을 둘러싸고 있던 청년들은 죽창을 들고 그들을 찌르기 시작했다. 피가 뿜어 나왔다. 땅바닥이 금세 빨건 피로 물들었다. 내게 4·3은 그렇게 피 빛으로 남아 있다.

이듬해 한국전쟁이 터졌다. 모슬포에 제1 군사훈련소가, 연리에 제2 군사훈련소가 들어섰다. 군산에 각종 훈련시설을 만들어 신병들을 훈련시켰다. 오갈 데 없는 나는 훈련소의 하우스보이로 추천받았다. 제주도 말로 고구마를 감자라 한다. 나는 군인들에게 감자를 팔고, 구두를 닦거나 잔술을 팔아 받은 돈으로 목숨을 이어나갔다. 당시는 먹을 것들이 부족했다. 부잣집에도 먹을 게 없을 만큼 힘든 시절이었다. 보리밥만 해도 최고의 먹거리였다. 보리채라 하여 보리 알맹이를 벗기고 남은 껍질을 쪄서 밥 삼아 먹었다. 그것도 없어서 못먹었다. 산에서 먹을 만한 풀들은 죄다 남아있지 않았다. 심지어 개풀이라 하여 이상한 풀이 있었는데, 그런 풀까지 뜯어먹으며 살았다.

절망의 끝에서

자랑 같지만 나는 비교적 기억력이 뛰어난 편이다. 공부를 할 여력이 없었기에 다른 과목들은 잘하진 못했지만, 산수는 유독 잘했다. 그래서 키가 작고 제대로 먹지 못해 힘도 약했지만, 운동회 때 달리기 시합에서는 일등을 하기도 했다. 달리기를 하다 중간에 산수 문제를 풀고 뛰는 시합을 할 경우에는 꼭 일등을 했다. 그런 문제를 낸 선생님이 얼마나 고마왔던지.

계속 공부를 하고 싶었다. 초등학교는 어찌어찌해서 끝낼 수 있었지만, 중학교는 엄두도 낼 수 없었다. 그러나 갈망이 너무 컸다. 며칠을 생각하다 어머니를 찾아야겠다고 마음먹었다. 어머니를 찾으면 학교를 갈 수 있을 것이다. 갑자기 희망이 생겼다. 학교 다닐 때도 동네에 옷이라도 깨끗하게 입은 여자가 홀로 오면 '아, 저 분이 우리 엄만가' 그렇게 기다렸던 어머닌데, 만나면 반드시 학교를 가게 해 주실 거라 믿었다.

그길로 연리에서 버스를 타고 하루가 걸려 제주시에 도착했다. 버스비가 없어 운전수 몰래 버스 뒤에 매달려갔다. 요즘 버스와 달리 당시 버스는 뒤에 짐을 싣기 위한 별도의 공간이 있어, 학생들이 운전수가 보지 않는 틈을 타 버스 뒤에 매달려가는 장난을 자주 하던 시절이었다. 제주시에 도착한 뒤 물어물어 어머니가 재가한 집을 찾아갔다. 재가한 어머니는 아들과 단 둘이 살고 있었다. 남편이 전쟁 때 군인으로 참전하여 전사한 것이다. 어린 눈에도 살림살이가 어려워보였다. 일주일 있다가 마음속에 품었던 이야기를 꺼냈다.

"어머니, 저 지금 돌아갈게요."

"왜, 벌써 가려고."

"부탁이 하나 있습니다. 중학교에 가고 싶은데 입학금만 좀 주십시오."

"얘, 내가 돈이 어디 있니."

'그러냐' 하고 돈을 주실 것으로 잔뜩 기대했었는데, 그것도 육년 만에 찾아온 아들의 부탁인데, 어머니는 그걸 거부하신 것이다. 용서할 수 없었다. 이해할 수도 없었다. 철이 든 다음에는 돈을 주지 못하는 어머니 마음을 이해할 수 있었지만, 당시로서는 도저히 이해가 되지 않았다. 그런 만큼 배신감마저 느꼈다.

"그렇습니까" 한 마디 던지고 그 발로 집을 나왔다. 몇 시가 됐는지 알 수 없었지만 집을 나와서 신작로까지 한참을 걸었다. 큰 길로 나와서 기다리다 처음 오는 아무 버스나 잡아탔다. 동으로 가든 서로 가든 먼저 오는 버스를 탄다는 생각뿐이었다. 마침 탄 것이 중문 쪽으로 가는 버스였다. 한밤중에 모슬포에서 내려 밤을 지샌 뒤 종일 걸어서 고향 마을로 돌아갔다.

마을로 돌아가 가만히 생각하니 참으로 한심스럽고 어떻게 살아가야 되나 막막한 심정이었다. 그런데 친구들은 중학교를 간다 하니 부러웠다. 교복이 그렇게 예쁘게 보일 수가 없었다. 교복을 입고서 책가방을 들고 학교 가는 모습을 보니 미칠 것 같았다. 굶는 것보다 더 가슴 아팠다. 그래서 무작정 입학을 했다. 일종의 사기 입학이었다. 입학을 하니 선생님이 돈을 언제 가져올 거냐고 물었다. "곧 가져오겠습니다"고 말하면서 다른 희망을 생각했다. 고모를 찾아갔다. 고모는 처녀로 공장엘 다니고 있었다. 예전에 고모가 공장에 다니면 공부시켜 주겠다는 말을 한 적이 있었다. 그러나 고모도 돈이 없었다.

보름 정도 지났을까, 등교를 하는데 정문 게시판에 퇴학생 명단이 실렸다. 학비를 내지 못해 학교에서 퇴학처분을 내린 몇 명의 학생 중에 '강종호'의 이름도 들어있었다. 명단을 보자 나는 다리에 힘이 풀렸다. 아무런 생각도 나질 않았다. 단지 한시라도 빨리 그 자리를 벗어나고만 싶었다. 돌아오는 도중에 천지연폭포로 갔다. 죽을 작정으로 폭포 꼭대기에 올랐다. '아버지 얼굴도 못 보고, 엄마에게 배신당하고, 친척한테 버림받은 신세, 살아서 뭐 하나'는 생각이었다. 폭포에서 떨어지려는데, 폭포 밑에 있던 어떤 사람이 큰 소리로 욕을 했다.

"야, 이놈아. 위험한 장난 하지 말고 빨리 내려가."

그 소리를 듣자 갑자기 몸이 후들후들 떨리고 무서워지기 시작했다. 오도 가도 못하고 떨어지지도 못하고, 엉거주춤하다가 어찌어찌 해서 내려왔다.

훈련소로 돌아간 뒤 예전과 마찬가지 생활을 하던 어느 날, 중문에서 어떤 사람이 와서 서귀포에 있는 식당을 소개해 주었다. '밥을 먹여준다니 얼마나 좋나. 인제 내 살 길이 여기다' 생각하고서 그길로 서귀포로 갔다. 식당의 종업원 중 나보다 나이가 많은 여자 한 명이 있었는데, 나를 많이 아꼈다. 그 누나가 집안 이야기를 듣고서 제주시에 있는 해양소년단에 들어가라고 권유했다. 해양소년단에 들어가면, 일정한 나이까지 먹여주고 공부시켜 준다고 한 것이다. 더 이상 좋은 기회가 없다고 생각한 나는 차비만 구해 곧장 제주시로 갔다.

제주시에 도착한 뒤 해양소년단에 들어가려고 인근 경인식당에서 소개해 준 누나를 기다렸다. 식당에서 밥을 먹고 한참 기다렸으나 누나는 오질 않았다. 초조감이 불안감으로 바뀐 것도 한참이었다. 몇 시간을 기다려도 누나가 오질 않자, 식당 주인이 내게 물었다.

"얘야, 어떻게 왔길래 네가 온다는 사람은 안 오냐. 그리고 밥값은 어떻게 할거냐."

나는 어찌 해야 좋을지 몰랐다. 할 수 없어 전후 사정을 주인에게 이야기했다. 주인이 보기에 아이의 사정이 참으로 딱해 보였던 것 같다. 주인은 내게 저녁까지 주고 갈 데가 없으면 식당에서 자라고 했다. 그날 밤 주인은 내가 겪어온 짧지만 힘든 삶의 이야기를 들었다.

"너 해양소년단 가지 마라, 거기 가면 사람 버린다. 그러지 말고 내가 너 공부 좀 시켜 줄 테니까 우리 집에서 심부름하면서 지내는 게 어떠냐."

칠흙같은 어둠속에서 갑자기 한 줄기 빛이 보였다. 내게 새로운 삶이 열리는 순간이었다. 그리고 제2의 어머니가 생기는 순간이기도 했다.

배움의 갈증을 풀다

식당에서 보낸 지 3년. 바쁘게 시간을 보내면서도 나는 공부를 하고 싶다는 생각을 떨칠 수 없었다. 어느 날, 새어머니가 나를 불렀다.

"너, 학교를 들어갈래."

"아이, 제가 어떻게 학교를 들어갑니까."

"그러지 말고, 낮에는 집에서 일하지 말고 그냥 외상값 받는 거 하고 야간학교라도 들어가거라."

마침 옆집 친구가 야간학교를 다니고 있어, 그 친구에게 물어보니 학교를 다닐 수 있다는 것이다. 친구 말에 용기를 얻은 나는 마침내 꿈에 그리던 야간 중학교(제주중학교)에 입학했다. 입학할 때는 제발 졸업할 때까지만이라도 식당에서 열심히 일해서 다닐 수 있었으면 하는 바람이었다. 그런데 당시는 주판만 잘 놔도 장학생이 되어 학비를 면제받을 수 있었고, 제주상업고등학교 역시 마찬가지였다. 만족스러운 성적은 아니지만 장학금을 받고 다닐 수 있을 정도는 충분했기 때문에 고등학교에 진학하고 싶은 욕심도 생겼다.

내가 꽤 공부를 하자 '너 서울 가서 공부해라'고 권유한 선생님들도 있었다. 그때 나는 생모가 서울로 이사가 공장에 다닌다는 소식을 들었다. 비록 학비는 주시지 않았지만, 그래도 서울 가면 생모를 만날 수 있지 않을까 하는 바람도 있어 서울로 가겠다는 마음을 먹고 열심히 공부했다. 그런데 제주중학교와 제주상업고등학교는 같은 재단이어서 중학교를 졸업할 때, 제주상고에서 3년간 학비를 면제해 줄테니 상고로 와라고 적극 권유하였다. 서울로 가고 싶은 마음과 3년간 학비를 면제해 주겠다는 유혹 사이에서 갈등하다가 나는 상고로 진학하기로 결정했다. 만일 그때 서울로 갔더라면 내 인생은 어떻게 달라졌을까.

3년 장학생으로 야간 상고에 진학했다. 새어머니는 학비 걱정은 하지 말고 주간 학교에 가라고 했으나 굳이 야간을 가기로 고집부린 것은 집에 경제적인 부담을 주지 않으려고 했기 때문이다. 새어머니는 나를 매우 신뢰했다. 그런 만큼 나 또한 새어머니에게 경제적인 부담을 주지 않겠다는 생각이 컸던 것이다. 나는 학교 생활을 잘 꾸려나갔다. 나이도 있는 데다 활달하고 부지런한 탓에 학생회 간부를 맡게 되었고, 또 학생회장까지 지내게 되었다.

새어머니는 나를 친자식처럼 여겼다. 새어머니 슬하에 아들 하나와 딸 둘 삼형제가 있었지만, 아들이 다소 불량했다. 나보다 한 살 위였지만 새어머니는 집안의 대소사나 재산 등 모든 것을 다 내게 맡겼다. 그래서 동네 사람들도 나를 '경인식당 아들'로 불렀고, 중고등학교 동창들이나 대학 동기들 모두 새어머니를 진짜 어머니로 알고 있을 정도였다. 새어머니가 나를 전적으로 믿고 이후 재산까지 맡기게 된 것은 내가 중학교 때 경인식당을 찾아온 생모와 싸운 이유를 알고 난 뒤부터였던 것 같다.

생모가 나를 찾아온 것은 서울서 남자를 만나 살림을 차리고 결혼을 하려 하는데 호적이 필요했던 것이다. 호적상에는 여전히 아버지의 아내로 되어 있어 분리를 해야 했다. 그러나 나는 단호히 거부했다. 너무 기가 막히고 어이가 없었다. 자식 얼굴이 그리워 찾아 온 것도 아니고, 다른 사람과 결혼하기 위해 호적을 떼 가기 위해 왔다는 이야기를 듣고 나는 또 한 번 배신감을 느낀 것이다.

"어떻게 어머니가 저를 두고 호적을 떼갈 수 있습니까. 절대 안 됩니다. 시집 가는 건 좋지만, 호적만은 안 됩니다."

완강하게 내가 버티는 바람에 결국 어머니는 빈손으로 돌아갈 수밖에 없었다. 나중에 안 이야기이지만 식당에서 다투는 이야기를 새어머니가 다 들은 뒤 따로 생모와 만나 여러 가지 이야기를 나눴다고 한다. 두 분의 만남에서 어떤 이야기가 오갔는지는 알 수 없지만, 이후 새어머니는 내게 집안일들을 맡기기 시작한 것이다.

6·3항쟁과 데모 주도

고등학교를 졸업한 뒤 나는 제주대학교에 들어갔다. 서울로 갈까 하는 생각도 했으나 서울이 밉고, 육지가 미웠다. 정부도 미웠다. 게다가 제주대학교도 국립대학인데, 공부 잘 하고 돈 있는 친구들은 전부 서울로, 육지로 유학 가는 것도 못내 못마땅했다. 제주대학교에 들어가는 것을 무슨 전쟁터에 끌려가는 것만큼 비참하게 생각하는 친구들이나 제주사회의 분위기에 괜스레 오기도 났다.

“아니야, 나는 당당하게 들어가겠어.”

이렇게 결심한 뒤 친구들을 데리고 제주대학교를 선전하고 다녔다. ‘서울대학 부럽지 않다, 제주대학 가자’고 동료들을 설득했다. 그런 영향 때문인지 동기들은 제주대학에 많이 들어갔다.

학교에 들어가 보니 ‘4·3사건진상규명동지회’라는 조직을 결성하여 활동하다가 5·16군사쿠데타로 감옥에 갔다 온 선배들이 다시 복학하여 학교를 다니고 있었다. 내 자신도 어렴풋하지만 4·3사건의 피해자라는 의식을 가지고 있었기 때문에 선배들에게 4·3에 대해 알고 싶었다. 그러나 선배들 모두 쉬쉬 하고 입을 다물었다. 오랜 세월동안 제주도에서 ‘4·3’은 금기어였다. 4·3에 대한 의문을 풀기에는 아직 더 시간이 필요했던 것이다.

신입생으로 맞은 첫 봄, 대학가는 한일회담 반대 데모의 열기로 가득 찼다. 1964년 3월 6일 민정당, 민주당, 자민당 등 야당과 사회, 종교, 문화단체 대표 등 200명이 주축이 되어 ‘대일굴욕외교반대 범국민 투쟁위원회’가 결성되었다. 9일에는 서울 종로예식장에서 각계 정치인, 재야인사 등이 모여 구국선언을 채택하고 반대투쟁에 전력을 기울였다. 5월 30일 서울대학교 문리대생들이 교정에서 자유쟁취궐기대회를 열어 한일회담 성토와 박정희 정권 성토식을 한 다음 단식농성에 들어갔다. 이를 계기로 한일회담 반대 투쟁은 전국으로 확산되었으며, 제주대학도 예외는 아니었다.

한일회담 반대 열기가 고조되는 당시 고려대학교에서 한일회담을 반대하는 전국 대학생 시국토론대회를 개최했다. 이 소식을 듣고 나는 대회에 참여하기로 마음먹었다. 도서관에 가서 4학년 법대 선배를 만나 대회에 참여하고 싶다고 말하자, 자세한 설명 끝에 선배는 내게 "내가 발표하고 넌 질의를 해라. 할 수 있겠냐?"라고 권유했다. 그 자리에서 승낙한 나는 토론대회를 준비하기 위해 한 달 전에 서울로 올라갔다. 마음만 앞섰지 한일회담에 대해 아는 게 별로 없었다. 제주도에서 제일 똑똑하다고 소문난 조문부 선배를 스승 삼아 자문을 받은 뒤 자료도 찾고 준비도 할 겸 해서 상경했다.

당시 어머니는 북한 출신의 사람과 함께 노량진에서 살고 있었다. 찢어지게 가난한 살림살이였다. 몇년만에 만난 어머니는 하염없이 눈물만 흘렸다. 토론대회 준비 때문에 한 달만 여기서 먹고 잤으면 한다고 말했으나 어머니는 시원한 대답을 하지 못했다. 함께 사는 남편이 그러라고 허락해 이층방을 얻어 생활하게 되었다. 나는 청계천엘 가서 한일회담 기사가 실린 『사상계』를 몽땅 사가지고 왔다. 잡지에서 한일회담 관련 내용만 가위로 오려 편집한 뒤 한일회담을 반대하는 근거를 중심으로 질의서를 만들어 달달달 외웠다.

토론대회는 한 학교당 발표자 한 명, 질의자 한 명이 나와 발표하고 질의하는 형태로 진행되었다. 함께 간 박선엽 선배가 훌륭하게 발표해 제주대가 최우수상을 받았다. 선배는 발표 최우상, 나는 질의 우수상을 받은 것이다. 이게 제주 지방신문에 대문짝만하게 났으니 금의환향한 셈이었다.

토론대회를 마치고 학교로 돌아온 어느 날, 학교가 있던 용두암 근처에 일장기를 단 일본 배가 정박하고 있었다. 한일회담 반대토론을 준비하기 위해 열심히 공부했던 탓도 있었지만, 그 배를 보고 있노라니 기분도 나쁘고 화도 났다. 그래서 '저놈을 어떻게 할까' 고민하고 있던 차에 당시 제주대학교에 모터 보트가 있는 것을 알았다. 모터 보트를 관리하던 편집국장 김백수 선배에게 보트를 빌려달라고 했다.

"선배님 그 보트 좀 빌려주세요. 보트에 돌멩이를 싣고 가서 일본배에 돌을 던질 터니 선배님은 사진을 찍어주십시오. 한일회담이 아직 성사도 되지 않았는데, 저놈들이 우리 앞에 와서 마치 용용 죽겠지 하고 있는데 항의표시를 해야 하는 것 아닙니까? 약소민족의 청년이 한 맺힌 항의의 표시로 총으로 일본인을 죽이진 못하지만, 징용당한 자식으로서 용서할 수 없으니까 돌멩이를 던져야겠소. 그럼 저기서 포를 쏘거나 나를 잡아갈 거 아닙니까. 그걸 사진으로 찍어 주세요."

"야, 이 미친놈아. 너나 해라."

나는 정말 심각하게 목숨을 걸고 이야기를 했는데, 선배는 나를 미친놈 취급하고 그냥 가버렸다. 일학년이 사학년에게 함부로 할 수도 없고 해서 도서관으로 갔다. 도서관에 들어가니 마침 토론대회에 함께 참가했던 박선엽 선배를 만났다. 도서관 잔디밭에서 선배에게 좀 전의 계획을 다시 이야기했다. 선배는 그러지 말고 한일회담을 반대하는 데모를 하자라고 제안했다. 서울서는 데모를 많이 하고 있지만, 제주에서는 아직 없으니 우리가 시작하자고 한 것이다. 선배는 글을 잘 썼다. 성명서는 선배가 쓰기로 하고, 나는 돈을 마련하는 역할을 했다. 그때 내가 고등학교 졸업할 때 어머니가 선물로 주신 금반지와 돈도 좀 있어, 그걸로 데모 준비를 했다. 또 내가 고등학교 학생회장 출신이었기 때문에 고등학생 동원을 책임졌다. 고등학교 위원장들이 모두 내 후배였기 때문에 그들이 모이라고 하면 다 모였다.

그런데 다음날 아침 학교를 갔는데 일년 선배가 내게 놀랄만한 이야기를 했다.

"야, 우리 학교에서 데모한다고 하는데."

"그래요, 나는 모르는 일인데 그런 얘기가 있어요?"

"응, 어제 밤에 이북 방송에서 나왔데."

황당했다. 어제 낮에 데모 하자고 이야기 나누고 준비했는데, 저녁에 이북 방송에서 준비 소식이 나왔다고 하니 놀랄 수밖에 없었다. 그러나 '저 형이 어림짐작으로 이야기 했겠지' 하고 헤어졌다.

생각보다 많은 학생들이 데모에 참가했다. 데모도 재미있게 했다. 일장기를 단 큰 배를 만들어 화형식도 하고, 대학 강당에 모여 토론회도 열었다. 토론 중에 선생님들을 모셔 강연회를 개최하자는 의견도 나왔다. 그래서 제주대 법과 출신의 조문부 교수와 고등학교 동창 선배 중 존경을 받던 이명호 교수가 추천되어 섭외에 들어갔다. 강연회 제목은 '바다는 말이 없다'였다.

데모가 있기 하루 전날, 경찰서에서 두 교수를 붙들어갔다. 두 명이 경찰국장실에 가니 고등학교 교장들도 전부 다 불려와 있었다. 교수와 교장들이 강력하게 항의하자 결국 타협책이 나왔다. 교수들의 경우 강연회는 하되, 학생들이 밖으로 데모하러 나가는 것은 막아달라는 것이었다. 그러나 막는다고 그만 둘 일이 아니었다. 강연이 끝나자마자 학생들은 길거리로 쏟아져 나와 목표로 삼은 관덕정까지 밀고 들어갔다.

나는 행진하는 시위대 가운데서 데모를 지휘했다. 관덕정에 도착한 시위대는 화형식을 하는 등 대규모 집회를 열었다. 무사히 집회가 끝난 뒤 나는 피신하기로 생각했다. 집에 가면 잡힐 우려가 있어 산으로 올라갔다. 산에서 숨어 있자니 매우 답답했다. 지금처럼 휴대폰도 없을 때니 어떻게 돌아가고 있는지 궁금했다. 게다가 어둠이 몰려오기 시작하자 생각지도 않던 공포가 밀려왔다. 답답함과 두려움, 그리고 불안감으로 한참을 고민하다 마침내 산을 내려가기로 했다.

"내가 큰 죄를 지은 것도 아닌데, 제놈들이 어쩌겠어."

산을 내려오는 도중에 공중전화가 하나 있었다. 박민희 경찰국장 집으로 전화했다.

"누구세요?"

"제주대학교 교숩니다."

"왜 그러십니까?"

"제주대학 학생들이 몇 명이 잡혀갔습니다. 이십칠명이라고 하는데, 왜 걔들 안 풀어줍니까?

"아, 그 강종호라는 놈 잡아오면 모두 보내드릴테니, 그놈 잡아오세요."

"그럼, 내가 강종호 잡아올 테니 다른 학생들 풀어주신다는 약속 지킬 수 있지요?"

"그럼요. 약속합니다."

전화 통화를 한 뒤, 나는 용기를 내 경찰국장 집으로 갔다. 한 밤 중에 뒷길로 해서 경찰국장 집에 도착해서 보니 세 사람이 앉아 바둑을 두고 있었다. 시인 고은, 당시 국회의원 후보로 나왔던 문성섭, 그리고 박만희 경찰국장 세 명이었다. 내가 강종호라 밝히자 경찰국장은 깜짝 놀랐다. 그때 잠바를 입고 있어 나를 교수인 줄 알았다고 했다. 함께 있던 사람들과 두어 시간 정도 이야기를 나눴다. 경찰국장은 '제주도에 너 같은 학생이 있었느냐'면서 치켜세우기도 했다. 경찰서에서는 3일 있다가 풀려났다. 경찰관들이 몽둥이로 위협하기도 했으나 학생들을 심하게 다루지는 않았다.

다음 해인 1966년, 나는 제주대학교 학생회장에 출마해 당선되었다. 학생회 활동 때문이었는지 모르겠으나 나중에 안전기획부에서 취직하지 않겠냐고 제안이 들어왔다. 나는 안기부와 같은 정보부는 나쁜 놈들만 가는 것으로 알고 있어 취직할 생각을 전혀 하지 않아 거부했다. 학생회장을 할 당시, 정부가 대학교 학생회장들을 모아 베트남 시찰을 보내주는 행사를 했다. 대학생들이 한국군의 베트남 파병을 반대하고 있었기 때문에 그걸 무마하기 위해서였다. 나도 시찰단 일행으로 참가하기 위해 서울로 왔다. 그런데 갑자기 나는 가지 못한다는 통고를 받았다. 신원조회에 걸려 못 간다는 것이었다. 아버지가 행방불명이기 때문에 보낼 수 없다는 이유였다.

재학 중 제주대학교에서 처음으로 학사장교(ROTC) 모집이 있어 나는 1기로 들어가 군기훈련부장 등을 지냈다. 그러나 장교로 임용되지 못했다. 학생운동 경력 탓이었을까, 아니면 아버지가 행방불명이었기 때문이었을까. 일제가 벌인 침략전쟁에 희생된 아버지의 죽음이 내 유년과 청년 시절의 삶을 그토록 괴롭힐 줄은 전혀 생각하지 못했다.

여의도 생활과 한국인간교육원 운영

1968년 제주대학교를 졸업했으나 취직자리를 구하지 못했다. 마땅히 할 일을 못찾고 있던 차에 학생회 활동 경력도 있고 해서 양정규 국회의원의 비서로 들어가 일하게 되었다. 10월 유신 때인 8대를 제외하고 1979년까지 7대(1968~1971)와 9대(1973~1979) 국회에서 비서관, 보좌관으로 활동했다. 1980년 전두환이 12·12쿠데타를 일으켜 정권을 장악한 뒤 정치활동규제법을 공포하여 정치인들을 탄압했다. 전국적으로 650명의 정치활동을 막아버렸는데, 나도 그 대상이 되었다. 제주도에서 9명이 묶였다. 대학 나와서 국회에서 근무한 것이 전부인 나를 규제 대상으로 삼은 것은 속된 말로 전두환 정권에 '찍힌 것'이었다.

결혼사진

가족사진

다행히 1983년 양의원의 소개로 건강보험공단 과장으로 들어가 일했다. 비상계획과장으로 연수를 맡았던 나는 평소 유달영 박사를 존경하고 있었기 때문에 초청 특강을 부탁드린 일이 있었다. 그것이 계기가 되어 1984년 나는 건강보험공단을 그만 두고 유달영 박사와 함께 사단법인 한국인간교육원을 설립해서 일하게 되었다. 한국인간교육원은 감수성 훈련, 정신 훈련, 산업 카운슬러, 기업 직원 상담, 이직, 고충 상담 등을 교육하는 민간단체였다. 사무국장으로 시작해서 이사장까지 맡아 18년간 교육 활동에 전념했다. 유료 상담교육을 26회 운영했으며, 경찰대학 등에서도 교육했다. 교육 중에서 지금도 기억에 남는 것은 현대중공업 노동자 22,000명을 상대로 한 교육이었다. 인원이 많았기 때문에 부곡과 백암에서 두 팀으로 나누어 교육했다. 교육의 결과 대표적인 강성 노동조합이었던 현대중공업 노조에 변화가 일었다. 꽃동네 체험 등의 교육 효과 때문인지는 분명하지 않으나 교육 후에 노사 분규가 없어져 회사로부터 감사 인사를 받은 적이 있다. 교육원이 한 때는 바빴으나 시간이 지날수록 자체 교육 프로그램이나 유사 업체들도 많이 생겨나 강사비를 주기도 힘들 정도로 어려워졌다.

1987년 6월민주화항쟁으로 한국사회에 민주화의 물결이 휩쓸기 시작했다. 1988년 제13대 국회의원 선거가 있었다. 민주화로 정치활동 규제에서 풀린 상태였으나, 국회의원에 대한 욕심도 많지 않았고 돈도 없었기 때문에 출마할 생각을 크게 갖고 있진 않았다. 다만 전두환에 대한 복수심도 있고 제대로 된 정치를 해서 4·3 문제는 해결하고 싶다는 생각은 갖고 있었다. 그러던 어느 날 평민당 김대중 총재가 나를 불러 "조직도 지원하고, 돈도 지원하겠다는데 왜 안하느냐?"고 말했다. 이 면담에 힘입어 나는 출마하기로 결심했다. 첫 유세 때 나는 굉장히 강하게 발언했다.

"4·3사건을 제가 해결하겠다. 그리고 전두환이는 박종철처럼 물고문시키겠다. 이순자는 부천서에서 성고문사건처럼 만인이 보는 앞에서 고문하겠다."

날 잡아가라 하는 심정으로 유세하고 다녔다. 그리고 '나는 4·3의 고아요, 징용자의 고아다'라고 외쳤다. 선거에서는 졌다. 그러나 하고 싶은 이야기는 다했다. 내가 평민당 후보로 출마해서 떨어지고 난 뒤 유달영 박사가 위로하는 자리를 열었다.

"왜 평민당으로 갔느냐, 나가려면 무소속으로 가야 되지, 이제 정치하지 마라."

유달영 박사의 충고대로 이후 정치에는 발을 담그지 않고, 한국인간교육원 일에만 전념했다. 그러나 갈수록 교육원 운영이 어려워 끝내 문을 닫을 수밖에 없었다. 2003년, 제주도민회장에게서 연락이 왔다. 사무국장 자리가 비었으니 내가 와서 일 해줬으면 좋겠다는 것이었다. 나로서도 다행이었다. 사무국장을 맡아 제주도를 위한 일을 많이 했다.

제주4·3희생자 추념식(2016.4.3)

1998년 김대중 정부가 출범했다. 여기에 힘입어 제주4·3사건의 진상을 밝히고 희생자들의 명예를 회복하기 위한 움직임이 활발하게 전개되었다. 나는 뜻을 같이 하는 4·3사건 유족들과 함께 4·3재경유족회를 만들어 공동대표로 활동하면서 특별법 제정 운동을 벌였다. 특별법 제정을 위해 단식투쟁도 하고 국회에서 농성도 한 결과 2000년 마침내 '제주4·3사건 진상규명 및 희생자 명예회복에 관한 특별법'이

제정되었다. 2003년 국무총리 산한 제주4·3진상규명위원회가 4·3사건 55년만에 국가기구 차원의 〈진상보고서〉를 발간했다. 나는 보고서 작성에 기획위원으로 참여해서 보고서를 발간하는 일에 미력하나마 힘을 보탤 수 있게 되어 매우 기뻤다.

그해 10월 노무현 대통령이 제주 4·3사건과 관련해 사건 발생 후 처음으로 국가 차원의 잘못을 인정하고 공식 사죄했다. 그러자 보수 우익단체들은 노무현 대통령의 사과를 위헌이라 주장하면 헌법재판소에 '위헌심판소송'을 제기했다. 이 소송은 기각됐지만, 사태가 끝난 것은 아니었다. 보수적인 정권이 들어서자 노골적으로 4·3사건을 비난하고 심지어 희생자를 다시 폭도로 만드는 일까지 벌어지고 있다. 4·3은 여전히 현재진행형이다.

이런 기적이?

여기서 한 가지 고백해야 할 게 있다. 부끄러운 이야기이지만 4·3사건은 일찍부터 관심을 갖고 있었으나, 강제동원 문제는 거의 몰랐다. 국회에서 보좌관으로 활동하고 있던 시절인데도 당시 박정희 정권이 일부나마 강제동원 피해자들에게 보상금을 지급한 사실도 몰랐다. 야스쿠니신사에도 갔지만 막연히 아버지가 야스쿠니신사에 묻혔을 것이라고만 생각할 정도였다. 4·3사건의 뿌리를 캐보니 거기에 강제동원의 슬픈 역사가 있었음은 2000년에 와서야 깨달았다.

'제주4·3사건 진상규명 및 희생자 명예회복에 관한 특별법' 제정을 추진하기 위해 국회를 내 집 드나들 듯 할 때 거기서 강제동원피해진상규명특별법 제정 운동을 하고 있던 태평양전쟁피해자보상추진협의회(보추협) 이희자 대표와 유족들, 그리고 김은식 사무국장을 만났다. 그 만남이 계기가 되어 강제동원 문제에 관심을 갖게 되고, 4·3사건 때 할아버지·할머니가 돌아가신 것도 그 문제에서 비롯되었음을 깨달았다. 이희자 대표의 소개로 일본에서 강제동원 피해 진상규명 운동을 하고 있던 후쿠도메 노리아키福留範昭 씨를 만났다. 당시 나는 위암 수술을 끝내고 휴양 중인 상태라 몸도 마음도 많이 약해져 있었다.

서울 시내 식당에서 만나 아버지에 대한 이야기를 했다.

"강종호 씨, 부친이 일본에서 사망한 것으로 믿고 있습니까. 일본 정부가 작성한 명부에는 이름을 찾을 수 없는데."

"할아버지께서 전사통보를 받았다고 어머니로부터 들었습니다. 나는 확신합니다. 일본의 기록문화가 철저하고, 일본의 양심세력의 진정성을 믿기 때문에 분명 기록을 찾을 수 있을 거라 생각합니다."

"최선을 다해보겠습니다. 일본 사람의 진정성을 보여드리겠습니다."

확신 있게 말은 했지만 사실 큰 기대를 가진 것은 아니었다. 그러나 자기 일도 아닌 남의 일에 혼신을 다하는 후쿠도메 씨의 진지한 태도를 보고 나는 희망을 갖게 되었다.

2000년 10월 31일 나는 보추협의 도움을 받아 일본 후생노동성 원호국 업무과에 아버지의 사망 확인 사실을 알려줄 것을 요청했다. 그러나 얼마 후 후생노동성으로부터 자료가 없다는 짧은 답변만 받았다. 첫 관문에서부터 막혀버렸다. 한 걸음 더 나아갈 수 있는 방법이 없었다. 게다가 4·3사건의 진상조사와 기념사업 문제 때문에 여력이 많지 않았다. 강제동원진상규명위원회로부터 아버지가 강제동원 피

제6회 망향의 동산 합동추모제에서 가족과 함께(2016.5.8)

해자라는 결정을 확인받은 것이 2008년 6월 11일이었다. 다른 피해자보다 3년 정도 늦게 받은 것인데, 이것도 모두 보추협에서 도움을 줬기 때문에 할 수 있었다. 보추협의 이희자 대표가 내가 대학도 나오고 '제주4·3사건 진상규명 및 희생자 명예회복에 관한 특별법'을 제정하는 일에도 관계한 것을 알고, 나처럼 아버지의 피해기록이 없는 유족들을 대표해서 기록 찾는 일에 앞장서 달라는 요청을 받고서도 4·3사건에 바빠 제대로 활동하지 못했다. 시간을 쪼개 중요한 모임에는 참석하지만 주도적으로 일을 하지 못해 항상 미안한 마음뿐이다.

2006년에 후쿠도메 씨가 사무국장으로 있는 강제동원진상규명네트워크의 초청으로 제1차 유족증언대회에 참가했다. 그리고 2009년 12월 28일, 위원회가 피해자들의 위패를 천안 망향의 동산에 봉안할 때 아버지의 위패도 함께 모셨다. 2010년 10월 7일부터 10일까지 일본 도쿄·오사카·교토에서 열린 제2차 유족증언대회에 다른 유족들과 함

고베 증언회(2006.8.1)

께 증언자로 참가했다. 이 증언대회도 후쿠도메 씨가 주도해서 기획했던 일인데, 4월 한국 방문 중 몸에 이상이 생겨 결국에는 세상을 떠났다. 50대의 한참 일할 나이에 뜻을 이루지 못한 채 갑자기 하늘나라로 돌아간 것이다. 오랜 시간을 함께 나눈 것은 아니지만 친한 벗을 잃은 것과 같이 마음이 아팠다. 이 자리를 빌어 그의 명복을 빈다.

고베 증언회, 오른쪽 후쿠도메 노리아키 (2006.8.1)

후쿠도메 씨가 뜻하지 않게 세상을 떠났지만, 강제동원 피해자들과 함께 한 그의 뜻은 다른 일본인들에 그대로 이어졌다. 제2차 유족증언대회 때 나는 새로운 벗 우에다 케이시上田慶司 씨와 후루카와 마사키古川雅基 씨를 만났다. 3년 뒤인 2014년 봄, 그 벗들로부터 아버지의 기록을 찾았다는 뜻밖의 희소식이 날아왔다. 그 기록을 찾기까지의 사연은 최낙훈 씨 편에 잘 정리되어 있어 여기서는 아버지의 기록

도쿄 증언회 관계자들(2010.10.10, 왼쪽부터 고바야시 히사토모, 강종호, 스미즈 스미코, 우츠미 아이코)

도쿄 증언회(2010.10.10)

만 소개하겠다. 벗들이 천신만고 끝에 찾아낸 아버지의 연금 기록에 따르면 아버지는 시모노세키下關, 니시타이요西大洋어업통제주식회사 소속의 제26호쿠신마루第26北新丸 기관장으로 근무했다. 급여는 수당을 포함해서 66엔. 이 배에서 약 20명이 조금 넘는 선원이 일했다. 아버지가 강제동원된 지 70여 년만에 영원히 묻혔을 기록이 세상 밖으로 나와 내게로 온 것이다. 헌신적인 벗들의 노력 덕분에 죽었던 문서가 살아나 역사가 된 것이다. 그것이 비록 거대한 인물의 이야기는 아니지만 내게는 둘도 없는 귀중한 아버지의 유산이었다.

이 소식을 듣고 그해 5월, 나는 최낙훈 씨와 함께 일본으로 건너 가

시모노세키항에서 일본 지원회 관계자들과 함께(2014.5.18)

시모노세키항에서 아버지를 부르다(2014.5.18)

아버지가 끌려왔던 시모노세키 바다에서 제를 올렸다. 처음 보는 바다이지만 아버지가 남양군도로 떠났을 때의 그 바다였다.

"아버지~!"

바다를 향해 외쳤다. 눈물이 주르륵 흘러내렸다. 그 눈물이 흘러 흘러 언젠가 아버지가 건넜을 이 바다와 만나게 되면 혹여라도 아버지에게 이 말을 전해주지 않을까. "아버지, 보고 싶습니다."

• 김민철

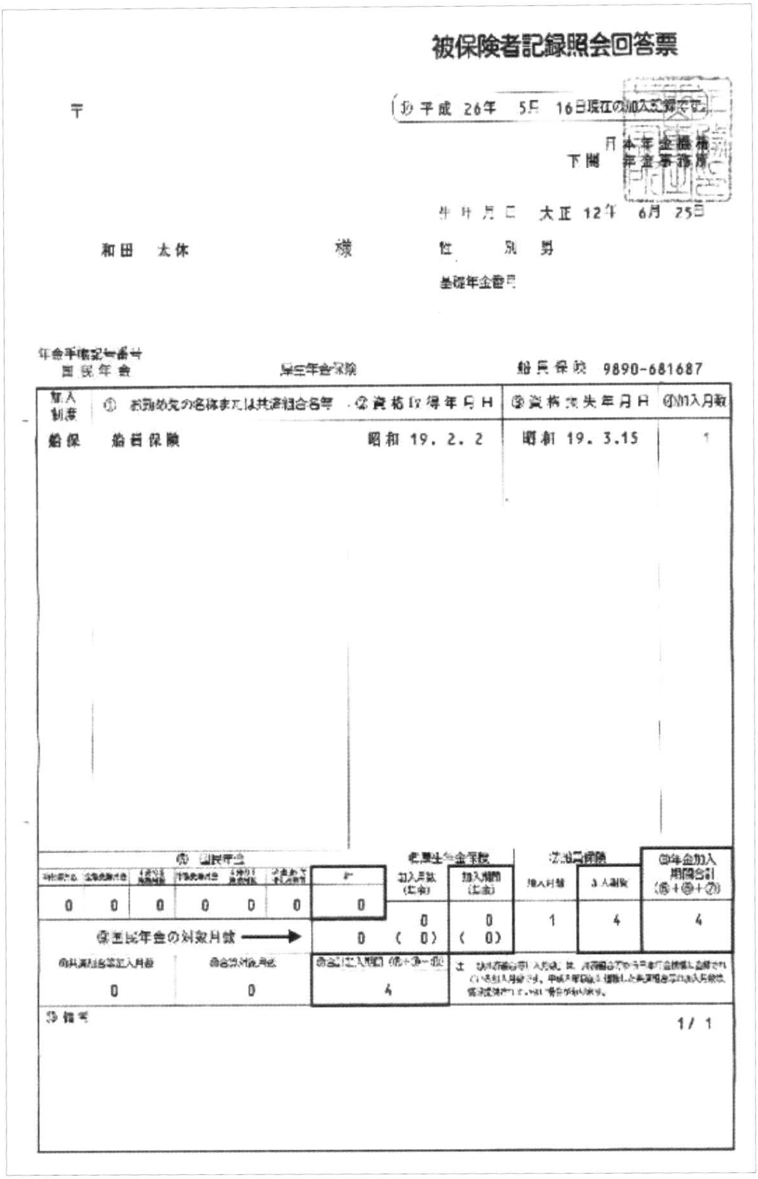

被保険者記録照会回答票

〒

⑪平成 26年 5月 16日現在の加入記録です。

日本年金機構
下関 年金事務所

生年月日 大正 12年 6月 25日

和田 太体 様

性別 男

基礎年金番号

年金手帳記号番号
国民年金 厚生年金保険 船員保険 9890-681687

加入制度	①お勤め先の名称または共済組合名等	②資格取得年月日	③資格喪失年月日	④加入月数
船保	船員保険	昭和 19. 2. 2	昭和 19. 3.15	1

⑤国民年金						計	厚生年金保険 加入月数	加入期間	船員保険 加入月数	加入期間	⑧年金加入期間合計 (⑤+⑥+⑦)
0	0	0	0	0	0	0	0	0	1	4	4
国民年金の対象月数 →						0	(0)	(0)			

共済組合等加入月数	合算対象月数	合計加入期間
0	0	4

⑨ 備考

1/ 1

아버지의 선원보험 기록조회에 대한 일본 연금사무소의 회신

韓国から徴用 戻らぬ遺骨

きょう大阪 遺族ら証言集会

韓国併合条約発効から今年で100年を迎えたのを機に、植民地支配下で日本に徴用されて死亡した朝鮮半島出身者の遺骨返還が進んでいない現状を知ってもらおうと、日韓の市民グループの招きで韓国人10人が今月来日し、各地で証言集会を開く。大阪では10日、船ごと徴用されて死亡したとされる父の遺骨を捜す男性ら3人が体験を語る。消息につながる情報提供も求めている。　（多知川節子）

父や兄の消息情報を

崔洛勛さんの父天鎬さん（左端）が家族に送った写真。写真上部には「第一協和訓練隊員　昭和17・9・13日記念撮影」と書かれている＝崔さん提供

徴用された家族の情報を求めて体験を語る（右から）南美珠さん、姜宗豪さん、崔洛勛さん＝9日、神戸市中央区

10人のうち大阪を訪れるのは、ソウル在住の姜宗豪さん(69)と、京畿道在住の崔洛勛さん(70)、南英珠さん(71)。3人は9日、神戸市内の集会で体験を語った。

済州島で漁師をしていた姜さんの父太休さんは太平洋戦争末期、船ごと徴用され、旧日本海軍の軍属となったと推定される。「南洋群島に行く」と話していた情報があるといい、姜さんは「海で亡くなったと思っている。小さな手がかりでもいいので父の情報がほしい」と呼びかけた。

崔さんの父天鎬さんは1942年に徴用されたが、消息が不明。家族あての手紙に同封された労働現場の仲間と撮った写真だけが手がかりだ。この日は残された母が崔さんら幼い子ども3人を育てた苦労を語り、写真の裏には写っている人の出身地や名前もあるとして情報を求めた。

南さんは16歳上の兄大鉉さんが42年に徴用された。ニューギニアで戦死した記録があり、靖国神社に無断で合祀されていたこともわかったが、遺骨の記録がない。南さんは「兄の生死さえわからないまま亡くなった両親の墓前に、兄の遺骨を捜し碑石を建てたい。靖国神社から名前を除き、魂だけでも自由になってほしい」と涙をこらえて話した。

朝鮮半島出身者の遺骨返還を巡っては、今年8月、日韓併合100年に合わせた菅直人首相談話で、返還支援などを誠実に実施することが盛り込まれた。しかし、身元確認や遺族捜しは難航している。

厚生労働省によると、旧日本軍の元軍人・軍属だった人の遺骨は政府が返還を進めてきたが、民間事業所に徴用された人は2004年末に当時の小泉純一郎首相と盧武鉉大統領が合意したのを機に国の調査が始まった。これまで2662体分の情報が全国の寺院などから寄せられ、韓国の出身地などが確認できた797体の情報を韓国政府に提供。うち42体は韓国側で遺族が確認されたとの報道があるが、返還には至っていない。

証言集会を大阪など全国6カ所で開く日韓の市民グループは7日、衆院議員会館内で集会を開き、早期の解決を求める決議をして政府に提出した。日本側主催者の「韓国・朝鮮の遺族とともに―遺骨問題の解決へ」全国連絡会は「政府はさらに横断的な調査や情報開示をするべきだ。また、遺骨を捜す以前に、家族の生死さえわからない人が今もいる事実を、日本の市民に知ってほしい」としている。

大阪の集会は10日午後2時から、大阪市中央区北浜東のエル・おおさかで。参加費700円（大学生500円）。11日午後3時からは京都市伏見区深草塚本町の龍谷大学深草キャンパス21号館101教室でも開かれる。問い合わせは同連絡会（090・1135・1488）へ。

아사히신문에 소개된 2010년 10월 오사카 증언집회 기사

오키나와에서 부르는
한의 노래

권수청

굴에서 돌아가신 아버지

내 고향은 경상북도 상주군 상주면 도남리. 이곳에서 나는 1938년 7월 26일에 태어났다. 자주 가보지는 못하지만 지금도 도남리에는 친척들이 살고 있어 일종의 집성촌이라 할 수 있다. 언제부터 조상들이 도남리에 살기 시작했는지는 잘 모른다. 하지만 증조부 때에도 도남리에 살고 있었던 것으로 보아 그 전부터 모여 살지 않았나 생각한다.

가족은 아버지, 어머니, 누나, 남동생과 나, 모두 다섯 식구였다. 땅이 좀 있어 농사를 지어 생활했지만 계속 흉년이 들고 공출도 심해 소나무 껍질을 벗겨 우려내서 먹을 정도로 힘들었다고 한다. 다행이 아버지는 선산군에서 소방관 일을 할 기회를 얻어 가족들이 모두 선산으로 이사를 갔다.

일제시대 상주의용소방대 건물

선산에서 아버지는 소방서에 다녔고 어머니는 읍내에서 게다짝이나 과일 같은 잡화를 파는 구멍가게를 했다. 어릴 때라 기억이 정확하지는 않지만 아버지를 보러간다고 혼자 도로로 올라가서 소방서를 찾아갔던 기억이 있다. 사람들이 세모난 모자를 쓰고 모두 귀를 막고 땅에 엎드리고, 한편에선 호스로 물을 뿌리는 훈련을 하고 있었다. 처음 보는 광경이라 신기했는지, 아니면 놀랐는지 모르나 그때의 기억이 뚜렷하게 남아있다. 그리고 얼마 안 있어 아버지는 징용을 갔다.

아버지가 어떻게 징용을 가게 됐는지는 어렸기 때문에 잘 알지 못한다. 아버지가 징용을 간 1년 뒤에 해방되었으니 1944년도에 징용을 간 것일 게다. 나중에 고향에 찾아가 어른들 이야기를 들어보니 징용 가기 전에 마을에 들려 인사를 하고 떠났다고 한다. 그때 어른들은 '자네가 징용 가면 가족들은 어떻게 할거냐. 피해 있으라'고 말렸지만 '어쩔 수 없다'고 하면서 갔다고 한다.

예전에 선산군에서 아버지와 함께 간 사람이 있다는 말을 듣고 찾아갔다. 박상준씨라고 나이가 칠팔십 되는데 약주를 대접하면서 아버지에 대한 이야기를 들었다. 그 분은 선산군에서부터 오키나와까지 아버지와 함께 갔는데 부대별로 배치하는 곳에서 갈라졌다고 했다. 군대식으로 열을 죽 세워놓고 줄별로 사람들을 나눠 굴속으로 배치했는데, 아버지가 섰던 줄이 굴에 들어가자마자 굴이 폭파됐으며 그때 죽었을 거라고 했다. 사고가 난 건지 포탄이 떨어진 건지는 정확하지 않다. 그때만 해도 아버지 돌아가신 걸 그냥 확인하는 정도였지 자세하게 알아야겠다는 생각을 못했기 때문에 차근차근 물어볼 생각을 못했다. 20여년이 지났으니 이제는 그분도 돌아가셨을 것이다. 지금 생각하면 그때 자세히 물어보지 못한 것이 후회막급이다.

고아가 된 형제

해방이 되어서도 아버지는 돌아오지 않았다. 어머니는 1년 정도 선산군에서 아버지를 기다리며 살았다. 그러나 누나가 병으로 죽고, 어머니도 병을 얻게 되어 생활할 수가 없게 되었다. 외삼촌이 어머니를 살려보겠다고 여러 가지로 애를 쓰긴 했으나 어려운 형편이었기에 제대로 된 약 한 번 써보지 못했다. 병은 나날이 더 악화되어 갔다. 결국 어머니는 죽더라도 집에서 죽어야 한다며 다시 상주 외가댁으로 이사했다. 이사한 지 얼마 안 있어 어머니는 돌아가셨고 곧이어 할머니도 세상을 떠났다. 아버지의 소식을 알 수 없게 되자 두 분 다 화병이 나 돌아가셨다고들 했다.

아버지는 죽었는지 살았는지 전혀 알 수 없고, 어머니와 할머니마저 돌아가시자 졸지에 우리 두 형제는 고아가 됐다. 당시 9살이던 나는 작은 할아버지 댁으로 갔고, 동생은 할머니 댁으로 가 살았다. 그러다가 다시 친가 쪽 막내삼촌과 동생과 함께 살기 시작했다. 삼촌이라고 하지만 나보다 몇 살 밖에 나이가 많지 않았다. 셋 다 어린애들로 생존 자체가 문제였다. 친척집을 돌아다니며 허드렛일을 해주면서 끼니를 겨우 해결했다. 주변에 친척들이 많이 있으니 아이들을 도와주면서 살 수 있지 않겠느냐고도 할 수 있지만, 그때는 너나 할 것 없이 모두 어려운 시절이었기 때문에 어쩔 수 없었다. 그렇지만 부모님이 없다고 해서 구박받거나 따돌림 받지는 않았다.

친척 집에 가서 시키는 일을 하고 밥을 얻어먹고 있으면 집안 어른들이 학교 갔다 온 친척 형들을 반겨주는 모습을 보곤 했다. 그때는 그게 무척 부러웠다. 나나 동생은 밥 얻어먹기 위해 소 꼴 베러 다니고 밭일과 논일은 물론 온갖 허드렛일을 해야만 했기 때문에 학교는 아예 꿈조차 꾸지 못했다. 선산에서 어머님과 함께 살 때 1학년 2학기까지 학교를 다닌 것이 전부였다.

나이가 조금 들면서 나는 객지로 떠돌며 돈을 벌기 시작했다. 돈을 번다기보다는 한 사람이라도 입을 덜고 생활비라도 보태야 할 상황이었기 때문에 어쩔 수가 없었다. 동생도 얼마 안 있어 객지로 나와 생활하기 시작했다. 처음엔 근처 큰 도시에 가서 막일을 했지만 적응도 잘 못하고 너무 힘들어서 다시 고향으로 돌아오곤 했다. 하지만 고향에 돌아와서 다시 농사일을 하더라도 계속 흉년이 들어 살기 힘들어 다시 나가곤 했다.

그러다가 먼 고모 소개로 서울 용산에 있는 조개탄 공장에서 일을 하기 시작했다. 그전에 비하면 월급도 받고 일도 덜 힘들었지만 금방 생활이 나아지지는 않았다. 어느 핸가 서울에 비가 많이 와서 한강이 넘쳐 공장이 물에 잠겨 더 이상 일을 할 수 없게 되었다. 이후 서울 근방에서 공사판을 전전하면서 막노동을 하면서 살아왔다. 배운 게 전혀 없이 일찍 고아가 됐기 때문에 가진 거라고는 몸뚱아리 하나 뿐이었다. 그런데 그것마저도 1989년 속초 공사장에서 허리를 다쳐 더 이상 일을 할 수 없게 되었다. 다행히 아는 사람 소개로 아파트 경비일을 하면서 모진 삶을 이어가고 있다.

어렸을 때 소학교라도 좀 다녔으면 일을 하면서 경력도 쌓고 기술도 생겼을 텐데 아는 게 없어서 일생을 막일만 하면서 살았다. 나는 평발이라 오래 걸으면 발이 아프기 때문에 군대를 면제 받았다. 지금은 군대를 못간 것도 억울하다는 생각이 든다. 군대라도 갔으면 돈이 적어도 국가유공자로 나라의 지원도 받고 사람 관계도 넓어지면서 다른 일을 할 기회도 생겼을 텐데.

어린 나이에 너무도 힘겨운 삶이 시작되었기 때문에 어디에도 마음을 두지 못하고 객지로 떠돌며 지냈다. 그러니 그저 먹고 사는 일에만 신경 쓸 수밖에 없었다. 정신없이 살면서도 어린 마음에 아버지가 살아서 돌아올 것만 같아서 사망신고도 하지 않은 채 지냈다. 살아계시면 언젠가는 돌아오시겠지 생각한 것이다. 그래서 고향 선산에는 어머니 무덤만 있고 아버지는 가묘도 쓰지 않고 있다.

부모님 모습을 그려볼 수가 없다

일본 역사교과서 개악 반대집회(2001.3.14)

나이가 들면서 자식으로서 아버지 기록이라도 찾아야겠다는 생각이 들어 유족회에 회원으로 가입했다. 유족회를 통해 아버지에 대한 사망기록을 처음 물은 게 1996년이었다. 그러나 그해 2월 26일자로 온 후생성 답변은 “씨명: 권운선權云善, 생년월일: 다이쇼4년(1915) 1월 10일, 신분: 육군 군속, 복원 또는 사망기록: 없음”이 전부였다. 아버지가 군속으로 징용 갔다는 정보만 확인할 수 있었다.

2001년, 태평양전쟁피해자보상추진협의회(보추협)가 일본정부를 상대로 해방 후 최대 규모의 원고를 모아 보상소송을 추진했다. 일본의 군군재판지원회의 도움을 받아 진행된 이 소송은 '전후보상 소송의 종합판'이라 할 정도로 내용과 규모면에서 기존의 소송과는 확연히 달랐다. 소송을 준비하기 위해 보추협은 피해자의 증언뿐만 아니라 관련된 모든 기록들을 수집했는데, 이 기록 중 하나가 『유수명부』였다. 아버지의 기록이 들어있는 자료는 1996년 4월 오키나와에 군속으로 끌려갔던 강인창 씨가 1993년 10월 한국정부가 일본정부로부터 받은 『유수명부』에서 오키나와에 강제동원된 경상북도 출신자 3,106명을 뽑아 만든 것이었다.

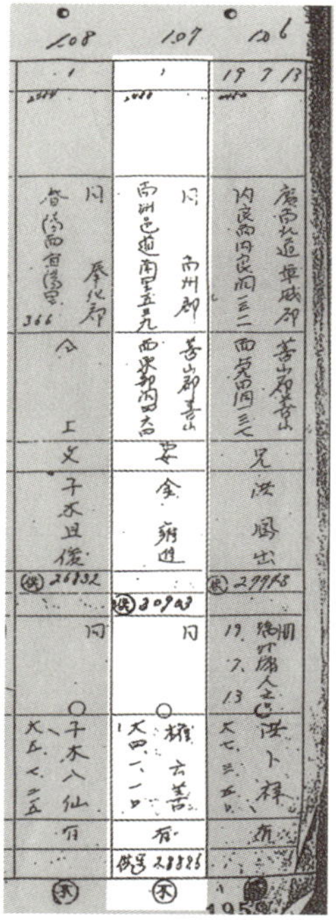

아버지의 창씨명이 기재된 유수명부

1948년 12월 제1정리과 선박반에서 작성한 '특수근104(구8887) 조선인상황불명자명부'라는 제목의 기록 중에 아버지 이름과 행

유골인도 청구소송(서울지방변호사회관 앞, 2000.11.28)

방불명을 뜻하는 동그라미 안에 쓴 불不과 공탁금이 있다는 뜻의 공供과 함께 숫자 28886이 있었다. 그래서 보추협에서 이 기록을 토대로 2000년 9월에 일본 후생성에 다시 '복무이력서발급, 유골확인, 공탁금확인요청'을 했다.

오키나와 평화공원 한국인위령탑 앞에서 제사 (2001.7.28)

그해 12월 4일 후생성은 '권운선의 유골은 보관하고 있지 않고, 도쿄법무국에 미지급 급여금으로 995엔이 공탁되어 있다'고 알려왔다. 공탁금은 아버지가 남긴 작지만 소중한 유산이었다. 그러나 내가 더 궁금하게 여겼던 건 아버지의 죽음이었지만 더 이상은 알 수 없었다.

2001년 7월 군군재판지원회의 도움으로 강제동원 희생자 위령제를 지내기 위해 오키나와에 처음 갔다. 위령제가 끝난 뒤 '평화의 초석'에 죽은 사람들 이름이 잔뜩 있다고 들었다. 그래서 혹시 아버지 이름이 나올까 싶어 버튼을 누르니까 한국말도 나오고 미국말도 나오는데, 한참을 기다렸지만 아버지 이름은 나오지 않았다.

2004년 7월 4일, 경상북도 영양군에 있는 '태평양전쟁·오키나와전 피징발자 한의비'(한의비) 옆에 새로운 기념비 '여한비'가 세워졌다. '여한비'에는 오키나와에서 희생당한 한국인 피징용자 2,500여 명의 이름이 새겨져 있었다. 보추협의 김은식 사무국장이 이 명단을 작성하

경상북도 영양군에 있는 태평양전쟁 오키나와전 피징발자 한의비(1999.8.12)
태평양전쟁·오키나와지구 전사자 여한비, 희생자의 이름이 새겨져 있다.(2004. 7.4)
경상북도 영양군 한의비 참배 행사 때 함께 참배한 강인창 묘소(2013.11.22)
여한비 제막식 참가자들의 참배 모습(2004.7.4)(왼쪽 위부터 시계방향)

면서 아버지 이름을 확인하고 내게 알려준 것이다.

여기서 '한의비'에 얽힌 이야기를 잠깐 해야겠다. 앞서 이야기했듯이 1996년 4월 『유수명부』에서 경상북도 출신 강제동원 희생자의 명부를 만든 강인창 씨는 이 명부를 들고 한국 국회도 가고 일본 오키나와도 가서 증언을 했다. 그리고 같은 해 12월, 또 다른 피해자 서정복과 함께 오키나와 시민들의 도움을 받아 아카섬과 미야코섬에서 유골조사를 했다. 유골조사는 성과 없이 끝났지만, 참여한 일본시민들이 오키나와와 한국에 추모비를 세우기로 뜻을 모았다. 이렇게 해서 1999년 8월 12일 영양에 먼저 '한의비'가 세워졌고, 2006년에 오키나와 요미탄촌에 '한의비'가 세워진 것이다. 모두 오키나와전에서 비참하게 죽어 간 동료들의 한을 풀고자 애쓴 강인창 씨의 간절한 소망이 일본 시민의 마음을 움직여 실현된 것이다. 그분의 노력이 있었기에 내 아버지의 기록도 찾아낼 수 있었다. 이런저런 핑계 때문에 살아생전 찾아뵙고 고맙다는 인사를 드리지 못한 게 너무 죄스럽고 미안하다.

'여한비' 제막식이 있는 날 보추협 회원들과 함께 새벽같이 길을 나서 영양으로 갔다. 행사가 끝난 뒤, 비 뒤로 돌아가 보니 정말 아버지 이름이 있었다. 그토록 찾던 아버지의 이름을 희생자 명단 속에서 찾은 것이다. 오키나와의 어느 전투에서 돌아가신 게 분명했다.

오키나와 요미탄촌 한의비(2006, 왼쪽) '이 돌들은 조선반도 경상북도의 각지에서 가져온 것입니다.'(요미탄촌 한의비 건립 때 경북에서 가져온 돌들, 오른쪽)

그날 밤 자려고 누웠는데 잠이 안 왔다. 내 딴엔 '혹시, 살아계시지 않을까' 하는 헛된 희망을 가지기도 했지만, 이젠 비에서 이름도 확인하고 후생성에서 온 기록도 돌아가신 것처럼 되어 있어 마음이 이상했다. 도무지 잠을 들 수가 없었다. 전해 듣기로는 여러 사람의 유골과 유품이 뒤엉켜 있다고 했다. 그래서 지금도 제 아버지 유골만 따로 모셔져 있을 거라고 생각하지는 않다. 여럿이 함께 돌아가셨을 테니까 다른 분들 유골과 함께 섞여 있을 것이다. 하지만 그걸 정부에서 가져와 자식들이 나눠서 모시면, 설령 내가 다른 희생자 유골을 모시거나 유골이 섞여 있더라도 같은 자식이니까 상관없지 않을까 생각했다. 다들 서럽게 살아오고 부모 없이 고생하며 자라 서로 같은 마음일 텐데 그렇게 서로 부모님을 모시면 괜찮지 않을까 생각했다. 그렇게라도 해서 유골을 찾아 모신 뒤 죽었으면 하는 바람은 마찬가지이다.

지금은 동생이 죽고 없지만, 전에 동생하고 만나 이런저런 얘기를 할 때면 마음이 착잡할 때가 있었다. 원래는 부모님 유품이나 사진이 있었지만 우리가 어렸을 때 고모부님이 '이런 거 나중에 아이들이 보면 마음 아파한다'고 다 태워버렸다 한다. 아버지가 양복 위에 코트를 걸친 뒤 찍은 사진이 한 장 있었는데, 동생이 그 사진으로 초상화를 만든다고 가져가서 잃어버렸다. 그 때문에 아버지 사진이 하나도 없다. 혹시 외가에 사진이 있을까 싶어 찾아 봤지만 아버지는 물론 어머니 사진도 한 장 구할 수가 없다.

동생 권소천과 제수

우리를 위해서 사진이나 유품을 다 태워버렸다고는 하나 지금 생각하면 참 너무했다는 원망이 생긴다. 사진이라도 하나 남아있으면 그래도 나았을 텐데. 어떨 때 가만히 누워 생각해보면 내가 땅에서 솟았는지, 하늘에서 떨어졌는지 싶을 때가 있다. 나이가 들어갈수록 어머니 아버지 모습이 그리워지지만 두 분 모두 내가 어릴 때 돌아가신 데다 사진도 없기 때문에 부모님 모습을 그려볼 수가 없다.

2007년 11월 '일제 강점하 강제동원진상규명위원회'가 주최한 해외

오키나와 한의비건립 5주기 기념식(2010.6.19)

추도순례에서 다른 유족 20여 명과 함께 다시 오키나와에 갔다. 그 때도 사망자 이름을 벽에 새긴 '평화의 초석'에 가서 아버지 이름을 찾아보았지만 역시 없었다. 2010년에는 요미탄촌에 세운 '한의비' 5주년 추모행사에 참여하기 위해 세 번째 방문했다. 이 때까지만 해도 아버지의 행적을 제대로 알지 못했다.

돌아가신 동굴 앞에서 술을 올리다

2013년 11월 15일부터 18일까지 오키나와를 네 번째 방문했다. 이번 방문은 두 가지 점에서 다른 방문보다도 더 뜻 깊고 인상 깊은 방문이었다. 하나는 내 DNA를 추출하여 오키나와현청에 제공함으로써 앞으로 발굴되는 유골과 대조할 수 있도록 요청하는 행동을 한일

공동으로 추진한 점이다. 그해 6월 보추협과 민족문제연구소가 일본 정부를 상대로 민간 차원에서 직접 강제동원 희생자 유골조사와 봉환문제를 교섭하면서 새로운 물꼬를 터기 시작했다. 한국정부가 만든 기구가 제 역할을 못하자 시민단체와 피해자단체가 직접 나서 교섭을 한 것이다.

이 교섭에서 중요한 역할을 한 사람이 일본 유족 시오카와 마사다카 씨였다. 시오카와 씨도 나와 같이 아버지가 오키나와전에서 죽었으나 유골을 찾지 못한 유족으로 직접 사비를 들여 희생자들의 유골을 조사하는 일을 하고 있었다. 보추협을 지원하던 일본 시민단체와 시오카와 씨가 연대해서 유골문제를 일본정부와 사회에 적극 제기하기로 결의하고, 그 일환으로 내가 오키나와에 초청받아 간 것이었다.

또 하나는 내 아버지가 머물렀던 장소와 사망한 곳으로 추정된 기록을 찾았다는 연락을 받고, 아버지 제사를 지내기 위해 갔다는 점이다. 일본 시민단체에서 오키나와전의 진중일지 가운데서 육군특설수상근무 제104중대의 이동 경로와 전사한 지역을 확인했고, 거기에 아버지도 포함되어 있었다. 조사에 따르면 아버지가 소속된 부대가 나하那覇에 상륙한 후 참호 작업에 파견되었다가, 미군이 상륙한 후 군노동자들이 병사와 함께 남부로 이동한 뒤 1945년 6월 22일 부대원 전원이 '옥쇄'했다고 한다. 그리고 전멸한 곳으로 추정되는 이토만시糸満市에 있는 '오키나와병참위령비'에 104중대 이름이 새겨져 있었다.

그토록 애타게 찾던 아버지의 마지막 순간을 찾은 것이다. 이 방문에는 보추협의 이희자 대표와 김진영 활동가도 함께 했다. 방문 때의 상세한 상황을 후루카와 마사키 씨가 쓴 게 있어 그걸 참조해서 날짜별로 다시 정리했다. 그만큼 내게는 소중한 시간이었기 때문이다.

11월 15일(금)

나하공항 국제선 출구에서 시오카와 마사다카 씨와 후루카와 마사키 씨를 만났다. 다큐멘터리 '조릿대 묘표笹の墓表'의 감독 후지모토 씨가 카메라 촬영을 하고 있었다.

호텔로 이동한 후 오키나와에서 수십년간 유골 발굴을 해 온 쿠시켄 씨 등과 간단한 회의를 하며 일정을 확인했다. 시오카와 씨는 "이번 일정에서 중요한 것은 오키나와전에서 행방불명된 권수청 씨의 아버지와 저의 아버지 유골을 찾기 위해 DNA의 데이터화를 요구하는 것입니다. 검체檢體 용품을 준비해 왔으니 내일 채취합시다. 오키나와현청과 류큐대학, 도쿄에 알고 있는 연구기관 세 곳에 제출하려고 합니다. 지금 DNA를 채취해 둔다면 혹시 100년 후에 유골이 나와도 유족에게 돌려 줄 수 있게 됩니다. 제 아버지도 권운선 씨와 마찬가지로 행방불명인 상태이지만 이후에 일본 정부의 처리방식은 완전히 다릅니다. 생사불명인 상태로 방치하고 있는 일본 정부를 용서할 수 없습니다. 문제는 많은 일본인이 이 사실을 모르고 있다는 점입니다."라고 하며 이번 행사의 의의를 강조했다.

이어 쿠시켄 씨는 "오키나와에서 지금도 매년 100구 이상의 유골이 발굴되고 있습니다. 새로 발굴되는 유골들은 마부니摩文仁에 있는 오키나와전국립전몰자묘지沖縄戰國立戰歿者墓苑에 모시고 있지만, 지금까지는 화장해서 처리했습니다. 하지만 화장해 버리면 DNA를 확인할 수 없게 되기 때문에 오키나와현 의회에 중지 요청을 했습니다. 지금은 화장하지 않고 따로 보관하고 있는 것으로 알고 있습니다. 정부는 유골의 신원을 확인할 수 있다면 DNA 감정을 하겠다고 하지만 유품이 없는 한 대부분은 누구인지 알 수가 없습니다. 매년 100구 정도씩 수습되는 유골과 비교하기 위해 권수청 씨도 함께 DNA 데이터화 작업을 하는 것이 아버지의 유골을 찾는 빠른 방법입니다. 오키나와전의 희생자 가운데 일본인, 오키나와인, 조선인에 차이를 둘 수는 없습니다."고 하며 오키나와의 상황과 문제해결 방법을 제시했다.

또 쿠시켄 씨는 아버지가 돌아가신 곳에 대해 "처음에는 아카지마라고 생각했지만 아버지께서 다른 부대에 있었다는 것을 알게 되었습니다. 이 부대는 요미탄에 있는 야마가와 마에히라로 이동했습니다. 부대의 이동상황을 보면, 군노동자들을 오키나와 전투가 끝날 때까지 끌고 다녔다는 것을 알 수 있습니다. 일본병사가 있는 곳에서는 투항할 수 없기 때문에 희생이 많았습니다"라고 하면서 조선인 노동자가 왜 오키나와전에서 '옥쇄'당하는 곳까지 병사들과 함께 행동할 수밖에 없었는지, 왜 행방불명되었는지 등 당시 상황을 자세하게 설명했다.

11월 16일(토)

1944년 당시 조선인 군속 취사장으로 사용된 오오완의 집

아침부터 2대의 택시에 나누어 타고 요미탄촌으로 출발했다. 도쿠지에 있는 마을회관 앞에 마을 안내지도가 있어 진중일지에서 발견한 당시 지도와 비교해보았다.

군용도로와 해안선은 당시 그대로였다. 우선 마을 노인의 이야기를 듣게 되었다. 쿠시켄 씨가 마침 해안선 근처에서 걸고 있던 노인에게 말을 걸었다. 노인의 이름은 오오완 테츠오大湾哲雄로 오키나와전투 때 소학교 2학년이었다.

1944년 당시, 자신의 집이 조선인 군속의 취사장으로 사용되었는데 반년 동안 4명 정도가 와서 일을 했다고 설명했다. 함께 오오완 씨의 집으로 이동해서 설명을 들었다. 진중일지의 지도에 표기되어 있는 취사장이 오오완 씨 집이라는 것을 확인했다. 엄청난 우연이었다. 오오완 씨는 집에 들어가서 사진 한 장을 가지고 나왔다.

전쟁이 끝난 후 미군이 촬영한 당시 집 사진으로 함포사격을 받은 초가집 지붕에 구멍이 뚫려있었다. 설마 당시 사진까지 볼 수 있을 줄이야. 이 집이 바로 아버지가 살았던 곳이라니.

오오완 씨의 안내로 바닷가로 나가보니 해안 절벽에 특공대가 사용하던 동굴이 3개 있었다. 깊이가 30m 이상인 것도 있었다. 약간 북쪽으로 이동해서 진중일지의 지도에 상륙장이라고 되어 있는 곳으로 갔다. 지도에 '전신소'라고 표기되어 있는 곳에 '전신소기념비'가 세워져 있었다. 지형과 방향을 볼 때, 1944년 9월 아버지가 일했던 장소라고 한다. 눈물이 났다.

'아버지가 일하던 곳이구나.'

바닷가에서 돌 몇 개를 주웠다. 그저 돌에 지나지 않을 수도 있겠지만 내게는 아버지를 대신하는 돌이었다. 후루카와 씨가 내 행동을 보고 궁금했던 모양이다. 나는 웃으며 말했다.

"아버지 뼈 대신 가져가고 싶어서요."

오후에는 요나바루与那原로 갔다. 1944년 당시 요나바루 소학교가 있던 장소로 갔다. 당시 '특수근104중대'가 주둔한 곳이었다. 진중일지에 따르면 부대는 이곳에서 요미탄 등으로 이동했다고 한다.

아버지가 일했던 요미탄촌 도쿠지 바닷가(2010.11.16)

11월 17일(일)

이 날은 제사를 드리기로 한 날이다. NHK와 오키나와TV에서도 동행했다. 이토만시에 있는 '오키나와병참위령비'로 향했다. 비 정면 아래 부분에 여러 부대명과 함께 '특수근104중대'라고 새겨져 있었다. 위령비 뒤에는 동굴이 있었다. 들어가 보면 안쪽으로 굴이 깊이 파여 있는데 인근에서 죽은 시신들을 모아두던 곳이라고 했다. 나도 모르게 혹시 바닥에 뼈가 없는지 훑어보았다.

다시 비가 있는 곳으로 돌아와 집에서 준비한 배, 사과, 감, 김치, 명태, 전통과자 등을 담아 제사상을 만들었다. 비 앞에는 보추협에서 만들어 준 '아버지, 아버지 아들이 여기에 왔습니다'라고 적은 현수막을, 옆에는 지금까지 후생성이나 정부기록보존소에서 찾은 기록을 인쇄한 현수막을 걸었다. 원래대로라면 제사상 뒤에 영정을 두어야 하나 아버지 사진이 한 장도 없어 나는 고민 끝에 후생노동성에

오키나와 병참위령비 앞에서 연 추모제(2013.11.17)

서 '행방불명'이라고 회답을 보낸 문서를 액자에 넣어 영정을 대체했다.

상복으로 갈아입은 뒤 제를 시작했다.

"아버지, 오늘은 아들의 술을 받고 슬픔과 고통, 억울함을 잊으시기 바랍니다."

오키나와 병참위령비 뒤에 있는 방공호 (2013.11.17)

인사를 드리고 한국에서 가져간 술을 올린 뒤 위령비를 아버지 무덤 삼아 주변에 술을 조금씩 부었다. 이어 동행한 벗들도 절을 올렸다. 위령비 옆에 피어 있던 히비스커스에 나비가 내려앉았다.

"여기까지 잘 찾아왔구나. 고맙다."

아버지의 전령사였을까. 나비가 내게 속삭이는 것 같았다.

제를 올린 뒤 언론사들과 인터뷰를 했다. 내 어린 날의 고단했던 삶이 과연 얼마나 전달되었을까.

떠나기 전, 나는 우에다 씨에게 부탁해서 다시 동굴로 들어갔다. 동굴 안에서 무릎 꿇고 다시 술을 올렸다. 돌아서 나오는 발길이 쉽게 떨어지지 않았다. 작별인사를 해야 했다.

"아버지, 저 이제 갑니다."

제사 후 남쪽에 있는 마부니의 언덕에 있는 오키나와전국립전몰자묘지로 갔다. 전후 오키나와에서는 땅을 파면 어디에서든 유골이 나왔다고 한다. 1957년 일본정부가 나하시에 전몰자 중앙납골소를 세웠지만 수습된 유골 수가 많아지자 1979년 지금의 장소로 국립묘지를 이전했다. 내 아버지의 유골도 여기에 안치되었을지도 모르겠다.

한국위령탑에 들른 후 '평화의 초석'으로 향했다. 커다란 벽들이 겹쳐서 이어져 있었다. 그 벽에 새겨진 이름 중에는 간혹 한국인 이름을 확인할 수 있었다. 그리고 시오카와 씨의 이름도 확인했다.

"내 아버지의 이름도 여기에 새겼으면 좋겠습니다."

같이 간 일본 분들에게 부탁했다. 그러자 내일 오키나와현청에 요청하는 사항에 내 아버지의 이름을 평화의 초석에 새기는 것도 추가시켰다.

11월 18일(월)

아침 식사 후 오키나와현청의 복지원호과로 찾아갔다. 현청을 방문한 목적은 오키나와전에서 사망한 희생자 유족인 시오카와 씨와 나의 DNA를 제출해서 향후 유골 조사 때 감정을 요청하기 위한 것이었다. 담당 공무원은 성의 있는 자세를 보여줬다. 아마도 일본 본토와

오키나와현청과 오키나와전 희생자 유골조사와 DNA 문제를 협의(2013.11.18)

달리 오키나와도 피해지역이라는 공감대가 있었기 때문이 아닐까 생각한다.

시오카와 씨는 "권수청 씨와 내 입안의 점막을 채취하여 DNA 키트kit로 만들어 왔으니 체취한 DAN를 받아달라"고 요청했다.

그러나 공무원은 "유족의 DNA 감정은 후생성이 하고 있기 때문에 이쪽에서는 받을 수 없다. 국가와 조정해주기 바란다"고 답변했다. 중앙정부와 지방정부가 서로 책임을 미루는 모습은 어디나 비슷한 것 같았다. 그래서 나는 책임을 따지기보다는 양심에 호소하고 싶었다.

"DNA 조회로 아버지의 유골이 확실해진다면 내 마음이 편안해질 것 같습니다. 일본정부가 해야 할 일이지만 오키나와현에서도 움직여주기를 바랍니다. 행방불명인 상태로 방치하지 말고 책임 있는 대응을 해주시길 바랍니다. 나이가 많아 얼마나 더 살지 모르겠습니다. 살아 있는 동안에 아버지 유골을 꼭 찾고 싶습니다. 자식으로서 아버지 문제를 해결하고 싶은 마음입니다."

담당 공무원은 "오키나와현의 담당자로서 전쟁에 휘말려 희생당한 현민들에 대해 비슷한 이야기를 들어왔기 때문에 국가에 의견이 전달될 수 있도록 하겠습니다. 이번 방문을 신문이나 인터넷에서 보았는데 일본이 너무 심하다고 느꼈습니다"고 하며 문제 해결의 필요성에 공감하며 노력해보겠다는 답변을 했다. 그 말이 비록 예의를 차린 빈 말이었다 해도 조금의 위안은 되었다.

이번 방문을 통해서 내 마음이 한결 편안해졌음을 느꼈다. 아버지가 어디서 일했고 어디서 돌아가셨는지를 확인하고 제사를 지냈다는 것만으로도 오랜 세월 가슴 속에 맺혔던 응어리 하나가 풀린 것 같았다.

2015년에도 오키나와를 방문했다. 10월 23일부터 25일까지 일정으로 방문할 때는 재일본대한민국민단오키나와현 지방본부가 주최하는 '2015년 한국인 전몰희생자위령대제 오키나와전 종결70주년·위령탑 건립40주년' 행사에 참여하기 위한 것이었다. 민단이 "태평양전쟁의 희생동포 위령과 아울러 세계평화 기원, 한국인 위령탑 계승 발전, 왜곡된 역사인식 바로잡기"라는 취지로 행사를 주최하면서 나와 아내, 같은 104중대 희생자 박희태 씨의 딸과 손녀, 그리고 전문가로서 김민철 보추협 집행위원장도 함께 초청한 것이다.

오키나와에 간 첫날 만찬에는 후쿠오카 총영사와 오키나와 민단 임원들이 나와 따뜻하게 우리 일행을 반겨줬다. 이튿날 아침 전세버스 편으로 오키나와 시내를 관광한 뒤 오후에 한국인 위령제 행사에 참석했다. 공식적인 일정을 끝낸 다음날 우리 일행은 일본 지원회의 도움을 받아 네 번째 방문 때 갔던 장소들을 다시 들렀다. 아마 내 생애에 이번 방문이 마지막이 될지도 모른다. 그렇지만 가족들과 함께 아버지에게 인사를 드렸으니 최소한의 자식된 도리는 다 한 셈이라 스스로를 위로한다. 오키나와의 슬픈 역사를 증언하고 있는 '한의비'와 함께 내가 오키나와에서 부른 한의 노래도 작은 역사가 되어 다음 세대에게 전해졌으면 한다.

• 김민철

요미탄촌의 한의비를 보고 있는 행사 참가자 유족(2015.10.23)

미군 포격을 받은 집 앞에서. 당시 상황을 증언한 주민과 행사에 참가한 유족들(2015.10.23)

아버지를 두 번 욕되게 하지 마라

김기호

유품으로 돌아온 아버지

나는 아버지 얼굴을 전혀 기억하지 못한다. 그도 그럴 것이 아버지는 내가 태어난 이듬해인 1942년에 일본군의 포로감시원으로 가신 뒤 돌아오지 못했기 때문이다. 나는 1941년 5월 18일 옥천군 이원면 수묵리에서 태어났다. 출생신고를 늦게 해 호적에는 1942년생으로 되어 있다. 우리집은 원래 부모님과 형 2명, 누나 1명 그리고 나, 이렇게 여섯 식구였다. 그러나 형들은 모두 어렸을 때 죽었다.

내가 태어나서 자란 마을은 경주 김씨와 김해 김씨가 다수를 차지하는 40여 호로 구성된 집성촌이었다. 할아버지가 부자는 아니지만 그래도 경제적 여유는 있었다고 한다. 아버지는 5형제 중 둘째였다.

청주중학교 시절의 아버지(1936)

아버지는 머리가 좋아 초등학교에서 월반했다. 청주중학교를 졸업한 뒤 집에서 농사를 지으며, 취직자리를 구하고 있었다. 그러다가 포로감시원 광고를 보고 지원하신 것 같다.

아버지가 징용을 갔다는 이야기는 중학교 때 어머니나 동네 사람들에게서 들었다. 당시 마을에서는 아버지에게만 영장이 와서 이원면 사무소 앞으로 집결해서 기차로 부산으로 가서 노구치野口부대에서 훈련을 받고 타이로 보내졌다는 것이다. 아버지는 중학교를 졸업한 상태였고, '군대에 다녀와서 취직하는 편이 유리할지도 모른다'고 판단해서 능동적으로 결정했다고 한다. 나중에 확인한 것이지만, 당시 이원면에서 살고 있던 아버지 또래의 6~7명이 함께 포로감시원에 지원해서 간 것으로 보아 서로 의논해서 간 것이 아닌가 생각된다. 포로감시원으로 2년만 가면 징병이나 징용으로 끌려가는 것을 면할 수 있고, 급여도 다른 일에 비해 2~3배나 높다는 점이 지원에 큰 영향을 미쳤을 것이다.

그러나 1944년 10월 경, 아버지가 사망했다는 청천벽력과도 같은 소식이 집으로 전해졌다. 면에서 전달한 사망통지서와 유품만 달랑 온 것이다. 유해가 없는 상태에서 간소하게 장례식을 치르고 묘를 만들었다. 풍습대로라면 이웃에 살고 있는 사람들이나 친척들이 모여서 술이나 고기를 먹는 등 시끌벅적하게 초상을 치렀을 것이다. 그러나 당시는 전쟁 중인데 식민당국에서 물자절약과 폐습 개선이라는 이름으로 장례식을 검소하게 하라고 간섭하고 있었기 때문에 소박하게 장례를 치렀다.

군속 시절의 아버지(1941)

그런데 아버지 묘를 쓰면서 사단이 벌어졌다. 유교 예법에 따르면 선산의 제일 높은 곳에 큰 어른의 묘를 만들고 그 밑에 순서대로 묘를 만들게 되어 있었다. 그러나 무슨 착오가 있었던지 조상 묘자리가 있는 곳 위에 아버지 무덤을 만든 것이다. 그 때문에 친족들이 들고 일어났다. 친족들은 '예법에 어긋나니 당장 이장하라'고 요구했고, 우리 집은 '비록 위에 있긴 하나 할아버지 묘에서 멀리 떨어져 있는 곳이어서 아무런 문제가 되지 않는다'고 버텼다. 그러자 친척들과 동네사람들이 일방적으로 아버지 무덤을 파내어 못쓰게 만들고 사망통지서도 찢어버렸다. 그때 나는 서너 살로 어려서 기억이 가물가물하지만, 아버지가 없었기 때문에 만만히 보고 그렇게 한 게 아닐까 생각한다.

친척이나 동네사람들이 말한 아버지는 불같은 성격의 소유자였다. "죽지 않고 돌아오면 성공했을 텐데, 불처럼 열정을 가진 사람이었다. 나쁜 짓을 한 사람은 결코 지나치지 않았다"는 이야기를 들었다. 한번은 백모와 마을 주민들 사이에 싸움이 벌어졌는데, 아버지가 보시기에 말도 안 되는 걸로 싸우고 있어 벌컥 화를 내며 옆에 있던 화로를 집어던진 적도 있었다고 하니, 그 성격을 미루어 짐작할 수 있다.

고향을 떠나다

아버지가 일본 군속으로 가신 뒤 우리는 할아버지가 챙겨주신 땅 중 일부를 큰아버지가 양보해 준 덕택에 그나마 배를 굶지는 않았다. 그러나 남편 없이 어머니 혼자서 어린 자식들을 키웠기 때문에 고생은 이루 말할 수 없었다. 집에 일할 수 있는 남자가 없다보니 어머니가 직접 어린 자식들을 등에 업고 농사일을 해야 했다. 물론 논일은 사람을 사서 할 수 밖에 없었지만 밭일은 다른 사람에게 맡길 수도 없었다. 어머니는 아버지에 대한 애틋한 그리움 때문이었는지, 아니면 자식들 때문이었는지는 몰라도 한 번도 재혼이라는 걸 생각해 보지 않으셨다 한다. 오로지 자식들을 좀 더 반듯하게 키우고 나은 조건에서 교육시키려 밤낮으로 일만 하셨다. 그 덕분에 나는 어려운 환경에서도 고등학교까지 진학할 수 있었다.

지금도 옛날을 생각하면 고개를 몇 개 넘어 학교를 다니던 게 눈에 선하다. 마을이 면에서도 외진 곳이어서 대성국민학교까지는 40리를 걸어서 다녀야 했다. 수묵리는 이원면에서도 동쪽 산악지대와 닿아 있는 곳이라 교통이 매우 불편한 지역이었다. 이원중학교도 집에서 80리 되는 곳에 있어 그 길을 매일 걸어서 다녀야 했다. 좀 과장해서 말하면 학교 생활에 대한 기억은 거의 없고 걸어 다닌 것만 남아 있을 정도다. 학교를 갖다 오면 어머니를 도와 똥장군 지게를 매고 밭에 거름을 주거나 온갖 잡다한 일을 하는 게 일상이었다. 가끔씩 '아버지만 계셨어도 이렇게 힘들지는 않았을텐데' 하는 생각을 하며 아버지를 원망하기도 했다. 힘들어 하는 어머니를 보면 그런 원망이 더 커지기도 했다.

옥천상업고등학교 시절의 나

중학교를 졸업한 후 어머니가 적극 권유해서 바로 옥천상업고등학교로 진학했다. 1960년에 학교를 졸업한 뒤 임시 면서기를 한 1년 정도 했다. 그러나 적성에 맞지 않아 그만 두고 집에서 농사일을 도왔다.

어머니의 성화에 못 이겨 결혼을 하고 아이까지 가지면서 나는 깊은 고민에 빠졌다. 특별한 전망도 없는 이런 시골에서 계속 살아야 하나 하는 생각과 함께 더 이상 어머니가 고생하는 모습도 보기 싫고 자식도 커서 고생하며 학교 보낼 생각을 하니 아무래도 그냥 이대로 있어서는 안 되겠다는 생각을 굳혔다. 그래서 고향을 벗어나기 위해 여러 곳에 수소문을 해 직장을 구했다. 마침 아는 사람이 서울의 한국모방에 조수 자리가 있으니 해볼 생각이 있냐고 권했다. 나는 달리 생각할 것도 없이 바로 응낙하고 1968년 서울로 올라왔다. 그러나 식구가 한꺼번에 상경하기에는 경제적으로 여유가 없어 우선은 나만 올라왔다.

청와대의 비서관 출신이 사장으로 있던 한국모방에 1968년 7월 28일에 입사했다. 제대로 된 직장에 첫 출근하던 날이라 지금도 그 날짜를 잊어버리지 않고 있다. 조수로 입사한 나는 운이 좋아 일찍 반장이 되었다. 방은 상이용사촌에다 구했다. 회사도 그리 멀지 않았지만, 무엇보다 방값이 매우 쌌기 때문이다. 옷을 만드는 회사여서 미혼 여성들이 많았다. 내가 반장이 된 후에는 일 때문에 자주 집에 들르기도 했다. 하루는 작은 아버지가 서울에 볼일이 있어 왔다가 내가 살고 있는 집을 들렀다. 그런데 젊은 여성들이 있는 걸 보고 '이대로 두

가족사진

면 안 되겠다' 생각하셨던지 고향에 내려가 당장 아내와 아이를 서울로 올려 보냈다. 터무니없는 오해에서 나온 일이었지만, 아무튼 그 덕택에 좀 더 일찍 가족과 함께 지낼 수 있게 되었다.

나는 회사를 다니면서 노동조합에 가입했다. 그런데 당시 노조위원장이 나이가 많았는데 어용이어서 직원들의 권리를 대변하기보다는 회사와 한통속이 되어 노동조합을 운영하는 일이 많았다. 그게 못마땅해서 자주 부딪히게 되었고, 마침내 1972년에는 회사를 그만 두게 되었다. 이후 상인을 상대로 하는 대부업계 등 여러 일을 하다가 친구들과 함께 부동산업에 뛰어들었다. 1980년대는 부동산업이 활황이어서 적은 돈으로도 요령 있게 굴리면 몇 채의 집을 사서 파는 일이 가능했다. 큰돈은 아니지만 그래도 끊이지 않고 돈을 벌 수 있었다. 그 덕택에 아이들을 큰 어려움 없이 키우고 교육시킬 수 있었다. 아들 둘과 딸 모두 공무원과 대기업 회사원, 카센터 운영 등 각자 자기 자리를 잡아 안정된 삶을 누리고 있어 나로서는 더 바랄 게 없다.

1990년대 이후 부동산 경기가 나빠지면서 사업도 사양길로 접어들고 몇 차례 재기를 시도했으나 재미를 못 봐 결국은 손을 떼고 말았다. 특별한 일을 찾지 못하다가 2006년 10월 석수역에 있는 용역 경비업체의 소개로 안산에 있는 대영ENB라는 회사의 정문 수위직에 지원하게 되었다. 다행히 면접에서 사장의 호감을 얻어 쉽게 채용되었다. 사장 말로는 제출한 이력서의 글씨도 제법 반듯하고 깔끔하게 차려입은 맵시도 마음에 들었다고 한다. 회사는 삼성에 냉장고를 만들어 납품하는 중소기업이어서 삼성 직원이 자주 방문하였다. 그래서 정문 수위가 눈치도 좀 있고 방문하는 손님들을 잘 응대해야 하는데 그런 걸 잘 할 수 있겠다고 판단했던 것 같다. 1년이 지난 뒤에 신분에 큰 변화가 있었다. 경비반장이 됨과 동시에 정식 직원으로 채용되는 행운이 있었다. 요즘 식으로 말하면 임시계약직에서 정규직으로 신분이 상승하게 된 것이다. 열심히 일한 것을 회사가 높게 평가한 모양이었다. 이곳에서 10년간 근무한 뒤 직업 전선에서 완전히 은퇴했다.

바다에 수몰된 아버지

내가 아버지에 대한 관심을 본격적으로 가지게 된 건 1990년대 중반부터였다. 태평양전쟁희생자유족회에서 강제동원 피해 문제를 알리고 회원을 모집하는 광고를 신문에 냈다. 그걸 보고 난 용산에 있는 유족회 사무실로 가 회원 가입 신청을 냈다. 운영진에서 내가 상업고등학교를 나온 걸 알고 1996년에 감사 직책을 맡겼다.

당시는 지금과 달리 유족회가 중앙에 있고 각 도별로 지부가 결성되어 있는 단일 조직이었다. 각 지부에서 회원들에게 회비를 받아 절반은 중앙에 보내고 절반은 지부에서 운영비로 사용했다. 회원들도 많았고, 회비도 꽤나 많이 걷혔다. 그런데 감사를 하면서 회계와 재정상태를 보니 문제가 많았다. 지부에서는 회원 대장은 있지만 회계장부가 제대로 정리되어 있지 않은 곳이 많았다. 그러니 지부에서 받은 회비 규모가 정확하게 어느 정도며 그게 어떻게 사용되고 있는지 확인하기 어려웠다. 전라남도 지부의 경우는 그 정도가 너무 심해 중앙에서 시정을 요구한 일도 있었다. 내가 직접 내려가 장부와 증빙서류 등을 이틀에 걸쳐 조사해 보니 수습하기 힘들 정도로 심각한 문제가 있음을 알았다. 그래서 지부장에게 최후통첩을 해 사태를 바로 잡지 않

태평양전쟁피해자보상추진협의회 결성대회(2001.2.23)

태평양전쟁피해자보상추진협의회 결성 기자회견(2001.2.23)

으면 법적 책임까지 질 수 있다고 경고했다. 다행히 지부장이 말을 알아듣고 그동안 중앙에 올려 보내지 않은 회비를 일부 해결하는 수준에서 상황을 종료시켰다. 어디든 그렇겠지만 유족회도 돈 문제를 놓고 잡음이 끊이지 않은 편이었다. 게다가 시골의 경우 돌아가는 사정을 잘 모르는 피해자나 유족들이 많아, 이들을 상대로 1억 5천만 원씩 받아준다며 돈을 뜯으러 다니는 사기꾼들도 생길 정도였다. 감사를 하면서 그런 문제가 줄어들기를 바라면서 노력했으나 기대했던 것만큼의 결과를 만들어 내지 못한 것 같아 그게 아쉽다. 내가 유족회를 떠나 태평양전쟁피해자보상추진협의회(보추협)으로 활동 공간을 옮긴 것도 유족회에 대한 실망이 컸기 때문이기도 하다.

유족회 활동을 하던 어느 날, 사무국의 도움을 받아 아버지와 함께 이원면에서 군속으로 동원된 분들의 명단과 주소를 확인할 기회가 있었다. 주소를 보다가 마침 경기도에 살고 계시는 분이 있어 혹시 아버지를 알고 계시는지, 아신다면 아버지가 어떻게 돌아가셨는지 이야기를 들을 수 있을까 해서 연락을 했다. 그분은 내게 두 가지 뜻밖의 이야기를 해주셨다.

하나는 아버지의 죽음에 관한 이야기였다. 그분은 아버지와 같은 곳에서 일을 하고 타이 포로수용소에 있는 포로를 일본으로 호송하기 위해 3척의 배에 나눠 탔는데, 앞의 2척은 폭격으로 침몰하고, 마지막 배는 도망쳤다고 했다. 아버지는 두 번째 배를 탔기 때문에 침몰하면서 돌아가셨다고 당시 상황을 말씀해 주셨다. 아버지의 마지막

가치도키마루勝鬨丸

난카이마루南海丸

을 살아 돌아온 분으로부터 직접 들을 수 있었던 것이다.

아버지가 돌아가셨을 때의 상황은 나중에 보추협 김은식 사무국장이 찾은 자료를 통해 좀 더 상세하게 알게 되었다. 1944년 9월 6일, 싱가포르에서 승선자와 항공가솔린, 화물 등을 실은 일본해군의 '히'선단 6척이 모지門司로 향했다. 이를 확인한 미국 잠수함 3척이 팀을 이뤄 뒤를 쫓았다. 6일 후인 12일 오후 11시 경 해남도에서 동쪽으로 약 100km 떨어진 바다에서 미 잠수함이 먼저 호위함인 히라도平戶를 비롯하여 가치도키마루勝鬨丸 등을 공격했다.

두 배는 모두 잠수함에서 쏜 어뢰를 맞아 침몰했다. 가치도키마루에는 일본으로 귀환하는 군인, 군속, 부상병과 일반 승선자 등 882명과 호주군 포로 950명이 타고 있었다.

13일 오전 1시 55분 난카이마루南海丸도 어뢰를 맞아 표류하다 오전 8시 45분에 물속으로 가라앉았다. 선단 중 라쿠요마루樂洋丸에는 약 1,300명의 영국군과 호주군 포로가 타고 있었지만, 이 배도 어뢰를 맞아 배가 침몰했다. 미군 기록에 따르면, 이들 승선자 중 127명의 포로는 3일 후에, 32명은 그 다음날 미군 잠수함에 구조되었다. 만약 하와이 기지를 통해 포로가 탔다는 첩보가 접수되었다면 잠수함이 공격하지 않는 게 일반적인데, 당시는 그런 첩보를 확인하지 못했다고 한다. 이 전투에서 일본 해군은 4척의 배가 침몰되었고, 남은 2척은 해남도로 피해 화를 면했으며, 호위함 2척도 침몰되었다. 미군 잠수함도 1척 침몰되었다. 아버지도 이 때 돌아가신 것이다.

또 하나 알 수 있었던 것은 아버지가 보내주셨다는 급여에 관한 것이었다. 아버지 동료 분은 내게 아버지 이야기를 들려주시면서 "그래도 잘 살고 있제? 아버지가 매달 꼬박꼬박 월급을 보냈는데, 그때는 그게 꽤 큰 돈이었어"라고 말하시는 게 아닌가. '이게 무슨 소린가.' 나로서는 처음 듣는 이야기였다. 어머니도 그런 이야기를 하신 적이 전혀 없었다. 그런데 아버지가 집으로 매달 받은 월급 중 군에서 강제한 저축과 당신이 쓸 일부만 제외하곤 모두 보냈는데, 그걸 모으면 소를 몇 마리나 사고도 남을 돈이었다는 것이다.

그런데 아버지는 돈을 편지와 함께 어머니에게 보낸 게 아니고 큰아버지에게 보냈다고 한다. 지금 같으면 아내에게 편지를 쓰겠지만 유교적인 의식이 강했던 그때는 아버지가 큰형님에게 아내의 안부나 집안 소식을 묻는 것이 관습이었다. 문제는 그런 사실을 큰아버지가 어머니께 전혀 알려주지 않은 것이다. 게다가 그게 알려지면 곤란한 처지가 될 게 뻔하니까 아버지가 보낸 편지나 사진 등도 제대로 보관하지 않고 폐기해버렸다. 그래서 내게는 아버지 사진이나 아버지를 떠올릴 만한 유품이 없다. 이 사실을 알았을 때는 너무 늦은 때였다. 자초지종을 따져보려 해도 이미 큰아버지는 돌아가셨고 큰어머니는 '아무 것도 모른다'고 잡아떼기만 했다. 그 돈이라도 제대로 전달되었다면 어머니가 그렇게까지 고생하지는 않았을 것을 생각하니 부아가 치밀어 올랐다. "어떻게 형제간에 이럴 수가 있느냐"고 따져봤지만 이제 와서 되돌릴 수도 없는 일이라 더 기가 찰 뿐이다.

내 아버지의 이름을 빼라

내가 아버지에 대한 기록을 본격적으로 찾기 시작한 것은 1990년대 말부터였다. 당시 태평양전쟁희생자유족회 서울지부(뒤에 보추협으로 독립)가 정부에 피해배상을 요구하는 운동과 함께 피해 실태를 정확하게 파악하기 위한 자료들을 정리하기 시작했다. 그리고 이런 활동에 일본의 지원단체들도 적극 협력해 피해자 운동에 새로운 변화가 일어나고 있었다. 이를 토대로 2001년 보추협은 일본정부를 상대로 대규모 '재한군인군속 재판'을 할 수 있었다. 일본 변호사들과 소송 지원단체가 직접 한국에 와서 개인 면담을 한 뒤 피해 상황을 정리하였고, 보추협에서는 원고들을 지휘하여 정부기록보존소(지금의 국가기록원)에서 잠자고 있던 관련 자료들을 찾아내기 시작했다. 마침내 2001년 6월 29일 도쿄지방재판소에 군인·군속에 대한 피해배상과 야스쿠니신사에 무단으로 합사한 것을 취하해 줄 것을 요청하는 소송을 냈다.

그리고 7월 14일에는 원고 10명의 이름으로 김대중 대통령과 고이즈미 준이치로 총리에게 보내는 공개서한을 발표했다. 서한에서 우리는 "일본의 역사교과서 왜곡과 고이즈미 일본총리의 야스쿠니신사참배 공언에 희생자의 자식으로 끌어오르는 분노를 누를 수 없습니다. 특히 부모의 원혼을 부모를 죽게 한 전범자들과 함께 전몰자로서 추도하겠다는 일본의 발상에 대해 희생자의 자식으로서 도저히 용납할 수 없"다고 주장했다.

이런 과정에서 아버지와 관련된 몇 개의 자료들이 확보되었다. 먼저 정부기록보존소에서 복사한 『태포로수용소유수명부』에 따르면, 아버지 김만복金萬業(창씨명 金本萬業)은 1917년 9월 20일생으로 1944년 9월 12일에 전사했으며, 공탁번호 43292호로 공탁이 되어 있다는 표시와 함께 '합사제'라고 적혀 있었다. 이 자료를 근거로 일본 후생성에 아버지에 대한 조회를 요청했다. 1999년 7월 22일 후생성이 보내온 답변서에서 아버지가 1944년 9월 12일 해남도 동방 240리에서 전사했으며, 1953년 6월 1일에 1,140엔이 미지급 급여금 이름으로 도쿄법무국에 공탁되어 있다고 알려왔다. 그리고 2003년 4월 22일에 찾은 〈임시군인군속계〉에는 아버지가 1942년 8월에 감시원 신분의 군속으로 채용되어 태국 포로수용소 제4분소에서 근무한 걸로 되어 있었다. 야스쿠니신사에도 아버지가 언제 합사되었는지를 조회한 결과, 2004년 10월 29일자 야스쿠니신사사무소의 답변서에서 아버지가 1959년 4월 6일 합사되었다고 하였다.

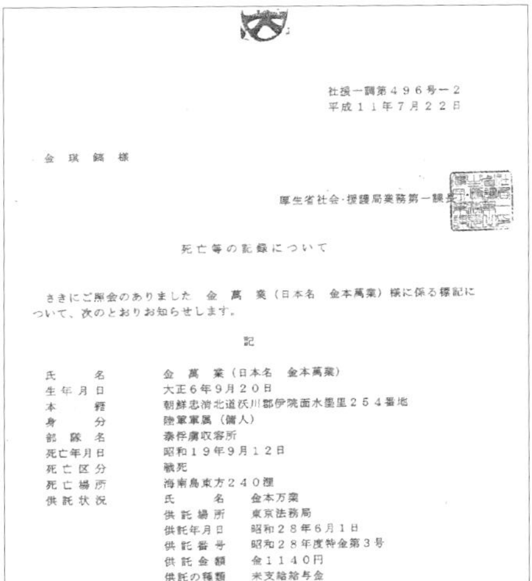

社援一調第496号ー2
平成11年7月22日

金琪鎬様

厚生省社会・援護局業務第一課長

死亡等の記録について

さきにご照会のありました 金萬業（日本名 金本萬業）様に係る履記について、次のとおりお知らせします。

記

氏名	金萬業（日本名 金本萬業）
生年月日	大正6年9月20日
本籍	朝鮮忠清北道沃川郡伊院面水鳳里254番地
身分	陸軍軍属（傭人）
部隊名	泰俘虜収容所
死亡年月日	昭和19年9月12日
死亡区分	戦死
死亡場所	海南島東方240浬
供託状況	氏名 金本万業
	供託場所 東京法務局
	供託年月日 昭和28年6月1日
	供託番号 昭和28年度特金第3号
	供託金額 金1140円
	供託の種類 未支給給与金

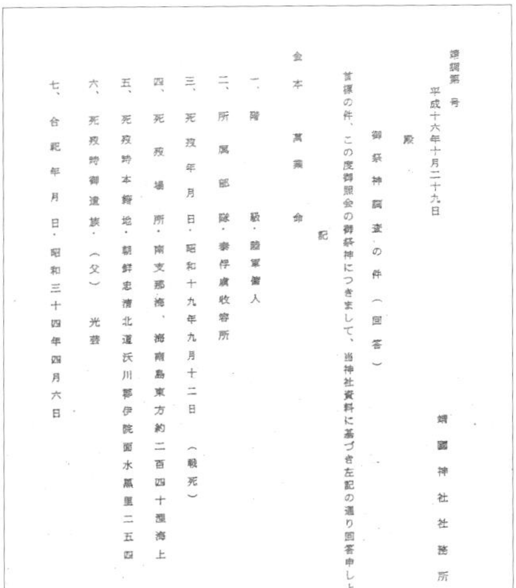

靖調第 号
平成十六年十月二十九日

殿

御祭神調査の件（回答）

首標の件、この度御照会の御祭神につきまして、当神社資料に基づき左記の通り回答申し上げます。

靖國神社社務所

記

金本萬業 命

一、階級・陸軍傭人
二、所属部隊・泰俘虜收容所
三、死歿年月日・昭和十九年九月十二日（戦死）
四、死歿場所・南支那海、海南島東方約二百四十浬海上
五、死歿時本籍地・朝鮮忠清北道沃川郡伊院面水鳳里二五四
六、死歿時御遺族・（父） 光[illegible]
七、合祀年月日・昭和三十四年四月六日

以上

공탁금 조회 신청에 대한 일본 후생성의 회신(1999.7.22, 왼쪽)
합사 확인 요구에 대한 야스쿠니신사의 회신(2004.10.29, 오른쪽)

이 모든 자료들은 피해자 단체가 직접 나서서 찾은 것이다. 내가 정부기관인 일제강점하강제동원피해진상규명위원회로부터 받은 문서는 2005년 8월 5일자의 '일제강점하강제동원피해 심의·결정통지서' 하나뿐이다. 결정통지서에는 "김만업은 1942.8월 강제동원되어 태국 포로수용소에서 일본 육군군속으로 노역을 당하던 중 1944.9.12. 해남도 동방 240리에서 사망한 사실이 인정됨"이라는 내용이 전부였다. 이 결정서 한 장을 받기 위해 하루하루 삶을 이어가기도 힘든 피해자들과 유족들, 그리고 우리를 도와주는 한국과 일본의 시민단체와 지원자들이 얼마나 노력했는지 사람들은 잘 모를 것이다. 이 얼마나 무책임한 국가인가. 피해자의 눈으로 본다면 '이게 나라냐'라는 비판과 한숨이 절로 나온다. 그나마 노무현 정부 때 일부 진상규명과 피해 보상이 이뤄졌지만 여전히 해결되지 않은 문제들이 남아 있다.

야스쿠니무단합사 철폐소송 일본 관계자들 함께(2006.12. 6)

아버지가 야스쿠니신사에 합사된 것은 1959년으로 50년 전의 이야기이다. 그런데 지금까지 그런 사실을 전혀 모르고 있었다. 이유는 바로 일본정부가 숨겼기 때문이다. 아버지가 야스쿠니신사에 합사되었다는 기록은 1993년 노태우 정부 때 일본으로부터 받은 자료 속에 들어있었다. 그러나 그것을 알고 의미를 이해하기에는 시간이 많이 걸렸다. 만약 2001년에 보추협에서 사무국을 맡아 일본정부를 상대로 재한군인군속 재판을 하지 않았다면 나는 아버지의 합사 사실과 의미를 알지 못했을 것이다.

어릴 때 추석이 되면 다른 사람들은 아버지 산소를 찾아가 절을 올렸지만 내게는 그럴 묘가 없다는 게 굉장히 외롭게 느껴졌다. 경제적으로 힘들어 묘를 만들지 못한 게 오랫동안 한으로 남았다. 다행히 1996년 천안 망향의 동산에 어머니를 모실 때 그 옆에 아버지도 함께 모셨다. 어머니와 아버지를 함께 모시는 그날, 나는 이제 자식된 도리를 조금이나마 할 수 있게 되었다고 스스로를 위안했다. 그런데 아버지가 야스쿠니신사에 합사되었다고 하니 이 얼마나 황당한 일인가.

우리 집안은 대대로 불교집안으로 기념일이나 쉬는 날, 제사 때는 절에 가서 불공을 드린다. 아버지도 불교신자였는데 야스쿠니신사에

'빼앗긴 어버이를 그리며' 일제강제동원 희생자 합동추모제(2011.5.8)

제7회 일제강제동원 희생자 합동추모제
(2017.5.8)

합사되어 있다면 과연 부처님의 품으로 돌아가실 수 있을까. 아버지의 혼이 야스쿠니에 붙잡혀 있는 것과 같다. 음력 4월 8일인 석가탄신일에 성묘가 끝난 뒤 등산할 때가 많다. 등산하는 도중 절이 나오면 꼭 들러서 아버지를 위해 기원한다. 부처님께 삼배를 올리고 주지스님에게 아버지가 야스쿠니신사에 합사되어 있어 진심으로 부처님께 빌 수 없다고 하소연하면서 어떻게 하면 좋을지 상담도 한다. 그러면 주지스님은 "하루라도 빨리 해방되도록 열심히 기원합시다. 저도 함께 열심히 기도하겠습니다"라고 위로하신다.

나는 아버지의 영혼은 부처님의 나라에 갔다고 믿고 싶었다. 그런데 아버지가 일본 군국주의의 상징인 야스쿠니신사에 혼으로 모셔져 있다니. 야스쿠니신사에는 전쟁범죄자도 함께 합사되어 있다. 그런 자들과 내 아버지가 같은 대우를 받을 수는 없다. 그보다도 가족에게는 아무것도 알리지 않은 채 일본정부와 야스쿠니신사가 짜고 마음대로 저희들 신으로 만들었다는 것 자체를 받아들일 수 없다. 일본의 군속으로 돌아가셨을 때는 아주 어렸기 때문에 충격이 적었다. 그러나 야스쿠니신사에 합사되었다는 사실을 알았을 때는 두 번 죽임을 당했다는 생각이 들었다.

아버지를 추모할 권리는 내게 있다. 내가 싫다는데 무슨 해괴망측

한 논리를 만들어 야스쿠니신사는 거부하는지 상식적으로 이해가 되질 않는다. 대단히 불쾌해서 참을 수 없다. 영혼을 일본이 가두고 있는 것 같다. 자식으로서 제사를 지내고 있는데, 야스쿠니신사에 합사되었다고 하니 마치 아버지가 모욕을 당하고 있다는 생각과 함께 죄책감마저 든다. 내가 뭔가 부족하기 때문에 아버지를 그런 곳에 둔 게 아닌가 하는 생각이 들 때도 있다. 지금까지 자신이 저지른 잘못에 대해 조금도 반성하지 않는 일본이 한없이 원망스럽다. 하루라도 빨리 야스쿠니신사에서 아버지의 이름을 빼내 과거의 망령으로부터 자유로워지길 바란다.

• 김민철

스물여덟에 홀로 되신 어머니를 그리며

김동관

유골이 되어 돌아온 아버지

아버지 김대성金大成(창씨명 金平禮聲)은 1905년 4월 4일 충남 보령군 미산면 용수리에서 태어났다. 아버지는 당시 천석꾼으로 부자였던 당고모 집에서 군청이나 경찰서 등 주로 관공서를 상대하는 일을 봐 주며 집사로 일했다. 아버지는 활달하고 화통한 사람이었는데 천석꾼 집안의 바깥일을 봤기 때문에 당고모부로부터 열댓 마지기 정도의 농토를 받았다. 머슴까지 두고 농사를 지을 정도였으니 가정형편은 괜찮은 편이었다.

아버지는 서른일곱살 때인 1942년 3월 초 일본으로 징용을 가게 되었다. 관공서에 아는 사람도 많이 있었지만 징용을 피할 수는 없었다. 열세 살, 아홉 살 두 딸과 네 살의 아들을 남겨두고 끌려간 길이었다. 열넷에 결혼한 어머니는 당시 스물여덟 살이었다. 나는 어머니의 뱃속에 있었다. 코흘리개 3남매와 임신한 아내를 두고 일본으로 떠나는 아버지의 마음은 어떠했을까.

집안의 기둥인 아버지가 끌려간 뒤부터 우리 가족의 기나긴 고생은 시작되었다. 천석꾼이었던 당고모 집도 점점 가세가 기울어 몰락해 가자 아버지에게 준 땅도 모두 다시 가져갔기 때문이다. 어머니는 남편도 떠나보내고 설상가상으로 땅도 빼앗겼으니 그야말로 졸지에 알거지 신세가 되어버린 것이다.

어머니는 당장 3남매를 먹여 살리기 위해 만삭의 몸으로 근처 마을까지 일손이 필요한 곳이면 어디든지 달려가 일을 해야 했다. 나는 아버지가 끌려간 그 해 겨울 12월 28일에 태어났다. 어머니는 출산한 뒤 몸을 돌볼 여유도 없이 일을 나가야 했다. 열 살된 둘째 누나에게 밥을 씹어 밥과 침이 섞인 것을 갓난아기였던 나에게 먹이라고 일러두고 남의 집의 허드렛일 등 품팔이를 하러 갔다. 저녁이 되면 어머니는 퉁퉁 불어터진 젖으로 집에 돌아와 그 때부터 나를 품에 안고 아침까지 젖을 먹여 키웠다. 누이는 종종 그때를 떠올릴 때면 많은 사람들 앞에서 내 침을 먹고 큰 동생이라며 튼튼하게 장성하여 어른이 된 나를 대견스러워했다.

어머니(1959년)

아버지는 일본으로 끌려가고 나서 채 1년도 되지 않아 세상을 떠나고 말았다. 일본으로 끌려가 고향으로 편지 한 통 오지 않았는데 첫 번째 날아온 소식이 사망통지였던 것이다. 나중에 확인한 기록에 따르면 아버지는 1943년 1월 24일 오후6시 홋카이도 마쓰마에군 마쓰마에정 아자 후쿠야마 248번지北海道松前郡松前町字福山248番地에서 사망했다. 내가 태어난 지 한 달도 되지 않은 때였다. 어머니를 비롯한 가족에게는 청천벽력과 같은 소식이었다. 어머니는 아버지의 유골을 찾으러 며칠을 걸려 서울까지 걸어서 다녀왔다. 그 먼 곳까지 걸어가서 남편의 유골을 가슴에 품고 돌아오는 어머니의 심경이 어떠했을까 생각하면 지금도 가슴이 먹먹하다.

집으로 돌아와 흰 보자기에 싸인 아버지의 유골을 방에 잠시 모셔두고 어머니가 잠시 자리를 비운 사이에 아무 것도 모르는 다섯 살 형이 유골함을 열어 아버지의 유골을 들고 장난감인 것처럼 방바닥을 두드리고 있었다고 한다. 그 모습을 보고 어머니는 마음이 오그라드는 듯 아팠다고 했다. 아버지의 유골을 들고 천진스럽게 노는 아들의 모습을 보고 어머니는 얼마나 기가 막혔을까. 그 심경을 어떻게 달

아버지가 동원된 뒤 살았던 집(충남 부여군 구룡면 동방리 660)

로 표현할 수 있을까.

유골을 찾아 온 어머니는 맘 놓고 통곡하거나 괴로워 할 새도 없었다. 당시 어머니는 모시 길쌈과 잡일을 하며 근근이 생계를 이어가고 있었다. 갓난아기를 비롯한 4남매를 굶기지 않으려면 당장 잔치 집이든 상가 집이든 일을 해 주고 얻어 온 음식으로 4남매를 먹여 살려야 했다. 스물아홉 청춘에 홀로 된 어머니에게는 하늘을 보나 주위를 보나 도움을 청하며 의지할 곳이 아무데도 없었다. 제대로 먹지도 못해 영양실조로 허덕이는 4남매의 자식들이 '네 마리의 제비새끼'처럼 어머니만 바라보고 있었다. 너무나 무거운 인생의 무게를 견디기 힘들 때에는 두 어린 아들을 양팔에 껴안은 채 목이 쉬도록 울며 긴긴밤을 지새운 적이 한 두 번이 아니었다. 눈이 펑펑 쏟아져 온통 들판이 눈으로 뒤덮인 어느 겨울밤에 어머니는 깊은 구덩이에 빠져 허우적거리면서도 4남매를 생각하며 악착같이 더듬어 나온 끝에 집으로 돌아왔다. 죽음의 구덩이에서 나와 두 아들을 보자 양팔에 껴안고 펑펑 울던 어머니를 잊을 수가 없다.

고단한 삶을 신앙의 힘으로 이겨낸 어머니

어머니는 이렇게 감당할 수 없는 모진 풍파를 평생 동안 신앙의 힘으로 견뎌냈다. 힘든 일이 있을 때마다 교회에 가서 엎드려 신께 찬송과 기도를 해 신으로부터 위로와 힘을 얻었다. 독실한 기독교 신앙만이 어머니를 지탱해주는 유일한 힘이었다. 어머니가 기도를 하며 찬송을 부를 때면 늘 눈물을 펑펑 흘려 눈물바다를 이루었던 것을 나는 생생히 기억하고 있다.

1950년대 초반부터 어머님께서 보따리 장사에 쓰던 됫박

한국전쟁이 끝나고 피난에서 돌아온 우리 가족은 외갓집에서 살았는데 어머니는 시골의 각 가정에서 필요한 바늘, 실, 성냥 같은 각종 물건을 보따리에 이고 집집마다 찾아다니며 팔아서 돈이든 곡식이든 받아오는 보따리 장사를 하였다. 나는 그 때 보따리 장사를 하는 어머니를 따라다녔다. 시골장

에 어머니와 함께 다니면 엿이라도 얻어먹을 수 있고, 사탕 하나라도 얻어먹을 수 있었기 때문이다. 그 때 어머니는 보따리를 머리에 이고 늘 찬송가를 불렀다. 그런데 찬송가를 부르는 어머니의 눈가는 항상 눈물로 젖어 있었다.

어머니가 믿을 수 있는 분, 의지할 수 있는 분, 어머니를 보호해 줄 수 있는 분은 하나님 밖에 없었다. 그 때 어머니가 눈물을 흘리며 부르는 찬송이 그렇게 나의 맘에 와 닿을 수가 없었다. 어머니는 교회에서 모범적인 신앙인으로 인정을 받아 장사에도 많은 도움을 받았다. 훗날 내가 목사로서 살아가게 된 것도 그 때부터 어머니로부터 많은 영향을 받았기 때문이라고 생각한다.

나는 어머니가 보따리 장사를 할 때 가지고 다니던 됫박을 지금도 소중히 간직하고 있다. 어머니의 애환이 담겨 있는 그 됫박을 볼 때마다 어머니가 너무도 그립고 아름답게 보였다.

여전도사로 활동하다 53세에 돌아가신 어머니

한국전쟁이 휴전 된 1953년 가을부터 어머니는 서른여덟 살의 나이에 전도사로 활동을 시작했다. 어머니는 정상적인 학교교육을 받아본 일이 없지만 집사와 여신도회 회장으로 교회의 부흥에 기여하여 목사들로부터 리더십과 성실함을 인정받았다. 그래서 작은 교회의 전도사로 임명을 받기에 이르렀다. 1967년 2월까지 15년 동안 6개 교회에서 여전도사로 열심히 목회를 하였다. 전도사로 일했지만 자립하지 못한 교회를 개척하는 것이 주된 일이었기 때문에 생활형편은

어머니가 세 번째로 부임한 교회의 성도들과 함께(1957~1963)

좀처럼 나아지지 않았다.

그러던 1967년 2월 26일, 어머니는 영양실조에 류머티즘과 심장병이 겹쳐 53세의 젊디젊은 나이에 소천하셨다. 스물여덟 살의 청상과부로 4남매를 짊어지고 살기위해 시달린 몸이 견딜 수가 없었던 것이다. 피눈물로 살아온 날들의 극심한 고통에 심장인들 견딜 수 있었을까. 결국 어머니는 24년 전인 1943년에 남편이 일본에 징용으로 끌려가 영양실조에 걸려 각기병으로 사망한 것처럼 젊은 나이에 골병이 들어 영양실조에 심장병으로 53년의 가냘픈 생애를 마쳤다.

어머니가 돌아가시기 전에 나에게 "네 아버지께서 일본으로 징용가신다고 떠난 후 며칠 동안 관공서 고위층과 함께 어울려 지내다가 다시 집에 와서 며칠을 지내고 떠났는데 바로 그 때 너를 잉태하게 되었다. 그래서인지 네 형은 외할아버지를 닮았는데 너는 아버지를 꼭 빼닮았다"고 전해 주셨다.

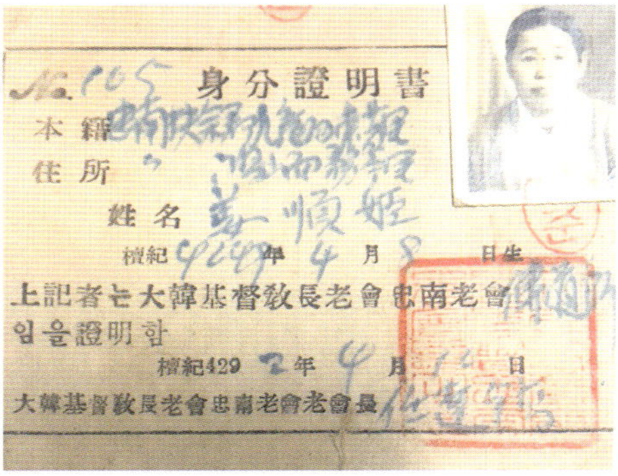
No. 105 身分證明書

本籍

住所

姓名

檀紀 年 月 日生

上記者는大韓基督敎長老會忠南老會 임을證明함

檀紀429 年 月 日

大韓基督敎長老會忠南老會老會長

어머니의 전도사 신분증(1959.4.10 발급)

나는 어머니가 돌아가시기 사흘 전에 꿈을 꾸었다. 옛날 궁궐 같은 곳에서 우렁찬 군악대 소리와 승전한 군인들의 말발굽 소리가 천지를 진동시키는 듯한 가운데 환영하는 군중들이 인산인해를 이루어 모두가 즐겁게 기뻐하며 환호성을 지르고 있었다. 그 때 번쩍번쩍 광채가 나는 투구를 쓰고 위엄차게 긴 칼을 차고 화려하게 빛나는 장군복을 입은 대장군이 백마를 타고 늠름한 모습으로 궁궐로 들어가고 있었다. 그 아름답고 위엄찬 대장군을 자세히 보니 여전도사인 나의 어머니였다. 나는 너무 놀라 겁에 질려 감히 부르지도 못하고 바라볼 수밖에 없었다. 내가 어머니를 따라 궁궐 대문으로 들어가려 하자 문을 지키는 경비병이 나를 가로막아 들어가지 못하도록 막았다. 나는 어쩔 수 없이 발을 동동 구르며 안타까운 마음으로 어쩔 줄 몰라 애태우다 깨니 꿈이었다.

나는 심장병으로 눕지도 못하고 앉아 영양실조에 쇠약해진 가냘픈 몸이지만 꿈에서 본 어머니의 '위엄차고 화려한 대장군의 모습으로 빛나는 하늘나라로 들어가는 모습'에 감격했다. 어머니는 인생의 승리자, 신앙의 승리자가 되어 하늘나라로 들어가는 모습이었다. 나는 흥분이 되어 장례를 마칠 때까지 울지 않았다. 어떻게 보면 어머니는 스물여덟 살에 청상과부가 되어 4남매를 짊어지고 모진 고생을 하였지만 소천하는 순간에는 4남매의 무거운 짐도 벗어버리고 아버지를 강제징용으로 끌고 간 일본도 없고 징용도 없는 하늘나라로 세상을 이긴 개선장군으로 가셨다고 믿으니 나는 오히려 흘가분했고 감사했다.

어머니가 돌아가시기 6년 전에 꾸었던 꿈 이야기를 여러 차례 들었다. 어머니는 솜털처럼 가벼운 몸으로 푸른 하늘을 천사처럼 훨훨 날아다녔는데 유리바다와 같이 넓은 바다 위를 날아다니다가 바닷가를 바라보니 157cm 정도로 통통하고 자그마한 어머니의 몸뚱이가 바닷가에 밀려와 방치되어 있었다는 것이다. 어머니는 자신의 몸뚱이를 보자 바닷가로 내려가 자신의 몸뚱이를 깨끗이 씻어서 "이런 바닷가에 버려둘 수 없다"며 자신의 옆구리에 끼고 아름답고 편안히 쉴 수 있는 곳으로 날아가다 꿈을 깼다고 한다.

그런데 이 꿈처럼 내가 어머니께 해 드리지 못한 것이 큰 아쉬움으로 남아 있다. 어머니가 돌아가셨을 때 나는 신학대학을 갓 졸업하고 가난한 시골교회의 스물여섯 살 전도사로 2년 째 시무를 하고 있었다. 어머니는 내가 시무하고 있던 교회의 사택에서 돌아가셨는데 당시 나는 장례를 치를만한 경제적 능력이 없었다. 결국 교회 대표들이 물색해 준 충남 보령시의 국유지에 초라하게 모실 수밖에 없었다. 사실상 무허가 공동묘지였다. 어머니가 1967년에 돌아가신 지 금년으로 50년이 되었는데 지금도 어머니의 묘지를 찾을 때마다 '자신의 몸뚱이가 바닷가에 버려져 있었다.'는 어머니의 꿈이 생각나서 불효막심한 나는 괴롭다. 어머니는 일본에서 온 아버지의 유골을 모신 부여 절골 마을에 함께 묻히기를 바랐다. 그러나 형편이 여의치 않아 아직까지 그 뜻을 이루어드리지 못하고 있다. 아버지를 모신 지 75년이 된 무덤이 도로공사로 무너져 있고 무덤도 낮아져 있어 언젠가 무덤도 보수하고 어머니와 함께 모실 기회를 바라고 있다.

보육원에서 공부하여 목사가 되다

나와 형은 어머니가 전도사로 시무하는 어려운 형편 속에서 초등학교를 졸업하였다. 나는 중학교에 가고 싶었으나 우리 집 형편은 중학교에 보낼 수가 없었다. 어느 날 밤 어머니와 둘이 자고 있을 때 내가 어머니에게 신설된 중학교에라도 가고 싶다고 하자 어머니는 아무 말이 없었다. 어쩌다가 내 손이 어머니의 얼굴에 닿자 어머니는 소리 없이 우셨는지 눈물이 흥건히 고여 있었다. 나는 "엄마 나 중학교 안 갈래요. 그리고 내 몸에 맞는 지게를 사 주면 산에 가서 나무를 팔아 돈을 벌게요"라고 말했다. 그러자 어머니는 나를 꼭 껴안았고 어머니도 나도 목이 쉬도록 울었다. 나는 그날 밤을 지금도 잊을 수가 없다. 며칠 후 우리 반 학생들이 중학교 진학시험을 보러 가는 날, 나는 산에 올라가 마냥 울었고 세상이 싫어 죽고 싶었다.

그러나 나는 공부를 포기할 수가 없었다. 공부만 할 수 있다면 어떠한 일이라도 할 각오로 같은 마을 출신으로 대전에서 중학교를 고학으로 다니는 선배를 찾았다. 그리고 나도 중학교에 입학하고 돈을 벌기 위해 신문을 돌리고 버스에서 생필품을 팔고 돼지 기르는 일을 돕기도 하고 과수원에서 일을 하기도 했다. 지금 생각해 보면 그렇게 일을 하면서 학교에 다닌 것은 기적과도 같은 일이었다. 그 때는 너무 힘들어 밥만 배부르게 먹고 살았으면 좋겠다고 생각한 적도 한두 번이 아니었다. 학비를 제대로 낼 수도 없었다. 그러자 딱한 사정을 살핀 담임선생님이 보육원에 나를 소개해주었다. 그 선생님은 교회 집사였는데 자신이 다니던 교회 장로가 운영하는 보육원에서 밥도 주고 잠도 재워주니 공부할 수 있다며 나를 소개해 준 것이다. 나는 보육원에서 공부를 하고 방학이 되면 어머니가 계신 교회로 갔는데 어머니는 잃어버린 아들을 찾은 듯 너무 기뻐했다.

보육원에서 살며 중고등학교를 졸업한 후 어머니의 독실한 기독교 신앙을 따라 신학대학을 졸업하고 교회의 담임목사가 되었다. 수녀원의 수녀 같은 어머니의 경건한 신앙을 본받아 나도 전국 각 교회에서 초빙을 받은 부흥목사로 강단에 설 때마다 어머니와 내가 겪어온 생애가 교과서가 되어 어떠한 고난과 시험이 닥쳐도 이기고 승리하는 믿음을 설교했다. 그리고 70세가 되어 정년으로 은퇴하였다. 현재 원로목사회 총무로 활동하며 전북 익산 '엘리사기도원'의 원장으로 직무를 수행하면서 100군의 벌통으로 벌꿀을 생산하는 양봉업도 하고 있다. 75세가 된 지금도 부여에 있는 부친의 산소와 15킬로미터 떨어진 보령에 있는 모친의 산소를 찾아 벌초도 하고 수시로 들려 보살피고 있다. 서른여덟 살에 돌아가신 아버지, 스물여덟 살 청상과부가 된 어머니 슬하의 4남매 중 두 아들은 목사가 되고 두 사위는 교회의 장로가 되었으며 손주 스물여섯 명은 모두 반듯한 사회구성원이 되었다.

72년만에 확인한 아버지의 사망 장소

나는 아버지의 기록을 찾기 위해 1990년대 후반부터 태평양전쟁희생자유족회에 가입했다. 그러나 지방에 있었기 때문에 활발히 참석하지 못했다. 2001년 태평양전쟁피해자보상추진협의회(보추협)가 결성되기 한 해 전부터는 좀 더 적극적으로 활동을 하게 되었다. 유족회에서 활동하며 다른 유족들이 부친들의 기록을 찾는 것을 보면서 나도 도움을 받아 아버지의 기록을 찾기 시작했다.

2010년 4월말에 일본에서 강제동원 문제의 해결을 위해 평생을 헌신해 온 시민운동가 후쿠도메 노리아키福留範昭 씨가 서울의 유족들과 함께 나를 만나러 군산 새만금 방조제까지 와 주었다. 우리 일행은 군산항으로 가서 저녁식사를 했는데 나는 일본 사람들이 아버지의 기록을 찾는데 필요한 위임장을 작성해 주었다. 일본에서 나를 만나기 위해 일부러 전라도까지 직접 찾아와 준 것이 너무나 고마웠다. 그런데 후쿠도메 씨가 나를 만나고 며칠 뒤에 광주에서 열린 국제회의에 참가했다가 갑자기 몸에 이상을 느껴 도중에 귀국했으나 끝내 세상을 떠났다는 이야기를 들었다. 우리 유족들을 위해 평생을 바친 분이 그것도 나를 만난 며칠 뒤에 돌아가셨다니 너무나 애석했다.

나는 2017년 3월 29일 보추협에서 작성한 서류에서 아버지에 대한 새로운 사실을 알게 되었다.

태평양전쟁희생자유족회 서울지부 총회(2000.11.28)

부친은 1942년 3월 초에 일본으로 강제징용된 후 10개월 만에 사망했으며 유골이 서울에 도착했으니 찾아가라는 소식을 고향의 가족들은 2개월 후인 3월경에 들었다. 어머니가 찾아온 유골과 함께 있던 자료에, 사망일시는 1943년 1월 24일 오후 6시였고 사망주소는 홋카이도 마쓰마에군 마쓰마에정 아자 후쿠야마 248번지라고 적혀 있었다. 어머니는 적힌 그대로 면사무소에 사망신고를 했으며, 그것이 지금의 제적등본에 기록되어 있다. 그런데 1945년 8월 15일 일본에서 해방이 되자 아버지와 함께 징용을 갔다가 생존해 온 분에게서 아버지는 홋카이도 탄광에서 갱이 무너져 120명과 함께 사망했다는 이야기를 들었으나 달리 확인할 길도 없어 65년간 그대로 믿고 있었다.

후쿠오카 증언회(2010.10.18)

나는 일본의 이병호 목사가 원장으로 있는 기도원에 초청을 받아 부흥회를 하러

후쿠오카 증언회 관계자들과 함께

갔었다. 공항에 착륙하려고 할 때 갑자기 아버지 생각이 나고 어머니 생각이 나면서 눈물이 팍 쏟아지는 것이었다. "우리 아버지를 앗아간 땅이구나. 우리 아버지가 강제징용으로 끌려와 비참하게 죽은 일본의 땅이구나. 이 땅이 우리 아버지를, 우리 집의 행복을 몽땅 앗아간 진저리가 나는 땅이구나"라는 생각이 나서 가슴이 미어지는 아픔이 느껴졌다. 그래서 "아, 이것이 내가 아버지의 피가 살아 흐르는 아들이라는 확신이구나"라는 생각이 들었다.

2010년 10월 17일부터 19일까지 일본의 시민들이 개최한 강제동원 피해유족 증언대회에 초청을 받아 후쿠오카를 찾았다. 나는 강제징용된 사람들이 가장 많이 간 곳이 후쿠오카가 속해 있는 규슈라는 사실을 듣고 '탄광의 갱도가 무너져 사망했다'는 아버지를 찾아보려는 심정으로 후쿠오카에 갔다. 그리고 그 지역의 강제동원 문제를 오랫동안 조사하고 연구해 온 교사 출신의 요코카와 테루오橫川輝雄 씨를 만나 새로운 사실을 알게 되었다. 아버지가 사망한 시간과 장소가 기록된 제적등본을 살펴본 요코가와 씨는 아버지의 사망 장소가 탄광이 아니라는 사실을 알려주었다. 그동안 나는 잘못 알고 있었던 것

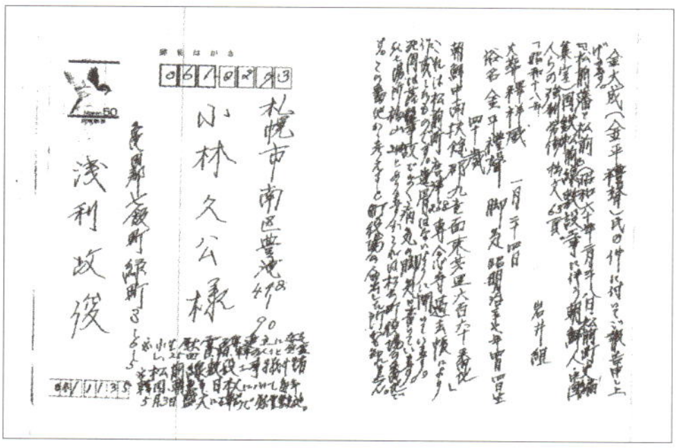

요코카와 테루오 씨와 함께(2010.10.20), 오른쪽은 고바야시 히사토모 씨가 부친 사망에 관해 조사한 후 보내온 편지

이다. 요코가와 씨의 안내로 수많은 조선인들이 끌려온 치쿠호筑穗 지역의 탄광 등을 둘러보았다.

나중에 홋카이도에서 역시 이 문제의 해결을 위해 활동하고 있는 고바야시 히사도모小林久公 씨의 도움으로 홋카이도에 사실확인을 요청하였고 비로소 아버지의 정확한 사망기록을 확인할 수 있었다. 아버지의 사망기록을 센넨지專念寺, 北海道松前郡松前町唐津268라는 절의 과거장過去帳(절에서 죽은 사람들의 속명, 법명, 죽은 날짜 등을 기록한 장부)에서 찾았다고 한다. 기록에 따르면 아버지는 국철 마쓰마에선松前線 공사에 건설회사 이와이구미岩井組 소속으로 동원되어 일하다가 '각기병'으로 돌아가셨다는 것이다. 그리고 제적등본에 기록되어 있는 사망장소는 마쓰마에정松前町 행정관청의 주소라는 것이다. 아버지가 돌아가신 곳이 탄광이 아니라 국철 공사장이고 사망원인이 '각기병영양실조이라는 사실을 65년 만에 확인한 순간이었다.

그리고 무연고자인 아버지를 센넨지라는 절에서 화장하여 유골을 고향으로 발송한 기록을 72년 만에 확인하는 순간 나는 아버지의 최후가 아무런 도움도 받지 못하고 아무도 없이 외롭게 죽어간 사실에

가족사진, 4남매(왼쪽) 생질 결혼식 가족사진(오른쪽)

가슴이 무너져 내려 눈물을 그칠 수가 없었다.

아버지는 국철 공사장에서 사망하였고, '센넨지'에서 화장된 유골은 본국으로 보내진 것이다. 그런데 본국으로 유골을 보내면서 사망한 주소를 행정청 주소로 한 것을 보면 행정담당자들이 아버지를 얼마나 무시하고 무책임하게 처리한 것인가를 알 수 있었다. 나는 일본을 용서할 수가 없다.

나는 올해 5월에 추도순례로 홋카이도를 다시 찾을 기회를 얻었다. 정부에서 실시하는 일제강제동원피해자지원재단의 사업으로 유족의 순례에 참가하게 된 것이다. 아버지의 얼굴도 보지 못하고 태어난 막내아들로서 아버지가 돌아가신 공사현장과 아버지가 돌아가셨던 곳과 아버지가 스쳐간 흔적을 찾아보고 싶다는 희망을 갖고 있다.

• 김영환

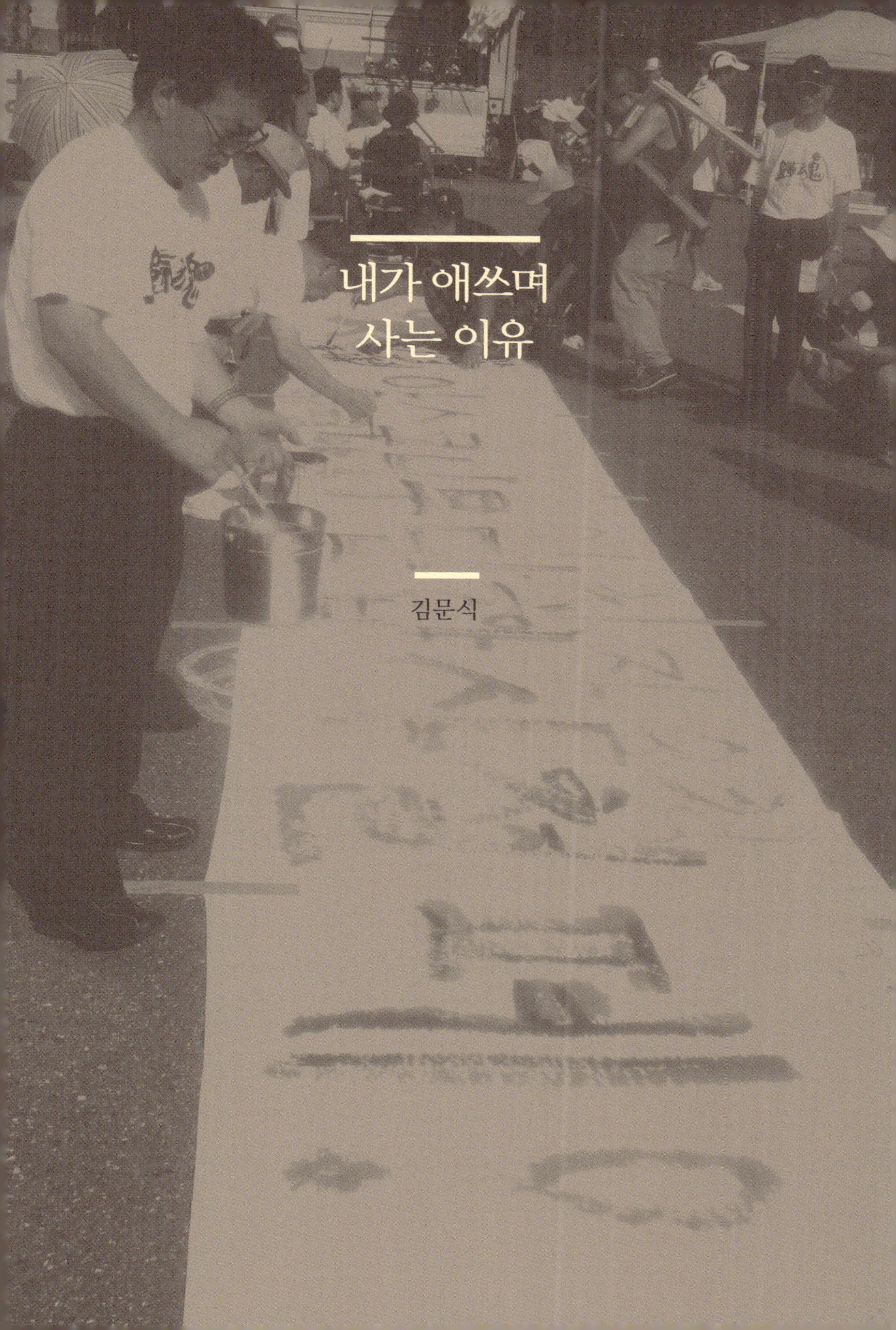

내가 애쓰며 사는 이유

김문식

징용서 살아 돌아왔지만 평생 진폐증에 시달린 아버지

나는 1949년 1월 10일 경상북도 문경군 산북면 약석리 637번지에서 태어났다. 호적에는 1951년생으로 되어 있지만, 실제 태어난 해는 1949년이다. 한국전쟁 때 면사무소가 폭격으로 불타 전쟁 이후에 2년 늦게 신고했기 때문이다. 산북면은 농사를 짓는 농촌이었는데 우리집은 내가 여덟 살 때 문경의 한 탄광촌으로 이사를 해 탄광 앞에서 탄광 노동자를 상대로 식당 겸 여인숙을 했다. 당시 '은성광업소'라 불리던 탄광회사가 있던 곳에서 장사하며 생계를 꾸렸다.

탄광촌으로 이사한 이유는 농사꾼이던 아버지가 더 이상 농사를 지을 수 없을 정도로 건강이 나빠졌기 때문이었다. 아버지 김정옥金正玉은 1922년생으로 1942년 스무 살 때 일본에 징용으로 끌려가 나가사키에 있는 탄광에서 일 하다가 해방 직후 용케 살아 돌아왔다.

아버지는 탄광에서 험한 일을 했던 탓에 진폐증을 앓게 됐다. 탄광 중노동에 시달리기도 했거니와 전시 중이던 당시에 공습이나 폭격으로 인해 탄광 밖으로 함부로 나올 수도 없어서 탄광 안에 항상 오래 머물러야 했다. 고향으로 돌아온 아버지는 농사를 짓고 싶어 했지만 병을 얻어서 돌아왔기 때문에 농사를 지을래야 지을 수가 없었다. 다행히 고향에 땅이 조금 있어 그걸 판 돈으로 광산촌에서 식당업을 하며 가족 생계를 꾸려나갈 수 있었다. 몸 상태가 여의치 못해 시름시름 앓던 아버지는 1978년 쉰여섯 살의 이른 나이에 돌아가셨다.

나는 1990년부터 지금까지 30여년의 세월동안 아버지가 일제 때 끌려간 기록을 찾으려 줄기차게 노력해왔지만 여태껏 아버지가 끌려가서 고생한 일본의 탄광이 어디인지조차 모른다. 고향 산북면 면사무소에 혹시 기록이 남아 있을까 싶어 직접 찾아가본 적도 있지만, 면사무소의 당시 기록은 한국전쟁 때 폭격을 맞아 전부 소실됐다.

내가 자랄 때 아버지는 약주 한 잔을 드시면 가끔 일제 때 징용됐던 경험을 말씀하시고는 했지만 자세히 이야기를 해주신 적은 한 번도 없었다. 지나가는 것처럼 "혼자만 살아 돌아왔다"고 한 두 마디 흘리셨을 뿐이다. 그 괴로움, 그 고달픔을 차마 어린 자식에게 다 터놓고 말할 수 없었으리라. 고향에서 아버지와 함께 끌려간 사람은 모두 다섯이었지만 배가 시모노세키항에 도착한 뒤 모두 뿔뿔이 흩어졌다고 한다. 아버지는 나가사키에 있는 탄광으로 끌려갔다. 아버지와 함께 고향서 끌려간 다섯 분 가운데 두 분은 끝내 살아 돌아오지 못했다.

아버지가 살아남을 수 있었던 것은 광산에서 목숨을 걸고 도망쳤기 때문이다. 아는 이 하나 없이 이국땅, 그것도 그 컴컴하고 뜨거운 광산에서 따뜻하고 든든하게 배 채울 수 있는 밥 한 끼 제대로 먹지 못하고 중노동으로 강제노역하면서 아버지가 받았을 고통과 서러움, 도망치다가 잡히면 개처럼 맞아 죽을지도 모른다는 그 두려움을 나는 감히 추측만 할 뿐이다.

아버지는 말 그대로 목숨을 걸고 광산에서 도망쳐 나왔다. 그 후 아버지는 어느 일본여성의 도움을 받아 탄광 인근 시골에서 반년 가량 숨어살다가 해방이 된 다음 달인 1945년 9월 배편을 구해 부산항으로 돌아왔다. 고모가 아버지를 데리러 부산항으로 서둘러 갔다고 했다. 나는 아버지가 살아서 돌아오셔서 다행이지 싶다가도 징용 때 얻은 진폐증이란 폐병으로 평생을 고생하다가 눈을 감은 아버지를 떠올리면, 아버지가 대체 일본에 어떻게 끌려갔으며 어디에서 그토록 고생을 했는지 정말 알고 싶었다. 아니, 알아야 했다. 아버지의 한을 풀어드리는 것은 자식으로서 내 의무이기도 했다.

불행 중 다행이라고나 할까. 내가 자란 곳은 탄광촌이라 탄광노동자가 많아서 진폐증의 증상이 널리 알려진 덕분에 아버지가 앓던 병이 다름 아닌 진폐증이라는 사실을 비교적 이른 시기에 알 수 있었다. 만일 우리 가족이 탄광촌이 아닌 곳에 살았다면 아버지가 그저 폐활량이 좋지 않다고만 여길 뿐 아마 아버지가 앓던 병이 진폐증이란 사실을 짐작조차 못했을 것이다. 왜 아버지가 아픈지 원인조차 알 길이 없었을 것이다.

나의 삶, 우리 가족의 삶에 그림자를 드리운 아버지의 삶. 아버지의 삶을 쫓으며, 나는 그렇게 살아왔다.

가장으로 살아온 나

나는 6남매 가운데 차남이고 동생이 넷이 있다. 위로 형이 있는데 형은 아버지가 징용을 가기 전에 태어나서 나하고는 터울이 열 살 정도로 많이 진다. 아버지는 징용을 가기 전에 결혼을 했는데 징용 전에 낳은 형만 체구도 건강도 좋은 편이다. 아버지가 징용을 다녀온 후에 낳은 동생 네 명 중 세 명이 장애인이다. 큰 여동생, 남동생, 막내 이렇게 셋이 다 장애인이다. 큰 여동생은 태어났을 때는 괜찮았는데 나중에 골수염에 걸려 다리를 못 쓰게 됐고, 나면서부터 장애인인 남동생은 진폐증 판정을 받았다.

나는 비장애인으로 건강 상태도 좋은 편이지만 체구는 작다. 동생들이 몸이 약하니까 나는 어려서부터 '아버지가 몸이 안 좋을 때 낳아서 동생들이 몸이 아픈 것이 아닐까'하고 시름에 잠기곤 했다. 그래도 아버지의 진폐증 증세가 악화되지 않았을 무렵까지는 그럭저럭 살만 했는데, 생업으로 약 7~8년간 하던 식당 겸 여인숙을 정리하면서 가세가 기울었다. 나는 집안 형편이 여의치 않으니 진학은 일찌감치 포기했고, 동생들을 잘 돌봐야한다는 생각만 줄곧 했다.

내가 중학교를 졸업을 앞두던 해에 어머니가 마흔 넷의 나이로 돌아가셨다. 실질적으로 가정을 책임지던 어머니가 돌아가시니 그저 막막했다. 아버지는 날로 편찮아지셨고, 그나마 가장이라 할 수 있는 형은 노름에만 열중하고 있었다. 중학교를 졸업하고서 잠시 탄광에서 일을 하기도 했지만 나는 살아갈 방법을 더욱 치열하게 고민해야 했다. 문경에 있는 양복점에서 보조로 일하며 어깨너머로 양복재단 일을 배웠다. '어찌됐건 먹고 살만한 기술, 아버지를 돌보고 동생들을 뒷바라지 할 수 있을 만한 기술을 배워야한다'고 다짐하고서 시작한 일이었다.

2년간 문경에서 양복재단 일을 배운 후 나는 기술을 더 익히려고 양복재단으로 유명한 부산 광복동으로 떠났다. 당장 입을 옷가지만 몇 개 넣은 채 가방 하나 달랑 들고 집을 나서던 그 날 밤, 아버지도 형도 동생들도 모두 탄광촌에 남겨두고 부산으로 떠나던 그 날 밤, 나는 입을 다부지게 악물고서 울음이 터져 나오려는 것을 참았다. 돌봐줄 사람 하나 없이 누워있는 아버지와 어린 동생들이 나 없이 어찌 살아갈까 자꾸만 눈에 밟혀 발길이 떨어지지 않았다. 자꾸만 축 늘어지는 무거운 발걸음을 내딛으며 나는 앞으로만 걸어야 했다. 내 나이 열일곱이었다.

나는 부산 광복동에 있는 양복점에서 일하며 3년 간 양복재단 일을 배웠다. 당시 광복동에는 한국전쟁 때 이북에서 내려온 사람들이 경영하는 양복점이 즐비했다. 나는 주로 양복바지를 만들며 기술을 배웠는데 본격적으로 양복재단을 배울 수 있었다. 3년 후 나는 서울로 올라왔다. 기술은 배울 수 있었지만 일하는 것에 대해 대우가 형편없어서 스물두 살이 되던 해에 서울로 더 나은 일자리를 얻으려고 올라온 것이었다. 하지만 서울에 아무런 연고가 없었기 때문에 양복점 취직은 하늘에 별따기였다.

서울에서 나는 쌍문동에서 살았는데 취직을 못하자 하는 수 없이 쌍문동 거리 노점에서 노가리를 파는 장사를 했다. 그러나 기존 노점상의 텃세가 너무 심하고, 노점상 간의 경쟁도 심해 결국 포기해야 했다. 생각 끝에 부끄러움을 무릅쓰고 부산에서 알고 지내던 양복점 사장님께 편지를 써 취직을 부탁했다. 그래서 충무로에 있는 로마양복점에 취직을 할 수 있었다.

가족사진(1990.4.26)

1970년대 충무로에는 연예인이 다니는 양복점이 성업 중이었는데 로마양복점도 성황 중이던 양복점이었다. 나는 취직하고서 5년 동안 성실히 일을 했고 그 덕분에 일을 하면서 재단 기술을 연마했다. 양복 재단 기능대회에서 나가 3등을 하기도 했다. 정말로 눈코 뜰 새 없이 바쁘게 살았다. 스물여섯 살 때 나는 소개로 만난 지금의 아내와 결혼도 하게 됐고 스물여덟 살에는 큰 아이도 낳게 됐다.

그렇게 바쁘게 사는 동안 아버지도, 형도 돌아가셨다. 나는 양복점에서 일을 하며 번 돈으로 고향의 가족들을 돌봐왔지만 끝내 아버지의 임종을 지키지 못했다. 가장 노릇을 하느라 정신없이 사는 동안 결국 아버지 생전에 강제 징용 당시 아버지가 겪은 일에 대해 무엇 하나 상세히 알 수 없던 채로 아버지가 돌아가시고 말았다.

아버지를 찾아서

1980년대 초 서른이 넘어 나는 내가 스스로 경영하는 대원양복점을 열게 되었다. 양복점은 미아삼거리에 있는 길음시장 입구에 냈다. 길음시장이 크고 워낙 번화하니까 장사도 잘 될 거라 생각했는데 막상 열고 보니 1년 가까이 손님이 별로 없었다. 그러다가 입소문이 나서 장사가 잘 되었다. 조수를 고용하고, 기능대회에서 받은 상패도 걸어놓고 영업을 했다. 3년 간 길음시장 앞에서 장사를 하다가 쌍문동으로 양복점을 옮겼다. 그렇게 해서 15년간 양복점을 운영하며 살았다. 잘 될 때는 우아공(윗도리 재단하는 조수) 1명, 바지공 2명, 시다(보조) 1명을 둘 때도 있었다. 아내는 의류회사에 다니면서 집안일하며 아이들을 키웠고 정말 고맙게도 싫은 내색 한 번 없이 몸이 불편한 시동생들을 잘 돌봐줬다.

이케다 유키히코 일본외상 독도망언 규탄 집회(일본대사관 앞, 1996.2)

생활이 어느 정도 안정되자 나는 1990년에 마침내 용산에 있는 태평양전쟁희생자유족회에 나갈 수 있게 되었다. 1972년에 정부가 강제징용자 가운데 사망자에 대해 1인당 30만원의 보상금을 지급했다는 뉴스를 본 적이 있는데 이후에 뉴스를 유심히 보면서 유족회가 있다는 사실을 알았다. 유족회에 나가서 곧바로 아버지가 징용됐다는 사실을 유족회에 신고했다. 아버지가 일제 때 징용을 당한 정황은 집안에서 삼촌이 비교적 잘 알고 있었다. 삼촌은 아버지가 탄광에 끌려가신 후 한두 달은 월급 가운데 얼마를 집으로 보냈다고 했다. 아버지가 돈을 부쳤을 때 우편저금 통장도 삼촌이 받았다고 했는데 삼촌이 그만 잃어버렸다고 했다.

나는 유족회 활동을 열심히 했다. 유족회 활동에 밤낮으로 전념하다 보니 양복점 일은 뒷전이기 일쑤여서 오죽하면 아내에게서 이혼하자는 소리까지 들을 정도였다. 나 대신 아내가 양복점 일까지 챙겨야 하니 정말 미안했지만 나는 알고 싶었다. 아버지가 왜 스무살에 탄광으로 끌려가야 했는지, 탄광에서 얻은 진폐증이라는 병마에 시달리면서 단 하루도 건강한 날이 없이 살다가 돌아가셨는지, 왜 내 동생들은 장애로 그토록 고생하며 살아야만 하는지, 우리 가족에게 불행의 씨앗을 뿌린 역사를, 그 진실을 파헤치고 싶었다.

그런 마음으로 나는 유족회에 나갔다. 나와 배경은 조금씩 다르지만 우리 가족처럼 힘겹게 살아온 다른 유족들을 만나고 그들의 삶을 들으면서, 아버지의 한을 풀어드리고자 하는 의지가 더욱 굳건해졌다. 아버지의 한만 풀 수 있다면 바로 유족회 활동을 그만둘 것이라고 아내를 안심시켰지만 다른 유족들을 만날수록 나는 더 많이, 더 바쁘게 활동하게 됐다.

나는 서울 지부의 총무를 맡아서 10년간 활동했는데 유족들과 함께 회의도 하고 행사도 빠짐없이 나갔다. 1994년 9월 2일이었다. 그날도 일본대사관 앞에서 일본군위안부 할머니들과 전국에서 올라온 회원들과 함께 일본정부의 사죄와 배상을 요구하는 시위를 벌이고 있었다. 시위를 마치고 돌아가려고 하는데, 취재 중이던 기자가 경기도 과천시 국립현대미술관에서 '일본전통공예전 및 일본 현대디자인전'을 열고, 이 개관식에 김영삼 대통령 영부인이 온다고 귀띔해 주었다.

이 이야기를 듣고 모두 이구동성으로 '우리에게 보상도 안 해주는 놈들에게 무슨 전시회냐' '영부인에게 하소연이라도 하자' 해서 지방에서 올라올 때 대절한 버스를 타고 국립현대미술관으로 달려갔다. 물어물어 국립현대미술관까지 찾아갔으나 다들 처음 가보는 미술관이라 들어가는 입구도 잘 찾지 못했다.

갑자기 들이닥친 불청객 때문에 미술관의 관리자들이 당황했던 것 같다. 우리는 '전시하는 곳이 어디냐, 안내해 달라'고 직원에게 요구했다. 직원들이 안내한 곳으로 가려는데 어두컴컴한 곳으로 가는 게 아닌가. 순간 뭔가 이상하다고 생각할 때, 우리가 들어 온 뒤편에서 문이 닫히고 있었다. 회원 중 한 명이 잽싸게 몸으로 문을 못 닫게 했다. '속았다'는 생각이 들자 갑자기 회원들이 흥분하기 시작했다. 닫히는 문을 강제로 열고 들어가 보니 전시실이 나왔다.

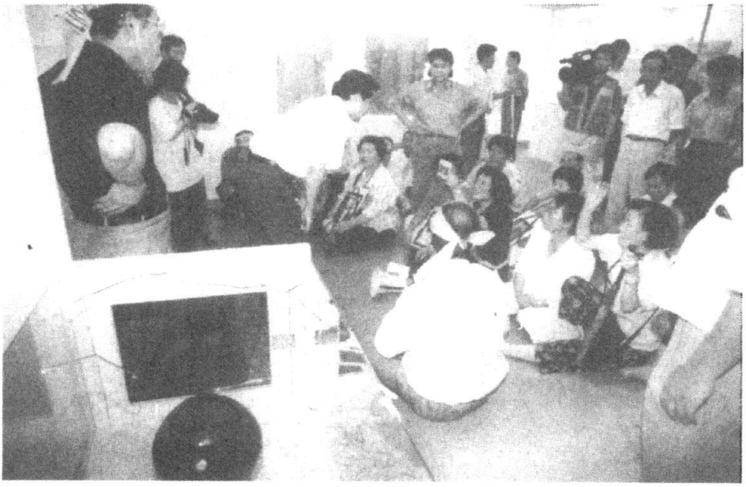

종군위안부 보상거부 항의 태평양전쟁희생자유족회 회원 20여명이 2일 오후 4시45분께 '일본 전통공예전 및 일본 현대디자인전'이 열리고 있는 경기도 과천시 국립현대미술관에서 전시회 중단을 요구하며 1시간40여분 동안 농성을 벌였다. 이 과정에서 미술관 제4 전시실의 작품 보호용 유리관 9장이 깨지고 전시중이던 공예품 일부가 훼손됐다. 곽윤섭 기자

한겨레신문에 실린 농성 사진(1994.9.4)

그날 비가 와 회원들은 우산을 갖고 있었는데, 그 우산으로 작품 보호용 유리관을 두드리고, 일부는 힘으로 전시관을 밀어붙이니 전시실은 순식간에 난장판이 되었다. 강제동원 피해자를 나몰라라 하고 푸대접하는 일본정부는 물론이고 한국정부에게도 약이 오를 대

로 올라있던 회원들이었데, 우리를 속인다는 생각까지 하게 되어 더 흥분했던 것 같다. 우리는 모두 전시실에 눌러 앉아 일본정부가 보상할 때까지 전시회를 중단할 것을 요구하며 농성을 벌였다. 2시간 정도 농성을 한 뒤 해산하였다. 귀가하는 길에 들으니 일본 NHK 방송에서 농성하는 모습을 방영했다고 하였다. 한국의 일부 신문에서도 농성하는 모습을 다뤘다.

태평양전쟁희생자 합동위령제(용산역 광장, 1998.8.14)

상황이 그렇게 끝난 줄 알았다. 그런데 웬걸. 며칠 있다가 유족회 사무실로 한 무리의 과천경찰서 소속의 형사들이 들이닥쳤다. 농성에 참여했는지, 기물과 공예품을 파괴했으니 한일간에 외교적인 문제가 발생했는데 책임자가 누군지를 조사하러 왔다. 서울 사무실에만 경찰이 온 게 아니고 지방에 있는 회원들까지 조사하러 다닌 모양이었다. 하긴 대통령 영부인이 와서 개관식까지 한 행사를 망쳐놓았으니 외교적으로 문제가 안 되는 게 오히려 이상할 것이다. 그렇게 며

홋카이도에서 열린 강제연행, 강제노동 일한 희생자추모식에 참가해서(1997.7.28)

칠을 조사 받느라 유족회 사무실의 분위기는 뒤숭숭했다. 다행히 다시는 그런 일을 하지 않겠다는 각서 같은 것을 쓰고 사건은 유야무야되었다. 정부로서도 부담스러웠을 게다.

전국 중앙위원을 겸해서 활동할 때에는 강제징용자를 포함해 태평양전쟁 때 희생된 선조들을 위로하며 추모하는 위령제를 주관했다. 1999년 8월 15일, 억수같이 비가 퍼붓던 날 용산역에서 광복절을 맞아 위령제를 지내던 때가 엊그제 일처럼 생생하다. 하늘에서 양동이로 물을 쏟아 붙는 것처럼 내리는 비를 맞으며 위령제를 지내는데 아버지 생각이 자꾸만 났다.

살아계실 적에 단 한 번도 당신이 겪은 일에 대해 깊이 말하지 못했던 아버지. 어쩌면 아버지는 함께 끌려간 이들 가운데 살아 돌아올

조선인들이 징용당해 만든 홋카이도 슈마리나이 댐(1997.7.28)

수 없었던 이들이 있었기에, 살아 돌아올 수 없었던 이들과 그 가족들에게 미안해서 그저 미안해서, 자신이 살아 돌아왔다는 사실 그것 하나만으로도 힘들었던 게 아니었을까. 또 자식들의 장애가 혹시나 자기 탓이 아닐까 싶어 자식들에게 너무 미안해서, 미안하고 또 미안해서, 징용으로 얻은 진폐증으로 그렇게 고생을 하시면서도 자신의 고통에 대해 자신에게 일어난 일에 대해 자식에게조차 단 한 번도 속 시원히 털어놓지 못했던 게 아니었을까.

스물셋에 징용에서 구사일생으로 살아 돌아왔지만 병마와 고통에 시달리다가 쉰여섯에 돌아가시기까지 아버지가 감내해야 했던 33년의 세월은 대체 얼마나 먹먹한 것이었을까. 세찬 빗줄기가 마치 아버지의 눈물 같았다. 살아 돌아왔지만 제대로 산 사람처럼 단 하루도 살지 못하고 돌아가신 아버지. 아버지의 인생이 억울해서, 또 아버지의 두 눈조차 편안히 감겨드리지 못한 내 인생이 억울해서 나는 울었다. 비가 애처롭게 내린 날이었다.

새로운 둥지를 찾아

태평양전쟁희생자유족회 서울지부 총무를 맡아 이희자 서울지부장과 손발을 맞춰 새로운 사업들을 기획하고 추진하기 시작했다. 새로 기획한 사업 중에서 서울지부가 중요한 비중을 둔 것은 일본 시민단체와의 교류를 활성화하고 피해자의 자료를 조사하는 한편, 일본 정부와 기업을 상대로 소송을 벌이는 일이었다.

당시 태평양전쟁희생자유족회는 일본군위안부 문제가 여론의 관

태평양전쟁희생자유족회 서울지부 총회(1999.9.17)

심을 끌고 있었기 때문에 여기에 모든 역량을 투입하고 있었다. 그러나 서울지부는 좀더 장기적인 관점 하에서 전체 피해자를 대상으로 한 진상규명과 소송으로 사업의 중심을 옮기고 실제 일을 추진하고 있었다.

이런 방향 하에서 1999년 9월 17일, '전후보상 공개토론 및 서울지부 총회'를 개최했다. 이때는 자금 문제 등 비용을 아끼기 위해 유족회 사무실을 청와대 앞으로 이전했기 때문에 행사도 정부기록보존소(지금의 국가기록원) 앞에 있던 엘림부페를 빌려 총회를 열었다. 사실 이날 행사는 정례적으로 개최하는 총회보다도 총회 이후에 열 2부 토론회가 중심이었다. 2부 순서는 '한국측 전후보상운동의 현황－유족회 사무국장' '일본측 전후보상운동의 현황－아리미츠 켄(전후보상네트워크 사무국장)' '전후보상운동의 과제－장완익(안산종합법률사무소 변호사)'로 예정되어 있었다.

그런데 총회를 진행하는데, 초청받지도 않은 전 회장과 인천지부장이 소란을 피며 회의를 방해하기 시작했다. 서울지부가 활발하게 사업을 시작하자 유족회에서 자신의 주도권에 위협을 느낀 일부 세력이 서울지부를 시기하고 비방하고 다니다가 마침내 총회까지 의도적으로 방해하러 나선 것이다. 이 때문에 총회장에는 고성과 욕설이 오가고 정상적인 회의가 진행되지 못했다.

며칠 후 어처구니없는 일이 벌어졌다. 총회를 방해하기 위해 왔던 인천지부 회원이 총회장에서 폭행당했다며 나를 포함해서 네 명을 인천지방검찰청에 고발했다. 몸싸움 과정에서 자기를 때려 팔이 부러졌다고 주장한 것이다. 총회 때 우리 네 사람은 각기 떨어져 있은 데다 그 사람과 부딪힌 적도 없었건만 누군가의 사주를 받아 우리를 고소한 것이다.

대부분의 조직이 그렇듯이 지도자가 사심을 채우는 일에 빠지게 되면 그 조직은 오래 가지 못한다. 전현직 회장단들 간의 알력으로 내홍을 겪고 있던 태평양전쟁희생자유족회가 마침내 파행적인 사태에까지 이르게 되었다. 서울지부 총회가 방해받던 그 해 10월 21일, 전임 회장과 일부 지역의 회원들이 주도해서 불법적인 유족회 총회를 개최했다. 이 총회는 회장이 지시한 바도 없었고, 게다가 대의원총회 소집공고에 서명한 10명의 이사 또한 정식 인준도 받지 않은 사람들이었다. 이 불법총회에서 그 자리에 참석하지도 않은 자를 본인의 의사도 묻지 않고 이사로 선출했으며, 사무소를 통의동에서 다시 용산으로 이전한다고 결의하였다.

불법총회를 끝내고 오후에 약 80여 명의 유족회 회원들이 통의동의 중앙회 사무소에 들이닥쳐 사무국원을 강제로 내몰고 사무소를 폐쇄했다. 당시 중앙회와 서울지부는 사무소를 함께 사용했기 때문에

종로 오피스텔 사무실, 개소식 전 회의 장면(2000.1.8)

'평화의 촛불을 야스쿠니의 어둠에' 도쿄촛불행동(2006.8)

보추협 운영위, 총무회계 보고(2000.3.13)

서울지부 사무소도 강제 폐쇄되었다. 중앙회 사무소 직원들이 "왜 일을 못하게 하냐"고 항의하자 "일본에서 보상을 해준다고 하는데 중앙회 사무국원들이 막고 있다. 무능한 사무국원은 그만두라"고 억지를 부렸다. 사무소가 강제 폐쇄되자 이희자 서울지부장은 서울지부의 사물과 서류는 손을 대지 못하게 요구해 약속을 받아냈다. 그러나 23일, 다시 일단의 무리들이 이삿짐 차를 대기시켜 놓고 각종 서류와 집기 모두를 가져갔다.

일부 세력들이 불법으로 총회를 연 뒤 회원들을 거짓말로 선동하여 중앙회 사무소를 폐쇄했지만, 실은 서울지부를 겨냥하고 벌인 일이었다. 우리들 중 일부는 고소해서 잘못된 이 사태를 바로잡아야 한

'평화의 촛불을 야스쿠니의 어둠에' 도쿄촛불행동(2006.8)

다는 강경론을 주장했다. 그러나 상대할 가치도 없는 일에 힘을 쏟지 말고, 공탁금 등 피해자의 기록을 찾고 보상을 요구하는 소송 활동 등 실질적이고 중요한 일에 집중하자는 의견도 나왔다. 며칠을 대책회의 한 결과 별도의 조직을 만들어 새출발하자는 쪽으로 의견을 모았다. 이렇게 해서 만든 것이 바로 지금의 태평양전쟁피해자보상추진협의회(보추협)이다.

2000년 1월 15일 일본 시민들의 후원을 받아 종로오피스텔 505호에 새 사무실을 구한 뒤 본격적인 기록찾기와 소송 준비 등 목적으로 했던 사업들을 열심히 추진했다. 피해자 단체들 중 보추협처럼 실질적인 일을 한 단체는 거의 없을 것이다. 그런 점에서 보추협 회원이 되어 활동한 세월이 너무 소중하고, 이 운동에 나름의 자부심을 갖고 있다. 보추협 활동을 하면서 아버지의 기록을 찾거나 야스쿠니 반대 운동 등 여러 활동들을 했다. 2000년과 2006년에 일본 후생노동성에 아버지의 기록을 찾아달라고 요청했다. 답변은 매우 정중하고 친절했으나 요지는 기록이 없다는 것뿐이었다.

2006년 8월에는 도쿄에서 열린 야스쿠니신사 반대 촛불행동에 유족의 한 사람으로서 참여하기도 했다.

유족 활동을 하며 깨우친 것

쌍문동에서 개업한 양복점 이름은 대원 양복점이었다. 장사가 잘되라고 지은 상호인데 이름이 무색하게도 그렇게 잘 되지는 못했다. 기성양복이 나와서 맞춤양복점이 크게 위축되어 가던 시절이었기 때문이다. 여기저기서 문을 닫는 맞춤양복점이 속출했다. 이런 상황에서는 나도 도저히 꾸려갈 재간이 없어서 결국 양복점 사업을 접고 2000년에 아파트 관리원으로 취직을 해 13년간 경비 일을 하다가 정년퇴임했다.

막상 사업을 접고 경비 일을 하다 보니 전만큼 보추협 활동을 적극적으로 할 수 없게 됐다. 경제적으로도 힘들고 몸도 메여 있게 되니 마음 같이 시간을 내지 못했다. 그게 참으로 속상했다. 보추협과 함께 많은 시간을 보내왔고 앞으로도 그렇게 하려 하지만, 현실이 그걸 허용하지 않아 회원들에게 항상 미안한 마음이다. 그러나 내 마음은 항상 보추협과 같이 있다는 것을 알아주었으면 하는 욕심도 없지 않다.

나는 아직까지 내 집이 없다. 잔꾀 부리지 않고 성실하게 일하면서 살아왔는데도 여태 집 한 칸이 없다. 그간 동생들의 병원비로 만만치 않은 돈을 썼지만 한 번도 후회한 적은 없다. 동생들은 모두 1급 장애를 앓아 아버지의 병력이 유전된 게 아닌가 생각할 때도 있다. 큰 여동생은 직장에서 일하다 쓰러져 대구대병원에서 치료를 받았지만 원인을 알지 못했다. 나중에 다리가 썩는 골수염으로 확인되어 1년간 병원생활을 했으나 완쾌되지 못했다. 다리 장애가 있는데다 신장이 나빠 이식을 해야만 했다. 큰 남동생은 눈이 돌아가는 병이 있었다. 수술 후에는 폐가 나빠 오랫동안 약을 먹으며 치료했다. 막내 남동생도 눈이 돌아가는 병에 걸려 수술했다. 당연히 병을 치료하는데 많은 돈이 들어갔다. 다행히 병이 더 확대되지 않고 생활하는데 큰 지장을 받지 않게 되어 고마울 따름이다. 동생들의 건강 문제를 생각할 때는 언제나 가슴이 미어지고 아프다. 형으로서 오빠로서 할 수 있는 노력은 다 했다고 생각하지만 병으로 고통 받는 동생들의 그 마음이야 오죽했을까. 그리고 오랫동안 아픈 시동생들을 돌보면서도 군소리 하지 않았던 아내에게는 그저 고맙고 미안하다. 천만다행으로 현재 동생들은 경제적으로 다소 여유를 찾고 있다. 남동생은 시골에서 한우를 키우고, 여동생도 지방에서 식당을 운영하며 살고 있다. 내가 어려울 때는 오히려 동생들한테서 도움을 받을 정도가 되었으니 형으로서 오빠로서 체면이 조금 깍이긴 하나 그래도 기분 좋은 일이다.

아버지가 입은 징용의 피해를 밝히려는 활동이 뜻밖의 기회에 활용되어 효과를 본 일도 있다. 내가 아파트 경비원으로 일할 때 경비원 고용승계 문제를 원만히 해결한 적이 있다. 내가 일하던 곳은 서울에 있는 대규모 아파트 단지였는데 아파트 관리 업체에서 경비원을 고용하는 용역 하청업체를 바꾸면서 나를 포함해 함께 일하던 경비원 32명이 갑자기 해고 위기에 처하는 상황이 발생했다. 내가 해고 움직임이 있다는 사실을 알게 된 것은 동료 경비원의 절반이 이미 관리 업체에서 강요하는 해고 동의안에 서명을 한 후였다. "해고되면 하는 수 없지. 그 후에 다른 데 취직을 알아보겠다"고 패기도 의욕도 없이 낙담하는 동료들도 있었지만 나는 "해고될 때 되더라도 쫓겨난다는 기분으로 일할 수는 없는 게 아니냐"고 설득했다.

동료들과 함께 대책위원회를 만들어 노동부와 국회에 진정을 넣고 노동법까지 알아보며 백방으로 뛰어다녔다. 어느 기관도 어느 국회의원도 선뜻 나서서 도와주지 않았다. 고심 끝에 아파트 주민들에게 우리 경비원을 이대로 계속 일하게 해도 좋은지 의견을 묻는 설문지를 만들어 돌렸다. 설문 결과 아파트 주민들의 압도적인 찬성을 얻어 우리는 고용이 승계되어 경비 일을 계속할 수 있게 됐다. 아파트 주민들도 그간 우리 경비원들이 착실하게 일해 온 것을 믿고 고용승계에 손을 들어준 것이다.

일방적인 해고를 일삼는 관리업체도 심각한 문제이긴 하지만, 힘을 합쳐 관리업체의 잘못된 관행을 바꾸려는 노력조차 하지 않는 것은 더 큰 문제다. 다행히 동료들이 스스로의 힘으로 고용을 유지할 수

2009년 신년회(2009.1.15)

있게 되면서 자긍심을 되찾고 흐뭇해하며 일하는 모습을 봤다. 특히 일방적 해고를 운명인 것 마냥 받아들였던 동료들이 스스로에게 긍지를 갖고 자신의 삶을 변화시킬 수 있다고 믿게 되는 모습을 보면서 너무 기뻤다. 이런 일을 해내면서 나는 아버지의 삶을 쫓아온 그간의 나 자신의 활동에 대해서도 곰곰이 생각해보게 됐다.

우리는 각자 자신의, 자신의 인생의 주인이고 또 그래야 마땅하지만 때로 삶의 소용돌이 속에서 주인으로 살아야 할 권리를 빼앗길 때가 있다. 하지만 어느 누구도 자신의 삶에서 쫓겨난다는 기분으로는 단 하루도 살 수 없을 것이다. 아버지가 징용으로 일본 땅의 이름 모를 탄광에 끌려갔을 때, 그리고 살아남아 돌아왔지만 산 사람처럼 제대로 살 수 없었을 때, 아버지는 역사의 소용돌이 속에서 인간으로서의 삶의 권리를 박탈당하고 모질게 살아야만 했다. 힘든 삶을 사셨던 아버지의 아들로 태어나 나는 그간 빼앗긴 삶을 되찾으려 참 애쓰며 살아왔고, 이 점이 나는 무척 자랑스럽다.

오늘도 나는 변함없이 아버지의 피징용 기록을 찾고 있다. 일본정부는 하루 속히 일본 기업이나 정부가 갖고 있는 모든 강제징용 노무자의 기록을 공개해야 한다. 아버지의 삶과 우리 가족의 삶을 뒤흔들어 놓은, 부당한 처사에 대해 사죄와 보상을 해야 한다. 그 날까지 나는 노력을 멈추지 않을 것이다.

그리고 일본정부가 명심해야 할 사실은 이런 노력을 멈추지 않는 이는 비단 나 혼자가 아니란 점이다. 보추협에서 많은 일제 강제동원 피해자와 유족들을 만났다. 자료가 없는 피해자와 유족들이 자료조사를 하고 있는 것을 보면서 함께 몸담고 활동하는 일에 큰 보람을 느끼고 고맙기도 하다. 빼앗긴 권리를 되찾으려 노력하는 것이 삶에서 얼마나 소중한지 나 못지않게 잘 이해하고 계신 분들이고 스스로 노력하는 데 있어 나 못지않게 적극적인 이들이다. 함께 하는 이들이 있어 나는 애쓰며 사는 것이 그렇게 힘들지 않다. 든든할 뿐이랴. 실은 꽤 재미있고 즐겁기도 하다. 우리는 결코 진실을 요구하는 목소리를 멈추지 않을 것이다. 함께 하는 사람들이 있기에 나는 용기를 잃지 않을 것이다.

• 김민철

사할린에서 온 편지

남양강

부부의 이별

나는 사할린 탄광으로 징용된 김외준 씨의 며느리이다. 1962년 김씨 집안으로 시집 와 들은 시아버지 이야기를 풀어 놓으려 한다. 남편이나 시어머니가 시아버지를 늘 그리워하며 그 행방을 찾기 위해 갖은 노력을 기울였기 때문에 자연스럽게 많은 것을 알게 되었다.

시아버지는 1914년 경북 군위군 보우면에서 태어났다. 3남 1녀의 장남이었다. 당시 시댁은 농사를 짓는 평범한 집안이었다. 워낙 산골이고 제대로 농사지을 만한 땅도 적은 곳이라 시댁의 살림살이는 항상 어려웠다. 둘째 아들, 즉 시아버지의 바로 아래 시삼촌은 혼인 후 먹고 살길을 찾아 만주로 갔다가 얼마 안 있어 돌아가셨다고 들었다. 그리고 셋째 시삼촌도 만주로 가, 졸지에 집안에는 시아버지와 막내 시고모만 남았다. 사실상 외아들인 셈이었다.

시어머니 말씀으로는 1943년 가을 한창 추수를 하는데 순사가 와서 시아버지를 끌고 갔다고 한다. 그 때 내 남편은 일곱 살이었다. 집안에 하나 남은 아들을 빼앗긴 시댁 어른들은 어떤 심정이었겠는가. 걱정하는 가족들에게 시아버지는 몇 개월만 지나면 돌아오겠다고 약속했단다. 시어머니는 남편이 돌아올 날만 기다렸지만 약속한 날짜가 지나고 1년, 2년을 기다려도 돌아오지 않았다. 결국 시어머니는 하나뿐인 아들을 제대로 교육시키기 위해서라도 읍내로 나가야겠다고 결심했다. 두메산골인 고향 마을을 벗어나 읍내에서 조금 더 가까운 군위군 효령면에 있는 친정으로 갔다.

그때부터 시어머니는 친정에 아들을 맡겨두고 장사를 다녔다. 포항까지 가서 미역이나 멸치 같은 해산물을 가져다가 머리에 이고 여러 동

시어머니

남편의 중학생 시절

네를 다니면서 파는 일을 했다. 일이 없을 때도 닥치는 대로 온갖 일을 찾아 했다. 젊은 여자가 돌아다니면서 장사를 했으니 얼마나 고생이 심했을까. 어느 날은 개한테 물리기도 하고, 온갖 천대를 당하는 자기 처지가 슬프고 서러워서 울기도 많이 울었다고 들었다. 하지만 우리 시어머니는 참으로 강한 분이었다. 아들 뒷바라지 하는 것을 본인 목숨보다 더 소중하게 생각했다. 집안의 독자인 아들만을 바라보며, 평범한 농사꾼을 만들지는 않겠다는 일념으로 이를 악물고 열심히 살았다.

남편이 중학생이 되자 기숙을 시키고, 시어머니는 고향집에서 시댁 어른들을 모시고 살았다. 돌이켜보면 시어머니는 1934년에 시집 와서 십년도 못 채우고 남편과 생이별을 하였다. 남편 없는 시댁에서 아들 공부 뒷바라지를 위해 친정집에 몇 해 가있던 시기를 제외하고 시조부모님이 돌아가시는 날까지 극진히 모셨다. 시조모님이 61년에, 시조부님이 72년에 돌아가셨으니 시어머니의 시집살이도 눈물겨운 나날들이었을 것이다.

현해탄을 넘어온 편지

해방된 후 드디어 시아버지로부터 편지가 왔다. 주소는 화태樺太, 요즘 말로 사할린이었다. 일본이 강제로 사할린에 끌고 간 조선 사람들을 버려두고 후퇴했기 때문에 소련의 점령지가 된 사할린에서 시아버지가 못 오신 것이라고 남편이 이야기 해 주었다. 가족들은 몇 차례나 편지가 오갔기 때문에 반드시 돌아오실 것이라고 철석같이 믿었다.

1948년 9월 시아버지가 보내신 편지를 보면 늘 가슴이 미어지듯 아프고, 눈물이 난다. 이 편지에는 기약 없이 귀향을 기다리는 가련한 신세 한탄과 가족을 향한 절절한 그리움이 가득 담겨 있다.

"요사이 날씨가 또다시 가을바람은 소실하여 객지에 있는 마음 산란할 때에 부모님 두 분은 별 탈 없으시고 동생들도 든든하며 실인(아내) 역시 외로운 몸으로 여전하오며 어린 아들 또한 무사히 보내고 있는지 보고 싶고,……순풍이 다시 불면 머지않아 서로 만날 것이오니 그리 알고 부디 어린 것 데리고 고생을 영화로 삼고 부모님 전에 마음을 위로하여 안락한 가정으로 꾸려나가기를 간절히 바라외다."

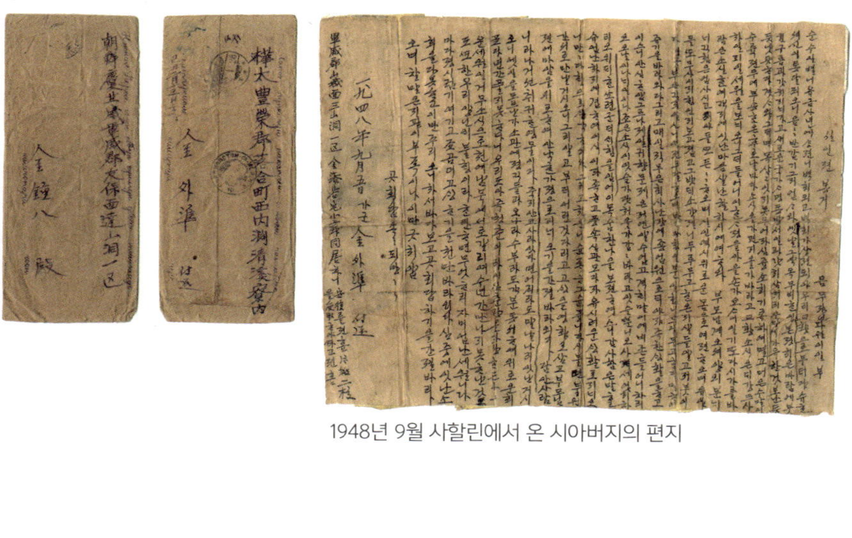

1948년 9월 사할린에서 온 시아버지의 편지

37세 때의 시아버지(1949)

'귀향문제는 전연 알 수 없고……오늘이나 내일이나 좋은 소식이 있을까'하며 기다리는 심정을 이 편지 한 장에 어찌 다 담을 수 있었겠는가. '죽지 않고 살아있으면 언제라도 만날 날이 있을 것'이라며 오히려 고향에서 걱정하고 있을 가족들을 위로하는 시아버지의 편지를 가족들은 눈물로 읽고 또 읽었다.

고향에 오지 못하고 막막한 사할린 생활을 이어가던 징용자들은 거기서 재혼도 하고 가정을 꾸리는 분들도 생겼지만 우리 시아버지는 오대불망 고향에 돌아올 귀환 소식만 기다리고 홀로 사셨다고 한다. 얼마나 가족들에게 돌아오고 싶었을까. 가족들은 또 얼마나 시아버지 만날 날을 손꼽아 기다렸을까.

그러나 1950년 한국전쟁이 일어나면서 모든 연락은 완전히 끊어졌다. 시어머니는 전쟁통에 피난을 갈 때도 제일 먼저 시아버지의 편지를 챙기셨다. 집안 살림을 보자기에 이고 지고 가면서도 편지를 잃어버릴까봐 허리띠에 넣어 꼭 매고 다니셨다고 한다. 남편은 살아있고 반드시 돌아올 것이라는 희망을 부여잡고 말이다. 전쟁이 끝나고 시어머니가 편지를 보내자 아무런 답장이 오질 않았다. 소식이 완전히 끊기고 만 것이다.

남북으로 갈라져 싸운 전쟁이 살아있는 사람들도 생이별을 시키고 말았다. 수많은 이산가족이 생겼지만 우리같이 억울한 이산가족도 있다는 사실을 아는 사람은 많지 않을 것이다.

남편과의 혼인

나는 남편과 1963년에 혼인을 했다. 내 고향은 경상북도 안동이다. 그러나 태어나기는 1943년 일본 고베에서 태어났다. 안동은 땅이 척박한 곳이라 제대로 농사지을 땅도 없고 먹고 살기가 힘든 동네였다. 먼저 일본으로 간 삼촌의 권유로 아버지도 일본에 건너가 고무공장을 다니면서 생활 기반을 마련하셨다. 나머지 가족들도 불러 들여서 우리 어머니가 남매를 데리고 고베로 건너가셨다고 한다. 거기서 나를 포함해 5남매가 태어났다.

일제 말기에 히로시마에 원자폭탄이 떨어지고 난리가 나자 아버지는 이러다가 가족이 다 몰살할 수도 있겠다 싶어 귀국을 결심하셨다. 한꺼번에 가다가 폭격으로 죽을 수도 있으니 삼삼오오 사방으로 흩어져서 고향집에서 만나자고 하고 고베를 떠났다. 나는 너무 어려서 아무 것도 기억이 나지 않지만, 우리 언니는 그때 원폭으로 다친 사람들인지 거리마다 널브러져 죽어 있는 사람들을 아직도 기억하고 있다.

다행히 우리 가족들은 무탈하게 모두 귀국했다. 다만 큰 오빠는 일본에 남았다. 이후 우리 집안의 생계는 모두 큰 오빠에게 의지한 셈이나 마찬가지이다. 일본에서 오빠가 착실히 일을 해 번 돈으로 우리 일가가 양조장을 여럿 운영할 정도로 꽤 부유한 생활을 하게 되었다.

그러나 아버지는 일본에서 근대화 바람을 조금이라도 겪었을 테지만 그 완고하고 꼬장꼬장한 태도만큼은 한 치도 달라짐이 없었다. 안동 양반 집안에서 계집아이는 외출조차 자유롭지 않았고, 학교도 제대로 다닐 수 없었다. 나중에 오빠가 여동생들도 공부를 시켜야 한다고 아버지를 설득해서 내 밑에 여동생들은 대학도 나왔지만 나까지는 그러지 못했다.

결혼도 둘째 형부가 안동사범학교 출신이라 남편을 소개해서 인연을 맺게 되었다. 아버지는 홀어머니 슬하에, 두메산골 시댁 환경을 보고 처음에는 무척 반대하셨다. 어머니는 직업이 교사니 굶기지는 않겠다며 남편을 좋게 보신 편이었다. 형부가 적극 나서서 아버지를 설득해 이 혼사가 이루어졌다. 나도 남편의 첫 인상이 나쁘지 않았지만 아버지의 결정이 내게는 절대적이었다.

시어머니가 그렇게 고생을 하면서 뒷바라지를 한 보람이 있었는지 남편은 입학가기 어렵다는 안동사범학교를 졸업하고 선생님이 되어 있었다. 나와 혼인했을 때는 남편 고향인 우보면에 있는 시골학교에서 일하고 있었기 때문에 거기서 신혼살림을 시작했다. 시댁에서는 약 10km 정도 떨어진 곳이었다. 시어머니는 시조부님을 모시고 고향댁을 지키고 계셨다.

남편과 세 남매(1975.1.2.)

이후 남편이 대구에 있는 학교로 발령이 나서 이사를 가야했다. 시어머니를 모시고 같이 가려고 했지만 한사코 싫다 하셨다. '내가 여기를 떠나면 네 시아버지가 돌아오셔도 못 만난다. 고향에 남아서 네 시아버지를 기다리겠다'고 하시면서 홀로 남으셨다. 남편이 돌아오면 '우리 아들을 이렇게 훌륭하게 키워 놨으니 보라고 꼭 자랑하고 싶다'고 하셨다. 그래서 어쩔 수 없이 우리 식구만 대구로 나와서 살게 되었다.

평생 오지 않는 남편을 기다리며 홀로 아들 뒷바라지만 하며 살아오신 어머님의 한을 그 누가 헤아릴 수 있을까. 제사 때 집안 어른들이 오시면 '몇 달만 있다가 온다더니 수십 년이 지나도 돌아오지 않는다'고 울면서 하소연을 하시곤 했다. 그리고 왜 나만 이렇게 고생을 시키느냐는 원망을 넋두리처럼 하던 모습을 잊을 수가 없다. 그렇게 몸부림치고 우는 어머님 모습을 보고 있으면 가슴이 찢어질 듯 아팠다. 한 여자의 일생이 너무나 허망하구나 하는 생각도 들었다.

드디어 알게 된 시아버지의 사망 사실

남편은 1975년 교직을 그만두고 사업을 시작했다. 서울로 거처를 옮기기 전 1974년부터 아버지 생사를 알기 위해 사할린 피해자 단체를 찾는 등 백방으로 노력을 기울였다. 항상 아버지를 그리워하면서 때론 눈물을 흘리고 때론 한탄도 많이 했다. 아버지를 강제로 빼앗아 간 것도 모자라 사할린에 내버린 일본 정부를 원망했고, 가족들이 이렇게 애타게 찾는데도 수수방관하는 우리 정부 탓도 하며 한평생을 지냈다.

인삼세트를 선물해 드리고 찍은 기념사진(왼쪽), 아버지를 그리며 만난 사할린 동포 1세분들(오른쪽)

세상도 조금 달라지더니 사할린 동포들이 한국을 방문한다는 소식이 들려왔다. 그 때는 1989년이었다. 해외 동포들을 초청해서 연 세계한민족체육대회에 사할린 1세 교포들도 참가한다는 소식이 신문에 실렸다. 그리고 그들이 워커힐호텔에 여장을 푼다고 했다. 남편은 바로 편지 60통과 인삼세트 60상자를 준비해 가지고 워커힐호텔에 찾아갔다. 50년 만에 고국을 방문한 사할린 동포들에게 일일이 아버지 소식을 좀 찾아봐 달라고 부탁했다. '아버지가 일하다 다쳐 손가락 한마디가 없는데 그런 분을 모르느냐, 사할린으로 돌아가서 소식을 좀 보내달라'고 사정을 하며 행사에 온 모든 분들께 편지와 인삼세트를 건넸다.

그 때 그분들께 전달한 편지는 아직도 보관하고 있다.

재사할린 거주하시는 한국 동포 여러분께 호소합니다.

자의건 타의건 간에 50년 세월을 낯선 이국땅에서 생활을 하시느라고 얼마나 고생이 많으셨습니까? 진심으로 위로의 말씀을 드리며 하루속히 조국의 고향 산천을 마음대로 오갈 수 있는 세상이 빨리 오길 기원합니다.

저는 한국 서울에 살고 있는 김종우라는 사람으로 저의 부친(김외준)께서 1944년(편집자 : 1943년의 오기) 가을 일본 제국주의에 의하여 강제징용을 당하여 화태 탄광촌으로 끌려가신 후 1949년 4월 이후 지금까지 부친의 생사 여부의 소식을 몰라 자식으로써 애타는 심정을 동포 여러분께 눈물로 호소하오니 저의 부친에 대하여 아시는 분은 소식을 전해 주시면 감사하겠습니다. 저와 저의 부친에 대한 인적 사항을 별도로 기록하였으니 자세히 보시옵고 편지 연락 주시기를 학수고대 하는 바입니다. 끝으로 모쪼록 건강하옵고 오래오래 사시기를 빕니다.

1989.10.1. 서울에서 김종우 올림

찾는 사람의 인적사항

1. 성명 : 김외준(金外準, 일본성 - 대석(大石)) 택호 - 성촌댁(城村宅)
2. 생년월일 : 1914년 12월 25일(음력) 계축생, 소띠, 76세
3. 1943년 가을 일제치하 강제징용(보국대)으로 화태 탄광으로 강제로 끌려갔음
4. 본적 : 대한민국 경북 군위군 우보면 달산동 137번지(속칭 금동골)
5. 특징 : 왼손인지 오른손인지 확실히 기억은 못하나 어느 손 한쪽 엄지손가락 손톱 한마디가 잘려 있음
6. 1949년 4월까지 樺太 豊榮郡 落合町 西內淵 淸溪寮 내에 거주하면서 고향으로 최종적으로 서신 연락이 있었음(당시 군위군 山城面 三山洞 1區 金 漆谷宅 아들과 동거하였다고 함)
7. 1943년 강제징용 당시의 가족사항

부 : 金五祚(택호: 산오댁)-1972년 사망

모 : 金 淳-1961년 사망

처 : 司空珠(택호 : 성촌댁), 살아계심(생존)

자 : 金鍾八-1977년 金鍾佑로 개명

남동생 : 金千壽-1942년 만주로 일가족 이사 감.

1984년 서신 연락에 의하면 삼촌은 사망하시고, 숙모님을 비롯하여 사촌형제들이 흑룡강성에서 살고 있음(주소 : 중화인민공화국 흑룡강성 尙志縣 林業局 내 金重根[4촌])

남동생 : 金千植-만주 천진에서 해방 후 귀향하여 고향에서 1950년에 사망

여동생 : 金占基-출가 후 1962년 사망

처가 : 경상북도 군위군 효령면 외성동(작골)

(이하 생략)

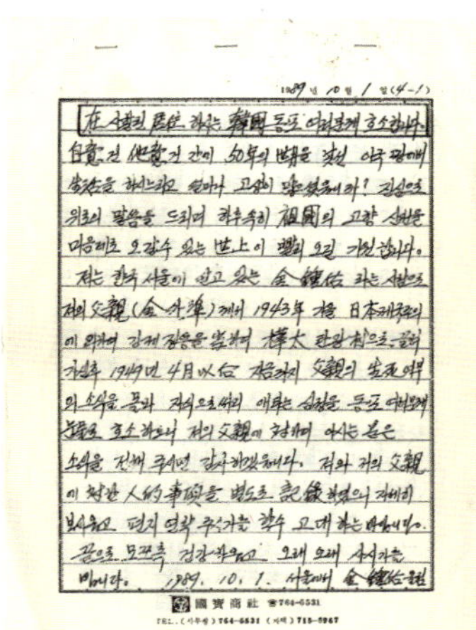

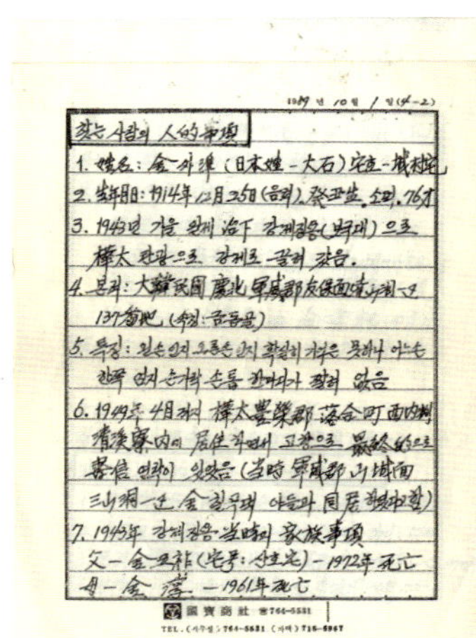

인삼세트와 함께 전달한 남편의 편지

지성이면 감천이라고 사할린으로부터 바로 편지가 왔다. 사할린 동포인 '김정부'라는 분이 10월 27일에 편지를 보내왔다.

김종우 씨 앞

종우씨 평안하십니까. 사할린 임정남林正男 씨가 이번에 한국으로 친척 방문 갔다 오는 길에 김종우의 편지를 나에게 가지고 와서 부탁하므로 아무리 조사하여도 14년 전 3월 말에 사망하시었다고 합니다. 초상도 민정국에서 치렀다고 합니다. 그 당시 민정국장은 지금 어디로 갔는지 모릅니다. 당신 부친과 같이 일하던 분도 사망하고 지금 아무도 없습니다. 저도 당신 부친과 화태 풍영군 낙합정 서내연에 살다가 내연탄광으로 이주하였고, 당신 부친도 내연으로 이주하여서 빵 공장에서 일하다 사망했습니다. 저는 이 편지를 쓰면서 종우씨가 어찌 하고 있는 줄 압니다. 저는 그 당시 출장가고 없었습니다. 많이 섭섭하겠습니다. 종우씨 앞으로 온 가정이 행복하시기를 축원합니다.

1989.10.27일 김정부

시아버지의 사망 소식을 전해 온 김정부 씨의 편지

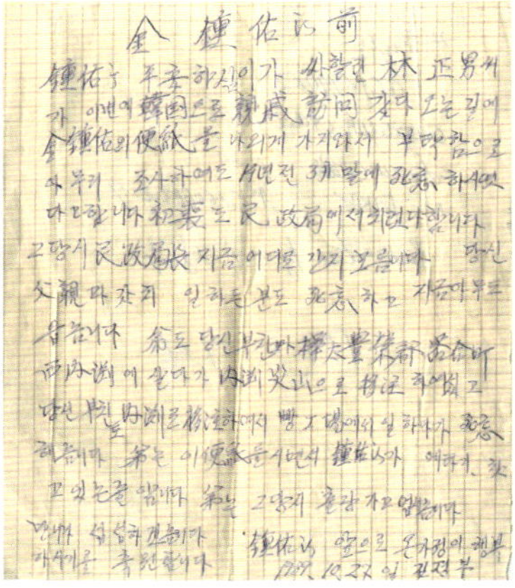

얼마나 기다린 소식이었는데 막연하지만 시아버지가 14년 전에 돌아가셨다는 편지였다. 시어머니는 너무나 큰 충격에 빠지셨다. 이어 임정남 씨에게도 편지가 왔다. 11월 7일자로 도착한 편지에도 비슷한 내용이 적혀 있었다. 시아버지께서 일하셨던 탄광촌(편집자 : 내연탄광이 있던 西內淵을 말함)에도 가 보았다고 하니 정성이 느껴졌다. 시아버지 편지에 써있던 동거인 김칠곡 댁 아들 되는 분은 10년 전에 사망하였고, 그 며느리가 전해 준 말이 우리 시아버지는 다른 곳에 가 계시다가 돌아가셨다는 것이었다. 사망연월일을 아는 사람이 없어 간단히 슬픈 소식만 전한다고 했다.

잇따른 동포들의 편지를 통해 반신반의하던 시아버지의 사망 사실을 최종적으로 확인시켜준 편지는 그 다음 해에 전해졌다. 1990년 2월 23일자 편지로 김정부 씨가 다시 한 번 편지를 보내왔다. 그 편지에는 정확하게 1968년 3월 2일자로 시아버지의 흔적이 없어졌다는 사실이 적혀 있었다.

김종우 씨 앞

종우씨 평안하십니까. 당신 부친이 사망한 날짜를 기재합니다. 1968.3.2일 아침 일을 끝마치고 집으로 갔는데 흔적이 없어졌습니다. 그 때 당신 부친과 같이 일하던 사람들도 전부 사망하고 지금은 아무도 없습니다. 대단히 섭(섭)하겠습니다. 앞으로 온 가정이 행복하기를 빌면서 이만 그칩니다. 차후에 만일 상봉하면 자세한 말씀 드리겠습니다. 회답하세요. 1990.2.23일 김정부

그렇게 애타게 기다렸건만 생사 확인을 시작한 지 불과 몇 개월만

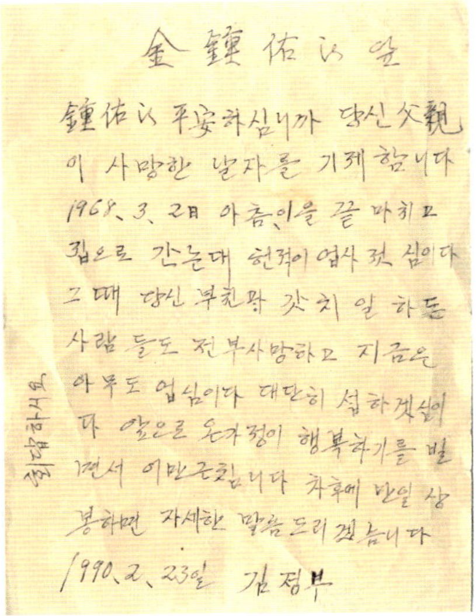

金鍾佑氏 앞

鍾佑氏 平安하십니까 당신 父親이 사망한 날자를 기제함니다 1968、3、2日 아침인을 끝 마치고 집으로 간는대 헌적이 업사젓 심이다 그때 당신 부친과 갓치 일 하든 사람 들도 전부사망하고 지금은 아무도 업심이다 대단히 섭하겟심이다 앞으로 온가정이 행복하기를 빌면서 이만 근칩니다 차후에 만일 상봉하면 자세한 말씀 드리겟슴니다

1990、2、23일 김정부

시아버지의 사망일자를 알려준 김정부 씨의 두 번째 편지

에 시아버지가 이미 사망했다는 소식을 듣게 된 시어머니와 남편은 깊은 실의에 빠졌다. 평소에 남편은 아버지와 같이 목욕탕에 가서 서로 등을 밀어보는 게 소원이라고 말했다. 그런 남편이 아버님께서 이미 돌아가셨다는 소식을 들었을 때 허탈해 하던 모습은 지금도 잊을 수 없다.

생전에 뵌 적도 없던 나도 가족과 연락이 끊긴 지 19년 만에 먼 타국에서 고향과 가족을 그리워하다 돌아가셨을 시아버님을 생각하면 그저 안타깝고 서러울 뿐이다. 시어머니는 그 소식을 듣자마자 너무 힘들어하시더니 결국 중풍으로 고생하시다가 1993년에 그만 세상을 뜨셨다. 돌아가신 아버지 소식을 듣자마자, 어머니와 또 이별하게 된 남편에게는 비극의 연속인 나날이었다.

남편의 뒤를 이은 기록 찾기

남편은 나에게는 더없이 살뜰한 사람이었다. 사업을 한다고 서울에 와서 신발공장을 운영할 때도 나는 집안에서 살림만 하고 애들 뒷바라지만 했다. 바깥일은 남편이 도맡아 했고, 전혀 신경 쓰이지 않게 잘 이끌어 주었다.

평소에는 속을 알 수 없을 정도로 과묵한 사람이었지만 어느 날인가 내게 이런 따뜻한 말을 건넨 적이 있다.

"건강하게 살다가 혹시라도 당신이 먼저 죽게 되면 내가 손수 곱게 거두어서 염을 해주고 뒤따라갈게."

그 말이 얼마나 고마웠던지. 그러나 남편과의 이별이 느닷없이 닥쳐왔다. 2000년 1월 27일, 날짜도 잊을 수 없다. 남편은 이 날 문득 내게 편지 한 통을 주면서 본인이 이 세상에 없을 때 뜯어보라고 건네주었다. 그 편지를 무심히 장롱에 넣어놓고 잊어버리고 있었는데, 갑자기 남편이 쓰러진 것이다. 그렇게 건강했던 남편이 2001년 11월 14일 뇌출혈로 쓰러졌다.

남편이 의식을 찾지 못하고 누워있던 와중에 우리 딸이 제 남편 직장 때문에 미국에 가게 되자, 가족들을 불러 모아 이 편지를 같이 보게 했다. 편지에는 모든 재산 정리를 어떻게 할지 세세한 설명과 함께 본인이 없어도 자식들을 사랑으로 잘 돌보라는 당부가 담겨 있었다. 무거운 짐을 맡기고 가니 잘 부탁한다는 말도 쓰여 있었다. 편지를 읽던 딸이 우느라 다 읽지도 못하고 서로 부둥켜안고 얼마나 울었는지 모른다. 남편은 3번의 수술을 받았지만 의식을 회복하지 못하고 결국 8개월 만에 세상을 떠났다. 이 편지는 남편의 유서가 되고 말았다.

편지를 읽고 또 읽으면서 가슴을 치며 많이 울었지만 이미 떠난 사람이었다. 나는 마지막으로 남편이 생전에 이루지 못한 시아버지의 기록도 찾고, 유골도 하루 빨리 고국으로 모셔오겠다는 각오를 하였다. 남편과 결혼해서 1남 3녀를 두고 자식에게 부끄럽지 않은 어머니로서, 한 집안의 며느리로서 제 역할을 다해야겠다는 책임감도 다시 들었다.

남편이 살아 있을 때는 남편과 함께 활동에 참여했지만 지금은 나 혼자서라도 이 활동을 계속 이어가야 한다는 사명감으로 열심히 유족회에도 나가고 강제동원 진상규명 활동에도 동참했다. 청량리에 있는 태평양전쟁피해자보상추진협의회(보추협) 사무실로 내 발걸음이 닿은 것은 천만다행이었다. 그나마 이희자 대표와 보추협 일꾼들이 도와주어 일제하강제동원진상규명특별위원회에서 시아버지의 강제징용 피해사실도 인정받을 수 있었다.

그래서 이희자 대표가 같이 하자는 일이면 건강이 허락하는 한 참석하려고 노력했다. 2006년 유족 20여명과 같이 도쿄에서 열린 야스쿠니반대 촛불행동에도 참여했고, 2010년 10월 일본 시민들을 대상으로 도쿄에서 열린 증언회도 함께 갔다.

아직도 나는 시아버님이 어떻게 강제로 사할린까지 끌려가게 되었

도쿄에서 열린 강제동원피해자 유족증언회(2010.10)

는지, 그리고 가족들이 한국에서 살고 있고 편지도 보내왔는데 왜 고국에 돌아오지 못했는지 잘 알지 못한다. 허리 수술만 아니었더라면 사할린에 직접 찾아가 보고도 싶지만 지금은 건강이 허락하지 않는다. 사할린 동포 사업을 하는 지구촌동포연대(KIN)라는 단체에도 시아버지 유골이라도 찾을 수 있을까 부탁해 보았지만 아직까지 기록 한 장 찾지 못했다. 이제라도 한국 정부가 나서서 애타는 가족들의 한을 풀어주었으면 하는 바람 간절하다. 내가 죽기 전에 이 숙제를 다 마쳐야 시어머니와 남편 앞에 떳떳할 텐데 말이다.

그나마 천안 망향의 동산에 시부모님의 위패를 모시고 추모제에 빠지지 않고 꼭 참석하려고 애쓰고 있다. 며느리로서의 마지막 도리라 생각하고 있다. 그중에서도 2011년 5월 8일 어버이날에 열린 '빼앗긴 어버이를 그리며'라는 추모행사는 평생 잊지 못할 뜻 깊은 날이었다. 먼 이역에서 억울하게 희생당한 분들의 원혼들을 위로하기 위해 유족들과 한국·일본의 시민단체가 뜻을 모아 합동장례식을 치렀다. 모

시아버지의 위패 봉안식(2009.12.8.)

'빼앗긴 어버이를 그리며' 추모행사에 참석한 가족들(2011.5.8.)

든 유족들이 상복을 입고 만장을 앞세우고 상여를 메고 곡을 했다. 늦게나마 후손들이 올리는 애틋한 기림의 염원을 그분들은 들으셨을지, 손수 마련한 제사상의 음식은 맛나게 드셨을지 모르겠지만 남은 가족들의 마음에 쌓인 한은 조금 풀린 듯했다. 이렇게 유족들과 서로 위로하고 슬픔을 나누며 언제나 함께 하고 싶다. 시아버님의 흔적을 확인하는 그날까지 남편 대신 최선을 다하는 며느리가 되겠다는 다짐을 오늘도 다시 되새긴다.

• 김승은

그립고 그리운 우리 오빠

남영주

오빠를 잃고 어머니를 잃은 슬픔

나는 1939년 경상남도 의령군 정곡면 성황리에서 태어났다. 쌍둥이 언니와 같이 태어났다. 우리는 원래 9남매였던 것으로 아는데 지금 호적상으로는 8남매로 기록되어 있다. 큰오빠와 큰언니, 둘째언니 외에 작은 오빠들과 여동생은 모두 어릴 때 죽었다고 한다.

어릴 때 살던 곳은 의령 남씨들이 백여 집 모여 사는 집성촌이었다. 우리 집은 그 중에서도 증조할머니까지 4대가 한집에 사는 8대 종갓집으로 그 당시 가세가 상당했다. 기와집 2채와 초가집 3채가 있었고 마을을 둘러싼 산은 거의 다 우리 집 산이었다. 일꾼을 두었고 우리 가족은 농사일을 하지 않았다.

서당 훈장이었던 할아버지는 늘 상투를 하고 수염을 기르셨다. 낮에는 서당에서 글을 가르치고 밤에는 서당을 다닐 형편이 안 되는 친척집 아이들을 집에서 가르치셨다. 할아버지는 별명이 호랑이였을 만큼 엄한 분이었다. 넉넉한 집안이었음에도 자식들에게 서당 공부만 시키고 신식학교를 안 보내려 하셨다. 아버지는 할아버지 말씀이라면 절대적으로 복종했고 아무것도 마음대로 하지 못하였다. 그래도 할아버지 몰래 자식들을 신식학교에 보내려 애쓰셨고 그러다 들켜 꾸중을 듣곤 하셨다.

큰오빠 남대현은 1923년생으로 나보다 열여섯 살 많았다. 진주에서 고등학교를 다녔던 오빠는 집에 돌아와 있을 때면 마루에 걸터앉아 양쪽 무릎에 쌍둥이 언니와 나를 앉혀 놓고 손풍금을 연주해주곤 했다. 오빠는 기타니 축음기니 음악 하는 것만 잔득 갖다가 방을 예쁘게 꾸며놓았다. 나이 차이가 많이 나는 우리를 무척 귀여워했고 동네

느티나무 밑에서 기타를 쳐주기도 하고 그네를 태워주기도 했다. 너무나도 자상한 오빠였다.

할아버지는 8대 종손 독신으로 가문에 없어서는 안 될 책임이 막중한 오빠를 하루빨리 장가보내서 9대 종손을 이어가기를 바라셨던 것 같다. 오빠는 공부도 좋아하고 음악도 좋아해서 결혼을 원하지 않았던 것 같은데 할아버지 성화에 스무 살이 채 되기도 전에 장가를 갔다. 그런데 오빠는 할아버지가 그토록 원하던 9대 종손을 잇지 못했다.

오빠 남대현

1942년 오빠는 일본군으로 끌려갔다. 다섯 살이었던 나는 오빠가 왜 끌려가게 됐는지 그 경위에 대해서 잘 모르지만 오빠가 끌려갔던 날의 기억은 생생하다. 그날 오빠를 포함해 남씨 집안에서 세 사람이 끌려갔다. 면소재지에는 세 사람을 환송하기 위해 엄청난 인파가 모였다. 면소재지로 이어지는 신작로에 사람들이 쭉 서 있었고 온 동네가 만장기로 뒤덮였다. 총을 든 순사 같은 이들도 많아 언니들과 나는 무서워서 어디 얼씬거리지도 못하고 쥐 죽은 듯이 가만히 있었다.

할아버지는 귀한 손자를 사지와 다름없는 전쟁터로 내보냈다며 아버지를 꾸짖으셨다. 집안 입장에서는 독자인 장손이 없어졌다는 큰 문제가 있었기 때문이다. 그렇게 집안은 온통 난리가 났다. 그리고 어린 아들들을 먼저 떠나보냈는데 단 하나 남은 소중한 큰아들마저 빼앗긴 어머니는 슬픔에 잠겨 앓아누우셨다.

나중에 둘째언니가 이야기한 것에 따르면 그 후 오빠에게서 두 번 편지가 왔다고 한다. 한 번은 "여기는 남양군도입니다"라고 특별한 내용 없이 오빠 이름만 써서 보내왔고 또 한 번은 "보고 싶습니다. 어머니 아버지 사진을 찍어서 보내주십시오" 그런 내용이었다고 한다. 두 번째 편지를 받자 부모님은 정장을 하고 면소재지에 있던 금융조합 건물까지 가서 사진을 찍어 보냈다고 한다. 아버지는 그 편지와 오빠에 관한 것들을 집에서 잘 보관하고 있었는데 한국전쟁 때 불타버렸다고 한다.

남씨 집안에서 같이 끌려간 두 사람은 해방되기 전에 도망 나왔지만 우리 오빠는 두 번째 편지를 보내온 후 연락이 두절되었다. 아버지는 누가 일본 군대에서 돌아왔다는 소식만 들으면 열일 제쳐두고 어디든 찾아다녔다. 어머니가 돌아가신 후에도 작은 아버지의 도움을 받아 오빠 행방을 찾으러 방방곡곡을 돌아다녔다.

어머니는 늘 부엌 선반에 밥그릇을 갖다 놓고 항상 비우지 말라고 하셨다. 제일 먼저 오빠 밥그릇에 밥을 떠놓고 어디 가서 배곯지 말고 무사히 돌아오라고 정성껏 빌었다. 할 수 있는 일이라고는 그렇게 기다리는 것밖에 없는 하루하루가 고통스러웠던 어머니는 결국 화병이 나 드러누웠다.

아버지는 어떻게 해서라도 어머니를 고치려고 의사 친구 두 분이 살던 면소재지에 집을 지었다. 큰언니와 둘째언니 그리고 올케언니는 종갓집에 남고 쌍둥이 언니와 내가 새로 지은 집에서 어머니 아버지와 함께 살았다. 2층집이었는데 1층은 상점으로 사용했고 2층에는 물건을 쌓아놓았다. 버스표도 팔고 밀감, 일본 과자, 설탕도 많았다. 담배와 소금과 같은 배급용 물품도 보관하면서 나눠주는 상점이자 하치장이었다. 안채는 한옥으로 지었고 어머니는 그곳에서 생활했다. 바로 옆집에 살던 한의사 친구 분은 항상 울타리 너머로 어머니 약을 타주었고 양의사 친구 분은 조금 떨어진 곳에 살았는데 매일같이 나와서 어머니를 진찰해주었다.

어머니는 항상 '네 오빠는 일본 놈들한테 끌려갔다'라고 말씀하셨다. 그리고 일본 사람만 보면 치를 떠셨다. 해방이 되어도 우리는 아무런 연락도 받지 못했고 오빠는 감감무소식이었다. 어머니 병은 끝내 나아지지 않았다. 아버지는 어머니를 고치려고 애를 많이 쓰셨지만 어머니는 식사도 못하고 시름시름 앓다가 1946년 7월 3일 마흔두 살 나이에 이 세상을 떠나셨다. 무더운 여름의 열기가 지금도 생생하다. 나는 어머니 없이 살아야 했던 어린 시절의 기억이 너무나도 가슴이 아프고 오빠가 일본 군인으로 끌려가기 전의 단란했던 우리 가족이 한없이 그립다.

아버지에 대한 애절한 마음

어머니가 돌아가신 후 2층집에서 몇 년 더 살다 우리는 할머니와 올케언니, 작은언니가 있는 종갓집으로 돌아갔다. 종갓집에서는 할머니와 언니들이 우리 자매를 따뜻하게 보살펴주셨다. 나는 할머니를 많이 의지했다. 집안에 무슨 일이 생겨 저녁에 외출해야 할 때면 꼭 내가 등불을 들고 '할머니~! 돌 있다!'며 돌을 치워가면서 같이 다녔다.

올케언니는 옷을 만들어서 입혀주는 등 우리 자매를 참으로 예뻐해줬다. 한국전쟁이 일어나기 전까지는 같이 살았는데 남편을 기다리는 며느리를 안타까워하신 아버지가 올케언니를 친정으로 돌려보내고 생사를 알 수 없던 오빠를 집에서 사망한 것으로 하셨다. 그리고 아버지는 종갓집에 아들이 없으면 제사를 못 지낸다는 할아버지 말씀에 새장가를 가셨다.

말수는 없으셨지만 아버지는 우리 딸들에게 정말 다정하고 자상한 분이셨다. 저녁이면 필통 가져오너라 하시고 연필을 얼마나 예쁘게 깎아주시던지 지금 기계로 깎아도 그렇게 못 깎을 것이다. 말로는 표현하지 않았지만 아버지가 우리 자식들을 얼마나 아껴주셨는지 지금도 내 마음속에는 따뜻한 온기가 느껴진다.

한국전쟁이 터졌을 때 아버지는 경찰이었던 작은 아버지를 보호하기 위해 피난을 가셨다. 우리 동네에는 인민군이 들어왔고 우리 집이 대장 숙소가 되었다. 그래서 그런지 우리 동네는 폭격을 심하게 당했다. 우리는 개울 건너 산에다 파놓은 굴속에 들어가 숨어 살았다. 죽을 고비를 넘어 용케 살았지만 집은 다 타버리고 말았다.

전쟁이 끝나고 국민학교를 졸업한 후 나는 집에서 새엄마가 낳은 동생들을 돌봐주며 살았다. 할머니는 어머니가 하시던 것처럼 항상 밥그릇에 밥을 떠놓으셨고 한 달에 두 번은 산과 개울에 가서 기도를 하셨다. 그때마다 나는 음식을 머리에 이고 할머니를 따라갔다. 산에 가면 바위 위에서, 집 앞에 개울가에서는 용왕님께 밥과 나물을 올려 '우리 손주 어디 가서도 몸 상하지 않게 해주세요'라고 기도하셨다.

그러던 할머니가 어느 날 갑자기 중풍으로 쓰러지셨다. 대소변을 받아내야 하는 상황에서 나는 할머니를 정성껏 모셨지만 1957년 12월 3일(호적상으로는 1956년 5월 10일) 할머니는 세상을 떠나셨다. 내가 열여덟 살 때였다. 장례식은 12월 17일에 치렀는데 보름 동안 얼마나 울었는지 동네 사람들이 다 나 때문에 또 초상 치르겠다고 걱정할 정도였다고 한다.

어머니가 돌아가셨을 때는 어려서 그랬는지 울었던 기억이 없다. 다만 우리 언니들과 올케언니가 하얀 옷을 입고 울면서 상여 뒤를 따라가는 모습만 바라봤던 것 같다. 어머니처럼 의지하던 할머니가 돌아가셨을 때는 죽을 만큼 슬프고 앞으로 누구를 믿고 살아야 할지 오로지 걱정뿐이었다.

그 후 나는 마음속에 서러움을 안고 살아갔다. 할아버지는 집안일을 도우며 사는 나를 빨리 시집보내려고 하셨다. 아버지는 나를 계속 옆에 두고 싶어 하셨지만 결국 할아버지 성화에 스물두 살 되던 해 나는 결혼을 하게 되었다. 집에서 결혼식을 올리고 한 달 정도 있다가 시집이 있던 전주로 갔다. 전주에서 한 5개월 정도 살다 대구로 이사를 갔고 결혼한 지 6년이 되었을 때 나는 속초에서 살고 있었다. 편찮으시다는 편지를 받고 친정에 갔더니 아버지는 말씀도 못하셨다. 며칠 동안 병간호를 했는데 정월 명절이 다가오자 친정 어른들이 시집에 돌아가라고 하셨다. 나는 시댁 큰 집이 있는 전주로 갔다.

섣달 스무사흘 날 아버지는 돌아가셨다. 내가 속초에 있는 줄 아셨던 친정 어른들과 연락이 엇갈려서 나는 아버지 임종을 지켜드리지 못했다. 섣달 그믐날 시댁에서 전을 부치고 있을 때 전보가 왔다. 음식을 차리고 있던 나는 친정에 가야 된다는 말을 못해 결국 아버지 장례식도 참석하지 못했다.

증조할아버지 비 앞에서, 둘째 언니와 함께(왼쪽 남영주, 1990년대)

8대 종손 아들을 지키지 못해 평생 죄인처럼 살아야 했던 아버지. 끝내 아들 소식을 찾지 못하고 눈을 감아야 했던 아버지. 마음속에 있던 수많은 이야기들을 토로내지 못한 채 이 세상을 떠나야 했던 아버지를 생각하면 나는 가슴이 아파 숨을 쉴 수가 없다.

누가 오빠를 기억해주는가

오빠가 일본군에 끌려간 후 우리는 어머니를 잃고 할머니를 잃고 아버지마저 잃고 말았다. 또 큰언니는 한국전쟁이 끝난 후에 행방불명이 되었고 쌍둥이 언니는 마흔 살 때 먼저 가버리고 말았다. 지금 우리 오빠를 기억할 사람은 나보다 세 살 많은 둘째언니와 나밖에 없다. 그래서 나는 항상 가슴 한구석에 오빠를 그리워해왔다.

나는 결혼한 후 남편에게 오빠 이야기를 많이 했다. 어느 날 남편이 서울 용산에 가서 오빠를 찾아보자고 이야기했다. 나는 오빠 생사라도 확인해 어머니 아버지 한을 풀어드리고 싶었다. 1990년 6월 6일 남편을 따라 나는 태평양전쟁희생자유족회 사무실을 찾아갔다. 회비를 내고 등록도 했지만 더 이상 오빠 기록을 어떻게 찾아야 될지 알 길이 없었다. 몇 년 후 당시 정부기록보존소에 가면 명단이 있다는 이야기를 듣고 남편과 함께 몇 번이고 찾으러 갔다.

2003년 5월 12일 그날도 남편과 함께 한참 헤매고 있었는데 '누구를 찾으시는데요?'라고 누가 말을 걸어왔다. 남편이 '남대현 기록을 찾으러 왔어요'라고 대답했다. 나는 그날 우연히 만난 태평양전쟁피해자보상추진협의회(보추협) 사무국장 김은식 덕분에 드디어 오빠 기록을 찾게 되었다.

김은식 씨가 기록을 보면서 "남대현 오빠는요, 1942년 남양군도로 끌려가서 1944년 8월 10일 뉴기니 야카무르라는 곳에서 총에 맞아 사망하신 것으로 되어 있어요"라고 설명해줬다. 오빠와 생이별한 지 61년만에 알게 된 오빠의 행적이었다. 나는 바로 둘째언니에게 전화를 걸어 "오빠가 어디서 돌아가셨는지 찾았다"고 전했다. 언니가 "어째 찾았노? 너 장하다. 동생 노릇을 했구나"라고 말한 순간 나는 가슴이 벅차 울컥했다.

2005년 2월 1일에는 보추협 도움으로 일제강점하강제동원피해진상규명위원회에 피해자 신고도 할 수 있었다. 나는 그동안 살기 바빠서 못했던 유족 활동을 그때부터 서서히 시작했다. 많은 피해자들과 아버지 기록을 찾기 위해 열심히 활동하는 유족들을 만나면서 나는 오빠가 너무너무 불쌍하다는 것을 절실히 느끼게 되었다. 둘째언니는 멀리 부산에서 살고 있기 때문에 내가 아니면 누가 억울한 죽음

제2차 야스쿠니무단합사철폐소송 제소 후 보고회에서. 앞 줄 두번째가 나
(2013.10.22, 일본 도쿄지방법원)

을 당한 우리 오빠의 기록을 찾겠는가, 아들을 잃고 애타는 마음으로 이 세상을 떠나야만 하셨던 어머니와 아버지의 한은 누가 풀어주겠는가 하는 생각에 잠이 오지 않았다. '우리 부모님의 억울함을 반드시 풀어드려야겠다. 나에게는 오빠를 편히 쉴 수 있게 할 책임이 있다.' 그렇게 다짐을 했다.

2006년 12월 나는 보추협을 통해 일본 후생노동성에 또 다른 오빠 기록을 조회했다. 일본은 2007년 1월 30일자 회신으로 오빠의 소속 부대와 전사일, 공탁금 액수 등이 적힌 기록을 보내왔다. 기록이 버젓이 있는데도 알려주지 않아 어머니와 할머니, 아버지, 우리 가족들은 오빠의 생사도 모른 채 돌아가셨다.

일본정부는 우리 오빠를 죽음으로 내몰면서 우리 가족에게 씻을 수 없는 고통을 안긴 것이다. 일본이 아니었더라면 우리 가족은 행복하게 잘 살았을 텐데 오빠가 끌려가면서 우리 집안은 뿌리 채 흔들렸

제2차 야스쿠니무단합사철폐소송 제소 후(2013.10.23)

다. 이러한 일본을 어떻게 용서할 수 있겠는가. 생각만 하면 숨을 쉴 수가 없다. 게다가 일본은 유골도 우리 가족 품에 돌려보내주지 않았다. 그런데도 일본이 보내온 회신에는 그저 일본에는 오빠 유골에 관한 기록이 없다고만 적혀 있었다. 또 하나 용서할 수 없는 사실은 1959년 4월 6일 오빠가 야스쿠니신사에 합사되었다는 것이다. 사망한 장소와 기록을 보관하고 있으면서도 가족들에게 알려주지 않은 일본은 야스쿠니신사에는 알렸던 것이다. 일본 정부와 야스쿠니신사가 합작을 해서 군국주의의 상징이자 전쟁을 미화하고 침략을 정당화하는 야스쿠니신사에 우리 오빠를 무단으로 합사한 것이다.

2013년, 그래서 나는 야스쿠니신사에 무단 합사된 한국인 피해자들의 이름을 빼라고 촉구하는 야스쿠니 무단 합사 철회 2차 소송(노! 합사 2차 소송)에 참여하기로 했다. 유골을 찾는 것이 당장은 어렵더라도 야스쿠니신사에서 오빠 이름을 빼내고 영혼을 하루 빨리 해방시켜주고 싶은 마음이 간절하다.

일본인 유족과의 만남 그리고 뉴기니 방문

내게는 오빠 사진이 딱 한 장 있다. 유일하게 오빠 얼굴을 기억할 수 있는 사진이다. 어릴 때부터 액자에 넣어 항상 소중하게 보관해왔다. 이 사진마저 없었다면 나는 마음속에 오빠에 대한 그리움만 있지 오빠 얼굴을 기억하지 못했을 것이다.

2010년 10월 증언대회에 참석하기 위해 나는 오빠 사진을 품에 안고 일본에 갔다. '오빠가 끌려가서 죽은 원수 나라에 내가 왜 가나, 일본 사람들 전부 원수다' 생각하며 갔는데 막상 가보니 재판을 지원해주고 힘을 보태주는 사람이 많아 일본에도 좋은 사람이 있구나 하는 생각이 들었다.

그날 증언을 들은 한 일본인 활동가가 내게 제안을 했다. 보추협 유족들과의 교류 활동을 오랫동안 이어온 우에다 케이시 씨였다.

뉴기니 추도순례를 위해 활동한 오사카 지원자들과 함께(2012년 7월 말)

그는 태평양전쟁 때 뉴기니에서 아버지를 잃은 일본인 유족 이와부치 노부테루 씨를 같이 만나보자고 제안했다. 이와부치 씨는 긴 세월 동안 뉴기니에서 유골발굴 조사를 추진해온 사람이다. 이듬해 나는 한국을 방문한 이와부치 씨를 만나 자세한 이야기를 나눴다. 그는 뉴기니에 가서 제사를 지내보지 않겠느냐고 제안했다. 많은 뉴기니 유족 중에 먼저 이와부치 씨와 친분이 있던 고인형 씨와 내가 함께 뉴기니에 가게 되었다.

뉴기니 행 비행기 앞(2012.8.28 이와부치 노부테루 씨, 고인형 씨)

뉴기니 한국대사관(2012.8.28)

2012년 8월 25일, 인천공항에서 고인형 씨를 만나 나는 또 다시 오빠 사진을 품에 안고 비행기에 올랐다. 일본 나리타공항에서 이와부치 씨와 우에다 씨 그리고 일본의 시민활동가 기무라 아야코 씨를 만나 같이 밤 비행기를 타고 약 8시간 뒤 호주에 도착했다. 하루를 케언스에서 자고 다음날 뉴기니 수도 포트모르즈비로 갔는데 갈아탈 예정이었던 하루 한 편뿐인 비행기를 놓치고 말았다. 할 수 없이 하루 더 머물다 다음날 뉴기니 한국대사관을 방문한 후 우리는 웨와크로 출발했다. 그날 저녁은 이와부치 씨가 준비해줬다. 된장국과 고등어, 김치까지. 세심한 배려가 놀랍고 고마웠다.

뉴기니 유족 고인형 씨의 추도사

8월 29일 우리는 새벽 4시에 일어나 야카무루로 출발했다. 먼저 서쪽으로 1시간 정도 떨어진 보이킹에 들렀다. 고인형 씨 아버지가 돌아가신 곳이다. 인사만 하고 다시 서쪽으로 향했다. 길 같은 길이 없었다. 길이 험해 지프차가 요동을 쳐 우리들 엉덩이가 제자리에 붙어 있을 사이가 없었다. 그렇게 뛰고 흔들리며 한참을 더 갔는데 차가 멈췄다. 새벽에 비가 쏟아진 탓이었다. 강물이 넘쳐 더는 갈 수가 없었다. 어쩔 수 없이 방향을 돌려 보이킹으로 돌아왔다.

보이킹에는 한국인위령비와 일본인위령비가 있었다. 그 옆에 물통 몇 개가 모아져 있었다. '고 아무개'라고 적여 있는 물통도 보였다. 고인형 씨 아버지는 고인형 씨가 두 살 되던 해 일본군으로 끌려가 1944년 9월 3일 뉴기니에서 말라리아에 걸려 돌아가셨다. 나는 한국을 떠

보이킹에서 추도사를 읽는 고인형 씨(2012.8.29)

나기 전에 제사를 지낼 때 불태울 오빠 옷을 준비하면서 고인형 씨 아버지 것도 같이 챙겼다. 그 옷과 고인형 씨가 고향 제주도에서 챙겨온 술을 올리고 제사상 준비를 끝냈다. 그는 그토록 불러보고 싶던 '아버지'를 마음껏 소리쳐 불렀다.

"아버지! 저는 오늘 죄송한 마음으로 이 자리에 섰습니다. 아버지의 육신은 어느 곳에서 백골이 되어 고향땅 가족 품으로 돌아갈 날을 기다리고 계십니까? 왜 이제야 왔느냐고 나무라시는 아버지의 목소리가 귓전에 들려오는 듯합니다. 아버지! 아들의 목소리가 들리십니까? 오늘 이 자리가 처음이자 마지막이 될지도 모르겠습니다. 또 오고 싶어도 올 수 있는 곳이 아니고 누군가의 도움을 받아야 올 수 있다는 것도 슬픔이고 억울함입니다. 일본 정부도 한국 정부도 나 몰라라 내버려두는 것도 너무 억울하고 분통터지고 슬픕니다. 나라 잃은 슬픔을 안고 멀리 이국땅에서 죽음을 당한 아버지 넋을 기리며 고개 숙여 삼가 명복을 빕니다. 아버지! 부족한 자식 마음 너그러이 용서하세요."

큰 소리로 아버지를 부르면서 끝까지 추도사를 읽은 고인형 씨 모습이 지금도 눈앞에 아른거린다. 그런데 다녀온 지 얼마 안 돼서 고인형 씨 추도사는 현실이 되고 말았다. 제사를 끝내고 한 마리의 나비가 날라 와 아버지가 오셨나보다 무척 기뻐하던 고인형 씨는 두 달 후 아버지 곁으로 떠났다. 인천공항에서 헤어질 때 '연락할게요' 말하며 다시 서울에서 만나 뉴기니에 갔다 온 이야기를 하자고 했는데 너무 너무 아쉽고 마음이 아프고 슬프다.

오빠를 만나러 가는 길

강을 건널 수가 없어 오빠가 돌아가신 곳으로 못 가게 된 나는 너무나 속이 상했다. 이제 와서 찾아왔다고 오빠가 화나서 안 받아주는 것만 같았다. 숙소로 돌아오는데 눈물이 멈추질 않았다. 여기까지 얼마나 어렵게 왔는데 오빠도 못 만나고 돌아가야 될 것 같아서 밀려오는 슬픔에 죽을 것 같았다. "걱정 마세요. 내가 갈 수 있게 해드릴 테니까. 내일 보트를 타고 가면 돼요." 이와부치 씨가 달래줬다. 그 동네에서는 이와부치 씨를 모르는 사람이 없었다. 구명조끼도 마련해주고 숙소도 금방 잡아줬다.

8월 30일, 그날도 비가 많이 왔다. 이와부치 씨가 챙겨준 우비니 샴푸캡이니 수건이니 다 덮고 뒤집어쓰고 나는 태평양 바다를 건넜다. 비가 계속 내렸다. 3시간 쯤 갔을 때였다. 순간 튀어 오르는 고래가 내 눈에 들어왔다. 나 말고는 아무도 못 봤다고 했다. 그러더니 거짓말처

제사를 마치고 돌아가는 길(2012.8.30)

뉴기니 해변에서 올린 제사(2012.8.30)

럼 비가 그치고 햇빛이 쨍 났다. 오빠가 맞이해주는 것처럼 느껴졌다. 30분 정도 더 가다가 우리는 현지 주민들 도움을 받아 육지에 올랐다.

보추협에서 마련해준 현수막을 걸고 바다가 잘 보이는 곳에 제사상 자리를 잡았다. 내가 준비해온 아버지 사진, 어머니 산소에서 고모들과 같이 찍은 사진, 할아버지 정각 사진 등을 오빠가 볼 수 있게 제사상 앞에 놓았다. 음식은 마음껏 차리고 싶었지만 아무것도 가져오지 말라고 해서 간신히 들고 간 대추와 밤, 곶감만 제사상에 올렸다. 그리고 평생 간직해온 오빠 사진을 올리고 제사를 시작했다.

"오빠! 오빠! 영주가 왔습니다! 오빠 보고 싶어서 영주가 왔습니다!" 추도사를 읽으려 했지만 더 이상 목이 메어 읽을 수가 없었다. 이렇게 험하고 먼 곳까지 끌려와서 얼마나 고생했을까, 고향으로 돌아가지도 못하고 어떻게 죽었을까, 불쌍한 오빠를 생각하며 한없이 눈물이 흘렸다. 술을 따라주면서 어머니 아버지가 어떻게 돌아가셨는지 오빠에게 이야기했다. 그리고 하늘나라에서는 헐벗지 말라고 바

오사카 김치만들기 강습회(2016.4.30)

지와 저고리, 버선, 속옷, 두루마기 그리고 신발을 태웠다.

발길이 쉽게 떨어지지 않았다. 간신히 보트에 올라탔지만 마음을 잡지 못했다. 파도가 얼마나 센지 속으로 '제발 살려주세요. 오빠, 동생 용서하시고 제발 우리 일행 무사히 도착할 수 있도록 도와주세요' 빌고 또 빌었다. 험하고 무서운 바다를 비까지 맞아가면서 건너 제사를 치르고 돌아오니까 14시간 정도 결렸다고 한다. 무사히 도착하고 나니 '살았구나, 우리 오빠가 살려줬구나', 마음이 조금 편해졌다.

마지막 소원

오빠가 돌아가신 장소를 찾아간다는 것이 내게는 상상도 못하는 일이었다. 혼자서는 엄두도 안 나는 일이고 단독으로는 절대 불가능한 일이었다. 멀기도 하고 비용이 많이 들기도 했다. 나도 150만 원을 보탰지만 예정에 없던 일이 생기기도 해서 전체 비용은 그 3배나 되었다.

보추협과 일본 시민들이 나머지를 부담해준 것이다. 그렇게 많은 사람들이 힘을 모아줬기 때문에 가능한 일이었다. 같이 가서 함께 고생

특집 | 끝나지 않은 일제강점기

남영주 씨가 친오빠 남대현 씨(오른쪽 사진)가 전사한 뉴기니를 찾아가 위령제를 지내는 모습.

"뉴기니에 끌려가 죽은 오빠 목 메인 위령제 올렸다"

남영주 씨, 오빠 故 남대현 씨 야스쿠니신사에 이름 올라 분통

일본은 태평양 전 지역으로 전장을 확대하려고 남태평양 섬 뉴기니를 전략적 요충지로 선택해 1942년 12월 병력 14만 명을 투입했다. 하지만 13만 명이 기아와 말라리아로 사망했다. 여기에 동원된 조선인 규모는 정확히 파악되지 않는다. 8월 말 오빠 남대현 씨가 사망한 뉴기니에서 위령제를 지내고 온 남영주(73) 씨를 만나 현재까지 계속되는 강제동원의 아픔에 대해 들어봤다. 〈편집자〉

정리 · 이혜민 기자 behappy@donga.com

"뜸북뜸북 뜸북새 논에서 울고 / 뻐꾹뻐꾹 뻐꾹새 숲에서 울제/ 우리 오빠 말 타고 서울 가시며/ 비단구두 사가지고 오신다더니/ 기럭기럭 기러기 북에서 오고/ 귀뚤귀뚤 귀뚜라미 슬피 울건만/ 서울 가신 오빠는 소식도 없고/ 나뭇잎만 우수수 떨어집니다."

(동요 '오빠생각')

어려서부터 이 노래를 불렀어요. 오빠가 보고 싶을 때는 더 많이 불렀죠. 뉴기니에 위령제를 올리러 가서 오빠한테 그 동요를 들려줬는데 오빠가 들었겠죠?

오빠는 1942년 어느 날 갑자기 강제징용됐어요. 그때 오빠가 열아홉 살, 내가 여섯 살이었죠. 그날 신작로에 많은 사람이 모인 가운데 만장기와 함께 일본 순사가 보였어요. 8대 종손이자 1남4녀 중 맏아들인 오빠는 군복을 입었는데, 그 뒤로 두 번 다시 못 봤어요.

경남 진주에서 사범대학을 다니던 오빠는 나이차가 많이 나는 여동생들을 귀여워했어요. 쌍둥이인 저희에게 기타도 쳐주고 아코디언도 연주해주고, 뒷산으로 데려가 그네도 태워줬죠. 쌍둥이가 같은 간따꾸(원피스)를 입고 있으니 얼마나 귀여웠겠어요.

오빠 떠난 후 집안 풍비박산

오빠가 돌아오지 않으니 집안이 풍비박산 날 수밖에요. 어머니는 아들을 그리워하다 이듬해, 그러니까 내가 일곱 살 때 화병으로 돌아가셨어요. 아버지는 일본에서 누가 왔다고 하면 기어코 찾아가 만나고, 할아버지는 왜놈한

32

주간동아(2012.10.16)에 소개된 뉴기니 위령제

한 이와부치 씨와 우에다 씨, 기무라 씨를 비롯해 내가 뉴기니에 갈 수 있게 도와주고 지원해준 모든 분들에게 이 자리를 빌어 다시 한 번 감사의 말씀을 전하고 싶다. 그리고 또 아무 보답도 하지 못한 점에 대해서 너무나도 미안하게 생각하고 있다.

뉴기니에 다녀온 직후에는 당장이라도 다시 가겠다고 마음을 먹었지만 뜻대로 되지 않았고 벌써 5년이 지났다. 한 번 더 기회가 생긴다면 비용이 얼마가 들든 한없이 원 없이 음식을 준비해서 가고 싶다. 그리고 그곳에 사는 주민들에게도 나눠주고 싶다.

나는 뉴기니에 가기 전에 어머니와 아버지 산소에 가서 인사드리면서 '오빠한테 갔다 와서 다시 오겠습니다' 말씀드렸는데 몸이 아파 여태껏 가지 못하고 있다. 고향 산에는 할머니 할아버지 어머니 아버지 산소가 다 흩어져 있다. 오빠가 살아 있었더라면 애초에 생기지 않았던 일이다. 지금 나는 그 산소를 한 곳에 모을 수 있기를 간절히 바라고 있는데 딸로 태어난 내게는 쉽지 않은 일이다. 하지만 내가 죽기 전에 꼭 오빠 유골을 찾고 한을 안고 돌아가신 우리 가족들의 산소를 한 곳에 모아 그 옆에 오빠 묘도 하나 만드는 것이 마지막 소원이다.

• 노기 카오리

땅 속에 묻어 둔 참외

노재원

집안 이야기

나는 1936년 7월 19일, 아버지의 고향인 충청남도 연기군 금남면 신촌리 80번지에서 태어났다. 아버지는 1915년생으로 할아버지 노병시와 할머니 임동산 두 분 사이에서 장남으로 태어나신 뒤 스무살 되던 해인 1935년에 최순임과 결혼해서 나와 남동생, 여동생을 낳으셨다.

1939년 봄이었다. 고향마을에는 일가들이 함께 살았다. 할아버지의 4촌 형제인 노병직이 참봉을 지냈으며, 마을에서 나름 행세깨나 했다고 한다. 어느 날 당숙이 아버지에게 소 외양간 청소를 시켰는데, 이게 성에 차지 않았던지 심하게 꾸지람을 했다. 아버지가 "청소한 게 마음에 들지 않으시냐"고 말했더니 어른에게 말대꾸 한다며 작대기로 후려쳤다.

할아버지

이 광경을 목격한 할아버지는 분한 마음에 밤을 꼬박 새웠다. 날이 밝자마자 보따리를 싸 아무런 연고도 없는 경기도 안성군 미양면 후평리 45번지로 옮겼다. '안성에 가면 뭘 해도 굶어죽진 않는다'는 이야기가 있어 거기로 가셨다 한다. 내 나이 네 살 때였다.

알몸으로 나오다시피 한 터라 당장 먹고 자는 것부터 해결해야 할 형편이었다. 다행히 마을 사람들의 따뜻한 도움을 받아 정착을 할 수 있게 되었고, 여름철 농번기가 되면 할아버지, 할머니, 아버지 모두 날품을 팔아 끼니를 해결하였다. 부지런히 일한 탓에 할아버지는 남의 땅을 얻어 소작을 할 수 있게 되었고, 한 해 수확의 절반을 지주에게 주고나면 손에 떨어지는 것이 적긴 했으나 그래도 밥을 굶진 않게 되었다. 끼니를 때우는 것만 해도 다행이었던 시절이었다. 열심히 일해서 한푼 두푼 아끼고 아껴 할아버지와 아버지는 마침내 논 2,000평과 밭 1,500평을 마련할 수 있게 되었다.

생활이 조금 안정되자 할아버지는 소 키우는 일에 관심을 기울이셨다. 소시장에 가서 삐쩍 마른 어린 소를 사다가 지극정성으로 키운 뒤 튼실한 놈이 되면 다시 파시는 일을 하셨다. 수완이 좋으시기도 했지만, 워낙 지극정성으로 소를 돌보셨기 때문에 소 장사는 살림에 큰 도움이 되었다. 한 해 농사를 지어 만든 돈보다 더 수입이 좋았다. 해방 후 실시한 농지개혁 때 2,500평을 불하받아 비로소 자작을 할 수 있게 되었으며, 소 장사로 쏠쏠한 재미를 봐 경제적으로 부유하지는 않지만 그래도 여유를 갖게 되었다. 내가 안성중학교와 안성농업고등학교를 다닐 수 있었던 것도 순전히 할아버지가 흘린 수많은 땀의 결과였다.

돌아오지 못한 아버지

1944년 2월 15일 마침내 아버지에게 징용령이 내려 군속으로 동원되었다. 아버지가 징용될 당시 같은 면에 사는 엄천길(1921년생)과 안성읍에 사는 채귀성(1917년생)이 함께 끌려갔다. 1945년 3월 1일 현재 『임시육군군인(군속)계』를 보면, 아버지에 대해 다음과 같이 기록하고 있다.

『임시육군군인(군속)계』(1945년 3월 1일 현재)

岡村福萬 1915년 5월 10일생

신분은 군부軍夫, 월급 100엔, 월급 발령일 1944년 2월 15일

부대 편입 구분 : 군속 채용

1945년 현재 소속 부대 중지中支 파견 여呂 제8890부대

아버지

일본이 중국을 부를 때 북지(나), 중지(나), 남지(나) 세 지역으로 나누는데, 중지(나)는 강서성江西省, 절강성浙江省, 호북성湖北省, 호남성湖南省 네 곳을 말한다. 아버지는 호북성에 주둔하고 있던 제8890부대에서 군속으로 일한 것 같다. 1944년 어느 날 집안의 안부를 묻는 엽서와 함께 사진을 보내왔다. 부모님과 가족이 그립다며 가족사진을 보내 달라 하여 안성에 있는 사진관에서 가족사진을 찍어 보냈다. 그 후로 아버지의 소식은 끊어졌다.

해방이 되어 곧 돌아올 거라는 기대를 했으나 해가 바뀌어도 소식은 없었다. 1946년 봄, 아버지와 함께 징용 갔던 두 분의 동료가 돌아왔다. 그 분들은 아버지와 함께 고향으로 돌아오던 도중 배에서 배탈이 나 응급조치를 했으나 약이 없어 고치지 못하고 세상을 뜨셨다고 했다. 그래서 아버지 주머니에 있던 가족사진을 꺼내 '대한민국 28년

음 3월 11일(양 4월 13일) 오전 4시 별세, 고 노복만 군'라 적은 뒤 시신을 인가가 없는 어느 이름 모를 산기슭에 묻었으며, 사진만 갖고 오는 것이 아무래도 마음에 걸려 약식 장례라도 모시도록 하기 위해 손목을 잘라 함에 넣어 왔다고 했다.

며칠 후 가족회의를 열어 함 속에 든 손목이라도 확인하고 장례를 치르기로 결정하고 함을 열어 보았으나, 손목은 없고 머리카락 몇 개와 손발톱이 작은 봉지에 담겨 있었다. 집안 식구들은 황당한 마음에 장례를 치르지 못하고 그냥 헛간 선반에다 함을 올려놓았다. 그렇게 두고 있다가 전쟁이 터져 피난 갔다 돌아온 뒤에 다시 보니 집이 엉망이 되어 함도 없어져버렸다.

그런데 도대체 얼마나 심한 배탈이기에 사람 목숨까지 앗아갈 정도였을까. 함께 귀환하셨던 분들의 증언으로는 알 수 없었다. 많은 시간이 흐르고 난 뒤, 일본군이 작성한 『병적전시명부』를 보고서야 아버지가 왜 돌아가셨는지를 추측할 수 있게 되었다.

『병적전시명부』의 '이력'난을 보면, 아버지가 징병된 날부터 일제가 패망한 뒤 제대할 때까지의 기록이 비교적 상세하게 적혀 있다. '이력'에 따르면, 아버지는 1944년 2월 15일 징용령에 따라 치중병輜重兵(짐수레병) 제49연대에 징병되어 같은 날 특설건축근무 제101중대에 편입되었다. 3월 5일 중국 내륙으로 파견받아 용산역을 출발했다. 6일 조선 국경 통과, 8일 산해관 통과, 10일에 남경에 도착했다. 그리고 같은 달 17일 남경을 출발한 뒤 20일 한구에 도착했다. 이후 여呂 제8890부대 소속으로 종군 중, 1945년 8월 14일 정전조서 발포, 8월 25일 복원령, 9월 2일 일본군과 중국군 간에 정전협정이 체결되었다. 아버지는 10월 29일 호북성 함령에서 말라리아에 걸려 치료를 받았

어머니

어머니와 3남매

으며, 1946년 2월 1일 제대한 뒤 중국 측에 이관되었다.

'이력'에서 보듯이 아버지는 일본이 패망한 뒤에도 일본군 군속 신분으로 있다가 말라리아에 걸려 병원에 입원해 치료를 받았으며, 1946년 2월 1일에 가서야 정식으로 제대하게 되었다. 그런데 제대로 치료가 된 것 같지 않았다. 패전한 일본군은 물론 중국군도 정신이 없는 상황이었기 때문에 변변한 치료를 받지 못했을 것이다. 귀향하는 배속에서 탈이 난 것은 어쩌면 말라리아가 재발한 것일지도 모른다.

해방이 되자 할아버지와 어머니는 아버지가 곧 돌아오실 거라 말씀하셨다. 그래서 나는 아버지가 돌아오시면 드리려고 원두막 밑에 참외를 묻어두었다. 무슨 생각이었는지는 잘 기억나지 않으나 아마 곧 오실 거라는 이야기도 있었고, 짐승들이 땅에 묻어둔 것을 보고 그랬던 것 같다.

그러나 시간이 지나도 아버지는 오시질 않아, 한참 뒤에 다시 땅을 파보니 참외는 이미 썩어 먹을 수 없게 되어버렸다. 어찌나 속상하던지. 아버지는 그 참외를 영원히 드시지 못했다.

엉겁결에 결혼하다

아버지가 없었기 때문에 나는 학교가 끝나면 바로 할아버지를 도와 농사일을 도왔다. 작은 아버지는 객지를 떠돌며 생활하다 한국전쟁 때 행방불명되었기 때문에 집안에 도움이 되지 않았다. 학교생활은 그다지 특별할 게 없었다. 할아버지가 장손은 그래도 공부를 해야 한다 하셔서 어려운 살림살이에도 안성농업고등학교에 입학을 시키셨다. 할아버지께서는 내게 늘 "네 자식들에게는 재산을 넘겨주지 말고 머리에 지식을 넣어주면 도둑 맞을 일도 없고 사기 당할 일도 없으니 어렵더라도 교육을 시켜라"라고 하셨다. 할아버지 나름의 뚜렷한 교육관을 갖고 계셨기에 내가 고등학교를 갈 수 있었던 것이다. 그러나 형편이 좋지 못해 동생들은 모두 중학교까지 다녀야 했고, 나도 2학년 때는 휴학을 했다.

할아버지는 '애비가 없으니 손자라도 빨리 결혼을 시켜 대를 이어놔야겠다' 생각하신 것 같았다. 2학년 때 육촌뻘 되는 고모할머니가 집안에 좋은 사람이 있다고 중매에 나섰다. 할아버지가 빨리 가정을 꾸리라 하시니 달리 생각할 것도 없이 할아버지 손에 이끌려 그냥 결혼을 했다. 각시 얼굴을 처음 본 게 초례청에서였으니 설렌다든지 기뻐한다든지 할 것도 없었다. 그야말로 엉겁결에 결혼한 셈이다.

각시가 들어오면서 집안이 좀 안정되기 시작했다. 집안살림을 모두 아내가 맡아 처리했다. 어머니는 아버지가 돌아오시지 않자 용하다는 점쟁이를 찾아다니며 아버지가 살았는지 죽었는지 알아보는 게 일이어서 사실상 집안일은 뒷전이었다. 아마도 집에 마음을 두지 못하셨던 것 같다. 그러니 할아버지는 할아버지대로 힘들고, 어머니는 어머니대로 마음을 잡지 못해 집안이 어수선했다. 그런데 집에 손자며느리가 들어와 집안 살림을 도맡아 하니 할아버지도 흡족해하셨고, 어머니도 손자 보는 재미를 붙이기 시작하셨다. 아내에게는 미안한 이야기이지만 정말 일찍 결혼하길 잘 했다. 집안살림하랴, 할아버지 농사일 도우랴, 애 키우랴 쉴 틈이 없었다. 어려운 때 식구가 되어 집안을 안정되게 만들어 항상 고마운 마음뿐이다.

아내와 결혼한 뒤, 다시 안성농고 2학년에 복학했다. 같은 반에는 나처럼 결혼한 학생들이 꽤 있었다. 전쟁을 치르고 난 뒤라 후손을 잇는 것이 가장 중요한 일 가운데 하나였다. 내가 결혼할 때의 나이가 19살이었으니 다른 결혼한 학생들에 비해서는 그래도 어린 편에 속했다. 복학한 학교생활도 그저 그랬다. 학교가 끝나면 할아버지를 도와 농사일을 하는 일이 반복되었다. 학업에는 큰 취미가 없었지만, 수학 수업은 꽤나 흥미가 있어 열심히 따라 했다. 당시로서는 그게 내 평생에 가장 큰 밑천이 될 줄은 몰랐다.

지방공무원으로서의 30년 세월

1957년 2월 안성농고를 졸업한 뒤 달리 직장도 구하지 못해 농사일을 하다가 9월 6일 육군에 입대했다. 계산을 잘 한다는 이유 때문에 포병으로 차출되어 육군단 소속으로 포천에서 근무했다. 포병으로 근무한 지 1년 9개월 지난 1959년 6월 30일 가족을 부양해야 하는 책임 때문에 의가사 제대依家事除隊를 한 후 고향으로 돌아왔다.

1961년 5월 박정희 소장이 군사쿠데타를 일으킨 다음 정권을 잡았다. 박정희 정부는 민심을 수습하기 위한 정책의 일환으로 농업 개발 정책을 적극 추진했다. 마침 안성군 농협에서도 농사지도원을 뽑는다는 공고가 나왔다. 농고 출신이어서 쉽게 채용되어 월급 7~8천원의 임시직으로 일했다. 내가 맡은 곳은 공도면의 어느 마을에서 공유하고 있던 채종답採種畓이었다. 농사지도원을 1년간 한 뒤 양지리 이장직을 맡아 2년 동안 마을 주민들을 위해 심부름을 했다.

그러나 임시직이 성에 차지 않아 지방공무원으로 취직해야겠다는 결심을 하고 틈틈이 공부한 결과 연기군청에 직원으로 취직할 수 있게 되었다. 일을 잘한다는 평가를 받은 탓에 1967년 6월 16일에 농림부에서 충청남도청으로 전출 발령을 내 대전으로 이사하게 되었다.

충청남도청 농정과에서 근무하면서 생긴 몇 가지 에피소드를 소개하고 싶다.

1967년 충청남도는 미곡 증산을 장려하기 위해 1등 한 시군에 1,000만원, 2등 한 시군에 500만원의 상금을 걸었다. 당시로서는 꽤 큰 돈이라 시군간에 경쟁이 치열해 심사하는 데 어려움이 많았다. 농산과에서 심사를 주관했으며, 연말까지 관련 자료를 조사한 뒤 평가하는 과정을 거쳤다. 평가점수에는 여러 가지가 있었다. 그중 가을에 논 3m² 당 벼 생산량을 조사해서 평가하는 항목이 제일 점수가 높았다. 10월말 경 각 시군 당 2개면을 골라 생산량을 조사해서 보고하라는 지시가 있어 나는 예산군을 맡게 되었다.

예산군에서 조사할 면으로 삽교면과 오가면을 선정했다. 조사표를 지참하고 삽교면에 출장 가서 2개 필지에 3m² 당 벼를 베어 무게를 측정하였다. 삽교면에서 일을 마치고 점심을 먹기 위해 식당으로 가는 도중 군에서 수행하던 안성농고 동문 후배가 봉투를 내밀기에 아무 생각 없이 받아 가방에 넣어 두었다. 점심 후 오가면으로 이동해서 역시 같은 방식으로 조사를 마친 뒤 낮에 받은 봉투가 생각나 열어보니 100만원이 들어 있었다. 함께 간 후배에게 물었다.

"이 돈 군수님이 주신 거냐, 아니면 자네들이 만들어 온 거냐."

"군수님 지시로 농정계에서 자체적으로 마련한 것입니다."

나는 그 말을 듣고 봉투를 다시 가방에 넣은 뒤 걸어서 오가역까지 와서 천안 가는 기차 시간표를 봤다. 1시간 정도 여유가 있어 역 근처에 있는 주점에 들어가 간단한 찌개와 막걸리 한 되를 시키고 값을 물으니 130원이었다. 찌개와 막걸리를 맛있게 먹고 가방 안에 있는 봉투를 꺼내 술값을 계산한 뒤 후배에게 봉투를 다시 돌려주면서 말했다.

"군수님께서 오해를 살 수 있으니, 술값을 계산한 나머지 돈은 다시 돌려드리고 시군 평가에는 돈을 갖고 가는 것 이상으로 노력하겠으니 그렇게 전해라."

뒤에 수소문해서 알아보니 도청의 모국장이 군수에게 연말 평가에서 1등을 주고 싶어도 현장 조사 점수가 낮으면 어찌 할 수 없으니 출장 직원에게 사례하라고 지시했다는 것을 알게 되었다.

3, 4일 지나서였다. 사무실에서 일하고 있는데 계장과 바둑 친구인 임주사가 계장 옆자리에 앉으면서 하는 이야기가 "너, 사람 볼 줄 아는구나. 어떻게 그렇게 참신한 사람을 데려 왔어. 너는 복 받은 사람이야"라는 것이다. 가만히 들어보니 내 이야기를 하고 있는 것이었다. '참, 비밀은 없구나. 청렴한 공무원이 되어야 한다'는 것을 다시 한 번 깨달았다. 그해 연말 평가에서 예산군은 2등에 올라 500만원을 받았다.

충남도청에서 농업통계 업무를 맡고 있었기 때문에 도시 생활에 적응하는 것도 쉽지 않았다. 아이들 5남매 중 세 명은 안성에서 생활하고, 두 명은 내가 도청에 근무하면서 데리고 있어 경제적으로도 많이 힘들었다. 월급은 1만원 채 못 되는 9,700원으로 박봉이었다. 생활이 어렵다보니 근검절약 밖에 달리 방법이 없었다.

내가 맡은 일이 통계였기 때문에 정확한 통계를 구하기 위해서는 1달에 2주는 시군 출장을 가는 것이 관례였다. 한 주 출장여비가 3,500원 정도 나왔다. 이 돈을 아끼려고 교통수단은 통일호를 이용했고, 잠은 싼 여관에서, 식사는 해장국 정도가 다였다. 그렇게 절약하고 절약하면 1,500원 정도 남는데, 그걸로 생활을 유지했다. 나를 도와줄 사람도 없었지만, 그렇다고 도움을 받을 생각도 없었다. 오로지 근검절약만이 내가 살길이라는 믿음을 갖고 가정을 이끌어 갔다.

1968년 9월 중순 경으로 기억한다. 그때도 미곡 예상 수확량을 조사하기 위해 당진군 송악면으로 출장을 갔다. 송악면 현지답사 중 이슬비가 내려 우산을 받치고 현장을 돌다보니 어느덧 저녁시간이 되었다. 식사를 마치고 통일호를 타기 위해 장항선 삽교역까지 버스를 타고 와보니 천안 가는 통일호 막차가 10시경에 있어 대합실에서 기다렸다가 기차를 타고 천안역에 도착했다. 그러나 대전 가는 열차가 끊어져 다음날 새벽 6시 30분에 있는 첫 열차를 타야만 했다. 어쩔 수 없어 대합실에서 책을 읽으며 기차를 기다리는데 갑자기 서러운 생각이 들었다. 가난한 살림도 원망스러웠지만 통일호를 기다리는 마음도 가난한 것 같아 더 서러웠다.

반복되는 출장이라 숙박비를 절약하기 위해 대합실 신세를 지는 것이 생활화되다시피 했다. 천안역 대합실에서 기다리다 6시 30분 기차를 타고 대전역에 도착하면 7시 40분이다. 집은 대전역에서 걸어서 30분 정도 걸리는 성남동 성남국민학교 밑에 있었다. 어느날 역에서 나와 성남천 징검다리를 건너 집으로 가고 있는데, 한 남자가 나를 불렀다. 대전경찰서 정보과 직원이라 하며 자신의 신분증을 보여주고 내 신분증을 보여 달라고 했다. 나는 별 생각 없이 공무원증을 보여줬더니 깜짝 놀라면서 '죄송합니다' 하며 난감한 태도를 보이며 돌아갔다. 집에 와서 생각해보니 옷은 비를 맞아 구겨졌지, 신발은 논두렁을 다녀 흙이 묻어 있어 간첩으로 오인하고 대전역에서부터 미행한 것이라 생각하니 한심한 생각뿐이었다. 가진 것 없이 살다보니 간첩으로까지 오인을 받은 것이다.

또 한 가지 에피소드. 1968년 충청남도에서는 미곡 420kg 돌파운동을 벌여 식량 자급자족에 이바지하자는 정책을 적극 추진함에 따라 식량증산에 모든 행정력이 집중되었다. 역점 시책 중 미곡 420kg 돌파운동은 농업통계 부문에서 평가하게 되어 있어 관심이 더 집중되어 있었다. 1단보(300평) 당 벼 생산량을 추정하기 위해 충청남도의 1,200개 표본조사를 실시하였다. 생산량을 추정하기 위해 1개 표본에서 3m² 당 생산된 벼를 모아 저울로 달아서 재는 방법이었다. 10월에 단보당 벼 생산량을 신속하게 추정하기 위해 현장에서 인쇄된 엽서에 결재 없이 바로 '조사자 확인' 해서 3m²에서 나온 벼 생산량을 적어 보내도록 사전에 지시했다. 그렇게 해서 1,200 개 표본에서 나온 생산량을 집계해서 추정하니 단보당 342kg의 생산량이 나왔다. 최종 집계는 미곡 담당자인 내가 했기 때문에 비교적 정확한 내용을 알고 있었다고 할 수 있다. 그런데 뒤에 각 시군에서 보고된 수치를 보니 실태와 많이 달랐다. 도청 김 모 국장이 시장과 군수에게 전화로 지시해 결재 과정에서 수치를 수정해서 보고하게 한 것이다.

이 사실을 알고서 그날 밤 잠을 이루지 못하고 깊은 고민에 빠졌다. 밤을 새다시피 해서 아침 일찍 출근한 뒤 사직서를 썼다. "국가와 민족을 위하여 사표를 제출하오니 수리하여 주시기 바랍니다."라고 작성한 다음 제출하고 집으로 돌아왔다. 집에서 쉬고 있었으나 마음은 편치 못했다. 불안한 마음으로 하루하루를 지내면서 소식은 동료들로부터 전해 듣고 있었다. 세간에는 미곡 증산이 아니라 통계 증산이라는 이야기도 떠돌았다고 한다. 그러던 어느 날 동료가 농림부에서 내가 집계한 자료를 보내달라는 연락이 왔다고 전해 동료편에 그 자료를 전했다. 중앙정부가 1968년도 미곡 생산량을 내가 집계한 자료를 근거로 전국 생산량을 확정하게 되었다는 소식을 들었다. 그런데 사표는 농림부로 전달되지 못하고 충남도청에서 보관 중이었다. 농림부는 사표를 보내라고 독촉했으나 문책이 두려워 보내지 못한 것이다. 인사권자인 농림부에서 전하기를 내가 출근해야 여러 사람이 살 수 있다며 출근하기를 권유하기에 20여 일만에 출근해 업무에 복귀하였다.

그러나 사무실 분위기는 뭔가 불편하고 서먹서먹하게 바뀌었다. 비록 중앙정부가 내가 작성한 통계의 정확성을 인정하고 그것을 기준으로 올바른 정책을 수립하는 데 도움이 되었다는 점에서 내 나름의 자부심을 가졌지만, 조직 내의 분위기는 편치 않았다. 나도 서서히 마음이 떠나기 시작했다. 그래서 업무에 충실하기보다는 행정공무원 시험공부에 열중해야겠다는 생각에 주어진 일만 처리하고 시험 공부를 했다. 1971년 4월 18일 마침내 행정 7급 시험에 응시해 합격했다. 그해 5월 1일자로 대전시청 발령을 받아 주사보로 시작해서 구청 계장, 시청 계장을 거쳐 동구 중동장으로 근무하다 1994년 6월 30일 59세 나이로 정년퇴직하였다. 퇴직 후에는 종중에서 종무를 맡아달라는 의뢰가 와 종중일을 하기 시작하였다.

2011년 1월에 교하노씨 성원장학회를 설립하여 대학교 재학중인 학생에게 장학금을 주고 있다. 동년 7월에 『교하노씨 경원군 형조참판공파 가승보』를 편집하여 발간하였고 그 후 2013년 6월에 충청남도 공주시 반포면 봉곡리 472-18(임)번지 종중 자연장지 2,000m²(600평)을 허가받아 230구를 안치할 수 있는 성지원을 조성하는 등 선조 승봉과 후손들이 뿌리찾기, 재산관리에 전념하였다.

지석을 만들어 어머니를 위로하다

1971년 정부가 1965년에 체결한 한일협정의 후속조치를 하기 위해 대일민간청구권 신고에 관한 법률을 제정하고 피해 신고를 받기 시작했다. 공무원 생활을 하고 있었기 때문에 그 소식을 듣고 아버지가 중국에서 사망한 사실을 신고하려 했다. 그러나 당시에는 문서로 확인할 수가 없었다. 일본정부가 관련 자료를 한국정부에 넘겨준 것도 아니고, 한국정부도 강제동원 피해 진상을 알려주는 자료를 제대로 정리하지 않았다. 정부에서 갖고 있던 사망자명부를 확인했으나 아버지 이름이 없었다. 그래서 그해 12월에 아버지와 함께 징용 갔다 돌아오신 동료 엄천길嚴天吉, 채귀성蔡貴成 두 분에게 아버지가 중국에서 사망한 사실을 보증하는 확인서를 받아 정부에 제출했다. 정부는 확인서만으로는 사망자 1인당 30만원 씩 지급하는 보상금을 줄 수 없다 하였다. 공무원 신분이라 더 이상 뭐라 항의하기도 그렇고 자료를 찾기 위해 나서는 것도 전혀 방법을 알 수 없어 그냥 포기하고 다시 일상으로 돌아갔다.

내가 아버지의 죽음을 자료상에서 정확하게 알게 된 것은 2008년에 와서였다. 2005년 일제강점하강제동원피해진상규명위원회(위원회)가 법으로 설립되어 활동하고 있다는 사실을 언론 광고를 보고 알았다. 이때는 이미 두 분 어르신이 돌아가셨기 때문에 아버지가 돌아가신 이야기를 알고 계시는 다섯 분의 보증을 받아 위원회에 제출했다. 그 뒤 위원회 직원들이 다섯 분을 직접 만나 인우보증서의 내용이 정확한지 확인한 다음 2007년 7월 10일 "노복만을 특별법 제17조에 의거 일제강점하 강제동원 피해자로 결정함"이라는 결정통지서를 받았다.

이듬해인 2008년 위원회가 피해자와 유족들을 초청해 중국의 피해 현장을 방문하는 추도순례단에 참여하게 되었다. 추도순례에서 태평양전쟁피해자보상추진협의회(보추협)의 이희자 대표를 만나 보추협이 그동안 해온 활동 등을 알게 되었다. 유족이면서도 그런 일을 잘 알지 못한 것에 대한 미안함과 함께 늦게라도 회원으로 활동하고 싶은 생각에 참여하게 되었다. 아버지의 자료가 없다는 이야기를 듣고 이희자 대표가 국가기록원에서 아버지 자료를 찾은 과정을 자세히 전하면서 국가기록원에 문의해보라 했다. 전혀 생각하지 못했던 일이었다. 그길로 국가기록원에 달려가 찾은 것이 바로 앞에 소개한 『임시육군군인(군속)계』와 『병적전시명부』였다.

이희자 대표의 말에 따르면 이 자료들이 1993년 10월에 한국에 들어왔는데, 그동안 한국정부가 피해자들에게 그 사실을 알려주지 않아 유족들의 한이 그만큼 더 쌓여왔다고 했다. 나는 이 자료들에 보

조선인 유골조사와 DNA 문제를 교섭하기 위해 일본 참의원회관을 방문한 뒤(2014.6.23)

고 희망을 가졌다. 보추협의 도움을 받아 추가 자료가 있는지 일본정부에 아버지의 군사우편저금 자료가 있는지 문의했다. 물론 이 일은 내가 직접 할 수 없어 일본에서 강제동원진상규명과 지원 활동을 해온 우에다 케이시 씨에게 위임했다. 보추협에서 자료를 모아 우에다 씨에게 전달하면, 우에다 씨가 일본 후생노동성에 자료 확인을 요청하는 과정을 거쳤다. 아마 나 이외에도 많은 유족들이 함께 한 것으로 안다. 2012년 2월에 조사신청해서 5월 31일에 답변을 받았다. 답변서를 받아보니 예상외로 상당한 액수의 군사우편저금을 확인할 수 있었다. 이 답변서를 위원회에 보내 지급 신청을 했으며, 상당한 시간이 지난 후에 보상금을 지급받게 되었다.

위원회로부터 보상금을 받고 난 후 곰곰이 생각했다. 보추협과 민족문제연구소가 없었다면 보상금은 꿈에도 생각하지 못했을 것이다.

제3회 망향의 동산 합동추모제(2013.5.8)

제5회 망향의 동산 합동추모제
(2015.5.1)

그리고 보상금을 떠나 이렇게 좋은 일을 하는 단체와 사람들도 있음을 알게 된 것이 내게는 소중한 인연이지 않은가. 그래서 보추협의 사무국을 맡아 오랜 세월 함께 동고동락한 연구소 식구들에게 조금이라도 힘이 되었으면 하는 바람이 컸다. 마침 민족문제연구소가 식민지역사박물관을 만들고 있다는 이야기를 듣고 건립 기금을 내는 게 좋겠다고 판단해 기쁜 마음으로 2백만 원을 냈다.

매우 늦게 합류한 지각생 회원이지만, 보추협의 행사가 있으면 열 일을 제쳐놓고 참가했다. 소중한 만남을 조금이라도 더 갖고 싶었다.

노재원 회혼연(2013.10.19)

2015년 6월 일본 도쿄에서 열린 유족증언대회에 비록 증언자는 아니지만 함께 참여한 것도 회원으로서, 그리고 피해자 유족으로서 동료의식을 가졌기 때문이다.

이 대회에서 2차대전 때 죽은 아버지와 삼촌의 유골을 찾기 위해 오키나와와 필리핀 등지에서 자비를 들여 유골조사와 봉환 사업을 하고 있던 시오카와 씨를 만났다. 그리고 오랫동안 강제동원 진상규명과 피해자 지원활동을 해온 후루카와 씨와 우에다 씨도 만났다. 살면서 많은 사람들을 만났지만, 이처럼 헌신적으로 다른 사람을 돕는 일을 하는데 평생을 보낸 사람들도 없었을 것 같아 참으로 기뻤다.

30세에 홀몸이 된 어머니는 할아버지를 도와 농사일을 돕다가 농한기가 되면 혹시라도 아버지가 살아있을까 싶어 전국에 용하다는 점쟁이들을 찾아다니며 세월을 허비하셨다. 아버지에 대한 그리움이 병이 되어 버린 것이다. 그렇게 평생 아버지를 그리워하던 어머니가 1978년 대전에서 TV를 보다가 뇌출혈로 쓰러지셨다.

급히 대전 성모병원으로 모셔가 치료를 받았으나 끝내 정신을 차리지 못하고 5월 17일 64세의 나이로 세상을 뜨셨다. 묘는 고향인 세종시 금남면 신촌리 산7번지 비학산에 모셨다. 할아버지가 묻히신 곳이기도 했다.

34년간을 홀몸으로 살며 아버지를 그리다 세상을 떠나신 게 너무 안타깝고 항상 마음에 걸렸다. 그래서 어머님의 영혼이나마 외로움을 덜어드리기 위해 2007년 4월 8일(음력 3월 1일) 아버지 지석誌石을 제작해서 어머니 시신 옆에 안장하니 조금이나마 마음의 위로가 되고 자식된 도리를 한 것 같았다. 지석의 일부를 소개하면 다음과 같다.

교하交河 노영우盧英遇 神主

"노공의 휘諱 영우요 자字 복만으로 교하인이시다. … 공은 1944년 2월 14일 왜정시 일본군의 징집으로 인하여 강제징용되신 후 일본

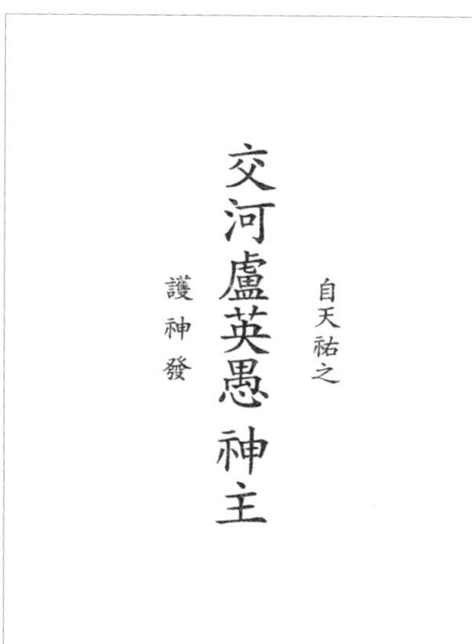

自天祐之

交河盧英愚 神主

護神發

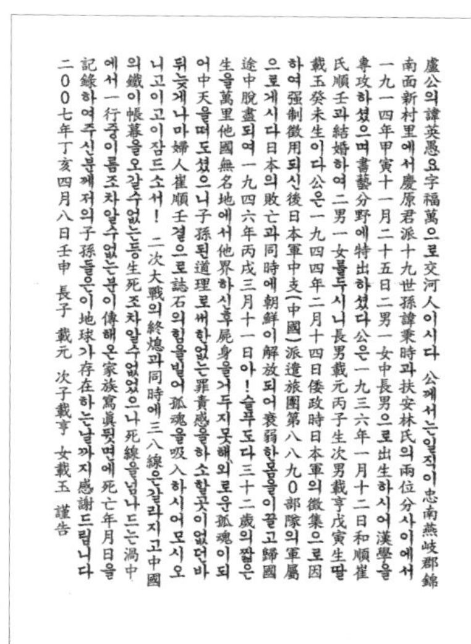

盧公의諱英愚요字福萬으로交河人이시다 公께서는일직이忠南燕岐郡錦南面新村里에서慶原君派十九世孫諱秉時과扶安林氏의兩位分사이에서一九一四年甲寅十一月二十五日二男一女中長男으로出生하시어漢學을專攻하셨으며書藝分野에特出하셨다公은一九三六年一月十二日和順崔氏順壬과結婚하여二男一女를두시니長男載元丙子生次男載亨戊寅生딸載玉癸未生이다公은一九四四年二月十四日倭政時日本軍의徵集으로因하여强制徵用되신後日本軍中支(中國)派遣旅團第八八九0部隊의軍屬으로계시다日本의敗亡과同時에朝鮮이解放되어衰弱한몸을이끌고歸國途中脫盡되여一九四六年丙戌三月十一日아!슬푸도다三十二歲의짧은生을萬里他國無名地에서他界하신후屍身을거두지못해외로운孤魂이되어中天을떠도셨으니子孫된道理로써한없는罪責感을하소할곳이없던바뒤늦게나마婦人崔順壬곁으로誌石의힘을빌어孤魂을吸入하시어모시오니고이고이잠드소서! 二次大戰의終熄과同時에三八線은갈라지고中國의鐵이帳幕을오갈수없는등生死조차알수없었으나死線을넘나드는渦中에서一行중이름조차알수없는분이傳해온家族寫眞뒷면에死亡年月日을記錄하여주신분께저의子孫들은이地球가存在하는날까지感謝드립니다

二00七年丁亥四月八日壬申 長子 載元 次子載亨 女載玉 謹告

아버지 산소

군 중지(중국) 파견 여단 제8890부대의 군속으로 계시다 일본의 패망과 동시에 조선이 해방되어 쇄약한 몸을 이끌고 귀국 도중 탈진되어 1946년(병술) 3월 11일, 아! 슬프도다. 32세의 짧은 생을 만리타국 무명지에서 타계하신 후 시신을 거두지 못해 외로운 고혼이 되어 중천을 떠도셨으니 자손된 도리로서 한없는 죄책감을 하소할 곳이 없던 바 뒤늦게나마 부인 최순임崔順壬 곁으로 지석의 힘을 빌어 고혼孤魂을 흡입하시어 모시오니 고이 잠드소서! 2차대전의 종식과 동시에 38선은 갈라지고 중국의 철의 장막을 오갈 수 없는 등 생사조차 알 수 없었으나 사선을 넘나드는 와중에서 일행 중 이름조차 알 수 없는 분이 전해온 가족사진 뒷면에 사망년월일을 기록하여 주신 분께 저의 자손들은 이 지구가 존재하는 날까지 감사드립니다. 2007년 정해丁亥 4월 8일 임신壬申 장자 재원載元 차자 재형載亨 여 재옥載玉 근고謹告."

• 김민철

아버지의 흔적을 찾아

동정남

나고야 미쓰비시 공장에서 일하다 끌려간 아버지

나는 1944년 9월 16일 일본 나고야名古屋에서 태어났다. 아버지 동선홍董善洪은 일본군의 군속으로 끌려가 전사하여 야스쿠니신사에 합사되었다. 아버지가 끌려갔을 때 나는 어머니의 뱃속에 있었기 때문에 내가 태어났을 때 아버지는 이미 집에 없었지만 내 이름은 아버지가 편지를 통해 지어주신 것이다.

그래서 나는 아버지의 얼굴도 모르고 아버지에 대한 기억도 전혀 없다. 아버지에 대한 이야기는 어머니와 이모님으로부터 들은 것이 전부일 뿐이다. 아버지는 나고야에 있던 미쓰비시三菱공장에서 일했고, 가족들도 모두 나고야에서 살았다.

관리직으로 일하던 아버지는 1943년 3월 회사에 다니는 조선 사람들이 강제동원을 당하게 되자 끌려가는 사람들이 불쌍하다며 그들을 안내하기 위해 함께 가셨다고 한다. 하지만 이후에 어떻게 된 일인지 아버지는 돌아오지 않았고 연락도 끊어졌다.

1945년 3월부터 나고야에 공습이 심해지자 어머니는 나와 누이 두 명을 데리고 전라남도 고흥군 외가로 돌아왔다. 우리 3남매는 그 때부터 외할아버지, 외할머니 손에서 자랐다. 내가 세 살 무렵 때의 일이다. 어머니는 우리들을 외가에 맡겨두고 혼자 일본으로 돌아가려 했다. 아버지가 언젠가는 우리가 함께 살던 나고야의 집으로 돌아올지도 모른다는 생각을 했기 때문이다. 그런데 해방이 되면서 배편이 끊기고 혼란스러웠던 상황이 계속되어 어머니는 결국 일본에 갈 수 없었다.

나는 외할아버지, 외할머니의 많은 사랑을 받고 자랐지만 아버지

아버지

의 빈자리는 결코 채워지지 않았다. 어머니는 내가 스무 살도 되기 전에 돌아가셨다. 어머니가 돌아가신 뒤 이모님께서 아버지의 사진을 보여주면서 이 사람이 너희 아버지라고 알려주셨다.

그 때 나는 얼굴도 모르고 있던 아버지의 모습을 사진으로 처음 보게 되었다. 내가 그토록 그리워했고 보고 싶었던 아버지의 모습은 이 한 장의 사진으로만 유일하게 남아 있을 뿐이다. 양복을 입은 아버지의 사진을 보면 멋쟁이였던 풍모가 엿보인다.

아버지의 흔적을 찾아 나고야, 아오모리, 홋카이도 그리고 러시아로

결혼을 하고 자식이 생기고 나이가 들면서 아버지의 기록을 찾아야겠다는 마음이 점점 커졌다. 그것이 자식으로서의 당연한 도리라고 생각했기 때문이다. 나는 아버지의 흔적을 찾기 위해 일본에 가야겠다고 결심하고 독학으로 일본어를 공부했다. 그리고 1990년 초에 내가 태어나고 우리 가족이 살았던 나고야시 미나토港구를 찾아갔다. 해방이 되고 45년이라는 세월이 지났기 때문에 고향의 풍경은 이미 다 변해버렸고, 창고와 같은 건물들이 들어서 있을 뿐이었다. 아버지의 기록을 찾기 위해 관공서를 찾아가야겠다고 생각했다. 미나

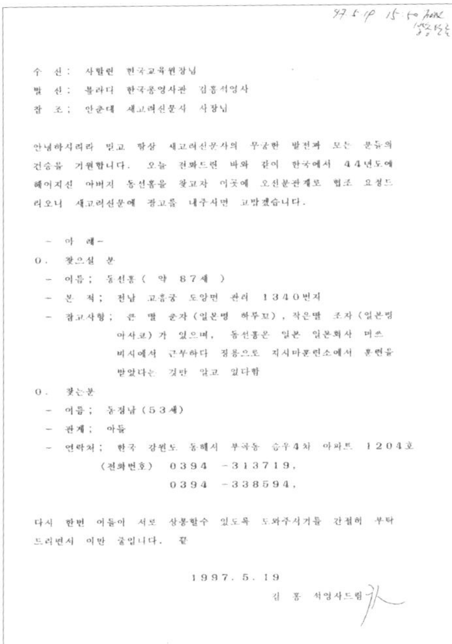

97. 5. 19 15:50 ...

수 신: 사할린 한국교육원장님
발 신: 블라디 한국총영사관 김홍석영사
참 조; 안춘대 새고려신문사 사장님

안녕하시리라 믿고 항상 새고려신문사의 무궁한 발전과 모든 분들의 건승을 기원합니다. 오늘 전화드린 바와 같이 한국에서 44년도에 헤어지신 아버지 동선홍을 찾고자 이곳에 오신분관계로 협조 요청드리오니 새고려신문에 광고를 내주시면 고맙겠습니다.

- 아 래 -

O. 찾으실 분
- 이름; 동선홍(약 87세)
- 본 적; 전남 고흥군 도양면 관리 1340번지
- 참고사항; 큰 딸 순자(일본명 하루꼬), 작은딸 조자(일본명 아사코)가 있으며, 동선홍은 일본 일본회사 미쓰비시에서 근무하다 징용으로 지시마훈련소에서 훈련을 받았다는 것만 알고 있다함

O. 찾는분
- 이름; 동정남(53세)
- 관계; 아들
- 연락처; 한국 강원도 동해시 부곡동 승우4차 아파트 1204호
(전화번호) 0394 -313719,
0394 -338594,

다시 한번 이들이 서로 상봉할수 있도록 도와주시기를 간절히 부탁드리면서 이만 줄입니다. 끝

1997. 5. 19
김 홍 석영사드림

블라디보스토크 총영사의 새고려신문사에 대한 광고요청 편지(1997.5.19)

토구청, 나고야시청, 아이치愛知현청을 찾아 혹시나 아버지의 기록이 있는지 물어봤다. 그러나 전쟁 당시 공습을 당해 모든 기록들이 불타버렸다는 허무한 대답밖에 들을 수 없었다.

그러나 나는 단념할 수 없었다. 아버지가 1944년에 미쓰비시 공장에서 근무하다 치시마千島에 있는 훈련소로 동원되었다는 이야기를 이모로부터 들었기 때문에 나는 마음 한 구석에 혹시 아버지가 탄 배가 난파되어 북쪽 어딘가에서 살고 계시지 않을까 하는 기대를 늘 가지고 있었다. 그래서 나는 1997년 5월 러시아의 블라디보스토크까지 가서 한국총영사관을 찾아갔다. 고맙게도 영사관에서는 사할린의 동포신문인 새고려신문사에 아버지를 찾는 광고를 낼 수 있도록 도와주었다. 혹시나 하는 기대를 품고 소식을 기다렸지만 끝내 아버지에 관한 소식은 들을 수 없었다.

그러나 여기서 단념할 수는 없었다. 아버지의 기록을 꼭 찾아야겠다고 생각하니 오기가 발동했다. 꼭 아버지의 흔적을 찾고 말겠다는 새로운 각오를 다지게 되었다. 그래서 내 나름대로 틈만 나면 아

홋카이도 하코다테(2005)

버지의 기록을 찾는 데 도움이 될 만한 곳을 수소문하고 다녔다.

나는 아버지의 기록을 찾기 시작한 지 10년 만인 1999년에 비로소 아버지의 기록을 찾았다. 지금은 국가기록원으로 이름이 바뀐 정부기록보존소에서 일본정부가 발행한 『피징용 사망자 연명부』被徵用死亡者連名簿 속에서 아버지의 이름을 찾은 것이다. 명부에는 일본 이름으로 창씨개명 된 아버지의 이름이 '豊田善洪도요타 젠코'라고 분명하게 적혀 있었다. 그토록 애타게 찾던 아버지의 이름을 10년 만에 비로소 확인했으나 혹시 살아계실지도 모른다는 일말의 기대는 산산히 무너지고 말았다.

기록에 따르면 아버지는 아오모리현 오미나토大湊 시설부에 배치됐다가 1944년 10월 25일 북태평양에서 전사했다고 되어 있었다. 아버지가 돌아가신 곳이 북태평양이라니! 바다에 빠져 돌아가셨다는 말인가. 도무지 알 수 없었다. 그 전사자 명부 속에는 아버지와 같은 고향 사람들이 같은 날짜, 같은 장소에서 사망했다고도 기록되어 있었다.

나는 아버지의 사망기록을 확인한 뒤에 아버지가 갔던 곳을 내 발로 직접 밟아보고 싶다는 마음으로 수시로 일본 땅을 찾았다. 아버지가 배치되었다는 아오모리青森현 오미나토의 해군훈련소도 찾아갔다. 아버지께서 돌아가신 곳에 좀 더 가까이 가기 위해 홋카이도北海道와 사할린에도 갔다. 가는 곳마다 아버지가 돌아가셨다고 하는 북태평양 바다를 바라보며 사진 속으로 기억하는 아버지를 처음으로 소리쳐 불러봤다. 아버지가 저 푸른 바다 어딘가에서 잠들었다고 생각하니 그 때 나의 심정은 차마 말로 표현할 수가 없이 슬프고 원통했다.

북태평양 바다에 잠든 아버지가 야스쿠니에 합사되었다니

나는 비록 아버지의 사망기록을 확인했지만 알면 알수록 오히려 궁금증은 더해져만 갔다. 좀 더 자세한 아버지의 기록을 알고 찾는 것을 단념할 수는 없었다. 그러던 2013년 9월 6일, 나는 『구 해군군속 신상조사표』旧海軍軍屬身上調査表에서 더 자세하고 충격적인 아버지의 흔적을 알게 되었다. 기록을 보니 아버지는 오미나토에서 치시마 시설부로 배치되어 기타치시마北千島에서 근무하였는데, 1944년 10월 25일 북태평양에서 아버지가 타고 있던 배 '하쿠요마루白陽丸'가 침몰되어 행방불명되었다. 그리고 1946년 9월에 비로소 전사戰死로 인정되었다.

아버지가 사망한 곳이 왜 북태평양이라고 기록되어 있었는지 궁금증이 풀리는 순간이었다. 아버지가 타고 있던 배가 침몰하여 돌아가셨다고 하니 가슴이 찢어지는 듯이 아팠다. 고향 땅에 돌아가지도 못

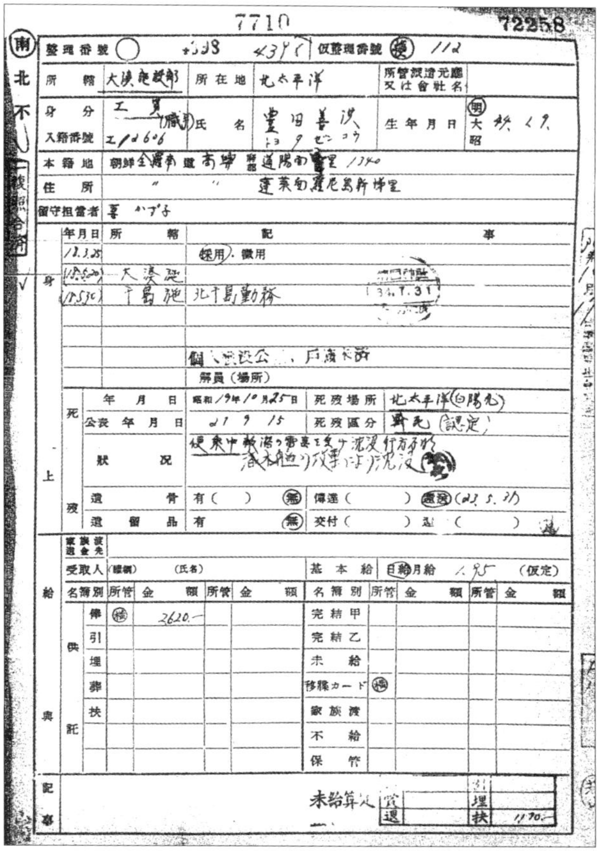

7710 72258

整理番號 +338 4387 仮整理番號 (楼) 112

所轄 大湊施設部 | 所在地 北太平洋 | 所管派遣元廳又は會社名

身分 工員 (傭) | 氏名 豊田善洪 | 生年月日 大 9. 4. 9.
入籍番號 工12606

本籍地 朝鮮全羅南道高興郡道陽面豊里 1340
住所 〃 〃 蓬萊面鹿島新興里
留守担當者 妻 かず子

年月日	所轄	記事
17.3.25		採用・徵用
17.5.20	大湊施	
17.5.30	千島施	北千島勤務
		個人 設公 戸籍
		解員 (場所)

死	年月日	昭和19年10月25日	死殁場所	北太平洋(白陽丸)
	公表年月日	21 9 15	死殁區分	戰死 (認定)
	狀況	便乗中敵潜の雷撃を受け沈没		
殁	遺骨	有( ) 無	傳還( )	
	遺留品	有 無	交付( )	

給與: 基本給 日給 1.95 (仮定) / 供託 2620.— / 移籍カード / 未給算入 / 扶 11.70

동선홍의 『구 해군 군속 신상조사표』

하고 가족들을 그리며 그 차가운 바다에서 죽어갔을 아버지를 생각하면 슬픈 마음을 가눌 길이 없었다.

그런데 그 기록에서 내가 충격을 받고 화가 난 것은 따로 있었다. 그것은 그 기록에 찍혀 있던 동그란 날인이었다. 그 날인은 1959년 7월 31일에 아버지가 야스쿠니신사에 합사되었다는 것을 의미하는 것이었다. 태평양전쟁피해자보상추진협의회(보추협) 이희자 대표의 설명을

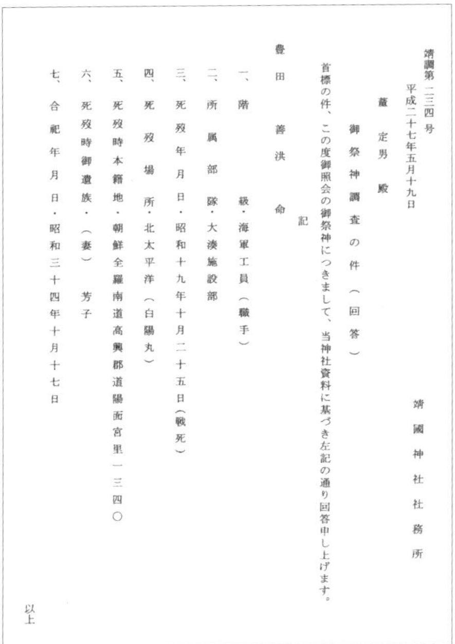
靖調第二三四号
平成二十七年五月十九日

蘁 定男 殿

靖國神社社務所

御祭神調査の件（回答）

首標の件、この度御照会の御祭神につきまして、当神社資料に基づき左記の通り回答申し上げます。

記

豊田 善洪 命

一、階　級・海軍工員（職手）
二、所属部隊・大湊施設部
三、死歿年月日・昭和十九年十月二十五日（戦死）
四、死歿場所・北太平洋（白陽丸）
五、死歿時本籍地・朝鮮全羅南道高興郡道陽面宮里一三四〇
六、死歿時御遺族・（妻）　芳子
七、合祀年月日・昭和三十四年十月十七日

以上

합사 확인 요청에 대한 야스쿠니신사의 회신(2015.5)

들으니 야스쿠니신사에는 유해는커녕 아무 것도 없고 아버지의 이름이 적혀 있는 '영새부'라는 명부만 있다는 것이었다. 그리고 그 것이 말로만 들어본 '합사'라는 것이었다. 나는 아버지가 야스쿠니신사에 신으로 모셔져 합사되어 있다는 사실을 알고 분노할 수밖에 없었다.

내가 그 기나긴 세월을 아버지를 찾기 위해 노력해 왔는데, 아버지가 어디서 어떻게 돌아가셨는지 혹시 살아계실지도 모른다는 기대까지 하며 일본 전국을 찾아다니고 러시아까지 갔었는데 가족들에게는 연락도 해주지 않고 자기들 마음대로 야스쿠니신사에 합사를 했다니 어떻게 그럴 수가 있단 말인가? 더군다나 유해는 바다 속에 가라앉았는지 어떻게 되었는지 알지도 못하는데, 야스쿠니신사가 아버지를 신으로 모시고 있다니 나는 도저히 이해를 할 수가 없었다. 당장 야스쿠니에서 아버지 이름을 빼내야겠다는 마음뿐이었다.

또한 그 기록에 따르면 유골은 없으나 1948년 5월 31일 일본정부가 무언가를 보냈다는 기록이 있었다. "還送(23.5.31)"이라고 적혀 있는데 도대체 일본정부는 아버지의 무엇을 어디로 보냈다는 것인지 우리 가족들은 아버지에 관해 아무 것도 받은 것이 없다. 일본정부의 무책임한 처사를 생각하니 너무나도 화가 났다.

내 아버지는 천황을 위해 죽어간 것도 아니고, 일본이 일으킨 침략전쟁 때문에 젊은 나이에 죽어간 것도 억울한데 야스쿠니신사에 합사까지 되어 있다니 나는 도저히 용서할 수가 없었다. 사랑하는 가족들이 멀쩡히 살아 있는데 사망했다는 사실도 알려주지 않고 합사하겠다고 묻지도 않았다니 참으로 어이가 없고 기가 막힐 뿐이었다.

일본의 법정에 서다

아버지의 이름을 야스쿠니신사에서 하루라도 빨리 빼내겠다는 마음으로 나는 보추협에서 제기한 야스쿠니합사철회 2차 소송의 원고가 되기로 마음먹었다. 그래서 2015년 9월 25일 도쿄지방재판소에서 열리는 구두변론에서 진술을 하게 되었다. 9월 3일 나는 진술서를 작성하기 위해 보추협 사무실을 찾았다. 그리고 그 날 나는 아버

하쿠요마루白陽丸, 오사카 상선(5,742톤)

지가 마지막까지 타고 있던 배 하쿠요마루에 관한 보다 자세한 정보를 알게 되었다.

기록에 따르면 1944년 10월 25일 하쿠요마루는 러시아의 슘슈섬 Shumshu, 占守島에서 해군과 민간인 어업관계자 등 1,470명의 사람과 항공용 휘발유 등 4,020톤의 물자를 싣고 홋카이도의 오타루小樽로 향하던 중, 북위 50도 18분, 동경 150도 50분 해상에서 오전 7시 45분에 미군 잠수함의 어뢰 공격을 받아 침몰했다. 하쿠요마루에 어뢰 3발이 명중했는데, 배에 가득 싣고 있던 휘발유가 폭발하여 총톤수 5,742톤으로 당시 일본에서 가장 큰 쇄빙선이었던 거대한 배가 1분 17초라는 순식간에 침몰하고 말았다. 당시 배에 타고 있던 1,470명 가운데 살아남은 사람은 겨우 20명뿐이었다. 1,450명의 사람이 북태평양의 차디찬 바다에 그대로 잠든 것이다. 또 다른 기록에 따르면 2,000명 가까운 사람이 타고 있었는데 구조된 사람은 겨우 10명뿐이며 1,970명이 사망했다고 되어 있다. 그 사망자들 가운데 나의 아버지도 있는 것이다.

민족문제연구소 김영환 팀장의 도움으로 인터넷으로 배에 관한 정보를 찾다보니 그 때 당시 배에서 살아남은 일본 사람의 증언이 NHK의 인터넷 홈페이지에 실려 있는 것을 알게 되었다. 마침 재판에 출석하기 위해 일본에 가니 그 분을 만날 수가 있다면 좋겠다는 바람을 이야기했더니 일본의 지원자들이 연락을 해 보겠다는 답변을 얻었다. 만약 그 분을 만날 수만 있다면 아버지의 마지막에 대한 이야기를 조금이라도 들을 수 있지 않을까 작은 기대를 가졌다. 하지만 결국은 연락이 닿지 않아 직접 만날 수는 없었다.

2015년 9월 24일 보추협의 이희자 대표, 김영환 팀장과 함께 도쿄

제2차 야스쿠니무단합사철폐소송 원고면담(2014.1.12)

제2차 야스쿠니무단합사철폐소송 원고본인 진술 후 보고집회(2015.9.25)

로 향했다. 김포공항에는 서울에 살고 있는 딸이 나와 주어 큰 힘이 되었다. 나는 다음날 오후 1시 30분에 도쿄지방재판소 101호 대법정에서 열린 야스쿠니합사철회 2차 소송의 5차 구두변론을 통해 아버지의 이름을 야스쿠니신사에서 당장 뺄 것을 강력하게 요구했다.

야스쿠니신사 배전 앞(2015.9.25)

야스쿠니신사 입구(2015.9.25)

그런데 일본에 가서 무엇보다 감동을 받은 것은 일본의 변호사분들을 비롯해서 많은 시민들이 우리 유족들을 지원하기 위해 오랫동안 무척 애를 써 주시고 있다는 것이었다. 재판을 방청하기 위해 재판소 앞에서 한 시간 전부터 줄을 서서 추첨권을 받는 수고를 마다하지 않고 방청석을 가득 메워 법정에서 진술하는 나를 응원해 주고 재판이 끝난 뒤에는 변호사회관에서 열린 보고집회에도 많은 분들이 참석해 주셨다. 나는 보고집회에서 아버지의 사진을 보여

드리며 일본의 지원자들에게 감사의 인사를 전했다.

보고집회가 끝난 뒤에는 아버지가 합사되어 있는 야스쿠니신사에 가기로 했다. 오랫동안 우리 유족들과 함께 한 야노 히데키矢野秀喜 씨가 동행해 주었다. 야스쿠니신사로 가는 길에 후쿠시마 핵발전소 사고 이후에 핵발전소 가동 중지를 요구하며 1,476일 동안이나 농성을 하고 있는 농성장에도 들렀다. 여든은 훨씬 넘어 보이는 할머니께서 농성장에서 우리를 반갑게 맞아 주셨다.

야노 씨의 소개로 '핵발전소 반대NO NUKES, 평화PEACE'라고 수를 놓은 스웨터를 입고 계신 할머니와 악수를 했다. 그 연세에도 정열적으로 활동을 하고 있는 노익장이 참으로 놀라울 뿐이었다. 그 뒤에는 금요일마다 문부과학성 앞에서 열리고 있는 민족학교 학생들의 항의행동에도 참가했다. 일본정부가 재일동포들이 다니는 민족학교에 대해 보조금을 중단한 것에 항의하여 매주 금요일마다 열리는 항의행동이었다. 해방이 되고 70년이 지나도록 일본에서 차별을 받고 있는 동포 학생들에게 조금이라도 힘이 되었으면 하는 마음에서 동포 학생들에게 응원을 보내고 싶었다. 비가 내리는 가운데 우산을 들고 많은 학생들이 일본정부를 향해 차별 철폐를 외치는 모습이 안쓰러웠다.

야스쿠니신사로 향했다. 그런데 입구에서부터 경찰과 야스쿠니신사의 경비원들이 우리 일행을 막아섰다. 유족이라 하더라도 현재 소송에서 다투고 있는 상대방이니 들어갈 수 없다는 것이었다. 야노 씨와 김영환 팀장이 야스쿠니신사 관계자를 불러 이 분은 당신들이 마음대로 합사시킨 희생자의 유족이니 정중하게 안내를 해야 마땅할 터인데 들어가지도 못하게 하는 게 말이 되느냐고 강력하게 항

가족사진. 큰 딸의 결혼식

가족사진. 어머니, 큰 딸, 아들

의했다.

경찰과 야스쿠니신사 측은 마지못해 출입을 허용했지만 경계를 늦추지 않고 야스쿠니신사를 벗어날 때까지 따라다니며 감시를 했다. 자기들 맘대로 합사를 해놓고 들어가지도 못하게 하다니 어이가 없었다.

나는 아버지가 지금도 전쟁을 일으킨 전범들과 함께 야스쿠니신사에 합사되어 있다는 것을 용서할 수가 없다. 한국인으로서 천황을 위해 죽었다면서 야스쿠니가 신으로 모시고 있다는 것을 그냥 둘 수가 없다. 엄연히 고국이 있는데 타국에서 아무도 돌보지 않는 그곳에 어떻게 모실 수가 있단 말인가. 하루라도 빨리 아버지의 이름을 야스쿠니신사에서 빼내어 고국으로 모시고 싶다는 마음뿐이다. 그렇게 해서 자식으로서의 도리를 다하고 싶다.

• 김영환

칠십 평생 아버지 찾아다녔는데
야스쿠니 신사에 계실 줄이야…

창간 70년 광복 70년 특별기획

동해 동정남씨 日 정부 상대 무단 합사 소송

"칠십 평생을 아버지를 찾아다니는데 바쳤어요. 그런데… 아버지가 야스쿠니 신사에 계실 줄이야."

칠순을 훌쩍 넘긴 동정남(72·동해시 부곡동)씨의 목소리가 떨렸다. 억울함, 그리움이 복잡하게 묻어나는 떨림이었다. 동씨는 1943년 일본 나고야에서 태어났다. 그가 태어나던 해 사할린으로 갔던 아버지 동선홍씨가 실종됐다. 동씨의 아버지는 일제강점기 미쓰비시에 근무했었다. 아버지는 많은 조선인이 열악한 광산과 전쟁터로 끌려갔다는 사실을 알고 그들을 돕거나 구출할 방법을 찾기 위해 스스로 사할린으로 향한 후 연락이 두절됐다. ▶관련기사 3면

동정남씨는 "일본 홋카이도와 시모노세키, 아오모리 탄광까지 안 가본 곳이 없었고, 러시아 블라디보스토크 신문사에 광고까지 냈지만 흔적을 찾을 수가 없었다"고 말했다. 1997년 동씨는 자신과 비슷한 처지의 사람들이 모인 태평양전쟁피해자보상추진협의회에 도움을 요청했다. 그리고 1943년 아버지가 화물선을 타고 사할린을 탈출하던 중 배가 침몰해 사망했다는 사실을 알게 됐다.

◇일본 정부를 상대로 소송 중인 동정남씨. 옆에 놓인 액자 사진은 부친의 20대 모습.

일제강점기 실종된 부친
사할린서 탈출 중 배 침몰 사망
유해 못 찾아 다시 수소문
17년 지나 무단 합사 확인
"말도 안 돼 … 억울하고 분해"

당시 사망자 추도비가 일본 아오모리에 있다기에 직접 찾아갔지만 비문에 아버지의 이름이 없었다. 또 17년의 시간이 흘러 지난해 가을 태평양전쟁피해자보상추진협의회에서 동씨의 아버지를 찾았다는 소식이 전해졌다. 일본의 전범들이 영웅으로 미화된 곳 야스쿠니 신사였다. 동씨는 "일본이 승선명단을 보고 무단으로 위패를 작성해 합사한 것"이라고 말했다.

이미대자(여·74·평창군 평창읍)씨 역시 같은 아픔을 겪고 있다. 일제강점기 영월에 살던 이씨의 아버지 역시 일본군에 강제 징집된 후 생사를 알 수 없었다. 자녀들이 장성하고 여유가 생긴 2001년께 이씨는 60년 가까이 가슴에 묻어둔 아버지를 찾아나섰다. 그의 아버지는 광복을 한 달 앞둔 1945년 7월 필리핀 민다나오섬에서 전사한 것으로 확인됐다. 당시 필리핀 민다나오섬을 찾아간 이씨는 아직도 남아있는 전쟁의 상흔과 아버지의 한(恨)에 몸서리를 쳐야 했다. 그의 아버지 이의영씨 역시 현재 야스쿠니에 합사돼 있다.

이씨는 "강제로 전쟁에 끌려간 것도 억울한데, 일본은 사과 한마디 없고 침략 전범들이 모여 있는 곳에 아버지 위패가 있다니… 억울하고 분하다"고 말했다.

동씨와 이씨는 현재 일본 정부를 상대로 야스쿠니 신사 무단 합사는 부당하다는 소송을 진행 중이다.

최기영기자 answer07@kwnews.co.kr

『강원일보』 1면(2015.8.7)

길섶에 풀처럼

박남순

동화와 같은 내 고향

1943년 나는 전북 남원군 왕치면 광치리에서 태어났다. 옛날에는 신고를 늦게 하는 경우도 많았지만 매사에 철두철미하고 지혜로웠던 할아버지는 내가 태어난 그날인 2월 8일에 신고하셨다.

내가 태어난 마을은 율치라는 곳인데 우리는 그냥 '뒷밤터'라고 불렀다. 그곳에서 태어나 나는 한국전쟁을 겪고 초등학교를 졸업한 뒤 스물한 살 때까지 살았다. 길게 퍼진 그 마을은 가운데에 작은 개울이 있고 조금 나가면 논도 있고 밭도 있는 산으로 둘러싸인 아름다운 마을이었다. 한 50호 정도가 살았는데 우리 밀양 박씨 집은 몇 없었고 조씨 양씨 김씨 등 여러 성받이가 섞여 살았다. 주민들 대부분은 농사를 지었다. 동화 속의 마을과 같은 곳이었다.

뒷밤터에는 어렵게 사는 집이 많았다. 밥을 못 먹고 보리죽을 먹는 사람, 보리도 없어서 아예 못 먹는 사람도 있었다. 우리집은 상류는 아니고 중류 정도는 되었을 것이다. 할아버지는 식민지 자식들을 학교에 보낸다고 늘 밖에 나가 있어 집에는 안 계셨다. 산이 무너지지 않게 축대를 쌓는 일을 하셨다. 내가 태어날 때쯤에는 땅을 사 일꾼을 두고 농사를 지으셨다. 가끔씩 나가서 산림공사 일을 하실 때면 나는 할아버지를 따라다니곤 했다. 산에서 내려올 때 할아버지가 나를 지게에 얹혀주신 것도 기억이 난다. 부자는 아니더라도 남의 집에 빌리러 다니지는 않았고 나는 경제적으로 그렇게 어려운 것을 모르고 컸다. 지금도 고향 친구들을 만나면 "너는 야 그때 보리밥 안 먹었잖어" 그렇게들 이야기한다.

내가 살던 마을에서 더 밑으로 내려가 광치천을 건너면 바로 왕치

국민학교가 나온다. 여덟 살 때 입학하자마자 전쟁이 터졌다. 학교에 다닐 수 없었고 집에서 숨을 죽이며 지냈다. 할아버지는 방공호를 파서 둘째 작은 아버지를 넣어 들키지 않게 풀로 덮어두었다. 군인으로 끌려가서 혹여 무슨 일이 생길까봐 그랬던 할아버지의 마음속을 그때 나는 알 길이 없었다.

우리 마을에서는 총을 쏘고 싸우다 사람이 죽는 그런 일은 없었고, 한때 인민군이 와서 주둔하고 있었다. 그때 큰 작은 아버지가 헌병으로 군에 가 있었기 때문에 군인 가족이라고 해서 인민군들이 우리 집에 막 들어와 이 방 저 방 다 뒤지는 것을 보았다. 무섭고 겁났던 기억이 생생하다. 또 우리 집에 먹을거리가 쌓여 있어서 그런지 인민군이 번갈아 2~3일씩 머물다 갔다. 할머니는 어쩔 수 없이 그들에게 밥을 해주셨다. 나중에는 학생 같이 생긴 젊은 군인들이 책이나 스케치북을 들고 며칠씩 머물곤 했다. 얼마 있다 유엔군이 들어오자 그들은 스케치북 등을 놓고 도망갔다. 그 바람에 할아버지가 깡그리 태우시는 것도 보았다.

복구 후 먹을 것도 없어 보릿고개를 넘어야 하는 힘든 시기가 이어졌다. 집에서 나와 개울을 지나 조금 더 나가면 '깽변'이 있었다. 사람이 사는 집도 없고 아무것도 없는 허허벌판이었는데 그곳에 미군들이 와서 천막을 치고 있었다. 없는 집 아이들은 그 '깽변'에 가서 통조림을 얻어다 까먹기도 했다. 전쟁통이라 사는 게 형편 없었다. 우리는 그래도 나아 밥을 굶지는 않았다. 그러나 한 번은 군인 가족이라 해서 이북 사람들에게 떨고 수복 후에는 인민군에게 밥 해줬다고 할머니 할아버지가 불려 다니면서 고초를 당해 마음고생을 하셨다.

격렬한 전투가 없어서 전쟁을 겪고 나서도 풍경이 크게 달라지지 않았던 우리 마을은 내가 결혼하고 서울로 온 후 고속도로가 들어서고 대학이 생기면서 많이 바뀌었다. 옛날에는 사람들이 동네에서 결혼했기 때문에 친척들도 다 고향에 있었지만 모두 돌아가셨고 지금은 서울에 있다가 퇴직하고 귀향해 고추농사를 짓는 둘째 작은 아버지만 살고 있다. 나는 가을에 한 번씩 김장하러 내려가지만 이제는 옛 모습을 거의 찾을 수 없다.

나의 아버지

나는 아버지 얼굴을 모른다. 아버지를 직접 본 적이 없을 뿐더러 사진과 같은 유품 하나 없어 아버지를 전혀 알지 못한다. 지금 내가 알고 있는 아버지는 할머니와 둘째 작은 아버지가 가끔씩 들려준 이야기와 기록상으로 남아 있는 것밖에 없다.

아버지 박만수는 1920년 4남매 중 장남으로 태어났다. 원래 남동생이 한 명 더 있었는데 아기 때 죽었는지 어떻게 됐는지 내가 클 때는 없었다. 아버지는 1941년 가을 어머니 문옥녀와 결혼했다. 그 이듬해 어느 날 남원금지우체국에서 근무하던 아버지가 무엇 때문인지 "집에 와 있는데 일본 놈들이 끌고 갔다." 어른들은 늘 그렇게 이야기해주었다. 내가 태어나기 약 3개월 전 일이었다. 아버지는 나를 한 번 안아보지도 못한 채 끌려갔다.

어린 내가 상처를 받을까봐 할머니는 아버지 이야기를 자주 하지는 않으셨지만 남양군도의 '탄광'에 끌려갔고 배 타고 나오다 폭격을 맞아 저 태평양 바다에 빠졌다고 하셨다. 그 이야기를 듣고 철없던 나는 마당에서 친구들과 고무줄 놀이를 하면서 '탄광~' 노래를 지어 부르다가 "이놈의 가시나야! 그런 노래 부르지 마!" 하고 할머니한테 크게 혼나기도 했다. 아버지가 끌려간 후 편지가 왔다고 하는데 그때 어린 소년이었던 둘째 작은 아버지는 그 주소까지 외우고 있었다. 작은 아버지 말에 따르면 편지는 이런 내용이었다.

"현지에는 새 한 마리도 없습니다. 날이 너무 더워 옷을 입을 수가 없고 훈도시(일본의 남성용 속옷) 하나면 일주일을 입을 수 있습니다."

보내달라는 속옷과 바르는 약을 같이 보내줬다고 이야기해주면서 둘째 작은 아버지는 한없이 눈물을 흘렸다. 그는 아버지 이야기만 하면 옛날 생각에 잠겨 목이 메어 말을 잘 못하였다.

아버지가 끌려간 지 1년이 더 지난 어느 날 집에 이장이 찾아왔다. 대문 앞에서 한참을 서성거리다 집에 들어와서도 얼른 말을 못하고 있었다고 한다. 아버지가 돌아가신 것이다. 할머니는 그 소식을 듣고도 믿지 못하셨고 어머니는 실의에 빠졌다. 갓난아기였던 나는 아버지 행적을 알 수 없었고 나중에 같은 상처를 입은 나와 같은 유족들과 활동하면서 겨우 알게 되었다.

아버지 빈자리를 채워준 할머니 할아버지

스무 살 때 남편을 잃고 혼자가 된 어머니는 해방 후 1946년에 재가했다. 내가 네 살 되던 해였다. 아들이 죽었다는 소식을 들었을 때도 믿지 못해 울지 않았던 할머니 할아버지가 어머니가 집을 떠날 때는 나를 방에다 가둬놓고 대성통곡하셨다. 아들이 정말 죽었나 보다 실감이 나서 통지를 받았을 때보다 더 마음이 아팠다고 한다.

혼자 남겨진 나는 할머니 할아버지와 같이 살았다. 고모는 내가 태어나기 전에 시집가서 없었고 작은 아버지들이 가끔씩 들르기는 했지만 직장 때문에 타지에 나가 고향 집에는 거의 없었다. 그래서 할머니 할아버지가 나를 키워주셨다. 내가 부모 없는 것을 느끼지 못하게 할 정도로 귀여워하셨다. 동화 같은 고향에서 그렇게 고생하지 않고 클 수 있었던 것도 부모 없이 홀로 살아가야 했던 나를 할아버지 할머니가 서럽지 않게 보살펴주셨기 때문이다.

마을에 유엔군이 들어와 복구가 시작되자 나는 다시 학교를 다니기 시작했다. 학교에서는 당시 사친회비라는 것이 있었다. 지금으로 말하면 육성회비이다. 우리 집은 사친회비를 낼 능력이 됐는데도 작은 아버지가 "어저께 달라고 하지 아침에 책가방 들고 서서 돈 달라고 하냐"고 핀잔을 하며 안 주자 "내가 줄게. 너그는 말하지 마라"고 하며 할아버지가 감싸주셨다. 또 가정형평상으로는 중학교도 보내줄 수 있었지만 옆에서 "초등학교 나와서 글 알면 됬지 뭘 또 보내느냐"고 그러면 할아버지는 "그래도 보내야 한다" 말해주셨다.

당시 마을에서는 초등학교도 못 나온 친구들이 많았고 더구나 여자애가 중학교에 가는 경우는 아주 드물었다. 작은 아버지들은 "우리 큰딸, 우리 큰딸" 하면서 아껴주었지만, 친자식도 많았고 아무래도 차이가 있었을 거라는 생각이 든다. 작은 아버지들이 못 보게 하려던 중학교 입학시험을 할아버지 덕에 겨우 볼 수 있었다. 결과는 합격이었다. 하지만 휴전된 지 얼마 안 되는 시기였고 사는 것도 복잡해서 결국 중학교를 다니지 못하였다.

그해 여름 불면 날아갈까 쥐면 깨질까 항상 나를 감싸주고 아껴주시던 할아버지가 병환으로 돌아가셨다. 말을 전혀 안 했지만 할아버지는 우리 아버지를 늘 가슴에 품고 사셨다. 생전에는 일 년에 두 번 아버지 제사를 지내셨다. 음력 9월 9일에도 지내고 3월 4일 아버지 생일날에도 지내셨다. 전쟁 때 둘째 작은 아버지를 굴에다 숨겨놓은 것도 장남이 일본군에 끌려가 죽임을 당하고 둘째도 군인으로 있을 때 전쟁이 났기 때문에 셋째는 절대 보내지 않겠다는 할아버지의 슬프고도 굳은 의지에서 비롯된 행동이었다.

할머니, 뒷밤터 집 앞에서

할아버지가 내 곁을 떠나신 후 작은 아버지들이 직장 때문에 고향 집에 돌아올 수가 없어 나는 할머니와 일꾼을 하나 두고 셋이서 살았다. 하고 싶었던 공부를 못 하게 된 나는 경찰서에서 근무했던 둘째 작은 아버지에게 졸랐다. 경찰서에서 급사라도 시켜주면 학비를 벌어서 야간학교를 다니겠다고 떼를 썼다. 할머니는 남자들만 있는 경찰서를 다니면 누가 채갈지도 모른다고 반대하셨다. 차라리 바느질이나 배우라고 양재학원을 보내주셨다. 너무 좋아서 열심히 다녔지만 학원이 4킬로미터나 떨어진 곳에 있는데다 집에서 일꾼 밥도 해야 해서 결국 초급반만 마치고 3개월 후에 그만두었다.

할머니는 밤에 항상 대문을 열어놓고 주무셨다. 할아버지가 돌아가

시기 전에도 그랬고 내가 시집가기 전까지도 계속 그랬다. 사망 소식을 듣고 며느리도 떠났지만 눈으로 직접 보지 않아서 아들이 죽었다는 생각을 못하셨다. 언제라도 올 거라고 생각하셨다. 할머니는 할아버지를 떠나보낸 후 천주교로 입신하셨다. 생각날 때마다 밥을 해서 퍼놓고 새벽에라도 기도를 하며 아들이 돌아오기를 기다리셨다. 1년에 몇 번씩 그러니 며느리들하고 부딪힐 수밖에 없었다. 며느리들 입장에서는 할머니가 왜 그러시는지 이해하기 어려웠을 것이다.

가슴에 아들을 묻고 가신 할머니

친하게 지내던 고모할머니 손자 오빠가 있었다. 초등학교 선배이기도 했다. 1964년 나는 그 오빠가 소개해준 사람과 결혼했다. 작은 아버지 근무처였던 임실로 가는 버스 안에서 처음 만난 남편은 입대한 후에도 날마다 내게 편지를 보냈다. 어머니가 없었던 남편에게 자라온 환경이 조금 비슷하다고 친척 오빠가 이야기한 모양이었다.

우리가 그렇게 알고 지낸다는 것을 안 할머니는 서둘러 시집보내려고 하셨다. 나도 할머니가 더 나이 드시기 전에 가야겠다는 생각으로 결혼을 결심하였다. 내 나이 스물한 살 때였다.

할머니는 나를 시집보내면서 "네 애미 시집보낼 때와 네 시집보낼 때 두 번 통곡한다"라며 우셨다. 시집은 남원 내척동에 있었고 우리 마을에서도 그렇게 떨어진 곳이 아니어서 친정에도 가끔 찾아갔지만 텅 빈 집에 혼자 남겨진 할머니는 마음의 허전함을 못 이겨서 그런지 이듬해 중풍을 맞아 쓰러진 뒤 10년 가까이를 고생하셨다. 나는 남편 직장을 따라 스물여섯에 서울로 이사 갔다. 명절 때 아니면 친정을 찾아가기 어려웠고 큰 작은 아버지가 직장을 남원으로 옮겨 아픈 할머니를 돌봤다.

결혼을 앞두고 남편과 함께

내가 3남매 막내를 낳고 1년이 지났을 때 할머니는 할아버지 곁으로 떠나셨다. 아들의 죽음을 절대 믿지 못하고 마음에 위로도 받지 못한 채 할머니는 가셨다. 죽어서도 편히 눈을 감지 못했을 거라는 생각에 지금도 가슴이 찢어질 듯 아프다. 마음의 병이 돼서 항상 가슴에 뭔가 치밀어 올랐던 할머니는 생전 내게 이렇게 말씀하셨다.

"나 죽으면 배 먼저 갈라보아라. 뭐가 들어 있는지."

나는 끝내 할머니 가슴의 응어리를 빼내주지 못하였다. 그렇게 할아버지 할머니를 떠나보내고 나니까 나는 참 마음이 안 좋았다. 이제 나 혼자다 그런 생각이 들었다. 재혼한 어머니를 가끔 만나기는 했지만 그냥 이웃집 할머니 같은 느낌이었다. 그런 어머니도 이제는 이 세상을 떠났다.

아버지를 찾아서

1975년 일인 것 같다. 남원에서 경찰관 일을 하던 둘째 작은 아버지의 연락을 받고 나는 고향으로 내려갔다. 첫째 작은 아버지가 보상금 30만원을 받았다고 했다. 할머니가 돌아가시기 1~2년 전에 정부에서 준다는 보상금 신청을 했던 것이다. 나는 그런 것이 있는 줄도 몰랐다. 조만간 유골이 나온다고 하니 그때를 위해 10만원을 첫째 작은 아버지에게 주고 왔다며 나머지 20만원을 나에게 건네주었다. 할아버지가 돌아가시고 얼마 후부터는 둘째 작은 아버지가 우리 아버지 제사를 지내셨기 때문에 나는 10만원은 제사 때 쓰시라고 말씀 드렸는데 "이게 어떤 돈인 줄 알고 그러냐"라며 아주 혼났다.

그 전에도 그 후에도 나는 아버지 유골이나 기록을 찾으려고 특별히 나서지는 않았지만 1990년대 초반에 태평양전쟁희생자유족회를 어떻게 알게 되어 몇 년을 열심히 다녔다. 그때 1991년 7월 31일자 『동아일보』에 실린 '남양군도 일제징용 사망자명단'에 아버지로 보이는 사람이 창씨명으로 나와 있다는 이야기를 들었다. 남원금지우체국에서 같이 근무했던 사람이 우리 아버지를 항상 염두에 두고 있다가 둘째 작은 아버지에게 기사를 찾아보라고 전화해준 것이다. 둘째 작은 아버지에게서 연락을 받고 나는 기사를 보았다. 200명이 넘는 한국인이 일제강점기 브라운 환초에 끌려가 비행장 건설작업에 동원되었다가 미군의 폭격을 맞아 몰사했다는 내용이었다. 사망자 이름 가운데 아버지 창씨명 '신산만수'가 있었다.

그때쯤 나는 호적등본을 떼어보았다. 아버지의 사망 사유란에는 이렇게 적혀 있었다.

"소화 19년(1944) 2월 24일 시각 불상 남양군도 방면에서 전사. 요코스카 해군 인사부장 아키야마 가쓰조 공보. 소화20년(1945) 4월 30일 접수."

아버지는 일본군에 의해 끌려가 스물네 살 나이에 죽임을 당한 것이다. 큰아들이 커서 대학을 다니고 있을 나이와 같을 때였다. 그제서야 나는 아버지의 억울한 죽음이 가슴에 와 닿았다. 한참 젊음을 살아야 할 때 끌려가서 돌아가셨구나. 가슴이 무너져 내렸다.

그 후 한동안 활동을 안 하고 있었는데 어느 날 태평양전쟁피해자보상추진협의회(보추협)에서 연락이 왔다. 망설이고 있는 나에게 남편이 가보라고 등을 떼밀어줬다. 처음에는 손자들을 키우느라 주로 남편이 혼자 나가서 활동에 참여하였다. 2005년 피해자 신고를 할 때 남편이 국가기록원에서 떼어온 군사 기록을 보고 나는 그동안 아무도 알려주지 않았던 아버지에 대한 정확한 행적을 처음으로 알게 되었다.

아버지는 1942년 11월 22일 해군 군속으로 끌려가 머나먼 브라운섬에서 전사하신 것이다. 나는 나이 들고 힘이 없어지기 전에 자주 나가야겠다는 생각을 가지게 되었고 2008년도쯤부터는 적극적으로 유

보추협 정기총회 감사보고(2015.3.26)

족들 활동에 참여하기 시작하였다.

보추협에서 여러 유족들을 만나 내 마음도 털어놓고 남의 마음도 들어보고 하면서 나는 부끄러운 생각이 들었다. 다른 유족들은 부모에 대한 애절함이 있는데 나는 그것을 모르고 살았다는 생각이 들었다. 어릴 때는 할머니 할아버지가 아버지 빈자리를 못 느끼게 해주셨고 결혼한 후에는 살기도 어렵고 복잡해서 아버지가 안 계셔도 서운함이나 억울함을 몰랐다. 다른 유족들과 이야기 해보고 마음을 알아보고 나니 나는 참 생각없이 인생을 살았구나 하는 반성을 했다.

나눔의집 방문(2010.5.28)

2009년 나는 정부기관에서 주관하는 '위령제'에 참석하기 위해 괌으로 갔다. 그때 둘째 작은 아버지도 함께 가고 싶어 했지만 한 사람만 갈 수 있다 해서 아쉽게 혼자 갔다 왔다. 세 시간 비행기를 타고 괌에서 내려 거기서 하루 자고 다음날 위령제를 지냈다. 그리고 또 작은 비행기를 타고 로타 섬으로 들어가 거기서도 위령제를 지냈다. 당시 일본군이 전쟁했던 자리도 돌아보았다. 허탈했다. 로타 섬에 갔을 때는 우리 아버지가 끌려가신 곳은 아니지만 이런 숲 속에 계셨다니 얼마나 힘드셨을까 그저 마음이 아플 뿐이었다.

같은 해 12월 8일 천안 망향의 동산에 아버지 위패를 모셨다. 그 전에 둘째 작은 어머니가 돌아가신 후로부터는 아버지 생일날에 우리 집에서 추도식으로 모시고 있었다. 나보다 남편이 더 신경을 써주고 있고 내가 살아 있는 동안만큼은 그렇게 모실 것이다. 묘도 없

일본 정치인의 야스쿠니참배 규탄집회(2013.4.24)

고 이제는 아버지를 기억할 사람도 없지만 망향의 동산에서 매년 10월 2일에 추도식도 하고 관리도 깨끗하게 잘 하기 때문에 나중에 나마저 죽어 아무도 찾지 않더라도 잘 모셔준다고 하니 고맙게 생각하고 있다.

그런데 할머니가 그랬듯 나 역시 가슴의 응어리를 빼내지 못하고 있다. 아버지의 사망통지서는 받았지만 유골은 받지 못했다. 1970년대에 유골이 들어왔을 때도 없었다고 한다. 아버지 유골을 찾기 위해 위원회에 가봤지만 브라운 섬에 끌려가 죽은 사람들의 유골은 없다고 하였다. 남편과 망향의 동산에 찾으러 가보기도 했지만 명단에도 없었다. 나는 아버지 유골을 꼭 찾고 싶다. 일본 정부는 유골 발굴조사를 제대로 진행시켜야 할 것이며 우리 정부도 조금 더 힘을 써줬으면 한다.

우리 아버지·오빠가 왜 야스쿠니에 있냐고…
일본 반성할 때까지 필패의 소송 계속한다

10월 합사취소 소송 내는 박남순·남영주씨

"강제 징용돼 죽은 내 피붙이 일본인의 신으로 가둬놔"

기존 재판 2번은 기각·패소

"전엔 종교 차원에서만 논의 이번엔 역사문제 부각시킬 것"

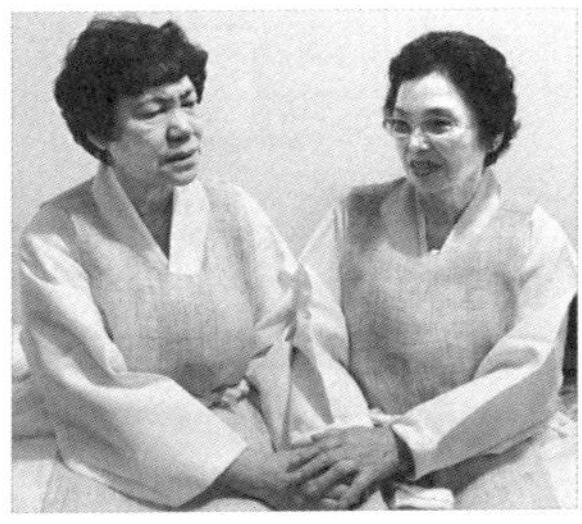

"언니, 내가 몇 년이나 더 싸울 수 있을지 모르겠소. 인자 몸도 아프고 기력도 없고…. 자꾸 마음이 조급해져." "죽기 전까진 뭐라도 해 봐야제. 나 죽으면 야스쿠니신사 앞에 송장 갖다 놓으라고 자식들한테 말했어."

전북 남원이 고향인 박남순(왼쪽·70·경기 남양주시)씨와 경남 의령 태생인 남영주(오른쪽·74·경기 성남시)씨는 맞잡은 두 손을 놓을 줄 몰랐다. 낮 최고기온이 37도에 다다른 지난 10일 일본 도쿄. 타는 듯한 더위 속에 두 사람은 긴 상복 저고리를 입고 거리로 나섰다. 올해로 8회째를 맞은 안티 야스쿠니 촛불행동 '평화의 촛불을 야스쿠니의 어둠에' 행사에 참가하기 위해서다.

이들은 오는 10월 다른 25명과 함께 태평양전쟁 당시 강제징용됐다가 사망해 야스쿠니신사에 합사된 가족을 빼달라는 합사취소 소송을 제기할 예정이다. 2001년 일본의 과거사 책임을 총망라해 물은 군인·군속 재판, 2007년 제1차 합사취소 소송에 이어 세 번째로 야스쿠니신사에 정면으로 문제 제기를 하는 것이다. 지난 1차 소송이 원고 12명, 변호인단 8명이었던 것에 비해 이번 소송은 원고 27명, 변호인단 11명으로 크게 늘었다.

박씨의 아버지 박만수씨는 21살이던 1942년 강제 징용됐다. 우체부로 일하며 집에서는 첫아이의 출산을 기다리는 행복한 가장이었다. 장남의 무사귀환을 기원하며 매일 밤 대문을 열어 놓은 어머니의 바람과 달리 해방 후 떼어 본 제적등본에 그는 사망자로 처리돼 있었다.

슬하에 2남 1녀를 두고 평범하게 살던 박씨의 마음에 아버지가 다시 들어찬 건 2008년이었다. "어느 날 아들을 보는데 아버지가 떠오르더라고. 딱 내 아들만 할 때 끌려갔는데, 그 좋은 나이에 전쟁터에서 고생했을 걸 생각하니 가슴이 미어지는 거야." 2011년 8월이 돼서야 도쿄를 방문해 야스쿠니신사 합사자 명단에서 아버지의 이름을 발견했다. 아버지 박씨는 남양군도 브라운 환초에서 세상을 떠났다.

남씨는 16살 위 큰오빠 대현씨의 이름을 빼려고 한다. 8대 종손이었던 오빠는 20살이던 1942년 강제로 끌려갔다. '보고 싶으니 사진을 찍어 보내라'는 편지 한 장만 남기고 연락이 끊겼다. 가슴 한구석에 오빠를 두고 살아온 남씨는 박씨와 함께 2011년 야스쿠니신사에서 오빠의 이름을 발견했다. 오빠는 남태평양 섬나라인 뉴기니에서 최후를 맞았다. 그는 "야스쿠니신사에서 우리 오빠를 모시고 있다는 걸 알려주지 않은 것도 한이 되는데 왜 오빠가 일본인들의 신이 돼야 하냐고…"라며 눈물을 닦았다.

이전 소송에서 이긴 적이 없기에 이번 소송도 큰 기대는 하지 않는다. 하지만 박씨와 남씨를 움직이는 것은 희망이 아닌 오기다. 남씨는 "생전에 이길지는 모르겠지만 그렇다고 가만히 있을 수는 없지"라며 주먹을 쥔다. 박씨는 "일본인들도 입장을 바꿔 자신들이 식민지 지배의 피해를 입었으면 어땠을지 생각해 보라. 그런데 요즘 뉴스를 보면 반성은커녕 다시 전쟁을 시작하려는 것 같아 마음이 아프다"고 말했다.

2001년 소송부터 참여한 오구치 아키히코 변호사는 "일본에서 야스쿠니신사는 종교 차원에서만 논의됐다. 이번 재판을 통해 야스쿠니신사는 식민지 지배라는 역사 문제라는 것을 재판부와 일본 국민들에게 알릴 것"이라고 말했다. 2001년 강제동원 피해자와 유족 252명이 일본 정부를 상대로 사죄와 피해보상, 야스쿠니신사 합사 철회를 요구했던 군인군속 재판은 지방법원과 고등법원, 대법원에서 모두 기각됐다. 2007년 제기한 합사취소 소송은 1심에서 패소했고 오는 10월 항소심 결심공판을 앞두고 있다.

글·사진 도쿄 김민희 특파원
haru@seoul.co.kr

『서울신문』 2013.8.12.자에 소개된 나와 남영주씨 사연

그리고 보추협에서 활동하다가 아버지가 일본 야스쿠니신사에 무단 합사되었다는 사실을 알게 되었다. 어이가 없어 나는 정말 아버지 이름이 있는지 여부를 직접 확인하러 갔다. 2011년 8월이었다. 그곳에 가면 위패나 무언가 모셔져 있는 줄 알았지만 아무것도 없었다. 사무실에서 합사 확인 신청 서류를 작성하고 나니 너무 허망했고 일본 사람들이 더 야속하고 미웠다. 그래서 나는 야스쿠니 무단 합사 철회 2차 소송 원고로 참여하기로 결심했다.

2013년 10월 일본 도쿄지방법원에 소장을 넣으러 갔고 이듬해 7월에는 일본 법정에 서서 진술했다. 그때도 야스쿠니신사에 갔지만 그들은 자꾸 우리를 차단했다. 아버지 이름을 빼주지도 않으면서 유족 대접도 하지 않고 들어가 보지도 못하게 하다니 정말 어처구니가 없었다. 나는 치밀어 오는 화를 도저히 참을 수가 없었다. 소송은 계속

제2차 야스쿠니무단합사철폐소송 원고 본인진술 다음 날, 야스쿠니 신사 앞(2014.7.10)

진행 중이고 나는 야스쿠니신사에서 아버지 이름을 반드시 빼낼 것이고 끝까지 싸울 것이다.

어릴 때 할머니 할아버지가 참 잘 해줬지만 그래도 내가 사는 게 부모 있는 사람들과 같지는 않았다. 지금 생각해보면 나름대로 내 자리를 찾으려고 굉장히 노력한 것 같다. 남들에게서 '부모가 없어 그렇지'라는 소리 안 들으려고 어디 가서 말도 함부로 하지 않고, 길섶에 있는 풀처럼 밟아도 일어나고 밟아도 일어나는 그런 힘으로 세상을 살았다. 아파도 누워 있지 못하는 그런 강인한 사람이 되려 했다.

요즘도 가끔 고향 친구들을 만나는데 아픈 사람도 있고 먼저 간 사람도 있다. 그러다보니 이상하게 마음이 바빠진다. 보추협을 나와 보니까 나는 이럴 것이 아니라 뭐라도 할 수 있는 일이 있으면 부지런히 쫓아다녀야겠다는 생각이 든

야스쿠니신사 제소 때 KBS와 인터뷰하면서(2014.7.9)

제2차 야스쿠니무단합사철폐소송 본인진술 보고회(도쿄 변호사회관, 2014.7.9)

다. 그리고 우리나라가 두 번 다시 다른 나라의 침략을 당하지 않고 아무도 아버지처럼 억울한 죽음을 당하지 않고 나와 같은 인생길을 살지 않기를 간절히 바라고 있다.

• 노기 카오리

홋카이도 탄광에서 돌아가신 아버지의 기록을 찾아

박진부

다락방에 숨은 아버지가 징용으로 끌려가다

내가 태어난 곳은 한국이 아닌 일본, 그것도 혹한의 땅 홋카이도 사루군 비라토리촌北海道 沙流郡 平取村이다. 아버지 박선봉朴先鳳은 1907년 경북 예천군 지보면 대죽리 614번지에서 태어났다. 아버지는 젊은 나이에 서울로 상경하여 한약방을 운영하던 친척집에서 일을 거들었다. 그러다 1930년대 초에 먹고 살기 위해 일본으로 떠난 많은 조선 사람들처럼 홋카이도로 갔다. 홋카이도에서 어머니 세토 애나瀨戸エナ를 만나 가정을 꾸렸다. 홋카이도에서는 아버지, 어머니, 누나, 남동생 그리고 나 이렇게 다섯 식구가 살았다. 너무 어릴 때라 희미한 기억밖에 없지만 홋카이도에서 살던 동네는 일반 주택가가 아니라 탄광 주변의 사택 같은 곳이었다. 어머니는 가족의 반대를 무릅쓰고 아버지와 결혼을 했다. 넉넉한 생활은 아니었지만 궁핍하지도 않았다.

아버지가 징용으로 끌려갈 때 나는 너무 어렸기 때문에 잘 기억이 나지 않는다. 누이 말에 따르면 1944년 6월 어느 날 국민학교 1학년이었던 누이를 아버지가 자전거로 학교에 데려다 줬는데, 누이가 학교를 마치고 집에 돌아와 보니 아버지는 어디론가 가 버리고 없었다고 한다.

나중에 어머니에게 이야기를 들으니 그 전부터 아버지를 끌고 가려는 사람들이 찾아왔었는데 아버지는 매번 징용을 피하기 위해 숨어 다녔다고 한다. 그런데 그 날도 누군가 찾아와서 아버지가 다락방으로 숨었는데 아무 것도 모르는 어린 내가 그만 아버지가 숨은 다락방을 가르쳐 주어 그 길로 아버지는 끌려가고 말았다. 나중에 어른이 되어 어머니에게 들은 이야기였지만 지금도 생각하면 가슴이 찢어지는 듯 아프다.

어머니는 아버지가 후쿠시마 탄광으로 끌려가셨다고 하는데 정확히 어느 지역인지는 알 수가 없다. 일본에서 찍은 사진은 어머니가 모두 없애버리고 한 장의 기념사진만 남아 있었는데 그것마저 잃어버려 이제는 사진 한 장도 남아있지 않다. 그 사진 속에서 아버지는 일본 군민복을 입고 있었고, 엇갈려 걸려 있는 일장기 아래로 50~60여 명의 사람들이 함께 찍혀 있었다. 그리고 아버지 옆에는 기모노를 입고 나막신을 신은 어머니가 서 있었고, 그 옆으로 검은 양복에 모자를 쓴 내가 서 있었다. 유일한 아버지의 사진을 잃어버린 것이 너무나 안타까울 뿐이다.

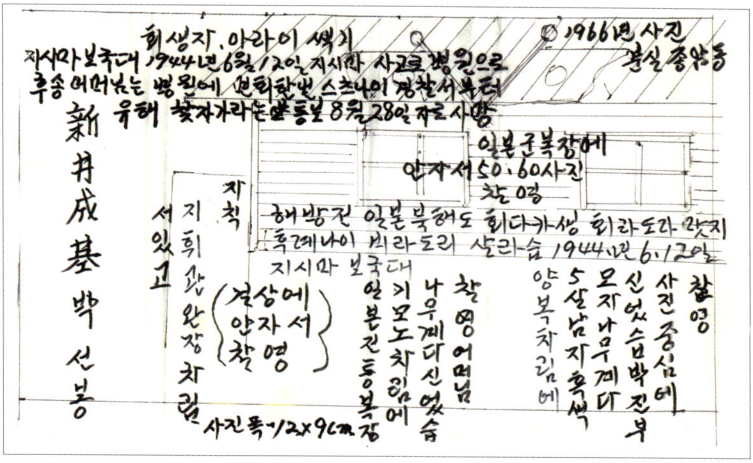

잃어버린 사진을 설명한 그림(2006)

탄광 폭발사고로 돌아가신 아버지의 유언

아버지가 탄광으로 끌려간 지 얼마 되지 않은 어느 날, 어머니는 탄광에서 폭발사고가 났다는 연락을 받았다. 아버지가 병원에 입원해 있으니 죽기 전에 빨리 오라는 연락이었다. 어머니가 병원으로 달려갔을 때 이미 아버지는 온몸에 화상을 입어 다시 살아날 가망성이 거의 없었다. 입이 거의 달라붙어 음식을 먹을 수도 없었다.

어머니가 병원으로 달려가자 죽음을 앞둔 아버지는 자식들이 보고 싶다며 도저히 자신은 살 수 없으니 아이들을 데리고 조선으로 가서 살아라, 아니면 아이들만이라도 고향으로 보내라는 유언을 남겼다. 어머니가 병원에 다녀온 뒤 얼마 지나지 않아 시즈나이静内경찰서에서 아버지의 유골을 찾아가라는 연락이 왔다. 1944년 8월 28일에 아버지가 돌아가셨다는 것이었다. 어머니는 아버지의 유골을 찾아와 근처 사찰에 모셔 두었다가 나중에 조선으로 돌아올 때 고향으로 모시고 왔다. 아버지가 돌아가셨을 당시 홀로된 어머니는 스물아홉 살이었다.

해방이 되자 어머니는 누이와 나를 데리고 조선으로 가기로 결정했다. 아버지와의 결혼을 강하게 반대한 친정 식구들에게는 청천벽력과도 같은 말이었을 것이다. 외할머니는 '조선으로 가려면 연을 끊으라'고 했다. 조선말도 한 마디 못하는 젊은 딸이 아이 둘을 데리고 조선으로 간다고 하니 어떤 부모가 좋아했을까. 어머니는 아버지의 유언을 지키기 위해 낯선 땅 조선으로 가기로 결심한 것이다.

어머니는 조선으로 오는 길에 막내 남동생 영웅英雄(1942년 생)을 이웃에 살던 조선 사람 집으로 떠나보낼 수밖에 없었다. 당시에 우리 이웃집에는 작업화 수선을 하던 이북 출신의 조선 사람이 살고 있었는데 그 집에는 아들이 없었다. 아들을 얻기 위해 두 번째 부인이 함께 살고 있었다. 그 이웃 사람이 조선에 가면 먹고 살기도 힘든데 어떻게 애들을 셋이나 키울 것이냐며 동생을 달라고 했다.

어머니(세토 에나)

우리 가족은 이웃집 가족과 함께 조선으로 돌아오기 위해 오사카大阪행 열차를 탔다. 그 때 이웃집 두 번째 부인은 만삭의 몸이었는데 도중에 출산이 임박하여 열차에서 내릴 수밖에 없는 상황이 되었다. 그 때 동생은 이웃집 가족을 따라 내렸다. 너무나 갑작스러운 이별이었다. 아무것도 모른 채 먹을 것을 주니 좋다며 이웃 사람을 따라 내리는 동생을 보며 어머니의 가슴은 얼마나 메어졌을까. 그 길이 동생과의 마지막 길이 될 줄이야.

나는 이 이야기를 어머니가 돌아가시기 전에야 비로소 들을 수 있었다. 어쩔 수 없이 막내아들을 남의 집으로 떠나보낸 사실을 평생 숨기며 살아온 어머니를 생각하면 슬픈 마음을 가눌 길이 없다. 지금도 이 동생이 어딘가에서 살아 있을지도 모른다는 생각을 하면 너무나 찾고 싶은 마음이 간절하다. 1980년대에 KBS에서 대대적으로 이산가족찾기를 할 때는 동생을 찾고 싶은 마음에 방송국까지 찾아간 적도 있었다. 지금까지 동생을 찾지는 못했지만 어딘가에 살아 있다면 내가 죽기 전에 꼭 동생을 만나고 싶은 마음 간절하다.

고향에서의 고단한 삶

어머니가 누나와 나를 데리고 아버지의 고향으로 돌아왔을 때 보리가 누렇게 익어가고 있던 마을 모습이 기억난다. 그 후로 우리 가족은 경상북도 예천군 지보면 대죽리에 있는 아버지의 고향이자 할아버지 댁에서 함께 살았다. 아버지가 장손이었기 때문에 할아버지는 뜻하지 않은 손자가 나타나자 따뜻하게 대해 주셨다. 아버지의 쌍둥이 동생인 작은아버지가 있었지만 슬하에 아들이 없었기 때문에 내가 할아버지의 많은 사랑을 받았다. 그러나 작은아버지 가족에게는 눈치가 보이는 일이었다.

모두가 살기 어려운 시절에 갑자기 세 식구나 늘었기 때문에 생활은 넉넉하지 못했고 어머니와 어린 나도 일을 하러 다녀야 했다. 작은아버지가 월사금을 대 줄 형편이 되지 않았기 때문에 나는 초등학교를 다니다 그만둘 수밖에 없었다. 내가 열두 살 때 우리 가족은 할아버지 댁에서 분가를 했다. 아버지가 없었기 때문에 나는 어린 나이에 가장노릇을 해야 했다. 땔감을 구하러 산으로 나무를 하러 다녀야 했는데 아침부터 도시락을 싸서 멀리 낙동강 건너까지 가서 나무를 구해 와야 했다. 날씨가 갑자기 안 좋아지거나 너무 늦으면 가족 가운데 아버지나 형이 강가에 마중을 나오는데, 함께 갔던 사람들은 가족이 나와서 맞아주었지만 내게는 마중을 나와 줄 사람이 없었다. 그때는 아버지의 빈자리가 너무나 크게 느껴졌고 서럽기까지 했다.

나는 그렇게 매일 새벽부터 동네 어른들과 지게를 메고 나무를 하러 다녔다. 동네 친구들은 학생복을 입고 학교에 가는데 나무를 하러 산으로 가야 하는 내 신세가 참으로 서글펐다. 그래서 나는 고향을 떠나 외지로 나가 취직을 해야겠다고 마음 먹었다. 누나는 열일곱의 나이에 결혼을 해서 집에 어머니 혼자 남게 되는게 마음에 걸렸다. 그러나 큰 집 눈치도 보이고 희망도 없이 사는 것이 너무 힘들었기 때문에 철이 없던 나는 어머니를 남겨두고 대구로 서울로 밖으로만 나돌기 시작했다.

홀어머니가 말도 통하지 않고 문화도 다른 낯선 땅에 와서 겪어야 했던 고생은 이루 말할 수 없었을 텐데 내가 너무 큰 불효를 했다는 생각이 든다. 아버지가 있었으면 학교에도 갈 수 있었고 그런 방황도 하지 않았을 것이라 생각하니 억울하다는 생각도 들었다. 그 때 나는 아버지가 옆에 있다는 것 자체만으로 얼마나 큰 힘이 되는지 절실하게 느꼈다. 소도 비빌 언덕이 있어야 한다는데 그림자라도 있었으면 큰 힘이 되었을 아버지를 눈물로 그리워 한 것이 한 두 번이 아니었다.

어머니 이름은 '일본댁'

어머니는 고향에서 '일본댁', '일본 아줌마'로 불렸다. 말이 잘 통하지 않는데다 거짓말을 할 줄 모르고 고지식한 분이라 작은 시골마을에서 말로 다 못할 고생을 하며 살았다. 어머니는 조선인과 결혼하면서 친정집과는 사실상 연을 끊었기 때문에 외가 친척이나 어른들과 연락을 하지 않고 살았다. 한참 후에라도 편지는 주고받을 수 있었을 텐데 어머니는 그렇게 하지 않았다. 그 때는 내가 어리고 철이 없어 어머니의 고통을 이해할 수가 없었다.

어머니는 일본의 가족과 연을 끊고 살면서도 낯선 문화에 어떻게든 적응하며 살기 위해 갖은 노력을 다했다. 나는 열대여섯 살 무렵부터 어머니가 직접 길쌈을 해서 만든 옷을 입고 지냈다. 어머니는 나를 위해 목화를 직접 심어 실을 뽑고, 베를 짜는 수고를 마다하지 않았다.

어깨너머로 배운 길쌈을 하며 눈이 침침해지도록 밤을 지새우던 어머니의 모습이 눈에 선하다. 지금 생각하면 어머니가 나를 생각하며 한 땀 한 땀 지어주신 정말 소중한 옷이 아닐 수 없다. 그러나 그 때 나는 까칠까칠한 삼베옷을 입으며 불편하다고만 여겼지 어머니가 흘렸을 땀과 깊은 사랑은 미처 깨닫지 못했다.

어머님 환갑잔치(1976)

내가 열예닐곱 살쯤 되었을 때 한국정부에서 일본으로 가고 싶은 일본 사람은 보내주겠다고 한 적이 있었지만 어머니는 일본으로 돌아갈 생각을 안 했다. 나는 그 때 어머니가 일본으로 돌아간다고 하면 따라갈 생각이었다. 그러나 어머니는 그렇게 하지 않았다. 어머니는 말도 통하지 않는 곳에서 일본 사람에 대한 주변의 차가운 시선을 견디면서 긴 세월을 살았다.

예천지서나 경찰서에서도 1년에 한 두 번은 어머니를 불러서 조사를 하거나 경찰이 집으로 찾아오기도 했다. 정확한 이유는 알 수 없었지만 어머니가 일본 사람이었기 때문일 것이다. 1965년 한일협정이 맺어진 뒤에는 경찰에서 불러 조사하던 일은 없어졌다. 이런 일도 어머니를 더 힘들게 했을 것이다. 어머니는 우리말을 배우기 위해 교회에 열심히 다녔다. 믿음을 통해 힘겨운 삶을 버텨내신 것이다. 늘 속으로 눈물을 삼키며 온갖 고생을 하며 힘들게 살아오신 어머니는 결국 지병인 천식으로 1978년에 돌아가셨다.

정든 가족과 고향을 뒤로 하고 낯선 땅에서 홀로 자식들을 키우느라 갖은 고생을 하다 돌아가신 어머니. 어머니는 돌아가실 때까지 자식들에게 힘들다는 말은 단 한 번도 하지 않았다. 고통의 세월을 인내로 살아온 어머니를 생각하면 지금도 가슴이 먹먹하다.

아버지의 기록을 찾아서

나는 학교에도 가지 못하고 고향에서 사는 것이 너무 답답했다. 그래서 대구에서 중학교를 다니던 형을 따라 무작정 대구로 나왔다. 취직을 하려고 여기저기 찾아다니며 많은 노력을 했지만 마땅한 일자리가 없었다. 고향에서 가져간 쌀 두 말을 다 까먹게 되자 어쩔 수 없이 고향으로 다시 돌아와 농사를 지었다. 그러나 포기할 수는 없었다. 이듬해에 다시 쌀 몇 말을 짊어지고 대구로 나갔다. 그런데 아는 분이 원대동 삼호방직 사장 집에서 급사로 일하고 있었는데 내 처지를 딱히 여겨 나에게 급사 자리를 주고 자신은 비누공장에 취직을 했다. 그래서 대구에서 급사로 일을 하게 되었다. 참으로 고마운 분이었다.

나는 야간학교에도 등록을 했다. 아침 일찍 일어나 매일 오후 4시에는 야간학교에 갔다. 그런데 초등학교 3학년 1학기밖에 다니지 못했기 때문에 자존심을 버리고 열심히 공부하려고 했지만 좀처럼 따라갈 수가 없었다. 그러던 1958년 6월 직장으로 등기우편이 왔다. 천식을 앓고 있던 어머니가 많이 아프다는 소식이었다. 나는 회사 의무실에 가서 사정을 말하고 어머니 약을 고마운 마음으로 받아 고향으로 달려간 일도 있었다. 그 뒤 대구로 돌아와 다시 일을 했는데 사정이 있어 고향으로 돌아와서 다시 몇 년을 지냈다. 그런데 늘 고향을 떠나고 싶은 마음은 사라지지 않았다.

축구공 사업(1970년대 말)

결국 나는 서울로 무작정 상경을 하였다. 청량리역에 내려 막막해 하고 있을 때 역에서 우연히 만난 아저씨를 따라가 펜싱 칼을 만드는 작은 공장에서 기술을 배우게 되었다. 그 후, 군대에서 건설대대에서 근무했는데 당시 박정희 정부는 한일협정으로 일본에서 받은 돈으로 경부고속도로를 만들고 있었다. 그 때는 아무 생각 없이 군대에서 맡은 임무를 다하기 위해 도로건설 작업을 했다.

1965년에 한국정부는 일본정부와 한일협정을 맺으면서 헐값으로 식민지배 책임을 팔아넘겼다. 나중에 알고 보니 그 때 일본에게 받은 돈, 수많은 강제동원 피해자들의 피 값으로 경부고속도로를 만든 것

경부고속도로 건설현장, 군우157제208건설대대 제2중대(1967, 왼쪽) 제대 말년, 동기들과 함께(1967년 봄, 오른쪽)

이었다. 당시에 졸속으로 맺은 한일협정이 지금까지 강제동원 피해자들을 괴롭히고 있다.

군에서 재대하고 결혼을 한 후에 자식이 생기자 아버지가 더욱 그리워졌다. 그 뒤에 서울에서 정착하여 축구공을 만드는 작은 공장을 운영하며 어머니를 모시고 넉넉하지는 않지만 그럭저럭 살아갈 수 있었다. 다행히 두 아들과 딸이 잘 자라주어 다복한 가정을 이루고 모두가 행복하게 잘 살고 있다.

1965년에 체결한 '한일협정'의 책임을 묻는 김종필 집 앞 1인시위 (2002.9.21)

1970년대에 아버지의 흔적을 찾기 위해 수소문을 하다가 홋카이도 광산에 아버지와 함께 갔던 친구 분을 만난 적이 있었다. 그때 그 친구 분은 이미 몸이 안 좋았기 때문에 아무 말도 들을 수가 없었다. 지금 생각해 보니 만약 그 때 광산이나 병원 이름을 들을 수 있었다면 아버지의 흔적을 찾는 일이 이렇게 어렵지는 않았을 것이라 생각하니 너무나 아쉬움이 크다.

나는 아버지의 기록을 찾기 위해 1992년 태평양전쟁희생자유족회에 가입했다. 같은 처지의 유족들을 만나 서로 의지하기도 하면서 지금까지 열심히 활동하고 있다. 2000년부터는 일본에서 살았던 주소를 토대로 일본정부에 조사를 요청하기도 했고 일본 경찰청에 아버지의 사망에 대한 사실조사를 요청한 적도 있다. 온갖 수단을 동원하여 여러 가지 조사를 해보았지만 아버지에 대한 기록은 없다는 답변만 돌아왔다.

사회보험업무센터에도 아버지의 기록을 조사해 달라고 요청했지만 결과는 마찬가지였다. 화장을 했다면 어딘가에 '화장인허가증'이라도 남아있을 터인데 너무나 안타까울 뿐이다. 지금은 고인이 된 후쿠도메 노리아키福留範昭 씨가 자기 일처럼 아버지의 기록을 찾는 일

'빼앗긴 어버이를 그리며' 일제강제동원희생자 합동추모제(2011.5.8)

을 도와주었다.

지금은 홋카이도의 고바야시 히사도모小林久公 씨가 백방으로 수소문하여 아버지의 기록을 찾는 일을 도와주고 있다. 너무나 감사할 따름이다. 언젠가는 아버지의 기록을 꼭 찾으리라는 희망을 잃지 않고 있다.

홋카이도에서 만난 외가 친척

2010년과 2011년 두 차례 내가 태어난 땅 홋카이도에 갈 수 있었다. 강제동원 문제를 해결하기 위해 활동하고 있는 일본 시민들이 주최한 강제동원 유족 증언대회에 증언자로 초청을 받았다. 비행기에서 처음 홋카이도 땅에 내렸을 때 '여기가 홋카이도 땅이구나'하는 생각이 들었다. 나도 홋카이도에서 태어났고 아버지가 이 땅에서 돌아가셨기 때문에 홋카이도가 어떤 곳인가 늘 궁금했다. 그리고 '아버지는 배를 타고 몇날 며칠을 걸려 홋카이도에 오셨을 텐데 지금은 이렇게 비행기를 타고 두 시간이면 편안하게 올 수 있구나' 생각하니 마음이 무거워졌다.

2010년에는 홋카이도에서 오랫동안 강제동원 희생자들의 유골을 발굴하고 있는 도노히라 요시히코殿平善彦 스님의 안내로 슈마리나이朱鞠内라는 곳을 방문했다. 그 곳은 일제강점기에 댐 공사와 철도공사를 위해 강제로 동원된 조선 사람들과 일본 사람들이 희생되어 묻혀 있는 곳이다. 도노히라 스님과 그 지역 시민들은 1970년대부터 재일동포, 한국 시민들과 함께 희생자들의 유골을 발굴하여 강제동

홋카이도 증언회 관계자들과(2010.10)

원의 진실을 알리고 희생자들의 유골을 유족들에게 돌려주는 일을 하고 있었다.

희생자들이 묻혀 있던 곳에는 안내판과 함께 둥글게 만들어진 묘소와 함께 일본식으로 나무로 만들어진 묘표가 세워져 있었다. 희생자들을 추모하며 절을 하고 술을 따랐다. 도노히라 스님과 함께 활동하는 분들이 우리와 함께 1박을 하며 따뜻하게 환대해 주신 것이 참으로 감사했다.

그 당시 슈마리나이에 갔을 때는 전혀 몰랐는데 나중에 아버지의 기록을 찾는 조사과정에서 발견된 기록에 대해 설명을 들으니 첫째 누이 정란貞蘭(1934년생)이 그 곳에서 태어났다는 것을 알게 되었다. 그리고 내 한 살 위에 영원英媛(1939년생)이라는 누이가 있었는데 채 한 살도 되지 않아 그 곳에서 죽었다고 쓰여 있었다. 그 기록에 따르면 아버지, 어머니가 그 당시에 슈마리나이에서 살았다는 것이다. 그

때 그 사실을 알았다면 감회가 남달랐을 것인데.

어머니의 고향 가미카와군 겐부치정上川郡剣淵町에 있는 외갓집을 방문할 기회도 얻었다. 고바야시 씨가 수소문을 하여 외사촌을 찾았기에 가능한 일이었다. 10월 10일 아침 8시에 호텔 로비에서 고바야시 씨를 만나기로 했다. 그날은 부슬부슬 비가 내렸다. 고바야시 씨가 내준 차를 타고 외갓집으로 향하는데 하늘도 무심하다는 생각에 슬픈 마음이 들었다. 외갓집에 가 보니 외삼촌은 돌아가시고 외사촌이 살아 있었다. 외사촌의 집에 갔을 때 외가 쪽 친척들의 사진을 처음 봤다. 어머니가 자신의 동생 두 명이 전쟁 때 죽었다고 여러 번 이야기했기 때문에 돌아가신 두 명의 외삼촌에 대한 이야기는 알고 있었다. 집안에 모셔둔 불단을 보니 막상 어떻게 해야 할지 당황했다. 동행한 이희자 대표가 '사진으로라도 처음 뵙는 분들이니 인사드리는 것이 도리'라는 말에 한국식으로 두 번 절을 했다. 아들을 둘이나 전쟁으로 잃고 딸도 조선으로 가 버렸으니 외가댁에도 큰 아픔이 있었을 것이라고 새삼스럽게 느꼈다.

외사촌 가족들, 홋카이도 병원(2010.10.10)

어렸을 때 어머니에게 외가에 대해 물어보면 시골이라는 말을 해주셨는데 직접 와서 보니 어머니 말씀대로였다. 어머니가 태어나서 자란 외갓집 주변을 돌아보니 어머니 생각이 나서 가슴이 아팠다. 지금 '나는 여기에 와 있지만 어머니는 평생 동안 얼마나 와 보고 싶으셨을까' 눈물이 나오는 것을 꾹 참았다. 홋카이도

홋카이도의 외사촌 시골집(2011.10.18)

어머니가 살았던 고향집(2011.10.18)

의 최북단 어머니의 고향에서 어머니가 살았던 자취를 직접 느끼니 꿈같은 느낌이었다.

외사촌이 병원에 입원해 있었기 때문에 병원에 찾아가 이야기를 나눴다. 외사촌을 처음 만나니 반가움보다 어색함이 컸다. 통역을 통해 질문을 하고 답변을 들을 수 있어 여러 가지를 새롭게 알 수 있었지만 마음속에 있는 궁금한 것을 자세히 물어볼 수 없어 답답하기도 했다.

그리고 나와 동생이 태어난 비라토리에도 갔다. 그 지역에서 오랫동안 지역의 향토사를 조사하는 분이 여러 곳을 다니면서 자세한 안내를 해 주셨다. 광산이 있던 터와 예전에 조선인 노동자들이 살았다는 곳에 갔지만 지금은 숲이 우거지고 산 모양이 많이 변해 정확히 알 수는 없었다.

곰이 나온다고 해서 더 위로 올라갈 수가 없었기 때문에 희미한 기억을 더듬어 보았지만 알 수가 없었다. 아버지가 혹시 일을 했을지도 모르는 탄광 근처의 땅에서 흙을 조금 파다가 한국에 돌아와서 고향에 있는 아버지 묘소에 함께 묻었다.

현지답사(2011.10.18)

탄광이 많았던 아카바라赤平에도 갔다. 나중에 한국에 돌아와 누이의 말을 들어 보니 우리가 살던 곳은 뒤에 산이 있고 앞으로 철길과 차도가 있었으며 그리고 탄광에서 일하는 사람들이 살만한 너른 터가 있었다고 한다. 누이 말대로라면 아카바라가 예전에 살던 곳이 맞는 것 같다는 생각도 든다. 확신은 없지만 그곳이 맞았으면 좋겠다는 마음까지 든다. 아버지께서 돌아가신 날짜는 정확히 알고 있지만, 돌아가신 곳이나 살던 집, 일하던 광산은 아

'평화의 촛불을 야스쿠니의 어둠에' 도쿄 촛불행동(2006.8)

도쿄 증언집회(2010.10.07)

직까지 정확히 알 수가 없다.

강제동원 피해자 유족증언대회에 참가하기 위해 행사장에 가니 많은 사람들이 모여 있었다. 우리 때문에 행사를 준비하고 모인 사람들이라 생각하니 고맙기도 하고 한편으로는 슬픈 마음도 들었다. 나는 빼앗긴 아버지, 잃어버린 동생, 어머니의 한 많은 삶에 대해 이야기를 했다.

행사 뒤에 음식점에 가서 교류회를 했는데 말은 통하지 않았지만 홋카이도의 여러분들과 즐거운 시간을 가졌다. 아버지가 홋카이도에서 강제동원되었다는 것에 많은 분들이 자기 일처럼 공감을 해 주었다. 나는 일일이 고마운 마음을 표현하지는 못했지만 행사를 준비하고 오랫동안 강제동원 문제의 해결을 위해 활동해온 분들에게 고마운 마음이 들었다. 내가 홋카이도에 다시 와서 내 사연을 말할 수 있도록 도와주신 분들의 따뜻한 마음을 잊지 못할 것이다.

한국으로 돌아오기 위해 비행기에 올랐지만 마음이 가볍지는 않았다. 아버지가 마지막으로 입원해 있던 병원이나 살던 곳을 정확히 확인하거나 자료를 찾지는 못했기 때문에 아쉬운 마음도 들었고 무언가 빠트리고 돌아오는 느낌이었다. 그러나 이곳에서 오랫동안 강제동원 피해자들을 위해 조사를 하고 활동해 오신 분들을 만날 수 있어서 좋았다. 말이 통하지는 않지만 마음으로 통하는 것이 있어 훈훈한 정을 느꼈다. 너무 감사할 따름이다.

나는 2년 전부터 할아버지가 남겨주신 고향 땅 두 필지에 농사를 짓고 있다. 할아버지가 물려주신 유일한 유산이다. 서울에서 고향에

칠순행사(2009.7.12)

내려가 농사일을 할 때마다 어머니, 아버지가 더욱 그립기만 하다. 아버지가 계셨다면 이 땅에서 농사를 짓고 우리 가족도 행복하게 살았을텐데.

나는 지금도 어머니를 생각하면 가슴이 찢어지듯 저리고, 아버지를 생각하면 억장이 무너지는 아픔을 느낀다. 온갖 고생을 하다가 돌아가신 어머니를 위해서라도 아버지가 어디서 어떻게 돌아가셨는지 자료를 찾아서 문서로 사실을 확인하는 것이 내가 할 수 있는 마지막 효도이자 자식의 도리라고 생각한다.

나는 지금도 내가 살아있는 동안에 아버지의 기록을 찾을 수 있다는 희망을 놓치지 않고 있다. 반드시 그 날이 올 것이라고 굳게 믿는다.

• 김영환

친정어머니와 시어머니가 지켜주신 나의 인생

신명옥

엄마의 목숨을 걸고 지킨 내 생명

나는 1946년 황해도 연백에서 태어났다. 그 당시 아버지는 연안중학교에 재학 중이었다. 학생이 아기를 낳았다며 친구들이 놀렸다고 한다. 그래도 평산 신씨 5대독자인 아버지는 나를 각별히 예뻐해 내 이름을 '이쁜이'라고 지으셨다. 명옥은 내가 중학교 입학 전에 개명한 이름이다.

할아버지는 방앗간을 두 군데나 경영할 정도로 부자였다. 그 덕분에 우리 가족은 연백에서 넉넉한 생활을 했다. 그런데 1950년 6월 25일 한국전쟁이 터졌다. 우리는 고향을 떠날 수밖에 없게 되었다. 아버지가 먼저 나오고 어머니와 나는 나중에 나왔다. 아버지는 학교 친구들과 함께 국군으로 지원하면서 금방 돌아온다고 하셨다. 그러나 아무리 기다려도 아버지는 오지 않았다. 전쟁이 길어졌다. 인민군이 내려왔다가 가을이 지나자 다시 국군이 올라왔다. 그러나 1951년 1월 4일 중국인민지원군(중공군)이 압록강을 넘어오면서 연백은 다시 인민군 치하로 들어갔다.

어머니는 결국 나를 데리고 남쪽으로 내려오기로 결심했다. 할아버지가 자산가인데다 아버지가 국군이어서 살기 어렵다고 판단하신 것이다. 할머니는 집을 지키다 나중에 가겠다고 고집을 피우시는 바람에 우리만 출발했다. 그 때 내 나이 여섯 살이었다.

어머니는 나를 데리고 강화도로 출발했다. 바다를 건너야 하는데 배를 탈 수 없어 우리는 만조가 되는 낮에는 산 속에 숨어 있다가 바닷물이 빠지는 밤에 산에서 내려왔다. 함께 떠난 사람들이 50여명이었다. 어린아이를 데리고 온 어머니 친구들도 있었다. 그런데 상상하기도 힘든 끔찍한 일이 벌어졌다.

어떤 아주머니가 아이를 바닷물에 던져버렸다고 한다. 아이가 울면 물이 빠진 강을 건너던 피난민이 인민군에게 발각되어 총에 맞아 다 죽는다고 해서 바닷물이 빠지기 시작할 때 아이를 바닷물에 넣은 것이다. 제 뱃속에서 나온 핏줄을 제 손으로 생명을 거둬들인 그 아주머니는 제정신이 아니었을 것이다. 사람 목숨이 파리 목숨처럼 가볍던 시절, 제 목숨 하나 건지는 것 말고는 인륜이니 양심이니 하는 이런 것들을 지킨다는 게 가당키나 했을까. 전쟁은 인간을 한없이 모질고 잔인하게 만들었다.

사람들의 시선이 어머니 등에 업힌 내게로 쏠렸다. 내 차례였다.

"이쁜이도 데리고 나가기 힘드니까 다른 사람이라도 살아야 하지 않겠냐. 다 죽지 않으려면 애를 물에 넣어야 한다."

어머니 친구들이 강력하게 요구했다. 무슨 마음이었을까. 어머니는 끝까지 버텼다.

"이쁜이는 다 커서 울지 않아요. 그리고 얘를 버려야 한다면 나도 죽여야 해요."

어머니는 나를 뺏기지 않으려고 포대기 끈을 더 바짝 죄였다. 목숨을 걸고 버티는 어머니를 설득하지 못한 피난민들은 결국 운명에 맡기기로 했다.

칠흙 같은 밤, 우리는 갯벌을 지나 남쪽으로 걸었다. 어머니는 나를 업고 가다가 넘어지기도 했다. 그러나 나는 한 번도 울지 않았다. 그렇게 우린 한참을 걸어 강화도 교동 섬에 도착했다. 어머니와 나는 참았던 울음을 터뜨렸다. 만약에 내가 울었다면 썰물에 쓸려나갔거나 같이 내려오다 총 맞아 죽었을지도 모른다. 어린 나이에도 울면 죽는다는 것을 알았겠지만 어머니가 나를 지켜주지 않았더라면 그 때 나는 이 세상을 떠났을 것이다.

교동 섬에 도착한 후 수소문 끝에 아버지를 만났다. 다시 만난 아버지는 몸이 많이 불편해 보였다. 전투에서 왼쪽 가슴에 총을 맞아 갈비뼈 다섯 대가 부러지는 부상을 입은 것이다. 어머니는 아버지가 치료에 전념할 수 있게 나를 데리고 연백으로 돌아가려고 생각했지만 아버지가 "겨우 만났는데 왜 돌아가느냐"고 말렸다. 우리는 나중에 늦게 나오신 할머니와 함께 교동에서 생활하기 시작했다.

진학을 포기하고 시집을 가다

강화도는 내게 고향과 같은 곳이다. 어른들이 어디 신씨냐고 물으실 때마다 "교동 신씨요"라고 철없이 대답했다. 아버지에게도 강화도는 제2의 고향과 같은 곳이다. 나중에 서울에 살다가 다 정리한 뒤 다시 돌아오실 정도였다. 국가유공자인 아버지는 지금 수원 보훈원에서 살고 있지만 늘 강화도를 그리워하신다. 우리 고향이 가장 가까이 보이고 우리 가족이 피난 나와서 정착한 곳이기 때문일 것이다.

1953년 아버지는 군대를 제대한 뒤 음악 선생으로 교편생활을 시작했다. 내 기억으로는 아버지는 2~3년에 한 번 꼴로 학교를 옮긴 것 같다. 당시는 음악 선생님이 적어서 그랬는지 자주 전근 발령이 나, 우리 가족도 자연히 아버지를 따라 이사를 가야 했다. 내가 초등학교 1학년 때는 강화도 삼산면으로, 4학년 때는 양사면으로, 6학년 때는 김포로 이사를 갔다.

김포에서 중학교 3학년에 다닐 때였다. 피난 온 후 태어난 하나뿐인 남동생이 내천에 빠져 죽었다. 7월 17일, 제헌절이라 학교를 쉬던 날 낚시하러 간다는 친구들을 따라 냇가로 갔다가 변을 당한 것이다. 물에 빠진 1학년생을 구하려 뛰어들었다가 후배를 구하고 정작 본인은 힘이 부쳐 물에서 나오지 못하고 말았다. 동생이 초등학교 4학년 때였다. 우리 집안은 6대독자를 잃었다. 그 충격에 어머니는 머리카락이 모두 하얗게 변했고, 앓아누운 후 오랫동안 일어나지 못했다.

중학교를 졸업한 후 나는 김포여자상업고등학교에 들어갔다. 여자도 배워야 된다고 생각했던 아버지 덕분이었다. 고등학교를 졸업할 무렵 우리 가족은 또 아버지를 따라 서울 신촌으로 이사를 갔다. 나는 공부를 더 하고 싶었지만 여동생들을 공부시켜야 한다는 생각으로 대학교 진학을 포기하고 친척이 운영하는 사무실에서 일하기 시작했다. 그 때 나는 어머니 사촌 언니 소개로 박원배 씨와 선을 보게 되었다. 아버지는 "안 된다. 무슨 선이냐. 아무 것도 할 줄 모르는 어린애를 무슨 시집보내느냐"고 반대하셨지만 어머니 사촌 언니가 한 번만 만나보라고 권유해 1967년 10월 24일 을지로 다방에서 박원배라는 사람을 처음 만났다.

중앙정보부에서 일한다는 그는 굉장히 착하고 성실해 보였다. 어머니는 외며느리의 고달픔을 잘 알고 있었기에 또 홀시어머니라는 이유로 결혼은 만류했다. 그러나 어머니 사촌 언니는 그 후로도 하루가 멀다 하고 우리 집을 찾아와 결혼 시키라고 권유했다. "다 큰 딸을 언제까지 끼고 있을거냐"고 성화를 부리는 바람에 아버지도 "직장 하나는 든든한 데 다닌다고 하니 그래 시집보내자"라며 허락하셨다. 그러자 박원배 씨 집에서는 약혼 날짜를 이듬해 2월 8일로, 결혼 날짜를

5월 3일로 바로 잡았다. 그렇게 내 나이 스물두 살, 남편 나이 스물일곱이 되던 해에 우리는 부부가 되었다.

아들을 잃은 시할머니, 홀로 아들을 키운 시어머니

시집에서는 시어머니가 혼자 한복 바느질을 하며 생활하고 계셨다. 그때 시어머니 연세가 마흔 여섯이었다. 결혼하신 후 오랫동안 시부모님과 시누이 세 분과 함께 충남 대덕군 유성에서 산 시어머니는 아들이 체신고등학교에 입학한 후로부터 계속 서울에서 생활하였다. 나는 시어머니를 모시고 살면서 항상 조심스럽게 행동했다. "시집가거든 홀시어머니 있는 데서 신랑하고 깔깔거리거나 웃지도 마라"고 당부하던 친정어머니의 말씀을 잊지 않았다.

시집 올 때까지 시어머니가 왜 혼자 되셨는지 내막을 전혀 몰랐다. 시집살이를 시작할 무렵 유성에 살고 계신 시할머니가 "애미가 애비 없이 애를 많이 썼다"고 자주 말씀하셨다.

"할머니, 어머니는 왜 혼자가 되셨어요? 아버님은 언제 돌아가셨어요?"

"네 애미는 열여덟 살에 시집 와서 열아홉 살에 원배 낳고, 원배 네 살 되던 해 애비가 그렇게 돼서 스물두 살에 혼자 됐다. 네 시아버지 징용 갈 때 내가 배웅을 했다."

시할머니는 불쌍한 시어머니에게 잘하라는 말씀도 빼놓지 않으셨다.

시아버지는 일제강점기 군인으로 끌려가 억울한 죽음을 당하셨다. 나중에 남편을 통해 알게 된 자세한 내막은 이렇다. 남편은 1941년 11

시아버지 징용시 가족사진(1944. 9)

월에 태어났다. 당시 시할아버지는 농사를 지으셨고 둘째 아들인 시아버지는 대전 철도국에서 근무하셨다. 그래서 가정형편은 괜찮은 편이었다. 그런데 남편이 세 살 되던 해 동네에서 두 명에게 나온 영장 중 하나가 시아버지에게 떨어졌다. 가족들은 시아버지에게 유성에 오지 말고 처갓집에 피신해 있으라며 공주에 있던 시어머니 친정 작은집에 숨겼다. 그러나 시아버지는 "죄진 것도 없는데 왜 숨어 사느냐"고 하면서 유성에 돌아와 마침내 끌려가셨다.

그 후 시아버지에게서 편지가 한 통 왔지만 그게 처음이자 마지막이었다. 해방이 되어도 시아버지는 돌아오지 않았다. 시할머니는 사망통지도 못 받고 아들 생사도 모른 채 지내다가 한참 후에 아들이 만주에서 폭격을 맞아 사망했다는 이야기를 인편으로 들었다. 시할아버지는 그때 받은 아들 소지품인 수첩과 만년필을 잘 간직하고 계셨지만 한국전쟁 때 불타버렸다고 한다.

상심이 컸던 시할아버지는 남편이 고등학교 2학년이 되던 해 갑자기 돌아가셨다. 전보를 받고 바로 내려온 남편은 대문 앞에서 기절해 버렸다고 한다. 각별히 아껴주시던 시할아버지를 잃은 슬픔이 너무

켰기 때문이었다.

시할아버지는 살아계실 때 논 몇 마지기를 남편 소유로 해놓겠다는 이야기는 늘 하셨지만 명의이전을 해 두지 못한 채 돌아가셨다. 그래서 남편은 시할아버지가 남겨주려던 논을 받지 못해, 유산을 하나도 받지 못했다. 시할머니는 "저 논은 원배 거였다. 원배 앞으로 해주지 못한 것이 미안하다"고 늘 안타까워했다. 시어머니도 "내가 나서서 원배 몫을 챙겨주지 못해 원배가 아무 것도 물려받지 못했다"고 아쉬워하셨다. 아버지 없는 빈자리를 챙기지 못했다는 것을 항상 미안하게 여기며 시집에 대해 많이 서운해 하셨다.

시할머니는 1969년 내가 큰아들을 낳았을 때 진심으로 기뻐해주셨다. 쌀 한 말을 이고서 서울에 올라오시더니 아기를 안고 "하늘에서 떨어졌냐, 땅에서 쏟아났냐. 이게 어떤 증손자냐!"며 눈물을 흘리셨다. 나는 시집에서 시할머니와 시고모 세 분에게서 시아버지 몫까지 듬뿍 사랑을 받으며 살았던 것 같다.

혼자가 된 시어머니는 시할아버지에 시할머니, 시아버지, 시어머니, 시누이들까지 층층시하의 힘든 시집살이를 하셨다. 그래도 시할머니가 시어머니를 많이 예뻐하고 애틋해하셨다. 시어머니는 시할머니 배려로 친정에도 자주 다녔다. 친정에서는 시어머니를 재혼시키려 설득한 적이 많았다. 그럴 때면 시어머니는 바로 시댁으로 돌아오셨다. 그렇게 친정과 시댁을 오갈 때부터 시어머니는 담배를 피우기 시작하셨다.

남편이 그렇게 되고 친정에 가면 재혼하라고 하니, 어디 마음을 달랠 곳이 없어 시할머니가 담배를 가르쳐주셨다는 것이다. 시할머니는 시어머니의 외로움을 가장 많이 이해하고 감싸주셨다. 그렇게 살아오셨기에 시어머니는 생활력도 강하고 책임감도 있는 아주 강인한 분이었다.

아버지 흔적을 찾아 헤맨 남편

나는 큰아들을 낳은 뒤 아들 하나 딸 하나를 더 낳았다. 아버지 없이 외아들로 큰 남편은 3남매를 참으로 예뻐했다. 안 된다 소리 한 번 안 하고 아이들이 해달라는 거면 다 해주고 싶어 했다. 아버지에게서 받지 못한 사랑을 아이들에게 나눠주고 싶었던 것이다.

1969년 중앙정보부를 그만두고 건설회사 일을 시작한 남편을 따라 우리는 전국 각지를 옮겨 다녔다. 그때 남편은 아버지 흔적을 찾기 위해 끈질긴 노력을 했다. 1972년에는 강제징용으로 희생당한 유족에게 보상금을 준다는 신문 광고를 보고 신청하기도 했다. 그때 우리는 30만원을 받았지만 시아버지의 죽음에 대한 자세한 기록을 본 적도 없었고 유골을 찾지도 못했다. 남편은 한국에 무연고 유골이 들어왔다는 이야기만 들으면 어디든 쫓아갔지만 결국 찾지 못했다.

남편은 아버지가 어디서 어떻게 돌아가셨는지 그 진실을 찾기 위해 1990년대 말부터 유족단체에 나가기 시작했다. 2000년에는 태평양전쟁피해자보상추진협의회(보추협)가 제기한 군인군속 재판의 원고로 참여하면서 일본 정부 앞으로 서신을 보내기도 했다. 일본 정부가 보내온 답변에는 미지급 급여로 580엔이 공탁되어 있었고 일본 당국이 보관하는 유골 중에 시아버지 유골이 없다는 내용이 적혀 있었다.

2003년에 정부기록보존소(지금의 국가기록원)를 직접 방문한 남편이 마침내 아버지 죽음에 대한 자세한 기록을 확인할 수 있었다.

"아버지를 찾았다! 어머니, 아버지를 찾았어요!"

집에 들어오자마자 남편은 엉엉대며 울었다. 그 기록에 따르면 시아버지는 1944년 9월 20일 일본 육군으로 끌려가 같은 해 12월 19일 중국 안징성 봉양현 와부에서 총상을 입어 사망하셨다.

나는 늘 옆에서 지켜보기만 했다. 그런데 어느 날 남편이 보추협에서 활동하는 유가족들 중에는 여자 분이 많다며 나보고 나가보라고 제안했다. 홀시어머니를 모시고 집에만 있던 나에게 밖으로 나갈 명분을 주려는 마음이었던 같다. 그래서 나는 2001년 하반기부터 보추협에 나가기 시작했다. '일제강점하 강제동원진상규명특별법'을 만들 때도 처음부터 끝까지 함께 했다. 처음에는 생각이 없었지만 다른 사람도 아니고 우리 시어머니 일이고 우리 남편 일인데 나도 며느리로서 해야 할 도리가 있음을 알게 되었다.

일제강점하강제동원피해진상규명위원회가 출범한 후 나는 시아버

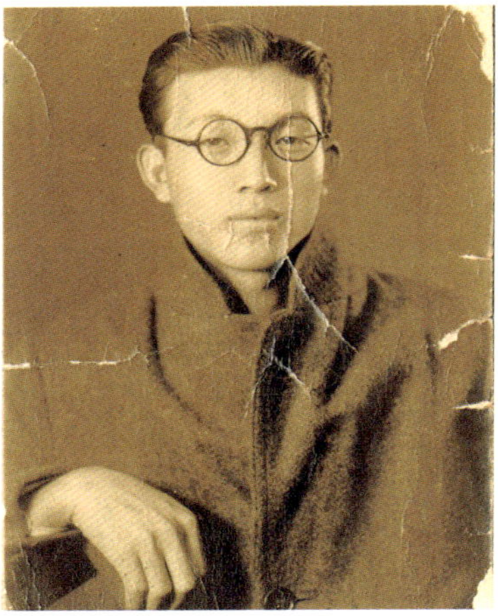

시아버지 박헌태(1942.12.25)

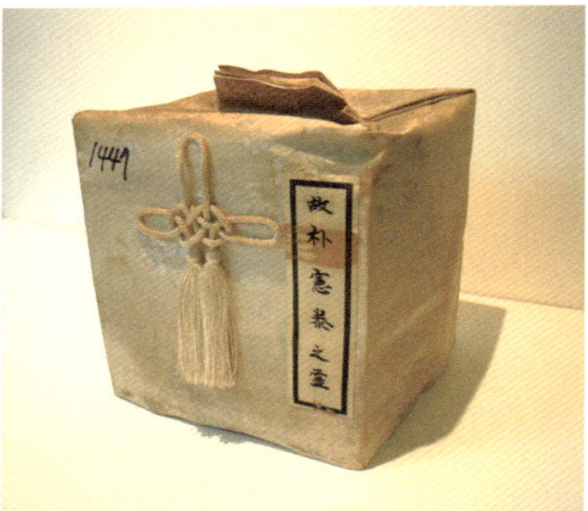

부산 영락공원에서 보관하고 있던 박헌태의 유골함
(2005년 8월 19일에 찾음)

지 유골이 1970년대에 부산 영락공원에 들어와 안치되어 있다는 사실을 알았다. 이미 한국에 있던 것도 모르고 우리 남편은 아버지 유골을 찾아 오랜 세월 동안 전국 각지를 헤맨 것이다. 2005년 8월 19일 우리는 유골을 받기 위해 부산 영락공원에 갔다. 너무나 먼 길이라 시어머니는 천안에서 맞이하겠다며 부산까지는 가지 않으셨다. 대신 남편이 친아버지처럼 여기는 친정아버지가 같이 갔다. 친청아버지도 남편을 친아들처럼 챙기고 든든하게 여겼다.

"박원배 씨 아버님이십니다."

영락공원에서 남편에게 유골함을 건네주었다.

"아버지~! 아버지~!"

남편은 손을 덜덜 떨며 유골함을 안고서 울부짖었다. 우리도 목이 메어 함께 울었다.

예전에는 명절을 쇠러 유성에 가면 시할머니가 제사를 다 지낸 다음에 아들을 위해 작은 상을 별도로 차렸다. 사망 날짜를 몰랐기 때문이다. 시할머니가 돌아가신 후에는 유성에 내려가지 않고 음력 9월 9일에 우리 집에서 제사를 지냈다. 그리고 유골을 망향의 동산에 모신 다음부터는 유골을 받은 날인 음력 7월 15일에 제사를 지냈다. 망향의 동산으로 모실 때 시어머니와 남편은 시아버지를 고향 선산에 모셔야 하지 않겠냐는 생각도 하셨다. 그러나 시어머니가 직접 망향의 동산을 보신 뒤에는 "그래. 묘도 좋고 산세도 좋구나. 나도 죽으면 여기, 아버지 옆으로 가고 싶다"고 하셨다.

시아버지에 대한 또 하나의 기막힌 사실이 있다. 시아버지가 일본 야스쿠니신사에 합사되어 있다는 것이다. 우리는 시아버지가 왜 그곳에 강제로 합사되어야 하는지 도저히 이해할 수가 없다. 시어머니는

빼앗긴 어버이를 그리며-국립 망향의동산 합동 추모제, 추모사 낭독(2011.5.8)

항상 말씀하셨다.

"야스쿠니신사에 합사된 거 빼내야 된다. 왜 거기다가 갇혀 놓았냐. 찾아와야 된다."

"총 맞아 죽은 것도 억울한데 이름 석자라도 빼와야 된다. 우리 귀신이지 일본 귀신이냐."

일본인들의 침략전쟁에 강제로 끌려가 총알받이가 되어 죽은 것도 억울한데 야스쿠니신사에 강제 합사까지 당한 남편의 한을 풀기 위해 시어머니는 일본 정부와 야스쿠니신사를 상대로 싸우기로 결정하셨다. 2007년 야스쿠니신사 무단합사 철폐 1차 소송에 참여한 것이다. 진술서도 작성했지만 몸이 불편해 결

제2차 야스쿠니무단합사철폐소송 변호인단 방한(망향의 동산 2011.8.7)

평화의 촛불을 야스쿠니의 어둠에 도쿄촛불행동(2013.3.7)

국 법정에까지 가지는 못하셨다.

남편은 직장 일로 바쁜 탓에 일본 법정에서 진술하지 못했고 시어머니는 아픈 바람에 직접 목소리를 내지 못하셨다. 대신 집에서 누운 채 증언하신 시어머니의 진술 영상이 2010년 11월 22일 일본 법정에서 상영되었다.

남편과 시어머니를 떠나보내고

2009년 5월 23일, 일본 정부로부터 정당한 보상을 받고 야스쿠니 신사에서 아버지 이름 석자를 빼내려고 애써온 남편이 그 뜻을 다하지 못하고 눈을 감았다. 급성패혈증으로 병원에 입원한 지 13일 만의 일이었다. 병원에 실려 가기 하루 전날 평소에는 9시 뉴스만 보면 잠자리에 들던 사람이 소파에 앉아 내 손을 만지며 이렇게 말했다.

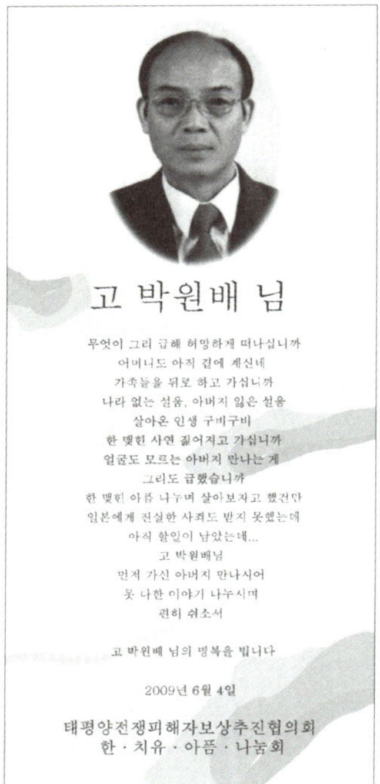
고 박원배 님

무엇이 그리 급해 허망하게 떠나십니까
어머니도 아직 곁에 계신데
가족들을 뒤로 하고 가십니까
나라 없는 설움, 아버지 잃은 설움
살아온 인생 구비구비
한 맺힌 사연 짊어지고 가십니까
얼굴도 모르는 아버지 만나는 게
그리도 급했습니까
한 맺힌 아픔 나누며 살아보자고 했건만
일본에게 진실한 사죄도 받지 못했는데
아직 할일이 남았는데...
고 박원배님
먼저 가신 아버지 만나시어
못 다한 이야기 나누시며
편히 쉬소서

고 박원배 님의 명복을 빕니다

2009년 6월 4일

태평양전쟁피해자보상추진협의회
한 · 치유 · 아픔 · 나눔회

무엇이 그리 급해 허망하게 떠나십니까
어머니도 아직 곁에 계신데
가족들을 뒤로 하고 가십니까
나라 없는 설움, 아버지 잃은 설움
살아온 인생 구비구비
한 맺힌 사연 짊어지고 가십니까
얼굴도 모르는 아버지 만나는 게
그리도 급했습니까
한 맺힌 아픔 나누며 살아보자고 했건만
일본에게 진실한 사죄도 받지 못했는데
아직 할 일이 남았는데…
고 박원배님
먼저 가신 아버지 만나시어
못 다한 이야기 나누시며 편히 쉬소서

고 박원배 님의 명복을 빕니다.

2009년 6월 4일
태평양전쟁피해자보상추진협의회
– 한·치유·아픔·나눔회

남편 박원배 씨의 장례식

“아무것도 없는 나를 만나 시집와서 고생만 시켜 미안하다. 3남매를 잘 키워줘서 고맙다. 우리 엄마한테 잘해줘서 고맙다.”

“얼레, 새삼스럽게 뭔 소리여. 얼른 들어가 자.”

퉁명스럽게 타박했는데, 그게 마지막 유언이 될 줄이야. 지금도 그때를 생각하면 후회가 된다. 좀 더 따뜻하게 말해 줄 걸.

시어머니는 남편이 세상을 떠나기 5년 전부터 편찮았다. 남편과 나는 거동이 불편한 시어머니를 같이 돌봐드렸다. 그날 병원에서 돌아온 나는 시어머니에게 아들이 먼저 갔다고 도저히 말씀드릴 수가 없었다. 장례를 치르고 나중에 친척 분들이 말씀해주셨다. 믿지 못해 아들 이름을 부르며 대성통곡하는 시어머니 모습을 보고 나는 죽을 것만 같았다.

그 후 나는 1년 동안 밤에 잠이 오지 않아 할 줄도 모르는 뜨개질을 배워 매일 밤을 새웠다. 잠시 눈을 붙여도 남편은 단 한 번 꿈에도 보이지 않았다. 그러던 2011년 2월 23일 새벽, 양복을 차려입은 남편이 현관문을 탁 열고 들어왔다.

“선이 아버지. 어디 갔다 이제 오면서 친구들만 잔뜩 데리고 왔어?”

내 목소리가 들려 나는 벌떡 일어나 안방으로 막 뛰어 들어갔다. 남편이 꿈에 나타나 나를 깨워준 것이다. 내가 그냥 잤으면 시어머니가 운명하시는 것도 지켜드리지 못했을 것이다. 시어머니는 손이고 다리고 꼬부라져 아프다고 하셨다.

“엄마. 얼마나 아팠어. 엄마 다리 좀 쭉 쭉 펴봐. 엄마가 힘닿는 대로 펴봐. 팔 피니까 편하지? 엄마. 내가 주물러 드릴게.”

시어머니의 몸이 쫙 펴지며 눈물을 주르륵 흘리셨다. 그리고 눈을 감으셨다. 스물두 살에 남편을 잃고 아들마저 먼저 떠나보내야 했

시어머니 임복순(2010.4.)

던 시어머니는 그렇게 한 많은 세월을 버리고 여든아홉 살에 생을 마감하셨다. 이틀 전이었을 게다.

"엄마, 누가 가장 보고 싶어?" 하고 물으니 시어머니는 아무런 대답도 하지 않고 가만히 계셨다.

"조카들, 덕배 삼촌들 오라 그럴까?"

"아니."

"엄마, 아들 보고 싶어? 손주들 보고 싶어?"

"어."

"엄마, 보고 싶은 사람이 있으면 얘기해. 누가 보고 싶어?"

"영감, 영감이 보고 싶다."

'영감'이라니, 내가 시집 와서 한 번도 들어본 적이 없었던 단어였

결혼사진(1968.5.3)

다. 시어머니는 일제말 태평양전쟁을 겪으면서 빼앗긴 남편에 대한 그리움을 평생 가슴에 묻고 살아오셨던 게다. 시어머니의 아픈 심정을 너무 늦게 알은 것이다.

나는 혼자 곰곰이 생각해봤다. 돌이켜보니 친정어머니도 한국전쟁을 겪으면서 고향을 버리고 피난 온 후 6대독자 아들마저 잃어버렸는데, 역시 돌아가시는 날까지 아들의 죽음을 가슴에 묻고 살았겠구나 하는 것을 새삼 느꼈다. 시어머니와 친정어머니는 비록 서로 다른 삶을 사셨지만 소중한 가족을 일찍 잃은 큰 슬픔을 내색하지 않고 평생 가슴 속에 품고 살아오신 것이다.

내가 지금껏 잘 살 수 있던 것은 그러한 두 어머니 덕분이었다. 친정어머니는 죽음의 문턱에서 나를 지켜내고 생명을 살려주었다. 비록 처음에는 홀시어머니라고 걱정하는 마음에 결혼을 만류했지만, 스물두 살에 시집가면서 할 줄 아는 것 하나 없었던 나를 늘 옆에서 지켜주신 것은 시어머니였다. 우리 아이들 3남매는 시어머니의 보살핌이 있었기에 잘 자랄 수 있었고 나는 시어머니가 있었기에 늘 든든했다. 남편을 떠나보내고 혼자 제사를 지내는 내 모습을 보시고 "내가 죽으면 제사 따로 지내지 말고 내 제삿날 시아버지 제사까지 함께 지내라"는 말씀을 하셨다. 나를 진심으로 아껴주시는 시어머니의 마음을 느낄 수 있었다. 시어머니를 모시고 살아온 44년의 세월 동안 나는 참으로 많은 것을 듣고 배울 수 있었다. 나도 시어

시아버지의 자료를 민족문제연구소에 기증하면서 (2010.4.20)

A16 2013년 8월 12일 월요일 국제

"야스쿠니 참배 안된다" 日 시민단체들이 나섰다

일본 정치인들의 야스쿠니(靖國) 신사 참배에 반대하는 시민단체 회원 300여명이 10일 밤 도쿄 지요다(千代田)구에서 '야스쿠니 신사 참배를 취소하라' '평화의 촛불을 들자'는 글을 적은 피켓을 들고 시위하고 있다(왼쪽). 일제강점기 때 강제징병됐다가 사망한 한국인 유족 8명도 이 시위에 참가했다. 시위 현장 한쪽에서는 혐한(嫌韓) 단체 회원들이 대거 몰려나와 욱일기를 흔들며 신사 참배 반대 시위대를 위협했다(오른쪽). 차학봉 특파원

우경화 비판하는 집회 열고 신사참배 반대 거리 행진 위안부 사죄촉구 심포지엄도

嫌韓단체 회원들도 몰려나와 욱일기 흔들며 시위대 위협

아소의 나치즘 찬양 발언 여론조사 55%가 "문제없다"

일본의 양심적 시민단체들이 일본의 우경화를 비판하는 집회와 시위를 잇달아 개최하며 적극적으로 행동에 나서고 있다.

10일 밤 도쿄 지요다(千代田)구에서 시민단체 회원 300여명이 정치인들의 야스쿠니 신사(靖國神社) 참배에 반대하는 거리 행진을 벌였다. 야스쿠니 신사는 2차대전 당시 A급 전범들이 합사된 곳이다. 일제 강점기에 강제로 징병됐다가 사망한 한국인들을 야스쿠니 신사에 합사한 것에 항의하는 우리나라 유족 8명도 이날 시위에 참가했다.

시민단체 회원들은 시위에 앞서 심포지엄을 갖고 "야스쿠니 신사는 일본 군국주의 부활의 상징으로 정치인들의 참배는 군국주의를 미화하는 것"이라고 비판했다. 시위를 위해 한국에서 도쿄를 방문한 이희자(70)씨는 "강제로 전쟁에 끌려가 숨진 아버지가 자손들도 모르게 야스쿠니 신사에 합사돼 있다는 것을 뒤늦게 알고 분노했다"고 말했다. 이씨는 "명부에서 아버지 이름을 삭제해줄 것을 요구하는 재판까지 했지만, 재판부와 야스쿠니 신사는 이를 거부하고 있다"고 말했다.

이날 시위 현장에는 한국을 미워하는 혐한(嫌韓) 단체 회원들이 대거 몰려나와 평화적으로 행진하는 시위대를 위협하기도 했다. 이들은 2차대전 당시 일본군의 깃발이었던 욱일기를 흔들며 시위 참가자들에게 욕설을 퍼부었다. 또 차량을 시위대 옆에 바짝 붙여 위협을 가하기도 했다. 경찰이 위험한 행동을 제지해 부상자는 발생하지 않았다.

11일에는 일본 시민단체 44개가 연합한 '일본군 위안부 문제해결 전국행동(이하 전국행동)'이 도쿄에서 국제 심포지엄을 열고, 위안부에 대한 일본 정부의 사죄와 배상을 촉구했다. 심포지엄에는 필리핀 위안부 피해자가 참석해 2차대전 당시 일본군의 만행을 증언했다. 이 단체는 오는 14일에는 '일본군 위안부 추모의 날' 지정을 유엔에 촉구하는 집회도 전국적으로 벌인다.

정치권도 아베 신조(安倍晋三) 정권의 우경화를 강하게 비판했다. 일본 공산당의 시이 가즈오(志位和夫) 위원장은 10일 도쿄에서 열린 강연회에서 "아베 총리가 집단적 자위권 도입론자를 법제국 장관에 임명한 것은 일종의 쿠데타"라며 강력하게 비판했다. 아베 정권이 국민투표가 필요한 개헌 대신 법제국의 헌법 해석만 변경해 집단적 자위권을 도입하려는 움직임을 지적한 것이다.

한편 야후재팬이 실시한 온라인 여론조사에서는 "독일 나치의 개헌 수법을 배우자"고 망언한 아소 다로(麻生太郎) 부총리의 발언에 대해 55%가 '문제없다'고 응답했다고 도쿄(東京)신문이 전했다. 도쿄신문은 "아소 부총리를 지키자는 온라인 모임까지 생겨나고 있다"고 우려했다.

도쿄=차학봉 특파원

야스쿠니반대도쿄촛불행동 참가 기사(『조선일보』 2013.8.12)

머니에게 잘 해드린다고 했는데 정말 받기만 한 것 같다.

이제 남은 인생 3남매의 어머니로서 남편의 빈자리를 채워가면서 나도 시어머니가 된 삶을 열심히 살 것이다. 그동안 남편과 시어머니가 한 번도 가보지 못한 법정에서 그 분들을 대신하여 참석했고, 시아버지가 돌아가신 중국에도 가보게 되었다.

앞으로도 소중한 가족을 잃은 강제동원 피해자 유족들과 함께 열심히 활동할 생각이다. 그것이 충주 박씨 며느리로서의 도리라고 생각한다.

• 노기 카오리

해바라기 인생

윤옥중

부모님의 차례상

올 설에도 차례를 올린 후에 시부모님 산소를 찾았다. 그리고 이튿날에는 친정 부모님을 모신 천안 망향의 동산을 찾았다. 딸자식의 설움이랄까. 성묘하는 순서도 시댁이 우선이고, 그 다음이 친정이다. 차례상도 시부모님은 안방에 모시고 우리 부모님 상은 거실에 모신다. 혼마저도 시댁의 문지방은 넘지 못한다는 옛말이 있듯이 내 부모님 차례상은 방안이 아니라 늘 거실 차지다. 내가 딸이기 때문에 우리 부모님이 따듯한 방에서 젯밥도 못 얻어 드신다고 생각하면 마음이 아프다. 혈육이라고는 나뿐이니 이렇게라도 모시지 않으면 누가 모시겠는가. 우리 며느리는 공연히 나 때문에 두 번이나 상을 차려내는 고생을 하지만 이제껏 그 번거로운 차례상을 소홀히 한 적이 없다. 그나마 2003년 망향의 동산에 두 분을 함께 모시게 되어 나는 큰 행운이라고 생각한다. 부모님을 함께 모시기까지는 무려 60년에 가까운 세월이 흘렀다. 그 동안 두 분은 말 그대로 살아서도 죽어서도 생이별 상태로 떨어져 계셔야만 했다.

아버지는 내가 네 살 되던 해에 갑자기 징용으로 끌려가셨다. 내 고향은 충남 논산군 부적면 탑정리. 넓은 논산평야에 위치한 전형적인 농촌 마을이었다. 아버지 윤삼병은 팔남매의 셋째 아들이었다. 가족 중에 유일하게 징용으로 끌려가셨다. 아버지는 어머니에게 '애기 잘 보고 있어라, 3개월이면 갔다 온다'는 말만 남기고 떠나셨다고 한다. 1944년 2월, 아버지 나이 25살 때였다. 옷은 제대로 챙겨 입고 가셨는지, 누구에게 어떻게 끌려가셨는지 나는 전혀 알 길이 없다. 다만 그 무렵 우리 집에 자주 드나들던 장화신은 사람들, 납작 모자를 눌러

징용가기 전의 아버지

47세 무렵의 어머니

쓴 사람의 모습만 떠오른다.

네 살 남짓한 나이에 아버지와 헤어진 나는 아버지에 대한 기억이 별로 없다. 우리 집은 늘 동네 사람들로 북적였다. 아버지가 이발 기술이 있어서 여름에는 보리쌀 한 말, 가을에는 쌀 한 말을 받고 동네 사람들 이발을 도맡아 하셨다고 들었다. 내가 어른이 된 후 언젠가 고향을 찾아갔을 때 아버지와 동갑내기 어르신이 나에게 "옥중이 아부지 힘이 장사였어. 씨름에 나가서 송아지도 타고 그랬지"라는 말씀을 해 주셨다. 그 말씀을 듣자 나는 어렴풋이 아버지의 넓은 등이 떠올랐다. 물 길러 가신 어머니를 찾으며 울던 딸내미를 달래기 위해 자전거 뒤에 나를 태우고 동네를 돌던 아버지의 그 넓은 등 말이다. 네 살 배기였던 내가 칠순을 넘어 팔순을 바라보는 할머니가 되었지만, 그렇게 떠나신 아버지를 향한 짙은 그리움은 아직도 그때 그대로인 것만 같다.

돌아오지 않는 아버지

1945년 8월 해방이 되자 마을 어른들이 한두 명씩 돌아왔다는 소식이 들리기 시작했다. 그러나 우리 아버지의 생사는 전혀 알 길이 없었다. 할머니는 아버지의 생사를 물으며 온 마을 점쟁이마다 찾아다니셨다. 어느 점쟁이가 '못 먹고 못 입고 원통하게 돌아갔으니 굿을 하라'고 하면 할머니는 없는 형편에도 크게 굿판을 벌였다. 굿을 하면서 들리는 할머니의 원망 섞인 울음소리, 무사 귀환을 비는 기도 소리를 들을 때면 마치 '애비 잡아먹은 년' 하고 나를 꾸짖는 것만 같았다. 아버지가 돌아오지 못한 것이 내 탓인 것 같아 너무나 괴로웠다. 할머니가 굿을 하시는 날이면 쥐구멍이라도 들어가 숨고 싶었다. 어린 나도 그 시절을 견디기 힘들었지만 남편 잃고 앞날이 막막했을 어머니는 오죽했을까.

하염없이 아버지를 기다리던 어머니는 아버지가 돌아오지 않자 나를 데리고 친정이 있는 공주로 갔다. 어떻게든 생계를 이어야 했던 어머니는 외갓집에 나를 맡겨두고 행상을 시작했다. 그때부터 어머니와도 점차 떨어져 지내는 시간이 많아졌다. 몇 년이나 외갓집에 머물렀을까. 어느 날 친할아버지가 찾아오셨다. 아버지의 유일한 혈

초등학교 입학하기 전의 나

육이었던 나를 보고 싶으셨던지 할아버지는 '내 핏줄이니 내가 데려가서 학교 공부를 시키겠다'고 나를 데리러 온 것이다.

나는 할아버지 손에 이끌려 논산 본가로 돌아왔다. 나는 학교에 갈 수 있다는 희망에 논산으로 다시 돌아온 것이 무척이나 좋았다. 외가에서는 밥만 얻어먹어도 감사한 형편이라서 학교 갈 생각은 꿈도 못 꾸었다. 외손녀까지 학교에 챙겨 보낼 여유는커녕 다들 먹고 살기도 어려운 시절이었다.

1947년, 나는 할아버지 손을 잡고 초등학교에 첫 등교를 하였다. 입학은 했지만 학교를 계속 다니기도 결코 쉽지 않았다. 교과서도 제대로 사지 못했고 월사금도 제때 못 내 선생님께 늘 혼이 나곤 했다. 운동복도 없어 사촌 언니 것을 빌려 입었다. 내 몸에 안 맞아 흘러내리는 운동복 바지를 부여잡고 뛰느라 애를 먹었다. 제대로 먹질 못하니 키도 적고 비쩍 말라서 허우적거리며 달리던 그 때를 생각하면 지금도 가끔 서러움이 북받친다. 부모 없는 아이, 누구 하나 신경 써 주는 사람이 없어 운동복 하나 제대로 얻어 입지 못했던 내 신세가 가엾게 느껴져서일 게다. 하루는 할아버지가 어려운 형편에 사주신 검정고무신을 학교에서 그만 도둑맞았다. 그 귀한 고무신을 잃어버렸으니 꾸중 들을 것이 무서워 도저히 집에 갈 엄두가 나지 않았다. 맨발로 고모할머니 댁까지 걸어가 거기서 몰래 자고 학교에 간 적도 있었다. 서러움의 연속인 학교생활이었다.

4학년에 막 올라갔을 때 한국전쟁이 터졌다. 나는 매일 매일이 지옥 같았던 학교조차 더 이상 다닐 수 없게 되었다. 난리 통에 조부모님 힘만으로 어린 손녀를 뒷바라지하기는 좀처럼 쉽지 않았다. 그 때부터 나의 눈물겨운 더부살이 인생이 시작되었다.

애가 애를 키우며 산거나 마찬가지야

처음에는 고모네 집으로 애를 봐주러 가게 되었다. 열한 살 때였으니 나도 역시 부모 손이 필요한 어린 아이에 불과했다. 하지만 고모네 집에서 또 다른 집으로 이렇게 저렇게 옮겨 다니면서 애도 봐주고, 집안일도 거들며 생활했다. 그렇게라도 제 밥벌이를 해야 살 수 있었다. 내가 돌보던 애가 커서 학교를 데려다 주기까지 했으니 남의 집 애와 내가 같이 큰 거나 마찬가지였다.

아버지가 계셨더라면 내가 그렇게 부평초처럼 떠돌며 살았을까 하는 회한이 남는다. 동네 어른 말씀처럼 힘도 좋고 일도 잘하셨다던 아버지가 내 곁에 있었더라면 무슨 일이라도 해서 첫 딸내미를 잘 입히고 잘 가르치지 않았을까. '부모님이 계셨더라면, 아니 엄마라도 계셨더라면' 하는 부질없는 미련에 지금도 금새 눈물이 배어나오곤 한다.

고모네 집에 있을 때도 사실 겨우 밥만 얻어먹고 사는 정도였다. 옷도 신도 제대로 챙겨 입지 못하던 나를 주변 동네 어른들조차 안쓰럽게 여겼다. 열일곱 살 쯤 되었을 때였다. 어느 날 나를 불쌍하게 여기며 신경을 써주시던 동네 아주머니 한분이 '서울로 올라가라'며 내 손에 돈을 쥐어주셨다. 보리쌀 두 말을 판 돈이었다. 무슨 용기가 났는지 나는 그 길로 집을 나섰다. 그 돈을 차비삼아 무작정 서울행 기차에 올랐다.

결혼 전 고향 친구들과 함께 한 기념사진 (뒷줄 오른쪽)

그런데 그 돈으로는 서울까지 갈 수 없었다. 그래서 도착한 곳이 수원역. 역전에서 막막한 걸음을 겨우 떼고 있을 때 노상에서 떡 파는 아주머니가 눈에 띄었다. 우선 허기진 배를 달래려고 지금 돈으로 천 원어치쯤 떡을 사먹었던 것 같다. 떡을 먹으면서 자세히 보니 그 아주머니는 갓난 애기를 안고 있었다.

"왜 애까지 안고 떡을 파세요?"

"아기를 맡길 데가 있어야지."

"아줌마, 제가 집에서 애기 봐주면 안돼요?"

나는 아줌마에게 매달렸다. 다행히 나는 아무 연고도 없는 수원에서 생면부지의 아주머니를 만나 그 집에 의탁할 수 있게 되었다.

스무 살을 훌쩍 넘길 때까지 나는 그 집에서 육아와 집안 살림을 도맡아 하며 지냈다. 어느 날 아주머니의 친척 어른이 '이제 나이도 제법 되었는데 시집 안 갈래?' 하시며 중매를 서겠다고 했다. 나는 '결혼을 하면 뿌리 없이 떠도는 내 인생도 둥지를 틀고 내 가족도 생기겠구

결혼식에 함께 한 양가 가족들(1967)

나' 하는 마음에 냉큼 선을 보겠다고 대답했다. 그렇게 해서 만난 인연이 지금의 남편이다.

1967년 1월, 우리는 수원예식장에서 혼례를 올렸다. 결혼을 해도 살기는 매한가지로 어려웠다. 시댁도 형편이 넉넉하지 않았다. 불에 탄 초가지붕에 서까래가 다 드러날 정도로 초라하고 가난한 지경이었다. 무일푼의 우리 둘은 '논 열 마지기 살 돈만 벌면 고향으로 돌아오자'고 약속하고 서울행을 결심했다.

심성이 곱고 성실한 남편은 서로를 의지하며 밤낮을 가리지 않고 닥치는 대로 일했다. '지성이면 감천'이라고 했던가. 그런 성실함이 주변에 인정을 받아 남편은 친척 소개로 '진로', 그 다음에는 '두산' 같은 좋은 회사에 취직할 수 있게 되었다. 그 때부터는 남편이 월급 2만 원을 받아오면 5~6천 원만 쓰고 나머지는 다 저금했다. 쌀 한말을 사더라도 제일 값이 싼 정부미만 먹을 정도로 아끼고 아끼며 살았다.

그렇게 알뜰하게 모은 돈으로 우리는 고향 마을 앞 동네 병점에 자그마한 밭을 장만할 수 있었다. 집안 친척 어른이 땅을 아주 싸게 내놓으며 '너희들이 얼마나 땅에 한이 맺혔으면 우리 땅 같이 험한 걸 다 사느냐'며 우리에게 파셨다. 내 땅을 가지게 되다니 그 때는 정말 꿈만 같았다.

자그마한 밭 하나 마련했다고 당장 고향에 돌아갈 수는 없었다. 고단한 서울살이였지만 계속 허리띠 졸라가며 조금씩 살림을 불려나갔다. 무허가 집에 세를 놓아 돈을 조금씩 벌기 시작해 신정동, 목동으로 점차 집을 늘려 옮길 수 있었다. 그 사이 1남 3녀의 아이들도 생겼고, 다들 착실히 제 공부도 알아서 잘 하는 자식들로 커주었다.

어머니마저 여의고

내가 결혼하고 한창 살기 바빴던 그 즈음에 어머니가 세상을 등지셨다. 1977년의 일이었다. 열 살도 못된 때부터 나는 어머니와 떨어져 살았다. 늘 그리워했던 어머니를 제대로 모셔보지도 못한 채 영영 이별을 하게 되었다. 어머니 장례를 어렵사리 치르고 어디에 묘를 써야 할지 막막했던 나는 그저 넋을 잃고 울기만 했다. 그런 나에게 남편은 우리가 병점에 마련한 땅 언저리에 장모님 묘소를 마련하자고 먼저 말해 주었다. 그 때 얼마나 고마웠는지 지금까지도 남편에게 항상 감사한 마음이 든다.

하지만 시댁 근처에 어머니를 모시고 보니 새로운 근심거리가 생겼다. 우리가 직접 마련한 땅이라고는 하지만 친정어머니 묘다 보니 시댁에 갈 때마다 눈치가 보였다. 그 동네 사람들도 아무개 장모 묘라고 수근대는 것 같아 동네 어른들 뵙기도 송구하고 해서 시댁 동네에는 한동안 발길을 끊은 적도 있었다. 내가 아들이었다면 떳떳했을

어머님을 망향의 동산에 아버지와 함께 모시던 날(2004.7.9)

망향의 동산에 모신 아버지와 어머니

텐데 딸이다 보니 이런 설움을 겪는구나 싶어 그 후로 한동안 가슴앓이만 했다.

그러던 중 태평양전쟁피해자보상추진협의회(보추협) 이희자 대표가 천안 망향의 동산에 아버지 묘를 마련하자고 내게 제안하였다. 나는 '옳다구나' 싶었다. 근심거리로 남아 있던 문제를 해결할 방법을 찾은 것이다. 2003년에 묘지 예약을 한 뒤 2004년에 아버지를 모시면서, 거기에 어머니도 함께 모셨다. 아버지는 유골을 받지 못했지만 어머니 유해를 모시면서 아버지 이름과 함께 묘비에 새겨 합장을 했다. 그 날 내가 얼마나 울었는지 모른다. 그동안 마음에 쌓인 한을 다 푼 듯 원 없이 울었다. 더 이상 시댁 어른들 눈치도 안 보고 마음 놓고 가고 싶을 때마다 부모님 묘소를 찾아 갈 수 있으니 더 이상 바랄 것이 없었다. 내 마음속에 응어리져 있던 십년 묵은 체증이 한꺼번에 다 내려갔다.

어머니를 천안 망향의 동산으로 모셔올 때는 또 한 명의 가족이 나와 함께 했다. 어머니에게는 뜻하지 않게 생긴 딸이 하나 있었다. 나와 깊게 맺지 못한 인연 대신 평생 그 딸을 의지해 사셨다. 숱한 고생만 하다가 떠난 어머니는 내게 유일하게 피를 나눈 자매를 이 세상에 남겨 주셨다. 나에게는 어머니에 관한 추억이 별로 없지만, 그런 어머니와의 추억을 나눌 자매가 있으니 그것만으로도 지금은 위안이 된다.

내 친정은 보추협

졸지에 아버지를 잃고, 어머니와도 헤어져 남의 집을 전전하며 살

1996년 아버지 사망기록을 확인하던 날

보추협 결성대회(2001.2.23)

았던 세월의 상처를 어떻게 다 위로받을 수 있을까. 일본놈들이 아버지를 데려가지만 않았어도 우리 가족이 이렇게 산산이 흩어져버리지 않았을 텐데. 생각할수록 일본에 대한 깊은 원망을 품게 된다. 그렇게 혈혈단신 외롭게 살던 나에게 새로운 친정이 되어 준 곳이 바로 보추협이다. 나와 같은 처지의 유족 회원들은 서로 보듬고 싶은 형제요 동기들이었다. 고향에 가도 누구 하나 내 아버지, 어머니 이름도 몰라주고, 불러주는 이도 없었지만 보추협은 달랐다. 아버지 이름을 회원명부에 올리고 아버지에 관한 자료 한 장이라도 찾으려고 서로 같이 참 애를 많이 써주었다. 가족보다 더 애틋하고 열성을 다해 그 이름을 찾아주고 불러주니 이만한 친정이 어디 있겠는가. 그래서 나는 늘 내 친정은 바로 보추협이라고 자랑하곤 한다.

자식들을 다 키우고 난 후인 2000년부터 나는 본격적으로 보추협의 도움으로 아버지의 흔적을 찾기 시작했다. 아버지와 관련된 모든 기록을 조사했다. 일본 정부에 아버지의 생사확인을 요청했고 그렇게 해서 모은 아버지 이름이 적힌 문서들이 한 장 한 장 쌓여갔다. 이 모든 일은 보추협의 사무국이 도와주어서 가능했다. 그 정성이 고마워서 나도 최선을 다해 돕는다고 도왔지만 사무실 운영에 어려운 사정이 많았다. 그래도 한결 같이 보추협은 피해자들의 편에서 일해

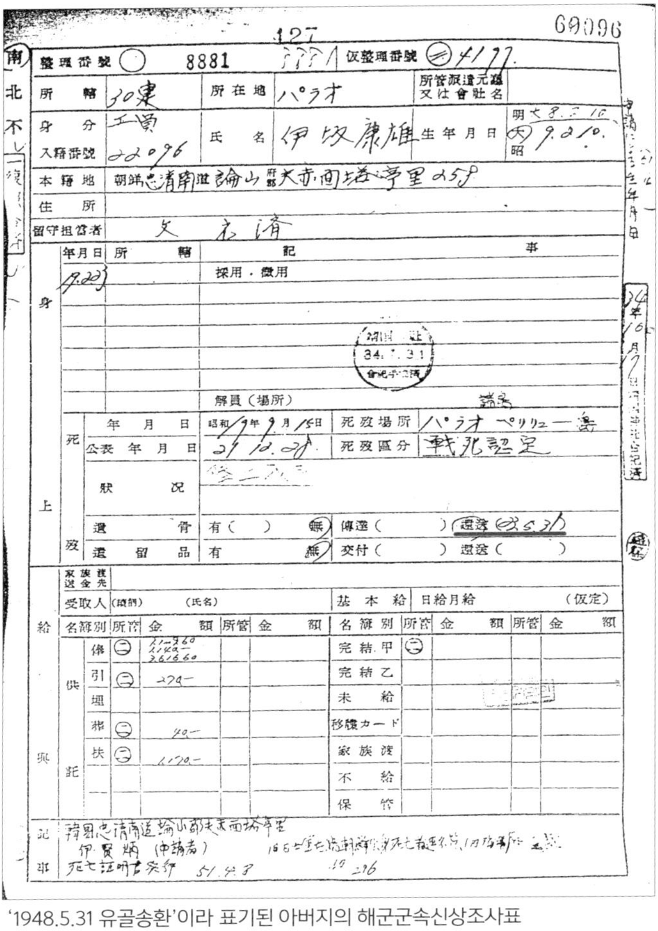

127 69096

整理番號 8881 仮整理番號

所轄 30建 所在地 パラオ

身分 工員 氏名 伊坂康雄 生年月日 大9.2.10.

入籍番號 22096

本籍地 朝鮮忠清南道論山郡大赤面塔亭里 259

住所

留守担當者 文 □ 濟

年月日 所轄 記事

19.2.23 採用・徵用

解員（場所）

死亡 年月日 昭和19年9月15日 死歿場所 パラオ ペリリュー島

公表年月日 21.10.28 死歿區分 戰死認定

遺骨 有（ ）無 傳達（ ）還送（23.5.31）

遺留品 有 無 交付（ ）還送（ ）

給與 家族渡送金先 受取人 基本給 日給月給（仮定）

記事 韓國忠清南道論山郡大赤面塔亭里 伊賢炳（申請者） 死亡証明書交付 51.4.3

'1948.5.31 유골송환'이라 표기된 아버지의 해군군속신상조사표

제1차 야스쿠니무단합사 철폐소송 보고회 발언(2007.9.7)

주었다.

그래서 나는 아버지가 해군 군속으로 1944년 9월 15일 남태평양 페릴리우 섬에서 전사했다는 사실을 알게 되었다. 1944년 2월에 끌려 간 아버지가 왜 불과 7개월 만에 돌아가셨을까. 돌아가신 후 아버지 시신은 어떻게 되었을까. 누군가 우리 아버지의 마지막 임종을 본 사람은 없을까. 문서만으로는 도통 알 길이 없었다. 그리고 아버지 이름으로 일본 정부가 보관해 온 공탁금이 7,365엔이라는 것도 알게 되었다. 보추협과 일본 시민단체, 변호사들이 힘을 합쳐 일본 정부를 상대로 소송을 하기로 했다. 2001년 나와 같은 강제동원 피해 유족들, 그리고 피해 생존자 할아버지들은 '재한군인군속' 재판의 원고로 참여했다. 모두 414명이나 되는 사람들이 참여해 싸웠다.

또 한 번 억장이 무너지는 순간이 있었다. 온통 일본어로 쓰인 명부에 아버지가 야스쿠니신사에 합사되었다고 적혀 있단다. '합사?' 도대체 그게 무슨 뜻인지 처음에는 알지 못했다. 아버지의 혼령이 야스쿠니의 신으로 모셔져 있다는 뜻이라고 사무국에서 알려주었다. 그 놈들이 사지로 우리 아버지를 끌고 가서 죽게 만들고는 죽어서도 '천황'을 위해 죽었다고 야스쿠니에 가둬두었다는 말이란다. 그 사실을 알게 되었을 때 그저 '이런 나쁜 놈들, 이런 죽일 놈들' 그 말만 계

야스쿠니무단합사 철폐소송 1심 재판소 입구(2011.7.21)

속 되뇌었다.

이 사실을 듣고 너무 어이가 없고 화가 치밀어서 어떻게든 항의의 뜻을 표하고 싶었다. 전쟁이 끝나고 해방이 된 지가 얼마인데 일본은 왜 아직도 우리 아버지를 야스쿠니에 가둬두는지 알 수 없는 노릇이다. 우리 유족들은 야스쿠니에서 아버지 이름을 빼오기 위해 2001년부터 지금까지 일본 정부와 야스쿠니신사를 상대로 법정 싸움을 하고 있다.

특별법을 제정하라

유족들이 직접 자료를 찾아 헤매고, 일본에 직접 가서 싸우는 것도 한계가 있었다. 배움도 짧은 유족들이 이렇게 안타깝게 세월을 보내

일제강제동원진상규명특별법 제정 추진을 촉구하는 국회 농성(김용균 한나라당 의원실 앞, 2004.1.5)

는데 정부는 도대체 무엇을 하는지. 우리 아버지와 같은 피해자가 왜, 어떻게 끌려가서 돌아가시게 되었는지 진상이라도 제대로 밝히라고 피해자와 유족들이 들고 일어났다. 그 때 나도 보추협 회원들과 매일 국회의원들을 만나 사정했다. 우리를 도와 달라, 정부가 나서달라, 강제동원진상규명특별법을 만들어달라고. 보추협 회원들과 문턱이 닳도록 국회의원실을 드나들었다.

우리 유족 엄마들은 당시 법사위원장이었던 김용균 의원실 앞에서 철야 농성도 할 작정이었다. 그 때 고생하는 유족들을 위해 밥이라도 챙겨 먹이려고 전기밥솥을 들고 국회로 향했다. 우리 집이 여의도에서 가까운 목동이었기 때문에 새 밥을 지어 밥솥째 들고 갔다. 국회 입구에 경비가 서 있었지만 별 제지 없이 들고 들어갈 수 있었다. 우리의 결연한 의지는 누구도 막을 수 없었던 모양이었다.

2012년도 보추협 여름수련회(2012.8.18)

유족들이 국회에서 농성을 벌인다는 소식이 언론에 알려지자 국회가 술렁였다. 다행히 우리의 노력이 통했는지 일제강제동원진상규명특별법은 긴 줄다리기 끝에 2004년 2월 13일 통과되었다. 광화문 세안빌딩 8층에 위원회가 생겼고, 그동안 보추협의 도움으로 찾은 우리 아버지 자료들을 챙겨서 피해자 신청을 할 수 있었다. 그리고 2005년 6월 드디어 아버지 윤삼병의 피해사실 결정통지서를 국가로부터 받을 수 있었다.

결정통지서를 받은 유족들에게 정부는 2천만 원의 위로금을 지급했다. 나는 그 돈을 받으면 아까워서 한 푼도 못 쓸 것 같았다. 그 돈이 어떤 돈인데, 아버지 목숨 값인데 함부로 쓸 수 있겠나. 굴비를 매달아 놓고 바라보기만 했다던 자린고비 이야기처럼 고스란히 천장에 매달아 놓고 고이고이 모셔 두리라 마음먹었다. 그러나 막상 위로금을 받고 보니 챙겨야 할 사람들이 한둘이 아니었다. 그래도 부모의 보살핌 대신 나를 거두어준 고모님 생각도 나고, 고생하며 같이 살 부비고 살았던 사촌들도 생각났다. 이제 다들 연로하셔서 몇 분 남지 않은 친정 어른들께 아버지를 대신하여 인사드릴 겸 얼마를 나누어 드렸다. 아버지가 살아계셨으면 손주들 귀엽다고 용돈도 주고, 결혼할 때도 보태 주셨을 마음을 생각하며 네 명의 자식들에게도 '할아버지가 주는 돈이다' 하고 약간씩 나누어 주었다. 그렇게 알뜰하게 아버지의 돈을 나누고 보니 정작 제일 고마운 사람인 남편에게는 아무것도 해주지 못한 것을 나중에야 깨달았다. 장인어른이 해 주시는 첫 선물이라며 양복 한 벌이라도 번듯하게 해 줄 걸 하는 후회가 지금도 막심하다. 내가 아버지를 위해 활동하고, 내 부모님 제사를 모실 수 있었던 것도 다 남편의 배려 덕분이었는데 제대로 고마움의 표시를 하지 못했다. 그런 점에서 남편에게 지금도 미안한 마음을 가지고 있다.

해바라기처럼 산 인생

돌이켜 보면 그나마 어머니라도 내 곁에 계셨던 때가 내 인생에 가장 행복했던 순간이 아니었던가 싶다. 지금도 엄마 아빠가 아이와 함께 다정히 걸어가는 걸 보면 그저 부럽기만 하다. 우리 엄마 아빠가 계시면 나도 저렇게 한번 걸어 보았으면 한이 없을 것 같다. 사람들이 친정아버지가 오셨다며 술도 사고 고기도 사가는 모습이 마냥 부럽기만 하다. 지금도 친정엄마가 해주신 김장 김치 한포기만 먹어 보는 게 제일 간절한 소원이다. 고향에 사시는 고모님이 가끔 밭에서 키운 나물 같은 것을 보내 주시는데 그것보다 김치 한포기 먹고 싶다고 따로 청할 정도이다.

황금주 할머니 1주기 추모제(2014.1.3)

외갓집에서나 친할머니 집에서나 해만 지면 나는 싸리문만 쳐다보는 해바라기 신세였다. 밤이면 엄마가 오실까, 잠이 들면 엄마가 데려가지 않을까봐 잠도 못 들고 싸리문도 잠그지 못했다. 그러나 어머니는 돌아오시지 않았다. 그 어릴 적 해바라기가 되어 하염없이 부모님을 기다리던 신세가 평생에 한으로 남는다.

잘 못 먹고 몸도 적었던 것이 하도 서럽고 한이 돼서 나중에 크면 아무리 살이 쪄도 내버려 두리라 마음을 먹었더랬다. 그래서 지금 내가 이렇게 둥실한 몸매가 되었는지도 모르겠다. 몸은 살찌웠지만 마음은 늘 허전했다. 그런 나를 달래 주고 보듬어 주던 친정이 바로 보추협이다. 우리 유족들을 자매삼아, 형제삼아 지내온 것이 말년의 내 큰 복이다. 보추협 유족들과 기쁨도 함께 나누고 슬픔도 함께 나누며 많은 도움과 위안을 얻었다.

태평양전쟁 희생자 마이산 탑사합동 천도재 (2000.6.11)

보추협 회원들과 함께 정성껏 마련한 추모행사들은 뒤늦게나

'빼앗긴 어버이를 그리며'
망향의 동산 합동추모제(2011.5.8)
앞에서 두번째가 나

마 자식의 도리를 다할 수 있는 소중한 기회였다. 나는 1998년 8월 용산역 노제, 2000년 6월 마이산 탑사 천도재, 그리고 2011년 5월 8일 '빼앗긴 어버이를 그리며' 추모제에 모두 참석했다. 이 추모행사들은 유족 혼자서는 절대로 할 수 없는 행사들이었다. 그나마 부모님을 잃은 유족끼리 서로의 마음을 보듬으며 이런 행사를 함께 치를 수 있어 감사할 따름이다. 특히 유족들의 마음을 헤아려 천도재를 마련해 준 진안 마이산 탑사의 진성 스님의 정성은 절대로 잊을 수 없다. 그 후에도 감사한 마음에 마이산 탑사를 찾곤 한다.

2011년 추모제는 상여까지 준비하고 만장을 휘날리며 전통 장례식 형식으로 치렀다. 아버지 장례식을 하지 못했던 유족들은 그날 모두 목 놓아 아버지를 불렀다. 그날 나눔의 집이 학생들과 함께 노제를 거들어 주었고 '위안부' 피해자 할머니 몇 분도 참석하셨다.

망향의 동산에는 '위안부' 할머니들도 잠들어 계신다. 보추협에서는 김학순 할머니의 추모제를 해마다 올리고 있다. 나는 그때마다 불쌍한 할머니들을 생각하며 꼭 참석을 했다. 황금주 할머니도 우리와 함께 김학순 할머니 추모제 때 참석을 하시곤 했는데, 부산 노인요양원으로 간 후 2013년 1월 3일 세상을 뜨셨다. 지금은 김학순 할머니 옆에 친구삼아 나란히 누워계신다. 우리 유족들은 자식도 없이 떠나신 두 할머니의 기일 때마다 망향의 동산을 찾아뵙고 외롭지 않게 위로해 드리곤 한다. 김학순, 황금주 할머니를 생각하면 우리 불쌍한 어머니도 함께 생각나곤 한다. 모두 한 많은 세월을 살다 가신 분들이다.

내가 살아있는 동안은 이렇게라도 부모님 제사를 모실 수 있지만 죽고 나면 이마저도 끝이구나 하고 생각할 때마다 걱정이 앞섰다. 어느 날 아들이 외할아버지와 외할머니 걱정은 말라며 돈을 마련해 주었다. 절에서 천도재를 지내고 거기에 두 분을 모시자고 했다. 아들이 얼마나 고맙고 기특하던지. 2017년 손 없는 날, 음력 1월 19일을 택해 인천 주안에 있는 용화사에 부모님 위패를 모셨다. 이제 죽어도 부모님 제사 걱정이 없으니 더없이 마음이 홀가분하다. 그리고 마지막으로 이 유족 증언집을 부모님 영전에 바치려 한다. 아버지 어머니를 향한 한없는 그리움과 나의 친형제자매가 되어준 유족들의 따뜻한 정도 함께 담아 바치련다.

• 김승은

어머니의 일생

이금수

아버지 없는 삶

무슨 이야기부터 풀어 놓아야 할까. 많은 생각이 앞선다. 아버지 없는 이 세상에 태어나서 파란만장한 세월을 살아 왔던 이야기를 다 하자면 소설 한 권으로도 모자란다. 아마 내가 흘린 눈물을 다 모았다면 몇 동이를 채우고도 넘칠 것이다. 남들이 아버지 손도 잡고 다니고, 등에 업히기도 하는 걸 보면 그렇게 부러울 수가 없었다. 친구들과 소꿉놀이를 하다가도 저녁 무렵 아이들은 '우리 아버지다', '아버지 오신다' 하며 다 돌아가 버렸다. 나만 혼자 우두커니 남기 일쑤였다. 그러면 어머니에게 '다른 애들은 다 아버지가 있는데 왜 나만 아버지가 없어? 당장 아버지 사와! 아버지 사오라고!' 하며 억지를 부렸다. 내 속이 아픈 만큼 어머니 가슴을 세게 치며 때를 쓰고 울었다. 그냥 남들에게 다 있는 아버지, 돈만 주면 사오는 줄 알았다. 그런 철없는 딸을 달래기 위해 어머니는 '응 그래. 아버지 사올게, 얼른 사올게' 하며 하염없이 머리만 쓰다듬었다. 그러면서 어머니도 한참을 같이 우시곤 하셨다.

아버지를 찾을 수만 있다면 나는 어디 가서라도 때를 쓸 수 있었다. 1983년 KBS에서 이산가족 찾기 방송을 하길래 당장 방송국으로 달려갔다. '일본 대동아 전쟁으로 잃어버린 아버지를 찾고 싶다'고 신청을 하니 담당자가 안 된다고 했다.

"여보시오! 육이오 사변만 전쟁이고, 육이오 사변 때 헤어진 가족만 이산가족이란 말이요? 일제가 일으킨 전쟁은 전쟁이 아니란 말이요? 젊은 사람들, 그 수많은 사람들을 끌고 가서 죽였는데, 왜 그 큰 전쟁은 모른 척 하는 거요."

막 소리를 지르며 따졌다. '난 무조건 우리 아버지를 찾아야 합니다'라고 막무가내로 굴었다. 내 옆에 있던 사람도 징용을 갔었다며 내 편을 들어 같이 큰 소리를 쳐 주었다. 담당자도 어쩔 수 없었던지 그냥 내 신청서를 받아 주었다. 나는 하던 장사도 다 내팽개치고 매일 KBS 방송국에서 살다시피 했다. 내 주변에서 둘이나 가족을 찾았지만 나는 아무런 소득이 없었다. 너무 노심초사 애를 쓰다가 나는 그만 생병까지 나고 말았다.

하지만 이산가족들의 사연을 보니 새삼 우리 어머니가 고마웠다. 어머니가 남편도 없이 꽃다운 청춘을 딸들에게 모두 바치고 우리를 지켜주지 않았다면 우리 자매들도 이리 저리 보내져 흩어져 버렸을 것이다. 방송국에서 장사진을 치고 가족을 찾겠다는 사람들이 거의 다 그렇게 가족과 생이별한 사람들이었다. 내 이야기를 하려고 하니 오히려 평생 고생만 하다 가신 어머니의 가슴 아픈 사연들이 더 많이 떠오른다.

내리 딸만 낳은 어머니

나는 1943년 10월 충남 논산군 연산면 어은리에서 태어났다. 내가 태어났을 때는 이미 아버지가 징용으로 끌려가신 후였다. 내가 태어나기 6개월 전쯤 아버지는 징용 간다는 소식만 달랑 전하고 떠나셨단다. 어머니는 아버지도 없는 집에서 홀로 나를 낳고는 많이 우셨다고 했다. 혼자 출산을 한 것도 서러웠겠지만 내가 또 딸이어서 더 서러우셨을지도 모르겠다.

아버지 이도우李燾雨와 어머니 김명석金明石은 1911년생 돼지띠 동갑내기다. 두 분은 1928년 혼인을 한 후 5년만인 1933년에 첫 딸 상순을 얻었다. 그리고 3년 후 둘째 금순을 낳았다. 아마 내리 딸 둘을 나은 때부터 어머니는 집안에서 죄인 같은 심정으로 사셨을 게다. 아버지가 장남이었기 때문에 대를 이을 아들이 더 간절했다. 그 때는 다 그랬다. 오죽하면 '딸 낳은 죄인'이라 했겠나. 3년이 흘러 1939년에 셋째를 낳았으나 또 딸이었다. 하지만 채 한 달도 못 되어 죽고 말았다. 낳아보니 또 딸이어서, 그마저도 잃어 그 어미의 속은 새까맣게 타다 못해 다 썩어 문드러졌을 것이다. 자식 잃은 슬픔을 무슨 말로 표현할 수 있겠는가. 1941년에 넷째 분순이 태어났다. 그리고 2년 뒤 내가 태어났다. 어머니는 아들 낳게 해달라고 절에 가서 석달 열흘 백일기도까지 올렸지만 소용이 없었다. 나는 우리 부모님의 무려 다섯 번째 딸이다. 셋째 언니가 태어나자마자 죽었으니 넷째인 셈이지만 호적상으로는 내가 다섯 째였다.

딸만 낳은 아버지도 집안에서 편치 않기는 마찬가지였다. 아버지는 4형제의 장남이었다. 할머니는 1925년에 넷째 아들을 낳고 곧 돌아가셨다고 한다. 할아버지는 4년 만에 새 할머니를 모셨는데, 그 후 아버지가 징용가실 때까지 4남 2녀가 더 태어났다. 집안에 새로 들어온 시어머니가 내리 아들 셋을 낳을 동안 나이 어린 며느리는 시동생들 기저귀 빨래에 손에 물마를 날이 없었다. 그것을 보는 아버지도 속이 쓰렸을 것이다. 그리고 맏며느리인 어머니가 내리 계집애만 낳았으니 그 눈총과 설움이 얼마나 심했을까.

아버지는 언제부터인지 모르겠지만 이미 논산 본가를 떠나 서울에서 벽돌공장을 다니셨다. 공부도 좀 하셨고 똑똑했던 아버지는 일본인 사장이 경영하는 벽돌공장의 공장장이었다. 아버지가 집을 떠난 이유는 단지 돈을 벌기 위해서만은 아니었다. 새어머니와 불편한 관계를 피하기 위해 서울행을 택했던 것이다.

서울에 갔던 외삼촌이 아버지 소식을 전해온 후 어머니가 딱 한번 서울에 있는 아버지를 찾아가셨다. 마침 벽돌공장 근처에 있는 창경궁으로 나들이도 가셨던 모양이다. 아버지는 서울까지 찾아 온 아내에게 여기서 같이 살자고 하셨단다. 계모 설움 받지 말고 서울에서 밥 굶지 않고 편하게 살 수 있으니 가지 말라고 한사코 말렸다. 그런데도 어머니는 세 딸들을 시집에 맡겨두고 어떻게 안 갈 수 있냐며 붙잡는 아버지를 뿌리치고 내려오셨다. 그 창경원 나들이가 아버지와 어머니의 마지막이자 가장 행복한 순간이지 않았을까. 그때의 사랑으로 내가 잉태되었기 때문에 집안 어른들은 나를 '서울네'라고 불렀다.

가장을 잃은 가족들

어머니가 서울 나들이를 다녀온 지 얼마 지나지 않아 집안 어른이 돌아가시자 장자인 아버지는 장례에 참석하기 위해 잠시 집엘 다녀가셨다. 그게 마지막일 줄은 꿈에도 몰랐다. 어머니가 나를 임신한 지 서너 달이 지났을 무렵 어느 날 아버지에게서 편지가 왔다. 징용 영장이 나왔으니 호적등본 하나 떼서 보내라는 기별이었다. 편지에는 남양군도나 사할린으로 갈 것 같다고 쓰여 있었다. 어머니는 서류를 보내지 않으면 징용에 안 가실 줄 알고 서류를 보내지 않았다고 했다. 그런데 아버지는 징용을 피할 길이 없었던 모양이다. 징용 간다는 기별을 보낸 후 아버지 소식은 영영 끊겼다. 아마 아버지가 가족들 모르게 고향 면사무소에 다녀가신 게 아닌가 짐작만 할 뿐이다. 그때를 마지막으로 우리 가족들은 아버지에 대한 아무런 소식도 듣지 못했다. 당연히 아버지의 생사도 알 길이 없었다.

할아버지는 이미 장남이 돌아오기는 틀렸다고 생각하셨는지 젊은 며느리에게 재가를 재촉하셨다. 하염없이 아버지를 기다리는 어머니에게 '쓸데없이 딸들만 바라보고 있지 말고 다른 데로 시집가서 좋은 세상 살아라' 하며 내친 가족 취급을 하셨다. 그래도 어머니는 '이 어린 것들을 두고 어딜 가겠습니까' 하며 맏며느리의 자리를 굳건히 지켰다. 하지만 장남이 없어졌으니 장남이 상속받을 재산도 우리 몫으로 돌아오지 않았다. 할아버지는 비만 내리면 겨우 농사를 지어먹을 수 있는 논 두마지기만 우리에게 물려주셨다.

그 때부터 우리 네 자매와 어머니가 겪은 고생은 이루 다 말 할 수 없다. 여자 홀몸으로 딸 아이 넷을 데리고 생계를 이어가기란 보통 일이 아니었다. 옛날 시골집들은 보통 지붕을 볏짚으로 만든 초가집이었다. 한 해만 지나도 볏짚이 삭아서 지붕 구실을 못했다. 그래서 매년 가을이면 추수 끝에 새로 지붕을 이어 올리느라 온 마을이 북적였다. 하지만 우리 집은 새로 볏짚을 엮어 지붕을 올려 줄 남자 어른도 없었고, 사람을 살 돈도 없었다. 몇 해 동안 지붕을 새로 못하자 비가 내리면 썩어 부서진 볏짚이 방으로 쏟아졌다. 볏짚 사이로 스며든 빗물도 함께 떨어졌다. 빗물이 떨어지는 곳에 양동이를 가져다 놓고 방구석으로 피해서 지내던 기억이 난다. 집안 구석구석 성한 데가 없었고 시간이 갈수록 점점 새는 곳도 많아졌다. 어느 날은 굼벵이가 떨어지고, 어느 날은 뱀이 떨어지기도 했다. 온 동네가 한 집안 친척들인데도 우리를 안쓰럽게 여기고 살뜰히 도와주는 이가 없었다.

모든 일은 우리가 알아서 해야 했다. 특히 봄철의 보릿고개 넘기는 죽기만큼 힘들었다. 묵은 곡식이 떨어지고 도저히 끼니를 이을 방도가 없을 때면 어머니는 이틀 꼬박 걸리는 친정으로 양식을 구하러 가셨다. 언니들까지 줄줄이 데리고 먼 길을 다녀오기 어려우니 어린 나만 데리고 나섰다. 어머니는 나를 등에 업고, 손을 잡고 걸리면서 가까운 시댁 대신 먼 친정으로 무거운 발길을 옮겼다. 그 사이 집에 남은 딸들에게는 겨우 한주먹 남은 곡식으로 밥을 해 먹으라고 일렀지만, 나이 어린 언니들에게 불을 지펴 가마솥에 밥을 지어 먹는 일은 무리였다. 어머니와 내가 돌아올 때까지 언니들은 아무 것도 먹지 못한 채 주린 배를 움켜잡고 지쳐 쓰러져 있었다. 어머니는 그 때를 떠올리면 '정말 이러지도 못하고 저러지도 못하고 너무 힘들고 서러웠다'고 한숨 내쉬곤 하셨다.

또 딸을 잃은 어머니

끼니조차 때우기 힘드니 먹는 입이라도 줄여야 했다. 할 수 없이 둘째 언니와 셋째 언니는 이모 댁에 맡겨졌다. 어떻게든 아버지가 돌아올 때까지 흩어지지 않고 함께 살려고 노력했지만 어머니로서도 어쩔 수 없는 선택이었다. 남은 큰언니가 어머니를 도와 모든 집안일을 했다. 땔감으로 나무를 해서 불을 때고 남는 나무는 장에 내다 팔기도 했다. 큰언니가 집안에 맏아들 노릇을 한 셈이다.

어느 날 어머니와 큰 언니가 나무를 하러 산에 갔다가 돌아오는 길이었다. 어머니가 나무를 이고 앞서 오고 언니는 뒤에 따라오고 있었다. 그런데 뒤에 따라오는 언니 신발에서 '질퍽질퍽' 소리가 났다. 어머니가 뒤돌아보며 '비도 안 오는데 어디서 물이 들어가 신발이 질퍽거리냐'면서 언니의 검정 고무신을 벗겼더니 언니가 발을 다쳐서 신발에 피가 한 가득이었다고 한다. 그날 밤 어머니는 '애비가 없어서, 내가 못나서 니들이 이렇게 고생을 하는구나' 하면서 밤새 울었다.

그 일을 계기로 어머니는 입에 풀칠하기도 어려운 형편에 조금이라도 편하게 살게 하려고 딸들을 일찍 시집 보냈다. 큰 언니, 둘째 언니 모두 15,6세에 시집을 갔다. 어머니는 동갑내기인 아버지랑 결혼해서 이별을 했으니 절대로 딸들은 동갑내기랑 결혼을 안 시키려고 하셨다. 나를 포함해 모두 3~5세 터울의 남편을 만났다. 그러나 어머니의 바람과는 달리 언니들의 시집살이는 그리 순탄치 못했다.

큰 언니도 정말 고된 시집살이를 했다. 어린 나이에 시집을 갔으니 뭐든 서툴고 어려웠을 것이다. 집안에 남자가 없으니 바지저고리를 꿰매 본 경험이 있을 리 만무했다. 그런데도 바느질 하나 제대로 못한다며 그렇게 시어머니에게 구박을 받았다고 한다. 일을 너무 많이 해서 고사리 같은 손이 성할 날이 없을 정도였다. 그러다 바늘에 찔린 상처가 곪아 썩어가는 데도 제대로 된 치료나 보살핌을 받지 못했다. 오히려 시어머니란 사람이 친정 가서 고쳐 오라고 돌려보냈다고 하니 그 어린 딸을 본 어머니 심정이 어땠겠는가. 어머니는 그길로 느릅나무 뿌리를 캐다가 껍질을 깐 뒤 착착 찧어서 손과 팔에 발라주셨다. 어머니가 정성을 다해 며칠을 그렇게 간호하니 곪은 상처가 아물기 시작했다. 새살이 돋고 지친 몸도 조금 추스를 무렵 큰 언니는 시댁으로 돌아갔다. 큰 언니가 돌아갈 때 어린 내 가슴도 미어지게 아팠다.

그러던 어느 날 청천벽력 같은 소식이 들렸다. 이모 댁에 있던 셋째 언니가 그만 홍역에 걸려서 다 죽게 되었다는 것이다. 어머니가 부리나케 달려가 보니 병원도 못 가 보고 거의 다 죽게 생겼던 모양이었다. 어머니는 죽어도 집에 가서 죽자며 언니를 데리고 집으로 돌아왔다. 밥은 굶지 말라고 남의집살이를 보냈던 어린 딸내미가 홍역에 지쳐 축 늘어진 몸으로 어머니 등에 업혀 돌아왔다. 그리고 끝내 분순 언니는 세상을 저버렸다. 그 때 나이 겨우 열다섯 살이었다.

출생신고도 되어 있지 않던 막내 딸

어머니의 가슴 무너지는 사연은 언니들에게서 그치지 않는다. 내가 여덟 살이 될 무렵 같은 또래 사촌들에게 다 나온 입학통지서가 내게만 나오지 않았다. 어머니는 어떻게 된 일인지 알아보려고 나를 데리고 면사무소를 찾아갔다. 어머니가 '왜 우리 막내딸은 입학통지서가 안 나오느냐'고 따졌더니 출생신고 자체가 안 되어 있다는 게 아닌가. 아버지가 안 계시니 행정관서에 찾아가서 출생신고 하는 것도 어색했던 어머니는 마을 이장에게 쌀 서 말 값을 주고 막내딸의 출생신고를 부탁했다. 그런데 어떤 연유인지 호적에 내 이름이 올라 있지 않았다. 딸이라고 아무도 신경을 안 썼는지 나는 학교에 들어갈 나이가 다 되도록 서류상으로 태어나지도 않은 사람이었다.

어머니는 자기 신세가 얼마나 서러웠는지 면사무소 앞에서 나를 끌어안고 앉아 하염없이 울었다. 마침 면사무소에 볼일이 있어 들른 외삼촌이 울고 있는 어머니를 보았다.

"누님 왜 여기서 울고 계세요?"

"너희 매형 생각이 나서 그런다. 매형이 있었으면 우리 막내 출생신고를 손수 했을 텐데……."

딱한 사연을 들은 외삼촌은 직접 내 출생신고를 해 주셨다. 외삼촌 덕분에 뒤늦은 출생신고를 겨우 마쳤다. 하지만 외삼촌이 출생년도를 착각하는 바람에 나는 1943년 10월 3일생에서 1945년 10월 3일생이 되어버렸다.

우여곡절 끝에 나는 아홉 살에 백석초등학교에 들어갔다. 아버지 얼굴도 모르고 크는 막내딸이 어머니에게는 가장 안쓰러운 자식이었나 보다. 어렸을 때부터 자주 앓아서 혹시 또 나도 잃을까봐 애지중지 대했다. 언니들은 초등학교도 다니지 못했지만 나만큼은 어머니가 학교에 보내주셨다. 학교 선생님들도 우리의 딱한 사정을 알고 농사

충남논산 백석국민학교 제8회 졸업기념 사진(1957.3)

를 거들어 주기도 했다. 나는 초등학교를 마치고 중학교에 진학을 하려고 시험 준비도 했다. 어머니도 내 공부 뒷바라지를 끝까지 해주실 작정이었다. 하지만 작은 형부가 '여자가 많이 배워서 뭐하냐'며 그만두게 말렸다. 학교 선생인 작은 형부가 그런 소리를 했으니 지금 생각해도 참 기가 막히고 원망스럽다. 그때 더 공부를 하지 못한 것이 지금도 한으로 남아 있다.

언니들이 다 시집을 간 후, 집안일은 거의 다 내 몫이었다. 큰 언니가 하던 것처럼 지게로 나무도 해다 쌓아두고 콩, 보리, 벼농사까지 아들 몫의 일을 모두 다 해냈다. 나는 키도 크고 어릴 때부터 일을 했기 때문에 기운도 좋았다. 다만 다 큰 여자애가 지게질 하는 게 부끄러워 낮에 콩을 다 뽑아 놓고, 밤새도록 지게질을 해서 나르곤 했다. 그런 나를 보고 동네 어른들은 '아들 부럽지 않네', '정말 효자야' 하고 칭찬을 해 주셨다. 내가 그런 칭찬을 들으려고 열심히 일을 했던 것은 아니다. 남편도 없고 아들도 없는 어머니가 누구한테 업신여김 당하거나 싫은 소리 듣지 않게 하려고 내 나름대로 무척이나 애를 썼다.

그런데 우리 가족을 제일 맘 아프게 한 사람들은 가장 가까운 가족들이었다. 종종 작은 아버지가 술에 취해 찾아와 행패를 부리곤 했다. 큰 형수인 어머니께 '기집년만 내리 퍼질러 놨다'며 욕을 하고 볏단으로 어머니를 때릴 때도 있었다. 내가 어렸을 때는 무서워서 아무 저항도 못했지만 열일곱 살 때 어느 날은 크게 대들고 싸운 적이 있다. 작은 아버지 다리를 붙잡고 매달려 같이 때리면서 더 이상 우리 엄마 괴롭히지 말라고 큰 소리로 맞섰다. 내 눈앞에서 어머니가 작은 아버지에게 해코지를 당하고 괴롭힘 당하는 걸 더 이상 보고만 있을 나이는 아니었다.

아들 없는 설움

내가 아무리 노력을 해도 어머니의 걱정을 다 덜기는 어려웠다. 어머니와 같이 시장을 오가던 길에 무심히 버려져 있는 무덤이 하나 있었다. 사람 손길을 탄 지 오랜지 잡초가 무성하고 봉분도 다 허물어져 가고 있었다. 그 묘를 볼 때마다 어머니는 혼자 말을 하시며 한숨을 내리쉬곤 하셨다. 나는 어머니의 넋두리가 그렇게 듣기 싫었다. 왜 남의 묘를 보고 그러냐고 짜증 섞인 말투로 물었더니 그제야 어머니가 털어 놓은 말씀에 내 가슴이 무너져 내렸다.

"내가 이 다음에 너희들 다 시집보내고 죽고 나면 내 제사 지켜줄 자식도 없으니 저렇게 묵은 묘가 되겠지."

풀이 무성한 묘를 보고 자신의 신세를 한탄하던 어머니. 나는 대뜸 언니들도 있고 내가 있는데 무슨 걱정이냐며 걱정하지 말라고 큰소리를 쳤다. 그리고 어머니가 다시는 그런 말을 입 밖에 내지 못하게 했다.

아들 없는 설움을 홀로 달래신 일이 또 있었다. 하루는 동네 분들 모임에 다녀오시더니 또 서럽게 울었다. 동네 어른들끼리 하는 계모임으로 아들들이 부모님을 위해 쌀 서 말씩 모으는 계였다. 계 들어줄 아들 놈 하나 없으니 마음이 안 좋으셨던 모양이다. 내가 그 자리에서 당장 쌀 서 말을 퍼다 주면서 '내가 딸이지만 아들 몫이니 우리 엄마 계를 내 이름으로 들게 해 주시오'라고 했다. 그 다음부터 어머니가 계모임에 다시 참석하셨다. 이런 막내딸의 다짐과 노력이 어머니에게 얼마나 큰 위안이 되었을지는 잘 모르겠다. 어머니의 사랑을 가장 많이 받은 나로서는 최선을 다해 어머니를 모시려고 애를 썼다.

하지만 집안 어른들 생각은 달랐다. 어느 날 갑자기 할아버지가 '도우가 장남인데 아들이 있어야 한다'며 작은 아버지의 큰 아들을 양자로 들이라고 강요하셨다. 어머니는 '나중에 제가 죽고 나서 백골양자를 하든 어떻게 하든지 모르겠지만 지금은 안 하겠다'고 했다. 하지만 할아버지와 작은 아버지는 어머니 몰래 양자를 아버지 호적에 입적시켰다. 그 때가 1961년이었다. 그 일로 어머님께서 며칠이나 밥도 안 드시고 울기만 했던 기억이 난다.

물론 호적에만 있는 아들이었다. 보통 양자를 들이면 완전히 제 식구처럼 살기 마련이지만 이름만 양아들이지 우리는 본적도, 같이 산 적도 없다. 우리 자매들은 그런 남동생이 생긴 사실조차 알지 못했다. 내가 딸이 아니고 아들이었다면, 그래도 우리 어머니가 이런 설움을 받지 않았을 텐데. 내가 태어나고 싶어 딸로 난 것도 아니고, 딸이어서 받은 설움은 나나 어머니나 말로 다 풀어내기 어렵다.

내가 어릴 적 일이다. 할아버지 댁에 가면 할아버지가 나더러 '이 놈의 계집애, 애비 잡아먹은 년'이라 타박하셨다. 처음엔 그게 무슨 소린지 몰랐다. 집에 돌아와 어머니에게 "엄마, 할아버지 댁에 가면 왜 할아버지랑 할머니랑 애비 잡아먹은 년이라고 해? 애비 잡아먹은 게 뭐야?"라고 철없이 물었다. 어머니는 "어휴, 어린 것한테 별소리를 다 하시네"하고 얼버무렸다. 시댁 어른들에게 드리라고 어린 손녀 손에 뭐든 들려 보내던 어머니는 그런 소릴 듣는 딸이 안쓰러워 나중에는 할아버지 댁에 아예 보내지 않았다.

그러던 할아버지가 양자를 들이고 몇 해 지나지 않아 우리 모녀에게 집을 한 채 지어 주셨다. 어머니는 행여나 자신을 주시랴, 양자네 집 지어주시겠지 싶으셨단다. 그런데 할아버지가 '맏며느리에게 제사밥 얻어 먹으려고 오막살이집에 귀신이 되어 들어오다 이마 부딪치게 생겼다'며 지어주셨다고 한다. 그러면서 할아버지가 어머니에게 그러셨단다.

"그 동안 야박하게 한 거 그만 잊어라. 남편 잃고 젊은 네가 수절하고 살겠나 싶어 그랬으니 이제라도 맘 풀어라."

그렇게 남편 잃은 며느리, 애비 없는 손주 딸을 구박하던 할아버지는 우리에게 새집을 지어주시고 삼년 만에 돌아가셨다.

손주를 안고 다시 찾은 창경원

내가 열여덟, 열아홉이 되면서 여기저기에서 계속 중매가 들어왔다. 또래 중에는 키도 크고 이목구비도 뚜렷하니 제법 예쁠 때였다. 나는 어머니 혼자 두고 시집 갈 수가 없어 누가 선보러 왔다고 할 때마다 바구니를 들고 산으로 도망 다녔다. 때론 연애편지가 대문 안으로 툭 던져 들어오기도 했다. 그래도 나는 애비 없는 자식이라 행실 나쁘다고 손가락질 받을까봐 곁눈질 한번 안했다. 그게 또 어머니를 욕보이는 짓이라고 생각했다.

그러던 나에게 하루는 어머니가 간곡히 말씀하셨다.

"막내야 시집 가서 잘 살아야지, 네가 엄마 때문에 이렇게 시집도 안가고 있으면 내 마음이 아프다. 그러지 말고 시집가서 아들 딸 낳고 행복하게 살아야 한다. 그래서 이 엄마 한을 풀어다오."

그 일 이후에 나도 시집갈 마음을 먹게 되었다. 나는 25살에 혼인하였다. 어머니와 내가 얼마나 억척같이 일을 했는지 내가 시집갈 때

쯤에는 제법 살림살이가 나아졌다. 어머니는 자신이 없이 살던 게 한이 되셨는지 막내딸에게 살림 밑천으로 쌀 150가마 값도 만들어 주셨다. 나는 시집 간 지 1년만에 첫 딸을 낳았다. 그리고 내가 첫 아들을 낳았을 때 어머니가 가장 기뻐하셨다. '이제 죽어도 여한이 없다'고 할 정도였다.

어머니와 창경원에서(1968)

한번은 내가 어머니를 모시고 창경궁에 간 적이 있었다. 어머니도 금쪽같은 손주들을 직접 안고 모처럼의 나들이에 기분이 좋으셨다. 그런데 그렇게 기분 좋은 날 어머니는 또 우시는 게 아닌가. 나는 '왜 이 좋은 데 와서 궁상이냐'고 타박을 했다. 나는 어머니가 우는 게 제일 싫었다. 하도 설움과 한이 많아서 그런지 툭하면 울던 어머니를 평생 옆에서 봐왔기 때문이다. 그런데 어머니는 창경궁에 가니 아버지 생각이 더 간절했던 모양이다. 마지막으로 아버지와 나들이 하던 때가 떠올랐던 것이다. 그렇게 서럽게 우는 어머니를 자식들은 달랠 길이 없었다. 그 때 손이라도 잡아드리고 어머니를 잘 위로해 드릴 걸 하는 후회가 지금에서야 든다.

그나마 아버지의 핏줄인 우리 세 자매가 다들 결혼 생활 잘 해서 무탈하게 생활하는 것을 보신 것이 어머니에게 마지막 위안이었다. 큰형부는 보성 철도국에 다녔고, 작은 형부도 학교 선생님이었으니 사는 데는 걱정이 없었다. 우리는 이제야 어머니가 자식들 효도 받으며 여생을 편하게 보낼 날만 남았다고 생각했다.

세 자매와 남편들

어머니의 마지막 소원

그런데 어머니는 우리를 기다려주지 않았다. 어머니는 예순세 살이 되는 해 1월 15일에 갑작스럽게 돌아가셨다. 내가 시집을 간 후 혼자 사신 지 6년째 되던 해였다. 느닷없이 위독하다는 연락이 와서 서울에서 논산까지 택시를 타고 갔다. 평소에 건강에 큰 문제가 있을 거라고 살펴드리지 못 했다. 마당에 들어서자마자 거의 뒹굴다시피 방으로 뛰어 들어갔다. 가까운 데 사는 작은 언니 네가 먼저 와 있었다. 금방이라도 숨을 거둘 것 같다가도 막내 보고 가야 한다고 하면 다시 살아나신다고 했다. 겨우 숨만 붙어있는 어머님께 다가가서 '엄마, 엄마' 하면서 끌어안고 울었다.

뭔가 말씀을 하시려는 것 같았지만 알아들 수 없었다. 미음을 조금 떠먹여 드렸다. 그리고 노잣돈 하시라고 돈을 조금 쥐어드렸더니 손에 힘이 들어갔다.

"엄마, 하고 싶은 말 있으면 한마디만 해. 아버지도 못 만나고 이렇게 가면 어떡해."

어머니는 눈물을 흘리면서 내손을 꼭 잡았다. 하고 싶은 말이 있는 것 같아 귀를 어머니 얼굴에 가까이 댔지만 잘 들리지 않았다. 그래도 무슨 말씀을 하려는지 나는 다 알고 있었다.

어머니 산소에서 언니들과(1977)

"너는 아직 젊고 똑똑하니, 혹시라도 일본에 가면 흙이라도 가져와서 내 무덤 옆에다가 묻어다오. 아버지가 어떻게 되셨는지, 왜 안돌아왔는지, 꼭 알아봐 다오. 그게 내 마지막 소원이다."

평소에 하시던 말씀이 귓가에 맴돌았다. 그렇게 한 많은 생을 산 어머니는 제대로 호강 한 번 못해 보고 세상을 떴다. 너무 갑작스런 이별이라 어머니를 잃은 슬픔을 추스르기가 무척이나 힘들었다.

줄줄이 계집애만 낳았다고 온갖 구박을 받으면서도 우리들을 지켜주신 어머니. 이제 살만해서 효도 받으며 사셔야 하는데 그렇게 빨리 우리 곁을 떠나셨다. 다 살기 바쁘다는 핑계로 어머니께 잘 해드리지 못한 것이 한없이 후회스럽다. 아버지 명의로 되어있던 선산에 양지바른 자리를 마련해 어머니 묘를 마련했다. 어머니가 돌아가셔서라도 너른 기와집에 사시는 듯 꾸며드리고 싶었다. 그래서 묘를 좀 크게 만들었다. 우여곡절 끝에 되찾은 선산에 어머니 묘를 아주 번듯하게 만들었다. 어머니가 좋아하는 꽃도 사다가 직접 심고, 나무도 심었다. 잡풀 하나 없이 깨끗이 정성껏 꾸몄다. 동네 어른들도 불쌍하게 살다가신 우리 어머니를 안쓰럽게 생각하고 자주 살펴 주셨다.

요즘에도 문득 문득 어머니의 온기가 사무치게 그리울 때가 많다. 그 때마다 나는 어머니 산소에 달려간다. 살아계실 때 다 못한 효도를 대신해 어머니 산소라도 정성껏 모시면서 내 마음을 달랬다. 그리고 어머니 유언이라도 꼭 들어드리자고 결심했다. 어머니가 남긴 마지막 소원은 내가 인생을 다 바쳐서라도 반드시 해결해야 할 숙제였다.

아버지의 기록을 찾아서

그런데 도대체 어디서부터 어떻게 아버지를 찾아야 할지 막막했다. 오죽 답답했으면 KBS 이산가족 찾기를 신청했겠나. 1999년 내가 강제동원 피해자 모임을 만나게 된 것은 나에게 정말 큰 힘이 되었다. 통의동에 사무실이 있을 때부터 지금의 태평양전쟁피해자보상추진협의회(보추협) 회원들을 만났다. 아버지, 오빠, 남편의 기록 한 장이라도 찾기 위해 일본 각지에 자료 조회 요청서를 보냈다. 나는 보추협 대표님이나 사무국장이 제적등본 떼 오라면 떼 주고, 정부기록보존소에서 명부 복사해 오라면 열심히 가져다주었다. 그러면 보추협의 젊은 일꾼들이 우리 대신 서류를 만들고, 요청서도 일본어로 작성해서 직접 일본 국가 기관들에 보냈다.

그런데 돌아오는 답변은 하나같이 기록이 없다는 답변뿐이었다. 같이 기록 조회를 요청한 보추협 회원들 중에는 사망 확인, 또는 공탁금 확인 기록이 있다는 회신이 오기도 했다. 그러나 아버지의 흔적은 어디에서도 찾을 수가 없었다. 우리는 2000년에 외교부에도 탄원서를 냈다. 정확한 생사와 유골을 확인하고 싶으니 꼭 관계 관청의 진상조사를 부탁한다는 탄원서였다. 그러나 외교부의 답변도 역시 한국 정부가 보관하는 명부에 확인되지 않으므로 '피징용자의 신원 확인은 불가능하다'는 말뿐이었다.

올바른 과거사청산을 위한 전국 피해자 합동위령제(2004.11.5)

유족들은 똘똘 뭉쳐 싸우기로 했다. 우리 일과 관련된 집회가 있거나 행사가 있으면 시간을 맞추려고 택시라도 타고 꼭 참석했다. 아무리 바빠도 내게 가장 우선은 보추협 활동이었다. 일본이 입만 열면 한일협정으로 모든 걸 다 보상했다고 하니 한일협정에서 약속한 내용을 공개하라는 소송도 제기했다. 그리고 우리 유족들이 못 찾는 기록을 정부가 나서서 조사해 달라고 특별법 제정 운동도 했다. 2003년에 '일제강제동원진상규명특별법'을 만들 때는 국회의원들을 설득해야 한다고 해서 탄원서도 만들었다. 매일같이 여의도의 의원회관을 찾아가 의원실 문턱이 닳도록 들락거렸다. 심의가 중단되었을 때는 법사위원장실 앞으로 몰려가 복도에 주저앉아 농성을 벌이기도 했다. 밤낮없이 열심히 활동하는 피해자와 유족들을 위해 과일을 사다 나르기도 했다.

그 결과, 다행히도 특별법이 통과되었다. 2004년 11월 10일 일제강제동원진상규명위원회가 현판식을 갖고 본격적으로 출범했다. 그 과정을 지켜본 사람들 중에 한 사람으로서 너무나 기쁘고 감격스러운 일이 아닐 수 없었다. 나는 위원회가 문을 연 첫 날 신청서를 제출했다. 정부가 직접 나서서 진상조사를 한다고 하니 나는 우리 아버지의 기록을 찾았다는 소식만 기다리면 된다고 생각했다.

하지만 우리의 기대와 달리 강제동원위원회는 피해자들이 제출한 증빙서류를 확인하는 데만 힘을 쓰고 우리 같이 행방불명된 피해자 조사는 뒷전이었다. 유족들이 찾을 수 있는 기록이었다면 정부가 해줄 때까지 기다렸겠나. 그렇게 애를 써서 특별법을 만들어놨더니 여전히 우리 같이 무자료 유족들은 찬밥신세였다. 어느 날 강제동원위원회가 개최한 피해자 간담회에 참석했더니 눈초리가 곱지 않았다. 같은 유족끼리도 '피해자 인정을 받을 수 있는 자격도 없는데 왜 나왔나' 하는 차가운 태도로 우리 무자료 유족들을 대했다. 얼마나 화가 나고 서운하던지 그만 울화병이 나고 말았다.

일본군'위안부' 문제해결을 위한 정기 수요집회(2005.6.22)

아버지 이름의 땅 찾기 소송

나의 설움과 한은 보추협 유족들과 만나면서 많이 위로 받고 힘이 되었다. 나와 같은 아픔과 슬픔은 가진 유족들과 이야기를 나누다 보면 다시 용기도 생겼다. 보고 듣고 활동하면서 많은 것을 배웠다. 그리고 내가 아버지 기록을 찾기 위해서, 어머니 한을 풀어드리기 위해서 무엇을 해야 하는지도 그분들 덕에 알게 되었다.

그러던 어느 날 보추협 회원 가운데 친척들한테 뺏긴 아버지 이름의 재산을 되찾았다는 얘기를 듣게 되었다. 아버지가 없고 어머니마저 재가했다면 어린 자식들이 집안 재산을 제대로 알고 지키기는 어려운 일이다. 친척들이 가장 잃은 가족들을 돌보기는커녕 다들 살기 어려우니 남은 재산마저 탐을 냈던 모양이다.

그 얘기를 듣고 나도 아버지 이름의 재산을 되찾기로 마음 먹었다. 딸이라서 집안 재산에 대한 권리 주장도 제대로 하지 못한 채 대를 잇기 위해 이름만 올린 양자에게 재산을 빼앗긴 것이다. 아버지 기록을 찾는 일도 급하지만, 이 문제를 해결하는 것도 급했다. 더구나 이 일을 생각하면 밤잠이 안 올 정도로 억울한 마음이 컸다. 어머니 생전에는 물론 어머니가 급작스럽게 돌아가셨을 때도 제대로 된 아들 노릇을 한번 하지 않은 양자였기 때문이었다.

마을사람들과 언니들 내외와 함께 어머니가 이승에 미련이 없도록 정성껏 삼일장을 치렀다. 호적상이긴 하지만 아들이니 상주노릇을 해야 했다. 그래서 상복을 입혔더니 확 벗어 던지는 게 아닌가. 게다가 장례를 치르자마자 양자로 들어온 사촌동생과 그의 아버지, 즉 나의 작은아버지 식구들은 집안 가산을 몰래 팔아 치울 궁리만 했던 모양이다. 얼마 지나서 어머니와 우리 자매가 그렇게 고생해서 일군 재산을 모두 감추고 처분해 버렸다. 어머니가 살던 300평의 집과 1,300평의 논밭이 순식간에 사라져버렸다. 그렇지만 어머니 제사도 모시고 묘라도 지켜야 하니 속상한 마음을 숨기고 아무 말도 하지 않았다.

우리 자매가 모르고 있던 아버지 명의의 산도 있었다. 어머니가 돌아가실 때까지 아버지 사망신고를 하지 않았기 때문에 그 산은 양자가 손댈 수 없었다. 그런데 그마저도 나중에 처분하려고 우리 자매들 몰래 아버지 사망신고를 하는 일이 벌어졌다. 아버지 제사 한 번, 벌초 한 번 하지 않고 남남처럼 살았으면서 어머니가 돌아가시니까 우리 몰래 아버지의 사망 신고를 하고 가산을 처분한 것은 용서할 수가 없었다.

아버지의 생사조차도 확인되지 않는 상태에서 양자는 아버지 본적지(연산면 어은리 54번지)에서 사망신고를 하려고 면사무소를 찾아갔던 모양이다. 그런데 연산면에서는 "부친께서 징용을 가시고 행방불명 처리가 됐기 때문에 여기서 사망신고를 할 수 없고, 사망신고를 하려면 근거자료를 가지고 와야 한다"고 했단다. 그래서 양자는 아버지의 주소를 자기 고향인 논산면 화지동 41번지로 바꿔버렸다. 그리고 1978년도에 양자의 외가 식구들까지 증인으로 세워 집에서 돌아가신 것처럼 사망신고를 했다. 그래서 자연스럽게 아버지 재산을 양자가 상속받았던 것이다. 버젓이 아버지 핏줄인 우리 세 자매가 있는데도 우리들을 무시한 채 아버지 사망신고를 내고 재산까지 빼앗은 것이다. 그나마 그 땅조차 처분하려 한다는 소식이 들려왔다. 어머니 산소도 있고 해서 몇 번이나 찾아가 설득도 했다. 소송까지는 하지 않으려고 대화를 시도했지만 소용없었다. 나는 가족들을 대표해서 양자를 상대로 빼앗긴 아버지의 재산을 되찾기 위해 소송을 시작했다. 결국 판사도 우리의 딱한 사정을 듣고 바로잡아 주었다. 호적상 허울뿐인 양자를 제적시키고, 아버지 명의의 재산은 우리 세 자매의 몫으로 돌아왔다.

마지막 노력

강제동원진상규명네트워크 초청 유족증언대회 (2006.8)

살기 바쁘다는 핑계로 나이가 들어서야 뒤늦게 어머니가 마지막으로 부탁한 아버지의 기록 찾기를 시작했다. 활동을 시작하면서 나와 같은 피해자들을 돕기 위해 한국과 일본에서 활동하는 많은 분들을 만났다. 특히 2006년 일본에 가서 증언대회에 참석한 일은 지금까지도 잊을 수 없다. 이 증언대회는 전적으로 보추협과 일본인 후쿠도메 씨의 도움으로 가능했다. 그 증언대회는 기록을 찾지 못한 유족들이 아직도 이렇게 고통을 받고 있다는 사실을 일본 시민들에게 호소하는 자리였다.

처음으로 나는 일본인들을 직접 만나 내 아버지와 어머니의 한 많

'평화의 촛불을 야스쿠니의 어둠에' 도쿄촛불행동 (2006.8.10)

은 사연을 소개했다. 이야기를 하면서 왜 그렇게 눈물이 나던지. 그 자리에 함께 한 일본 시민들도 내 이야기를 듣고 같이 울어주었다. 나는 일본에 대한 원망이 너무 커서 일본인도 다 나쁜 사람들이라고 여기고 있었다. 하지만 우리의 손을 따뜻하게 잡아주는 좋은 사람들도 많다는 것을 그때 처음 알았다.

나는 어머니 유언대로 흙이라도 담아 오려고 자루 하나를 가지고 갔다. 그런데 일본에 처음 가본 터라 안내자가 인솔하는 대로 따라다

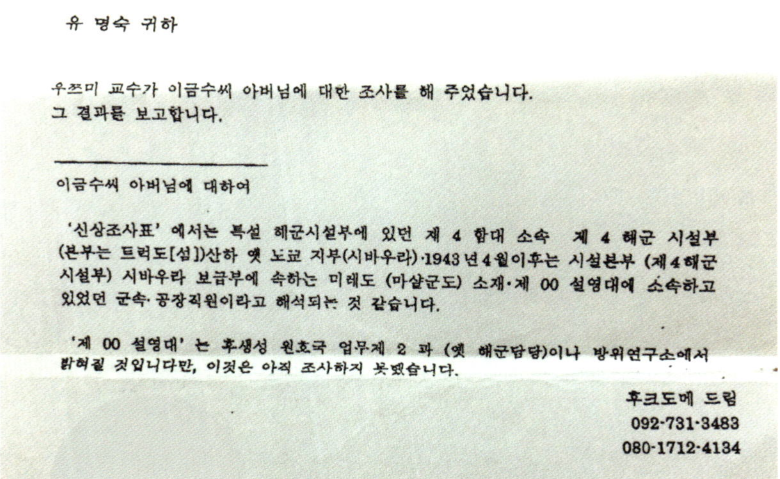

유 명숙 귀하

우쯔미 교수가 이금수씨 아버님에 대한 조사를 해 주었습니다.
그 결과를 보고합니다.

이금수씨 아버님에 대하여

'신상조사표' 에서는 특설 해군시설부에 있던 제 4 함대 소속 제 4 해군 시설부 (본부는 트러도[섬])산하 옛 노쿄 지부(시바우라)·1943 년 4 월이후는 시설본부 (제 4 해군 시설부) 시바우라 보급부에 속하는 미레도 (마샬군도) 소재·제 00 설영대에 소속하고 있었던 군속· 공장직원이라고 해석되는 것 같습니다.

'제 00 설영대' 는 후생성 원호국 업무제 2 과 (옛 해군담당)이나 방위연구소에서 밝혀질 것입니다만, 이것은 아직 조사하지 못했습니다.

후쿠도메 드림
092-731-3483
080-1712-4134

2006년 8월 일본 증언대회 후 후쿠도메 노리아키 씨 편으로 온 아버지 자료조사내용(2006.9.4)

빼앗긴 어버이를 그리며-국립 망향의동산 합동 추모제(2011.5.8)

니기만 했다. 차를 타라면 타고, 기차를 타라면 따라 타기에 바빠서 도무지 흙을 퍼 담을 시간도 장소도 마땅치 않았다. 겨우 돌 몇 개만 주어 와서 어머니 묘에 놓아 드렸다.

내가 유족 증언대회를 다녀온 후 일본에서 반가운 소식이 전해 왔다. 일본에 있는 어느 교수님이 아버지에 관한 기록을 해석해 알려 주었다. 『해군군속 신상조사표』라는 명부 기록이었다. 이 기록에 따르면 아버지는 "특설 해군시설부 제4함대 소속 제4해군 시설본부 시바우라 보급부에 속하는 미레 섬(마샬제도)에 있는 설영대에 소속하고 있던 군속(공장직원)"이었다. 그리고 전쟁이 끝난 후인 1946년 1월에 일본에 도착했다는 것이다. 그런데 본적지와 주소가 '불명'으로 되어 있어 이 기록이 확실히 아버지의 기록이 맞는지, 동명이인이 아닌지 의심스럽기도 했다. 그리고 무슨 일로 일본을 귀환했다는 분이 돌아올 수 없었는지, 왜 연락도 못했는지는 이 기록만으로는 정확히 알 수 없었다.

언니들과 대전에서(2016)

그 후로도 아버지에 대한 더 자세한 기록은 찾지 못했다. 다행히 강제동원진상규명위원회에서 피해자로 인정받았다. 그나마 어머니의 소원을 조금이라도 이뤄드린 것 같아 마음이 놓였다.

그 후에 동갑내기 부부가 평생 생이별을 겪으신 것이 안쓰러워 천안 망향의 동산에 함께 모셨다. 저 세상에서 두 분은 다시 만나 행복하실지. 막내딸이 이렇게 애쓴 것을 흐뭇해하기는 하실지. 이제 노인이 된 내가 할 수 있는 것은 많지 않다. 하지만 포기하지 않고 계속 아버지의 기록을 조금이라도 더 찾기 위해 노력하려고 한다. 딸로서 마땅히 해야 할 일이고, 한 많

고희연 때 피해자 유족들과 함께(2012.11.17)

증언해줄 사람 자꾸 죽고 진상규명위는 조사 뒷전

징용행불자 가족들 분통

"진상규명위가 뭐하는 곳입니까. 이미 다 밝혀진 사실 확인만 하라고 만들었답니까."

강제징용됐다가 광복 후 귀국길에 행방불명된 아버지를 15년째 찾고 있는 최낙훈(65)씨는 요즘 들어 마음이 더 답답하다. 지난해 11월 발족한 일제강점하강제동원피해진상규명위원회(이하 진상규명위)를 생각하자면 민간단체만 믿고 몇년을 허송세월한 기억이 떠오른다.

● 피해자모임서 10년전 한 일 9개월째 되풀이

"1990년대 초 피해자모임에 찾아갔을 때도 그랬지. 등록하면 다 찾아주는 줄 알았는데 알고 보니 그냥 피해자로 '인정'만 해준다더군. 지금 진상규명위도 똑같은 걸 되풀이하고 있어. 그럴 거면 뭐하러 특별법 만들고 국민 세금 써가면서 일하느냐고."

진상규명위가 발족한 지 9개월이 지났지만 생사여부를 모르는 이에 대한 조사는 뒷전이라는 목소리가 높다. 사망자, 생존자측이 확보한 서류의 진위를 가리는 데만 주력하고 있다는 것이다.

강제징용됐다가 행방불명된 아버지를 찾는 이금수씨가 14일 관련 서류를 보여주며 조속한 조사를 호소하고 있다. 나길회기자 kkirina@seoul.co.kr

지난 2월1일~6월30일에 접수된 강제징용피해건수는 모두 20만 3055건. 현재 약 14만건이 전산입력됐고 이 가운데 6000여건이 행불자로 분류됐다. 입력이 끝나면 행불자는 1만여건으로 늘어날 것으로 진상규명위는 예상한다. 그럼에도 행불자와 관련된 조사는 전혀 이뤄지지 않고 있다는 것이 실종자 가족의 주장이다.

최씨는 "4년 전 아버지와 함께 징용간 사람을 겨우 수소문해 찾았는데 2년 전 죽었다더라."면서 "당시 상황을 확인해 줄 수 있는 사람들이 있다고 해도 고령일 텐데 그걸 생각해서라도 행불자 조사를 먼저 해야 하는 것 아니냐."고 분통을 터뜨렸다. 그는 "63년째 아버지 소식만을 기다리고 있는 어머니의 건강이 최근 악화됐다."면서 "평생 눈물로 사신 어머니가 눈 감으시기 전에 아버지 생사를 알았으면 좋겠다."며 눈시울을 붉혔다.

● "증빙서류 있으면 진작 우리가 찾았지" 원망

1943년 징용된 직후부터 아버지 소식이 끊겼다는 이금수(62·여)씨는 "진상규명위가 상처입은 사람들에게 또 한번 큰 상처를 주고 있다."며 가슴을 쳤다. 생계를 포기하면서까지 특별법 통과를 위해 뛰어다닌 결과 마침내 진상규명위가 만들어졌다. 하지만 지난 2월 접수 첫날, 서류를 들고 찾아갔을 때 부풀어 올랐던 기대가 지금은 사그라들었다.

"징용 당한 아버지, 평생 재혼도 안 하고 고생만 하다가 돌아가신 어머니를 생각해서라도 난 아버지 찾아서 어머니 무덤 옆에 묻어드려야 해. 그런데 진상규명위는 행불자들은 신경도 안 쓰는 것 같아. 제출할 증빙서류가 있으면 진작 우리가 찾았지 정부가 해줄 때까지 기다렸겠어."

행불자 가족들의 불만이 커지자 진상규명위측은 2주마다 열리는 정기간담회에서 행불자 가족들과의 만남을 따로 마련키로 했다. 최봉태 진상규명위 사무국장은 "행불자 문제는 인도주의적 관점에서 반드시 해결해야 한다고 생각한다."면서 "전산작업이 완료되면 행불자 담당자를 따로 두는 등 최대한 노력하겠다."고 말했다.

나길회기자 kkirina@seoul.co.kr

『서울신문』 2005.8.15. 8면

은 세월을 살다 가신 어머님의 뜻을 이루는 것이라 생각한다. 이제껏 포기하지 않고 이 길을 걸을 수 있게 도와준 것은 보추협이었다. 마지막으로 우리 회원들에게 고맙다는 말을 꼭 남기고 싶다.

• 김승은

이 세상에 11살 소년으로 홀로 남겨져

이명구

어린 시절의 기억

나는 1938년 2월 10일 경기도 여주군 금사면 도곡리에서 태어났다. 창씨개명된 일본식 성은 마쓰모토松本였다. 아버지 이낙호李洛鎬는 야스쿠니에 합사되어 있다. 아버지는 달구지를 끌고 물건을 나르는 일을 하여 돈을 벌었다. 새벽에 나가 여기저기로 다니다가 밤늦게 돌아왔기 때문에 아버지와 함께 한 특별한 기억은 없다. 다만 내가 학교에 들어가기 전에 강습소에 다닐 때 아버지가 크레용, 연필, 공책을 사 준 것을 기억하고 있다. 아버지는 몸집이 크지는 않았지만 나에게는 참으로 커다란 존재였다.

할아버지, 할머니, 어머니, 아버지, 삼촌 그리고 남동생과 함께 농사를 지으며 살았다. 당시에는 소작으로 농사를 지었는데 가을에 곡식을 수확하면 그 반은 소작료로 지주한테 내고 나머지도 면에서 직원이 나와 공출을 당했기 때문에 형편은 넉넉하지 않았다.

나는 마을에서 2킬로미터 정도 떨어진 국민학교에 다녔는데 교장은 일본 사람이었고 선생님들은 한국 사람이었다. 아침에 학교에 갈 때는 근처 마을 아이들이 모여 줄을 맞춰 함께 출발했다. 앞에 있는 상급생이 깃발을 들고 뛰어가면 뒤에 따라가는 아이들도 함께 뛰어야 했다. 군사훈련 하는 것처럼 줄을 맞춰서 함께 뛰었는데 뒤에 있는 어린 아이들은 형들을 따라갈 수가 없어서 매일 아침마다 학교에 가는 길이 힘들었다. 학교에서는 우리말을 못 쓰게 했는데 히라가나를 배우다 잘못해서 거꾸로 썼다고 선생님께 야단을 맞았다. 학교에서 마을로 돌아오면 친구들이 모두 '명구'라고 부르고 서로 우리말을 했지만, 학교에서는 일본말만 써야 했다. 학교에서 출석을 부를 때도 일본식으로 '마쓰모토 메이쿠'라고 불렸고 친구들도 나를 '마쓰모토' 라고 불렀다.

매일 아침 운동장에 줄을 서서 조회를 할 때에는 '황국신민의 서사'를 외웠다. 너무 어릴 때라 지금 그 내용은 외울 수 없지만, 운동장에서 함께 외웠던 것은 기억한다. 교실 복도에는 나무로 만든 총, 칼이 쭉 세워져 있었다. 나는 1학년이라 수업이 끝나면 집으로 바로 돌아왔지만 4~6학년은 학교에 남아 총과 칼을 가지고 매일 군사훈련을 받았다. 또 교실마다 신을 모셨다고 하는 '가미다나神棚'라는 것이 있어 거기에 대고 절을 했다.

일본의 침략전쟁에 끌려간 아버지

아버지 이낙호

아버지는 1944년 1월 20일 일본의 침략전쟁에 동원되었다. 마을에는 아버지 말고 다른 청년들도 있었는데 왜 그 때 아버지만 끌려갔는지 알 수가 없다. 할머니에게 들은 이야기로는 면에서 여러 번 직원이 나와서 끌고 가려고 했는데 아버지는 이를 피해 도망을 다녔다고 한다. 그런데 계속 숨어서 살 수가 없으니 결국 어쩔 수 없이 끌려갔다고 한다. 조금만 더 있으면 해방이 되는데 그걸 알 수가 없었으니 끌려갔다는 것이다.

아버지가 끌려가던 그날 할머니는 우리가 살던 집에서 10리 정도 떨어진 친정집에 계셨다. 나는 어린 마음에 아버지가 끌려가는 것을 막을 수 있는 사람은 할머니밖에 없다는 생각이 들어 할머니의 친정집으로 단숨에 달려갔다. 그런데 할머니와 함께 헐레벌떡 집으로 오니 아버지는 이미 떠나고 없었다. 아버지가 끌려갔다는 것을 알고 일본한테 아들을 빼앗겼다고 울부짖던 할머니 모습을 지금도 생생하게 기억하고 있다. 할머니가 너무나 서럽게 우는 모습을 보면서 나는 끌려가는 아버지를 잡지 못한 것이 너무나 억울했고 원통했다.

아버지 없는 설움

아버지가 전쟁에 끌려간 뒤부터는 사는 형편이 더욱 어려워졌다. 할아버지와 할머니는 물론 어머니마저 아버지가 끌려 간 것 때문에 화병이 나서 농사일도 제대로 할 수 없었다. 삼촌이 있었지만 장애를 갖고 있어 원래부터 일을 하지 못했다. 삼촌이 말을 못해서 아무 일도 못하니 내가 돌보는 처지가 되었는데 나는 삼촌이 너무 무서웠다. 무슨 일만 있으면 삼촌은 내게 분풀이를 해서 맞기도 많이 맞았다. 너무 무서워서 사흘 동안 보리밭에 숨어 있으며 죽고 싶다는 생각까지 했다. 집에 일을 할 수 있는 남자가 없으니 농사를 지을 수도 없었고, 돈을 벌어 오던 아버지도 없으니 먹고 살 수가 없었다.

결국 어머니는 어쩔 수 없이 나와 남동생을 데리고 고모네 집으로 가야 했다. 그 때부터 우리 세 식구는 고모네 집에 얹혀 사는 신세가 되었다. 끌려간 아버지로부터는 한 번도 연락이 오지 않았다.

1945년 8월 15일 해방이 되었지만 우리 동네에서 우리 가족만 해방의 기쁨을 느끼지 못했다. 일본에 강제로 끌려간 아버지가 돌아오지 않았기 때문이다. 해방 뒤에 마을 사람들이 윗마을에 살던 면서기를 찾아가서 크게 항의를 한 일도 있었다. 그 집안이 식민지 때 일본 사람 앞잡이 노릇을 하면서 잘 먹고 잘 살았기 때문이다. 특히 우리 가족들은 아버지가 그 면서기 때문에 끌려가서 돌아오지 않아 그 집안 사람들을 무척 싫어했다. 자식을 잃은 할머니, 할아버지의 억울하고 원통한 마음을 생각하면 지금도 마음이 아프다.

자다가 돌아가신 어머니

해방이 되고 얼마 되지 않아 아버지의 전사통지서가 왔다. 해방이 되어 아버지가 살아서 돌아오기만을 기다리던 가족에게는 청천벽력과 같은 것이었다. 병상에 있던 어머니는 전사통지서를 받아보고 쓰러져 병세가 더 악화되었다. 결국 어머니는 시름시름 앓다가 1946년 10월 3일(음력)에 세상을 뜨고 말았다. 나는 어머니가 돌아가시던 그 날을 지금도 생생하게 기억하고 있다. 고모네 집에서 얹혀 살던 우리 가족은 한 방에서 자고 있었는데 그날따라 나도 모르게 왠지 새벽에 잠이 깼다.

옆에서 자고 있던 어머니를 부르며 깨워봤지만 아무리 불러도 어머니는 꿈쩍도 않고 대답도 없었다. 어머니께서 돌아가신 것이다. 나는 옆에서 자고 있던 어린 동생을 깨워 고모에게 달려가서 어머니가 돌아가셨다는 것을 알렸다. 장례식은 동네 사람들의 도움으로 치렀고 어머니는 마을 앞산에 모셨다. 그리고 얼마 되지 않아 할아버지,

할머니도 일본에 빼앗긴 자식을 기다리다 화병이 악화되어 돌아가시고 말았다.

어린 동생을 지켜주지 못한 것이 한이 되어

나와 동생은 일본 때문에 하루아침에 돌봐주는 사람 하나 없는 고아가 되었다. 어머니가 돌아가셨을 때 나는 아홉 살, 동생은 다섯 살이었다. 하나 밖에 없는 동생도 먹을 것이 없어 굶기를 밥 먹듯 하고, 병들어 시름시름 앓는 것을 보면서도 내가 동생을 위해 할 수 있는 일은 아무 것도 없었다. 우리 형제가 의지할 사람은 이 세상 어디에도 없었다. 내가 형으로서 어린 동생을 잘 돌봐주지 못했기 때문에 동생마저 결국 세상을 뜨고 말았다.

어머니가 돌아가셨을 때 어머니 제사상에 차려진 과일이 먹고 싶다고 울던 어린 동생의 모습을 지금도 잊을 수가 없다. 나는 울면서 동생을 달래야 했다. 동생은 어머니가 돌아가셨다는 것도 모르고 오로지 배가 고팠기 때문에 그렇게 울었던 것이다. 지금 생각해 보면 영양실조로 동생을 잃은 것이 아닌가 싶다. 나는 살아오면서 외롭다고 느낄 때마다 형으로서 동생에 대한 책임을 다하지 못했다는 죄책감 때문에 너무나 큰 괴로움을 느꼈다. 어머니, 아버지를 잃고 의지할 사람 하나 없는 어린 동생이 학교에서 돌아오는 나를 하루 종일 기다리던 모습을 생각하면 지금도 마음이 아프다. 나는 평생 동안 어린 나이에 죽은 동생을 가슴에 묻고 살아왔다.

우리 가족의 어른들은 아버지가 일본에 강제로 끌려간 뒤 4년 사이에 모두 세상을 뜨고 말았다. 이제 이 세상에는 나 하나만 남게 되었다. 당시 나는 열한 살 소년이었다. 중학교에도 가고 싶었지만 나를 돌봐주고 학교에 보내줄 가족이 없었기 때문에 중학교에 가는 것은 단념할 수밖에 없었다.

가족의 핏줄을 이어갈 책임으로 살아온 날들

나는 일본을 절대 용서할 수 없다. 일본 때문에 가족을 모두 잃은 고통과 상처를 안고 있었지만 나는 어떻게든 살아남아야겠다는 생각을 했다. 할아버지, 할머니, 아버지, 어머니도 모두 이 세상을 떠났으니 홀로 남겨진 내가 우리 가족의 핏줄을 이어갈 책임이 있다고 느꼈다. 나는 어린 나이였지만 살기 위해서 안 해 본 일이 없다. 학교에 가지 못했기 때문에 언젠가 돌아오실 것 같은 아버지를 기다리며 어린 나이에 힘이 들었지만 농사일을 거들며 살았다.

20년간 일했던 이화여자고등학교

군대에 다녀왔지만 변한 건 없었다. 고향에서는 먹고 살 수가 없어 고향을 떠나 서울에 와서 쓰레기 치우는 일부터 시작해서 연탄배달부 등 닥치는 대로 무슨 일이든 다 했다. 그런데 연탄을 배달하는 일이 너무 힘이 들어 빌딩에서 청소하는 사람을 보면서 그 일을 하고 싶다는 생각을 했다.

그러던 중 서울의 이화여고에 청소부로 취직을 했다. 청소부로 일하면서 등사 기술과 인쇄 기술을 배웠다. 그 기술로 이화여고에서 20년, 현대고등학교에서 15년 근무하여 63세에 35년의 직장생활을 마쳤다. 자부심을 갖고 다닌 나의 직장은 내 인생에 큰 버팀목이 되어 주었다. 참 열심히 살아온 날들이었다.

팔라우 섬에서 돌아가신 아버지의 기록을 찾아

나는 아버지가 언젠가는 살아서 돌아올 것이라고 믿고 싶었기 때문에 사망신고도 하지 않은 채 열심히 살았다. 그러나 더는 미룰 수 없어 1964년에 첫 아들을 낳고서야 비로소 아버지의 사망신고를 했다. 모든 유족들이 그렇듯이 아버지가 어디에서 어떻게 돌아가셨는지 몰랐기 때문에 어쩔 수 없이 집에서 돌아가신 것으로 신고를 할 수밖에 없었다.

그런데 이렇게 아버지가 일본에 끌려가 홀로 남겨져 온갖 고생을 하며 살아온 사람이 오직 나만은 아닐 것이다. 일본에 아버지를 빼앗긴 나와 같은 유족들은 모두 아버지의 죽음을 가슴에 묻고 고통을 겪으며 오늘날까지 힘들게 살고 있다.

'빼앗긴 어버이를 그리며' 망향의 동산 합동추모제(2011.5.8)

가족의 대를 이어야 한다는 일념으로 오로지 살아남기 위해 애를 쓰면서도 늘 가족과 아버지에 대한 그리움은 지울 수가 없었다. 나는 아버지의 기록을 찾기 위해 1997년부터 피해자 단체에 참가하여 활동을 시작했다. 기록에 따르면 아버지는 1944년 2월 7일 육군 군속으로 제3선박 수송사령부 팔라우지부 소속으로 팔라우 섬에서 복무하다가 1945년 4월 12일에 전병사戰病死하였다. 팔라우 섬이라니 들어보지도 못한 머나먼 땅이 아닌가. 아버지가 어떤 병에 걸려 어떻게 돌아가셨는지 기록을 봐도 알 수 없으나 답답하고 슬픈 마음만 들었다.

제2차 야스쿠니 무단합사철폐소송 변호사 원고면담 (2014.1.12)

그런데 일본정부는 가족에게는 알리지도 않은 채 아버지 이름을 야스쿠니신사에 넘겼고 야스쿠니신사는 합사를 해 버렸다. 내 아버지뿐만 아니라 2만 1천여 명의 한국 사람들이 야스쿠니신사에 합사되어 있다는데, 한국 사람이 해방되고 70년이 지난 지금까지 일본 이름으로 일본 땅 야스쿠니신사에 왜 합사되어야 하는지 나는 도저히 이해할 수 없다.

유족을 가로막는 야스쿠니신사

나는 야스쿠니합사철회 2차 소송의 원고가 되어 지난 2015년 5월 27일 도쿄지방재판소에서 열린 구두변론에서 진술을 하였다. 사람을 강제로 끌고 가서 죽게 만든 것도 억울한데 왜 일본 정부와 야스쿠니는 가족들에게 알리지도 않고 자기들 마음대로 합사를 했는지 묻고 싶었다. 그 전쟁은 처음부터 일본이 일본의 이익을 위해 일으킨 전쟁이다.

한국 사람은 아무런 상관도 없는 전쟁이었다. 그 전쟁에 아버지가

제2차 야스쿠니무단합사 철폐소송 본인진술 후 보고집회(2015.5.27)

강제로 끌려가지 않았다면, 할머니와 할아버지는 아들을 잃지 않았을 것이고, 어머니는 남편을 빼앗기지 않았을 것이며, 하나 뿐인 동생도 그렇게 비참하게 죽지는 않았을 것이다. 침략전쟁을 일으킨 일본 때문에 우리 가족 모두는 하루아침에 죽게 되었다. 그동안 이야기하지 못한 나의 억울한 사연을 재판장에게 이야기하며 아버지 이름을 야스쿠니에서 빼 줄 것을 호소하는데 눈물이 나오는 걸 억지로 참았다. 나는 일본 때문에 더 이상 슬픔과 고통을 겪고 싶지 않다는 것을 진심으로 호소하였다.

재판을 마치고 보고집회도 무사히 마친 뒤에 지원자들과 히비야日比谷공원에서 점심을 먹고 야스쿠니신사에 가 보기로 했다. 이전에 이희자 대표가 방문했을 때 경찰과 야스쿠니신사 쪽에서 재판중이라며 가로막아서 다툰 적이 있다는 이야기를 들었기 때문에 민족문제연구소 김영환 팀장과 오랫동안 재판의 지원활동을 하고 있는 사노 미치오佐

야스쿠니신사 입구, 궁사들이 우리의 방문을 경계하고 있다.

野通夫 교수와 나, 이렇게 셋이 택시를 타고 야스쿠니신사로 향했다.

그런데 택시에서 내리자 저쪽에서 경찰들이 허겁지겁 달려오는 것이었다. 옆문으로 들어가려는 우리들을 경찰과 야스쿠니신사 관계자가 막아섰다. 정문에서 지키고 있던 경찰들이 옆문에 우리들이 나타나자 급하게 달려와 가로막는 것이었다. 재판 중이기 때문에 유족이라도 들어갈 수 없다는 것이었다. 자기들 마음대로 합사를 시킬 때는 언제고 이제는 재판 중이라 들어갈 수 없다니 기가 막힐 노릇이었다.

함께 간 김영환 팀장과 사노 교수가 당신들이 합사시킨 유족이 왔으니 안내를 하는 것이 마땅하지 않느냐며 야스쿠니신사 관계자들에게 강력히 항의를 하였다. 나도 말은 알아들을 수 없었지만 화가 나서 참을 수가 없어 소리를 질렀다. 잠시 후에 제복을 입은 경찰은 빠지고 사복 경찰들만 따라 간다는 조건으로 야스쿠니신사 안으로 들어갔다 나왔다. 택시를 타고 호텔로 돌아왔더니 김영환 팀장이 호텔 옆에서 감시하고 있던 경찰을 발견했다고 이야기해 주었다. 일본 경찰이 재판 때부터 점심을 먹고 나서 야스쿠니신사에 갈 때 그리고 호텔에 돌아올 때까지 미행을 하고 있었던 것이다. 우리 유족들이 무슨 큰일을 저지른다고 저렇게 미행을 하고 있나 한심한 생각이 들었다.

내가 하고 싶은 말

나는 한국정부에게 묻고 싶다. 역대 정부는 해방이 되고 70년이 지나도록 일제강점기 피해자와 유족들의 아픔을 해결해 주지 못했다. 피해자들과 유족들은 국회와 정부를 향해 수없이 부르짖었지만 귀를 기울이지 않았다. 우리들은 국가에 대한 배신감이 너무나 컸기 때문에 주민등록증을 반납하고 국민임을 포기하고 싶을 정도였다.

일본의 시민들과 변호사들의 도움으로 소송을 하고 있지만 한국정부가 손을 놓고 있는데 어떻게 그 소송에서 이길 수가 있겠는가? 야스쿠니신사에 합사되어 있는 아버지의 이름을 빼내기 위해서 우리 유족들은 소송을 하고 있지만 우리들은 힘이 없다. 유족들과 피해자들이 소송에서 승소하지 못하는 것은 일본정부가 모든 문제에 대해 청구권협정을 통해 해결이 되었다고 주장하기 때문이다. 한일 청구권 협정 때 비밀회담으로 '야합'을 한 장본인이 지금까지 살아있는 김종필 전 총리가 아닌가? 피해자들이 김종필 자택 앞에서 1인시위도 했지만 피해자들과 유족들의 피와 땀을 팔아먹은 그는 우리에게 말 한마디 안 하면서 이 나라의 2인자 국무총리로 부귀영화를 누리지 않았는가? 우리들은 죽어서도 아버지의 피와 땀을 팔아먹은 사람이 김종필이라는 것을 외칠 것이다. 그는 죽기 전에 자신의 잘못을 인정하

2015년도 태평양전쟁피해자보상추진협의회 송년회(2015.12.11)

2015 '평화의 촛불을 야스쿠니의 어둠에' 도쿄 촛불행동(2015.8.7~9)

고 유족들에게 사죄해야 할 것이다.

우리나라 사람들이 강제로 끌려가서 먹지도 못하고 죽을 고생을 해가며 일하고도 받지 못한 돈과 우편저금이 일본에 아직 있다는 것을 뉴스로 들어서 알고 있다. 한국정부는 우리보다 더 잘 알 것이다. 그런데 한국정부는 이 문제도 지금까지 해결하지 못하고 있다. 과연 이 문제를 누구에게 해결해 달라고 해야 하는 것인지 막막하기만 하다. 힘없는 백성들을 도와줄 수 있는 것은 지금도 내가 살고 있는 한국정부라고 생각한다. 한일협정 때 정부가 받은 돈으로 유족들에게는 제대로 보상도 하지 않았다. 이렇게까지 우리나라의 경제가 발전했는데 유족들 문제는 아직까지 해결되지 못하고 있다. 한국정부는 우리가 죽기 전에 반드시 이 문제를 해결해야 할 것이다.

나는 일본정부에게도 따지고 싶다. 왜 내 아버지를 '천황'을 위해 일

『한일협정50년, 광복70년 특별전-나는 싸우고 있다』, 서울역사박물관 전시회에서 안내를 돕고 있다.(2015.8.6)

본을 위해 죽은 사람으로 취급하는가? 해방이 되고 70여 년이 넘게 지나도록 우리 아버지마저 우리나라 우리 집에 모시지 못하게 야스쿠니신사에 가둬놓고 있는 일본정부와 야스쿠니신사를 나는 도저히 용서할 수가 없다.

또한 일본정부는 일본 유족들에게만 막대한 보상을 하고 한국 사람들에게는 보상은커녕 이름을 빼달라는 정당한 요구마저 무시하고 차별을 계속하고 있다. 지금 아베 총리와 일본정부가 하는 것을 보면 정말 아무것도 모른다는 생각이 든다.

2차 대전을 겪어보지 못해 아무것도 모르는 어린 아베 총리가 전쟁을 겪은 선임 무라야마 총리가 반세기 만에 사과한 것도 무시하고 있으니 말이다. 지금도 우리나라가 일본에게 식민지 지배를 받고 있는 나라로 착각하고 지나간 역사까지도 아베 총리 마음대로 바꿔 놓으려고 몸부림치고 있는 것을 보니 아베 총리는 정말 아무것도 모른다는 생각이 든다.

아버지의 이름을 빼는 그날까지!

내가 앞으로 얼마나 더 살 수 있을지는 모르지만 살아있는 동안에 꼭 이루고 싶은 것은 단 한 가지뿐이다. 야스쿠니신사에서 아버지 이름을 빼는 것이다. 나는 아버지가 끌려간 날인 12월 21일(음력)에 제사를 지내왔다. 그러다가 1970년대부터 교회에 다니면서 제사 대신 기독교식으로 추도식을 하고 있다.

그런데 야스쿠니신사에 아버지가 아직도 붙잡혀 있다는 생각에 아

가족사진

… 日은 협조 요청 묵살

일제의 태평양전쟁에 강제 동원돼 팔라우 섬에서 사망한 아버지(왼쪽 초상화)의 유골을 기다리는 이명구 씨. 그는 6일 서울 은평구 자택에서 "일제가 아버지를 끌고 가지만 않았다면 우리 가족은 비참하게 죽지 않았을 것"이라고 말했다. 전영한 기자 scoopjyh@donga.com

"부친 戰死기록 1997년에야 찾아 유골이라도 모셔와야 恨 풀릴 것"

7세때 아버지 생이별한 이명구씨 "남양 군도에서 총알받이 내몰려 야스쿠니에 위패 있다니 분통터져"

설이 얼마 남지 않은 1944년 1월 어느 날 경기 여주시 금사면 도곡리. 아버지 이낙호 씨(1914년생)와 함께 있던 당시 일곱 살 이명구 씨(78) 집에 사람들이 웅성웅성했다. 심상치 않은 일이 벌어졌음을 직감한 그는 10리(4km) 밖에 있는 할머니 댁으로 무작정 뛰었다.

아버지는 강제 징용을 피하기 위해 한동안 숨어 다니다 지친 끝에 할머니에게 "어쩔 수 없이 다녀와야 하지 않겠느냐"고 했다. 명구 씨는 '아버지를 못 가게 할 수 있는 사람은 할머니밖에 없을 거야'라고 생각하며 할머니와 왔지만 아버지는 이미 끌려가고 없었다.

"그렇게 생이별을 했습니다. 아들을 일본에 빼앗겼다고 울부짖던 할머니의 모습이 지금도 생생합니다."

끌려간 아버지로부터는 편지 한 통 없었다. 가장이 없는 집안의 생활은 극도로 어려워졌다. 이듬해 8월 광복을 맞았지만 아버지는 돌아오지 않았다. 아버지가 돌아오기만을 기다리던 어머니는 1946년 어느 가을날 새벽 다시는 깨어나지 않았다. 오래지 않아 할아버지와 할머니도 병으로 돌아가셨다.

"다섯 살 터울 남동생마저 얼마 뒤 굶다가 병들어 죽었습니다. 배가 고프다고 울던 동생의 모습이 잊혀지지 않습니다."

이 씨는 "아버지가 일본에 강제로 징용된 뒤 4년 사이에 가족을 모두 잃었다"며 "일본을 절대 용서할 수 없다"고 말했다.

그는 연탄공장 노동자와 학교 동사실 직원 등으로 일하며 악착같이 살았고, 1997년에야 아버지에 대한 기록을 찾았다. 일제가 만든 서류에는 '마츠모토 라쿠시노기(松本落鎬·아버지의 일본 이름). 육군 군속. 제3선박운송사령부 소속. 쇼와(昭和) 20년(1945년) 4월 12일 남양 군도(태평양 미크로네시아 일대) 팔라우에서 전병사(戰病死)'라고만 적혀 있었다.

남양 군도에 강제 징용된 한국인 수천 명은 비행장 건설과 사탕수수 재배 등에 동원돼 혹사당했고, 총알받이로 내몰리며 절반이 넘는 사람들이 폭격과 굶주림으로 사망했다.

이 씨는 지금도 아버지의 사망일이 아니라 아버지가 집에서 끌려가던 날 추도 예배를 올린다. 일본이 만든 서류의 사망일자와 사망원인을 믿을 수 없어서다. 그는 부친의 위패를 충남 천안시 망향동산에 모셨지만 일본 야스쿠니신사에도 위패가 있다는 것을 알게 된 뒤 한국인 야스쿠니 합사 취소 소송에도 참여하고 있다.

"없는 소작 살림에도 친구들은 못 가진 연필하고 크레용을 사다 주시던 아버지셨어요. 유골이라도 한번 만져 봤으면 이 한이 조금이나마 덜어질까요." 조종엽 기자 jjj@donga.com

버지에게 죄송스럽고 괴롭다. 나는 자식으로서 일본에 의해 억울하게 돌아가신 아버지를 편안한 마음으로 추도하고 싶을 뿐이다.

내 아버지는 결코 일본을 위해서, '천황'을 위해서 죽은 사람이 아니다. 나는 야스쿠니신사 때문에 우리 가족이 겪었던 슬픔과 고통, 악몽의 시간들을 더 이상 떠올리고 싶지 않다. 하루라도 빨리 아버지를 야스쿠니에서 해방시키고 나도 이 고통에서 벗어나고 싶다. 유족들은 진상규명을 통해 아버지의 생사에 대한 정확한 사실을 알고 싶을 뿐이다. 일본정부와 야스쿠니신사는 지금이라도 우리 아버지가 겪어야 했던 고통과 가족들이 겪어야 했던 고통에 대해 사죄를 하고 아버지의 이름을 야스쿠니신사에서 빼야 할 것이다.

나는 태평양전쟁피해자보상추진협의회에서 전시회나 강연회 같은 행사를 할 때면 그 날이 빨리 오기를 바라는 마음으로 빠지지 않고 참석해서 내가 할 수 있는 일을 하고 있다. 내 삶의 활력소이자 또 하나의 의미이다.

• 김영환

미스터리로 남은 아버지 기록

이춘자

글씨 쓰는 것을 무척 좋아했다는 아버지

아버지의 이름, 이 병자 헌자, 이병헌李炳憲. 사실 나는 아버지를 잘 모른다. 내가 3살 되던 해인 1944년 2월 15일, 음력으로는 정월 대보름날에 아버지는 군속으로 징용당해 중국 전선으로 끌려갔다. 중국 전선에서 자주 오던 엽서가 어느날 갑자기 끊기더니 그 뒤론 죽었는지 살았는지 알 수 없는 채 이별했기 때문에 기억 속에 남아 있는 것은 없다. 다만 어렸을 때, 다락방에 올라가 아버지가 한자로 쓴 종이뭉치들이나 그걸 책으로 만들어 묶어놓은 것을 본 기억은 있다.

아버지와 살던 고향 집, 왼쪽부터 외사촌 동생, 어머니(1962.8.9, 왼쪽) 3살 때의 나

아버지는 글씨 쓰는 것을 무척 좋아했다고 한다. 초등학교밖에 나오지 않았으나 아버지나 큰아버지 모두 유식한 편이었고, 영어도 알파벳 정도는 읽을 수 있는 수준이었다고 한다. 다락방에 수북하게 쌓여 있던 종이뭉치와 책들은 수차례 이사하면서 어머니가 불태웠기 때

문에 남아 있는 것은 없다.

대신 내게는 아버지가 집안 어른과 식구들에게 안부를 전하는 군사엽서가 많이 남아 있다. 그 엽서들이 아버지와 나를 이어주는 흔적들 가운데 하나이다.

나는 1942년 4월 11일, 경기도 시흥군 수암면 하중리에서 태어났다. 스물아홉 살에 결혼할 때까지 서울에서 학교를 다닐 때는 제외하고는 줄곧 이 마을에서 살았다. 내 위로 오빠가 있었는데, 세 살 땐가 마을에 마마(천연두)가 돌아 목숨을 잃었다. 어머니가 동네우물에서 정화수를 떠 집으로 돌아오는 도중 개를 목매달아 놓은 걸 봤는데 그게 부정을 탔다고 한다. 상에다 정화수를 올려놓았는데 마마가 나아가고 있던 오빠가 상으로 기어와 개처럼 물을 먹고는 그로부터 삼일만에 죽었다는 것이다. 개 이야기야 미신이겠지만, 당시에는 전염병이 돌면 그렇게 쉽게 사람들이 죽어 나갔다. 그래서 오빠는 호적에도 올라 있지 않다.

할아버지는 꽤 사시는 편이었다. 해방 후 농지개혁 때 소유하고 있던 밭을 다른 사람에게 넘긴 것으로 보아 3정보 이상의 땅을 갖고 계셨던 것이다. 아버지가 보낸 돈으로 산 밭이었다고 한다. 아버지는 위로 형님 두 분과 누님 한 분, 여동생 한 분, 모두 3남 2녀였다. 큰아버지는 결혼 후 얼마 안 있어 돌아가시고 큰어머니도 다른 곳으로 가셨기 때문에 함께 한 기간은 길지 않았다. 둘째 큰아버지는 십여 년 전에 돌아가셨는데, 해방 이후 면사무소에서 일했고, 소래에서 포목점과 방앗간, 과수원 등을 운영했다. 큰아버지는 나를 보면 "네 아빠가 나보다 훨씬 더 똑똑해서, 지금 살아있었으면 큰일을 했을 건데" 하시며 아쉬워하곤 했다.

아버지

아버지는 25살 때 징용을 갔다. 꽤 늦은 나이에 간 것이다. 당시 할아버지는 동리 구장을 지냈다. 마을사람들이 딴 집 아이는 나가는데, 구장네 자식은 뺀다고 항의해서 할 수 없어 보냈다고 한다. 마을에서 중국 전선에 군속으로 끌려간 사람은 아버지 한 명 뿐이었다. 할아버지가 구장이었기 때문에 시범으로 보내도록 강요받았는지, 아니면 마을주민들의 불만 때문이었는지 알 수는 없으나 늦은 나이에 징용당한 것만은 분명한 것 같다.

할아버지는 68살 때 직장암으로 돌아가셨다. 손자들이 많지 않았고, 아들딸에 대한 차별도 없었으며, 비교적 교육열도 높아 가능하면 고등교육을 시키려 했다. 할아버지는 홀로 남은 며느리와 손녀가 먹고 살 수 있도록 4,000평이 채 못 되는 땅을 주셨다. 물론 소유권을 넘겨주신 것은 아니고, 거기서 나오는 소출로 살아가게 한 것이다. 논농사는 어머니가 직접 지을 수가 없기 때문에 사람을 사서 부렸다. 그러나 어머니는 못하는 게 없었다. 바느질 솜씨나 음식 솜씨가 좋아 할아버지로부터 귀여움을 받으셨다. 또 어찌나 깔끔하시던지, 마루밑에 쥐구멍이라도 생기면 반드시 찾아내 그 구멍을 틀어막을 정도였다.

어머니는 아버지가 살았는지 죽었는지 살아있으면 언제 올지 물어보러 용하다는 점쟁이나 무당을 자주 찾아다녔다. 그러나 나는 엄마

고등학교 교정에서(1960.9.12, 왼쪽) 여고시절 경주 수학여행(오른쪽)

의 넘치는 사랑을 받으며 자랐기 때문에 아버지에 대한 그리움이 그렇게 크지 않았다. 집도 괜찮은 편이어서 마을에서 애비 없는 호로자식이라는 소리를 들어본 적이 없었다. 게다가 할아버지가 엄해 감히 딴 아이들이 가까이 오지도 못하게 했다.

1960년 4·19혁명이 일어났을 때 나는 덕성여고 3학년에 재학 중이었다. 그때 박순천 여사가 연설하는 걸 본 적이 있고 마음이 약해 직접 뛰어들지는 못하고 데모하는 것을 구경하러 다니기도 했다. 시국이 어수선해서 어머니가 걱정이 돼 시골에서 올라오셨는데, 데모 때문에 차가 다니지 않아 서울역에서 내가 살고 있던 안암동까지 걸어서 오신 적도 있었다. 덕성여고를 다닐 때 생물선생님이 인기가 많았다. 나 역시 생물선생님을 좋아했다.

그래서 이듬해인 1961년 경희대학교 생물학과에 입학했다. 생물학을 특별히 좋아했다기보다는 선생님의 영향을 많이 받았다고 하는 게 솔직한 표현일 것이다. 사실 나 말고도 많은 친구들이 생물학과에 갔으니 말이다. 그런데 학교생활은 기대만큼 만족스럽지 않았다. 그리고 일주일에 한 번 꼴로 샘플 채집을 하러 다니니까 생각보다 몸이 많이 힘들었다. 그다지 체력이 좋지 못한 터에 폐결핵까지 걸려 마침내 2학년 때 중퇴했다.

여고 졸업식, 상단 왼쪽에서 세 번째가 나, 하단 오른쪽이 어머니

어머니와 사촌동생들

집에서 1년 반 정도 결핵 치료를 받아 완쾌했다. 몸이 나은 뒤 다시 복학할까 생각했으나, 친구들은 이미 3학년으로 진급한 상태여서 자존심도 상하고 굳이 더 공부해봐야 무슨 소용이 있겠냐는 생각에 더 이상 학교를 다니지 않았다. 그걸 후회하지는 않는다. 다만 고등학교 3학년 때 담임선생님이 맹아학교 선생을 추천해 주셨을 때 가지 않은 게 후회가 된다. 지금은 그렇지 않지만 당시는 말 못하는 사람들이 좀 무섭고 그런 사람과 대화한다는 게 뭔지 모르게 꺼려했기 때문이다.

무난한 가정생활

학교를 그만 둔 뒤 어머니를 도와 집안일을 하면서 자수를 배우거나 하면서 생활했다. 그러다 29살 때 중매결혼을 했다. 시아버지가 남긴 재산이 일부 있어 남편은 그걸 밑천으로 건축업을 했다. 때마침 제3차 경제개발계획에 따른 건설붐도 일어 몇 년은 괜찮았다. 그런데 독립해서 사업을 시작하기만 하면 뭔지 모르게 운이 따르질 않았다. 지하를 파면 물이 많이 나와 기둥을 더 박는다든지 해서 기초공사를 하는데 계획보다 더 많은 돈이 들어가 결국에는 손해를 보는 일도 자주 생겼다. 하는 일마다 잘 되는 게 없어 힘들고 속상한 적이 많았다.

결혼한 뒤 아들 둘을 두었다. 큰 애 낳을 때의 일이다. 애기가 금방 나올 것 같아 병원엘 갔는데, 아직 나올 때가 안 됐으니 도로 집으로 가라고 하는 것이다. 집이 멀어 못 간다고 하니 겨우 입원을 허락했다. 그런데 그날 밤중에 애가 나온 것이다. 갓난아기를 쳐다보니 저도 뭘

제주에서 남편, 아들, 며느리와 함께

아는지 방긋이 웃었다. 그 모습이 그렇게 예뻤다. 둘째아이도 큰 힘들이지 않고 낳았다. 그런데 그때는 왜 그렇게 잠이 쏟아졌던지, 집에 데려다 놨는데 너무 울어대는 바람에 괜히 밉다는 마음도 생겼다.

세상일이라는 게 참 묘한 것 같다. 큰 애는 마흔을 넘겼는데도 무슨 고집을 부리는 건지 아직도 장가를 안가고 있다. 그나마 둘째라도 결혼해서 다행이다. 어릴 때는 큰애가 공부도 잘하고 말썽도 안 피워 동네에선 아이 훔쳐가고 싶다고 할 정도였다. 그런데 막상 어른이 돼 보니 제 고집만 피우고 있으니 이제는 작은아들이 더 효자 같다.

미스터리로 남은 아버지의 행적

2000년대 후반이었던 것 같다. 아버지가 어떻게 돌아가셨는지 궁금해서 무작정 정부기록보존소(지금의 국가기록원)를 찾아갔다. 무슨 특별한 계기가 있었던 것은 아니었다. 거길 가면 자료를 찾을 수 있을지도 모른다는 이야기를 어디선가 들었던 것 같았다. 어렸을 때 할아버지와 어머니로부터 들은 이야기가 계속 무의식 속에 남아 있었지 않았나 싶다. 아버지와 함께 중국 전선에 징용당한 분이 옆 마을에 살았는데, 해방 후에 고향으로 돌아와 아버지에 관한 이야기를 한 적이 있다. 그 분이 전한 말에 따르면 아버지가 그분에게 "독립군으로 갈 건데 같이 가지 않겠냐"고 제안했으나 따라가지 않겠다고 했으며, 그 이후 아버지가 사라지셨다고 한다.

정부기록보존소에서 뜻밖의 기록을 발견했다. 하나는 『임시군인군속계』라는 기록이고, 다른 하나는 『병적전시명부』였다. 『임시군인군속계』라는 표지 안에 '경기도 시흥군 수암면 군속계'가 있고, 그 내용 중 일부를 보면 다음과 같다.

본적지 : 경기도 시흥군 수암면 하중리 505

부대편입중 군인 또는 군속의 씨명 생년월인 : 궁본병헌宮本炳憲, 1919년 3월 20일

신분 : 군속

부대편입 연월일 : 1944년 2월 14일

최근의 면회 통지 등에 의해 승지承知한 본인의 소속 : 중지 파견 려呂 제8890부대

그런데 『병적전시명부』를 보면서 매우 놀랐다. '도망자 조서'라는 내용의 긴 보고가 포함되어 있었다. '도망자 조서'는 '도망 전후 상황'과 '지시한 수색 수단', '참고'로 구성되어 있는데, 다음은 전체 내용이다.

육군 용인 궁본병헌

1919년 3월 20일생

도망 전후 상황 : 위 자는 악주岳州에서 나카시마中島 군조 인솔 하에 중대로 복귀하기 위해 따라오던 중 여포茘浦에서 자동차 연락 대기 중 식량이 부족해서 충당할 목적으로 야채를 채취한다고 하며 10시경 단독으로 막사를 나간 채 오늘까지 귀대하지 않았다.

지시한 수색 수단 : 여포에서 대기하며 화물창고 부근의 밭에서 전원 야채를 채취하게 했지만 당일에 한해 위 자 외 1명만 가게 해 15시 경 귀사하지 않았기 때문에 한편으로는 쓰나 상등병 외 1명에게 화물창고 부근을 수색하게 했으나 발견하지 못했다. 16시가 되어서도 여전히 돌아오지 않아 나가시마 군조 외 1명에게 여포 주변 일대를 수색하게 했으나 끝내 발견하지 못했다. 18시 여포헌병대에 상세한 보고를 하고 수색 방법을 의뢰했다. 다음 날 자동차에 연락했기 때문에 여포를 출발할 때 헌병대에 중대 주둔지를 보고하고 본인을 발견하는 대로 통보할 것을 의뢰했다.

참고 : 위 자는 악주 주둔 때 관물을 매각한 혐의로 악주헌병대에서 대장에게 처벌을 통보한 적이 있어, 부대 복귀 후 처벌을 기피해서 도망한 것으로 생각한다.

1945년 3월 25일

특설건축근무 제101 중대장

육군 중위 데라우치寺內美德

'도망자 조서'에 따르면, 아버지가 관물을 몰래 판 것이 발각되어 처벌받을까 두려워 도망갔다고 한다. 그러나 이러한 추정은 관리 책임을 회피하기 위해 지어낸 것이 아닐까 생각된다. 아버지는 부유한 집안에서 자랐기 때문에 경제적으로 큰 어려움을 겪지 않았다. 그리고 군속으로 간 이후 매달 집에 안부 엽서를 보낼 정도로 효자였다. 징용 간 사람들 가운데 아버지처럼 자주 집에 안부 엽서를 보낸 사람이 또 있을까. 그런 사람이 처벌을 두려워 도망갔다는 설명은 설득력이 없어 보인다.

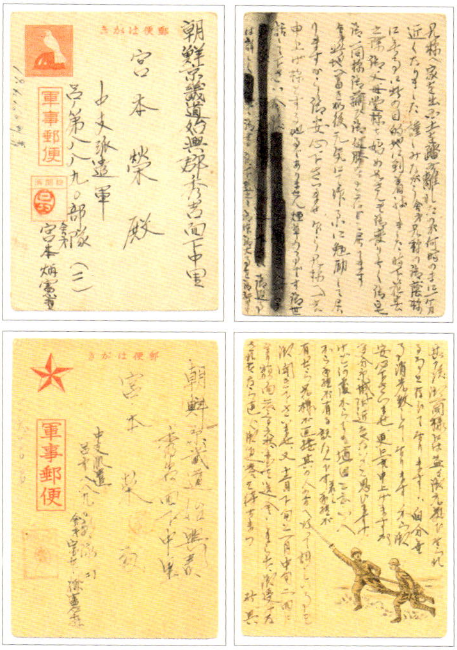

아버지가 보낸 군사우편엽서

아버지는 어떤 이유 때문에 도망갔을까. 어머니가 전해준 말처럼 독립군이 되기 위해 도망갔을까. 이후의 일본군 정보가 없는 것으로 보아–있는데 확인하지 못했을 수도 있다– 도망에 성공한 건 분명한데, 도망갔다면 왜 집으로 돌아오질 못했을까. 항일 독립군에 편입되어 어느 전선에서 싸우다 돌아가셨기 때문에 고향으로 오지 못한 걸까. 물음에 물음이 꼬리를 물 뿐이다. 아버지의 이후 행적은 여전히 오리무중이며 미스터리이다.

처음 아버지의 기록을 봤을 때는 아버지 기록을 보는 순간 뭐라 할까, 참 불쌍하시다는 생각이 들었다. 젊은 나이에 이렇게 가셔서 행방불명되어 가족들과 이렇게 생사도 모르고 사니깐 불쌍하다는 마음이 생긴 것이다. 어머니가 살아 계실 때는 그런 걸 확인해 볼 생각을 못했고 일찍 돌아가셨기 때문에 더더구나 그럴 생각을 못한 게 못내 아쉬웠다.

중국 전선에 군속으로 끌려간 아버지는 다른 사람들에 비해 꽤 많은 편지를 할아버지나 큰아버지李炳殷 또는 宮本炳殷에게 보냈다. 대부분은 군사우편엽서로 집안의 안부를 묻거나 농사를 걱정하는 내용들이었고, 두 개는 일반 편지로 3~5장에 걸쳐 길게 쓴 편지였다. 모두 한자와 일본어로 썼으며, 당연하겠지만 검열을 받은 것들이었다.

아버지에게서 온 편지들을 시간순으로 정리해 보았다.

	수신인	발송일	도착일	검열자	주요 내용
봉투	宮本德根				내용물 없음
엽서	宮本 榮		1944.4.16	日?	집 떠난 지 한달만에 소식 전함. 일부 먹칠 된 곳은 검열에서 지워진 것으로 보임.
엽서	本弟入納		1944.4.23	山口	채무 관계 정리 부탁
엽서	宮本炳殷		1944.5.22 7.12	山口	여동생 결혼 기쁘다. 신랑 주소 알려달라. 형님은 총후에서 일반 민중을 잘 지도해 주시길.
엽서	宮本炳殷		1944.7.9	山口	무더운 날씨, 가족안부
엽서	宮本炳殷		1944.8.30	山口	아버지 소식 가족에게서 들었다. 별일 없어 다행. 비가 많아 농사 걱정, 지난달 사진 2장 보냄.
엽서	本弟入納		1944.8.30	山口	한발 때문에 밭농사 흉작이라 걱정. 콩과 팥농사 모두 결실 있는지?
엽서	本弟入納		1944.9.21		더운 날씨 안부, 田植 1/3, 대흉작이라 걱정 크다. 수확 상황은? 가족 식량은 충분한지?
편지	宮本炳殷	1944.9.21	1944.10.22	山口	천고마비의 계절, 고향의 들판은 황금빛. 길가에 개구리 우는소리, 아이들 노래소리 듣고 싶다. 추석. 은방주 배기 시작했는지. 금년 풍작 기쁘다. 형님은 총후에서 부락민 지도편달 잘하고 계시는지.
편지	李炳殷	1944.9.22		山口	형님에게 보낸 편지, 옷 부탁
편지	宮本炳殷	1944.12.2		山口	더운 날씨, 형님 보내준 편지 받고 기뻤다. 고향의 가을 그립고, 아이들 노래소리 듣고 싶다.

그림 엽서	宮本炳殷	1945.1.1 (양)		山口	근하신년
그림 엽서					둘째형 개간해서 과수원 경영할 예정, 한해대책 마련하고 있는지.
그림 엽서					부인과 가족 모두 형님 덕에 무사. 벌채사업 착수, 둘째형은 개간 뒤 과수원 경영 예정, 아버지 계획하신 일 잘 되길 바람.
그림 엽서					부인과 가족 모두 형님 덕에 잘 지내고 있어 기쁘다.
엽서	宮本榮	1945.3.1	1945.6.7	三田	360원 송금? 1개월 후? 오랫동안 소식 전하지 못해 송구함.
엽서	宮本榮		1945.6.23	生?	12월 하순과 1월 중순 두 번에 걸쳐 360원 송금

가장 먼저 온 엽서가 1944년 4월 23일에 큰아버지 앞으로 도착한 것이다. 아버지가 음력으로 1월 15일에 군속으로 동원되었으니, 아마도 훈련을 끝내고 부대 편입이 완료된 다음 달인 3월 정도에 쓴 것이 아닐까 생각된다.

이때만 해도 매달 한 번꼴로 편지가 왔으며, 한 달 정도 걸려 도착했기 때문에 3월로 추정할 수 있다. 여러 편지 중 추석 때 집에서 보낸 편지를 받고 쓴 답장 가운데 일부를 소개하고 싶다.

"9월 6일자로 보내주신 편지를 9월 30일에 참으로 고마운 마음으로 받았습니다. 눈물이 날 정도의 기쁨이라 춤을 춰야 할지 울어야 할지 전혀 모르겠습니다. 지금은 조선의 가장 즐거운 명절, 송편을 만들고 조상님들 영혼에는 신곡물로 만든 성찬을 올리고 축제하는 날, 15일 밤의 둥글한 달을 바라보면서 모든 가족이 이야기할 즐거운 추석의 날입니다. 그 즐거운 날을 맞이하셔서 가족 여러분들이 얼마나 기쁘셨을까요."

큰아버지 편으로 보낸 편지를 받고서 너무 기뻐 울고 싶을 정도였다는 내용을 보고 아버지의 얼굴이 기억나진 않으나 마치 아버지를 보는 듯한 느낌마저 들었다. 그리고 고향의 추석을 그리워하는 마음이 편지 곳곳에 절절히 배어 있어 더 마음을 아프게 했다. 1945년이 되자 아버지가 쓴 편지는 그 횟수가 줄어들었고, 그것마저도 전선의 상황이 나빠져서인지 세 달 걸려 도착하였다. 앞서 본 '도망자 조서'에 따르면 1945년 3월 24일 아버지가 도망했다고 일본군이 보고하고 있다. 아버지가 집으로 보낸 마지막 엽서가 도착한 날짜가 6월 23일이어서 아마도 도망하기로 결심하고 실행에 옮기기 직전에 쓰지 않았을까 생각한다. 다음은 아버지가 가족들에게 남긴 마지막 이야기다.

"그 후 여러분께서는 더욱 건강히 계실 거라 믿습니다. 저는 무사히 지내고 있사오니 안심하십시오. 한 말씀 더 드립니다. 아마도 경성 부근이지 않을까 생각됩니다만 어디에서든지 壇田라는 사람으로부터 편지가 올 것입니다. 만약 편지가 오면 형님께서 직접 그 사람에게 가셔서 자세한 이야기를 들어주십시오. 또 12월 하순과 1월 중순에 두 번에 걸쳐 금액 360엔을 송금했습니다. 받으시면 바로 답장을 기다립니다. 경구"

할아버지 앞으로 보낸 아버지의 마지막 소식은 기왕의 편지와는 달리 조금 이상하다. 의례적인 인사도 없고 마치 뭔가에 쫓기듯이 쓴 것 같은 느낌마저 들었다. 검열을 받고 보내는 편지이기 때문에 문제가 될 만한 내용을 쓸 순 없었을 것이다. 그렇지만 가족들만 알 수 있는 어떤 암시나 단서라도 혹시 있지 않을까 하는 기대를 가지고 이리 뜯어보고 저리 뜯어봤지만 소용없는 일이었다. 편지의 내용대로 큰아버지가 壇田이라는 사람으로부터 편지를 받고 만났는지 확인할 방법도 없어 안타까울 따름이다. 큰아버지가 아버지에 대해 특별히 남긴 이야기는 함께 군속으로 갔다 돌아오신 분이 전한 말 이외는 달리 없었던 것으로 보아 아마 壇田이라는 사람을 만나지 못했을 수도 있다. 어쨌든 이 편지를 마지막으로 일본군을 탈출한 뒤의 아버지 행적은 미스터리로 남겨져 있다.

박물관에서 다시 살아날 아버지의 유산들

어머니 앞으로 보낸 한글 편지가 있었는데, 어머니가 오랫동안 보관하시다가 잃어버렸다고 한다. 아버지가 보낸 편지와 엽서들은 모두 큰아버지가 보관하고 있었던 것들이다. 큰아버지가 돌아가신 뒤 사촌동생들이 유품을 정리하다 엽서꾸러미를 보고는 내게 연락을 했다.

"이건 누나가 가져가야 할 것 같애."

아버지가 이 세상에 남기고 간 소중한 유품들이다. 흘려 쓴 한자와 일본어로 쓰여진 몇 장의 편지와 엽서, 그리고 어디서 구입했는지는 알 수 없으나 함께 큰아버지가 보관했다가 남긴 그림엽서들은 아버지와 나를 이어주는 유일한 자산이자 아버지가 마지막으로 남긴 작은 이야기였다.

"나마저 죽고 나면 누가 아버지를 기억하기나 할까. 이 편지들도 모두 쓰레기 취급받지 않으면 다행일 텐데."

내게는 소중한 이 이야기가 나의 죽음과 함께 사라져버린다는 사실이 너무 안타깝고, 아버지에게 미안한 마음마저 들었다. 그런 걱정을 하고 있던 차에 강제동원 피해의 진상규명과 피해자 지원활동을 오랫동안 해오던 민족문제연구소가 식민지역사박물관을 세우고 있다는 소식을 이희자 대표로부터 들었다. 너무 기뻤다. 아버지가 남긴 유품이 식민지역사박물관에 가면 잠자는 자료가 아니라 사람들과 함께 사연을 나눌 수 있는 살아있는 이야기가 될 것이라 생각했다. 그래서 2010년 3월 모임 자리에서 이희자 대표를 통해 민족문제연구소에 기증하는 절차를 밟았다. 자료를 넘겨주고 나니 그렇게 마음이 편할 수가 없었다. 아마도 아버지 이야기가 아무 의미 없이 사라지지 않는다는 안도감과 그렇게 하는 것이 자식 된 도리가 아닌가 하는 막연한 의무감 같은 것에서 해방되었기 때문이 아니었을까.

아버지의 편지 등을 식민지역사박물관에 기증 (2010.3.15)

이처럼 내 삶에 작은 하나의 매듭을 지울 수 있게 된 것은 태평양전쟁피해자보상추진협의회(보추협)와 만남이 계기가 되었다. 2009년 중국 추도순례 때 보추협을 알기 이전에는 아버지의 기록에 대한 관심을 갖고 직접 자료를 찾아보긴 했으나, 유족으로서의 활동을 할 생각도 없었고 관련 단체에 대한 관심도 없었다. 언제인지는 정확하게 기억나지 않으나 2003년 초였던 것 같다. 국회 의원회관에서 강제동원 피해자와 관련된 명부 전시회를 한다고 오라는 엽서가 와서 한 번

간 적이 있다. 아마 사망자명부 같은 걸 보고 피해자 단체에서 유족들에게 소식을 알린 적이 있다 하는데 정확하지 않다. 아무튼 행사에서 아는 얼굴도 없었고, 여기저기서 나온 주장들이 좀 허황된 것 같기도 해 그냥 돌아왔다.

자료상으로는 아버지가 행방불명된 것으로 처리되어 있었기 때문에 2009년 8월 27일에 가서야 태평양전쟁전후국외강제동원희생자지원위원회(위원회)로부터 위로금 2천만 원을 지급하겠다는 최종결정을 받았다. 위로금 지급 결정을 받은 다음 달, 위원회가 주관하는 중국 추도순례단에 참가해 남중국의 피해 현장들을 돌아보았다. 아버지에 대해 전혀 생각하지도 않다가 거기 가니깐 모두 같은 사람들, 같은 아픔을 가진 사람들이라 남 같지가 않았다. 오래 전부터 사귄 사람들마냥 감회가 달랐다. 그리고 아버지가 계시는 땅에 조금이라도 가까이 왔다는 그런 생각이 들었다. 추도순례를 통해 새로운 사람들, 그러나 매우 친숙한 사람들을 사귀게 되었다. 순례 참가단 중 마음 맞는 사람들끼리 정기적으로 만나 안부를 묻는 모임을 갖고 있다. 특히 보추협의 회원들을 만나니 더 정이 갔다. 만나면 마음도 편해져 늦었지만 회원으로 꼬박꼬박 참가했다.

2011년 5월 8일, 일제하 강제동원 희생자 합동추모위원회가 주최하고 민족문제연구소, 보추협, 아시아평화와번영포럼(강창일·이종걸 공동대표)이 공동으로 주관하여 천안 망향의 동산에서 일제하 강제동원 희생자 합동추모제 '빼앗긴 어버이를 그리며'를 열었다. "징용·징병 등으로 강제동원되어 이역에서 억울하게 사망한 희생자들의 넋을 위로하고 전통적인 장례의례를 통해 유족들의 한을 풀고자" 열린 추모제에서 유족 대표의 한 명으로 납골당 앞에서 추도사를 읽었다. 추도

'빼앗긴 어버이를 그리며' 망향의 동산 합동추모제(2011.5.8)

사를 읽는 내내 흐르는 눈물을 주체할 수 없어 어떻게 추도사를 했는지 기억나지 않는다. 그러나 가슴 속에 맺혀 있던 어떤 응어리가 눈물과 함께 씻겨나가듯이 시원해지는 것을 느꼈다.

2012년 보추협에서 군속 대상자 중 일본 정부를 상대로 군사우편저금 자료가 있는지를 확인하기 위해 일본정부에 정보공개요청을 한다는 이야기를 들었다. 혹시나 하는 마음에 보추협의 도움을 받아 아버지의 자료가 있는지 문의했다. 그 결과 「국외거주 외국인 공탁명세서」에 294엔 72전이 공탁되어 있는 것도 확인하고 한국정부로부터 금액을 환산해서 지급받았다. 얼마 안 되는 돈이지만 아버지와 나를 연결하는 또 하나의 끈이었다.

보추협 때문에 아무도 알아주지도 기억해주지도 않던 아버지의 기록 중 하나가 세상에 다시 나와 나에게 온 것이다. 영원히 묻혀있을지도 모를 아버지의 기록 중 하나를 더 채울 수 있었던 것도 큰 기쁨이

합동추모제에서 추도사를 읽다(2011.5.8)

다. 이제 죽기 전에 아버지가 어떻게 돌아가셨는지를 확인할 수 있었으면 하는 바람이다. 그 바람이 너무 큰 욕심일까.

• 김민철

시아버지의 기록을 찾아서

정윤현

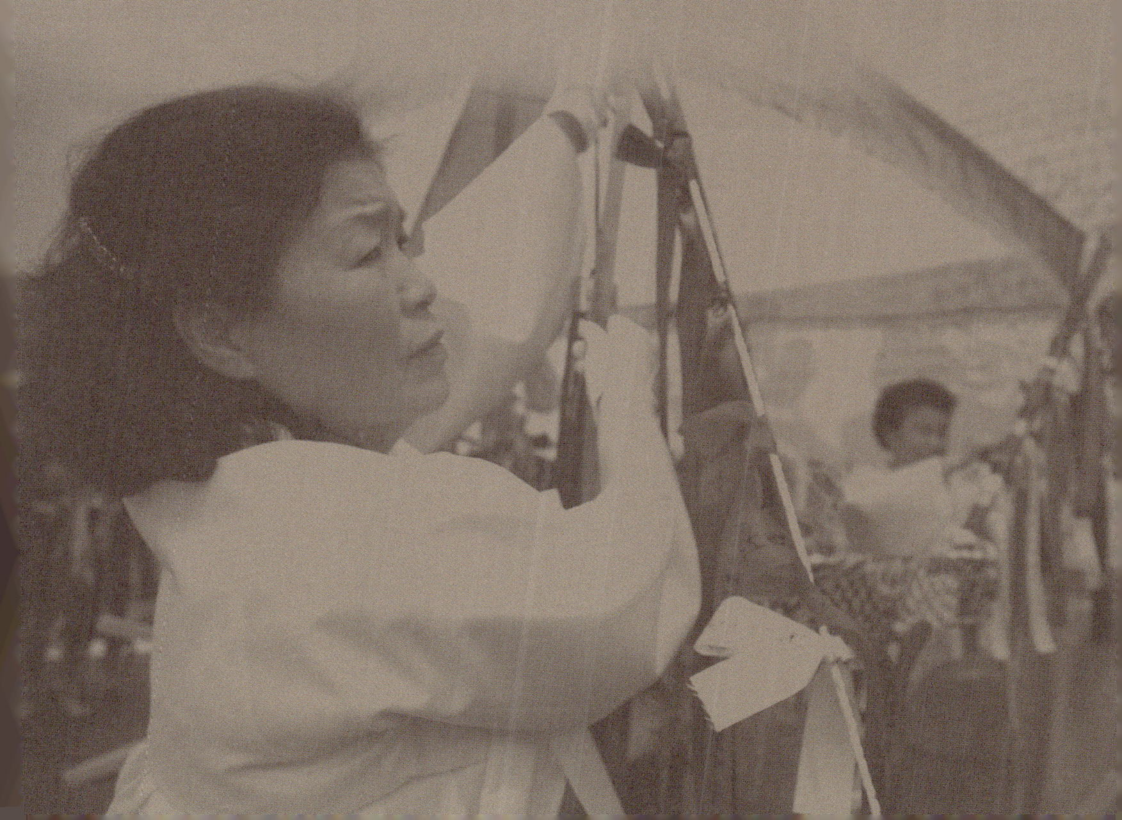

2010년 일본 후쿠오카 증언대회

2010년 10월 17일 오후 2시, 나는 인천공항에서 일본 후쿠오카행 비행기에 올랐다. 한가롭게 해외로 가을여행을 떠나는 것이라면 좋았겠지만 나는 다소 비장한 목적이 있었다. 가족을 대표해 일본 시민들에게 후쿠오카에 강제징용 당한 시아버님의 사연을 이야기하기 위해 갔기 때문이다. 보추협 소속 유족들은 2010년 6월부터 10월까지 일본 전국에서 증언모임을 가졌다.

후쿠오카에서 열린 피해자 유족 증언대회 (2010.10)

마지막 증언대회가 후쿠오카에서 열렸고, 유족인 김동관 씨와 내가 대표로 참석했다. '일본 전국 순회 강제동원 피해자 증언대회'라는 제목으로 개최된 이 행사는 일본 시민들에게 일본의 식민지 지배의 피해로 아직도 유족들이 고통받고 있다는 사실을 호소하기 위해 열렸다.

나는 강제징용 당한 시아버지와 태어난 지 3일 만에 아버지를 잃은 남편의 사연을 눈물로 소개했다. 내 이야기를 듣는 청중들은 다들 무거운 표정이었다. 며느리인 내가 부모 잃은 자식만큼의 간절함을 전달할 수 있을까 걱정이었지만 남편을 대신해서 마음속에 우러나는 진심을 전하고자 했다.

2006년 8월에도 일본의 강제동원진상규명네트워크의 초청으로 도쿄에서 열린 유족 증언대회에 간 적이 있다. 강제동원진상규명위원

도쿄에서 열린 피해자 유족 증언대회(2006.8)

고베에서 열린 피해자 유족 증언대회(2006.8)

회가 생겼지만 여전히 기록을 찾지 못한 유족들의 사정에 깊은 관심과 애정을 가지고 활동을 하던 일본인 후쿠도메 씨가 태평양전쟁피해자보상추진협의회(보추협)와 함께 마련한 행사였다. 보추협 회원인 최낙훈, 김금순, 이금수, 강종호 씨와 내가 초청을 받았다. 처음으로 무자료 유족, 기록없는 사람들이 일본 증언대회에 참석한 것이었다.

나와 강종호 씨는 고베 청년학생센타에서 열린 증언대회에 참석했다. 해방을 맞고 60년이 지나도록 강종호 씨는 아버지의 행방을 알 수 있는 기록을 찾지 못했다. 나도 마찬가지로 시아버지의 기록을 찾고 있었다. 남편은 '아버지의 흔적을 찾지 못하고 가지만 꼭 아버지의 흔적을 찾아서 아들에게 남겨주고 싶다'는 말을 남기고 1992년에 일찍 세상을 등졌다. 남편의 유지를 이어 시아버지의 기록을 계속 찾던 나는 그 증언 자리에서 이렇게 분명하게 말했다.

"일본이 인권침해, 개인정보 보호라며 자료를 공개하지 않고 있지만, 입장을 바꾸어서 유족의 마음을 헤아려 인도적 차원에서라도 일본이 가지고 있는 모든 기록들을 공개했으면 좋겠습니다."

과연 그 말이 얼마나 일본 정부에 가 닿았을까.

태어난 지 3일된 아들을 두고 끌려가신 시아버지

시아버지는 일제 말에 강제동원되어 지금도 그 생사를 정확히 알 수가 없다. 시아버지가 돌아오지 않으면서 집안 전체는 말 그대로 풍비박산이 났다. 사진 한 장 남지 않아 나는 시아버지의 얼굴조차 알지 못한다. 고아나 다름없이 온갖 고생을 한 남편 박구영의 이야기를 하자면 밤을 지새워도 모자랄 지경이다.

시아버지 박운석朴雲錫 씨는 1917년 7월 26일 경기도 화성군 남양면 장덕리 349번지에서 태어났다. 3남 4녀의 장남이었던 시아버지는 부모님과 동생들, 많은 친척과 함께 한 마을에 모여 살았다. 당시 집에 머슴을 두고 살 정도였다고 하니 꽤 넉넉한 형편이었다.

하지만 일제 말 강제동원의 마수는 피하기 어려웠다. 일제는 마을의 남자들을 마구잡이로 강제동원하기 시작했다. 시할머니는 아들의 징용을 막아보려고 온갖 애를 쓰셨다. 마을 이장들이 징용 영장을 다른 사람 이름으로 바꿔치기 하는 경우도 많았다고 한다. 그래서 처음에는 어떻게 피하신 모양인데 두 번째 나온 징용영장은 피하기 어려웠던 모양이다. 시아버지는 옆 마을 여동생 집에서 처남 집으로 옮겨 다니며 숨어 지냈다. 순사들이 집집마다 수색해 마을 남자들을 끌고 간다는 소식을 듣고는 아예 산 속에 숨었다. 산 속에 먹을 것이 없으니 나무뿌리나 열매 그리고 잡초로 겨우 연명했는데, 결국 큰 배탈이 나고 말았다.

어쩔 수 없이 집으로 돌아올 수밖에 없었다. 집에 돌아와서도 들키지 않으려고 숨어 지냈지만, 다음 날 일본 순사가 갑자기 집으로 들이닥쳐 시아버지를 강제로 데려갔다. 가족들은 그 때를 1944년 음력 7월 27일로 기억한다. 시할머니는 어떻게든 끌려가는 아들을 말려보려고 안타까운 발걸음으로 뒤를 따라 나섰다. 뒤 쫓아 가는 길에 송충이나 송진을 주우려고 아무리 찾아도 못 찾았다. 그걸 몸에 문지르면 금방 두드러기가 올라오기 때문에 피부 부스럼이 걸렸다고 핑계를 댈 요량이었다.

그 때 시어머니는 아들을 낳은 지 불과 3일밖에 안된 때라 제대로 일어나 배웅조차 못하고 남편을 떠나보냈다. 산후 조리도 제대로 마치지 못한 상태여서 방에 누워 남편이 떠나가는 소리만 듣고 있었을 시어머니의 심정이 어땠을까. 그때 강보에 싸인 채 울고 있던 아들이 바로 남편이다. 그러니 남편은 아버지 얼굴도 모르고 아버지에 대한 기억이라곤 아무 것도 없다.

끌려가신 시아버지한테서 몇 번 편지도 왔다. 당장이라도 돌아올 것 같은 기대에 항상 대문을 잠그지 못하고 기다렸다. 그러나 그렇게 끌려간 후 시아버지는 영영 다시 돌아오지 못했다.

남편의 눈물겨운 성장기

집안에서 장남이 징용당한 뒤부터 가족들은 매일 슬퍼하며 눈물로 지냈다. 너무 상심이 컸는지 시어머니는 병으로 몸져눕게 되셨다. 그 병을 고치려고 시할머니께서 손수 집안에 있던 비단을 다 내다 팔아 굿을 하며 며느리 병수발을 하셨다. 가족 모두가 농사도 뒷전으로 미루고 매달리다시피 했지만 결국 보람도 없이 시어머니는 남편이 다섯살 때 돌아가셨다. 누나 둘과 남편까지 3남매는 졸지에 고아가 되어 버렸다.

아들에 며느리까지 앞세운 조부모님의 어깨가 한없이 무거웠다. 막내 삼촌인 박옥석 씨와 남편의 큰 누이 박남순 씨가 1938년생 동갑으로 겨우 열살에 불과했다. 그러나 시조부모님도 큰 아들을 허망하게 잃고 몸과 마음이 쇠약해지셨는지 할머니는 1951년에, 할아버지는 1955년에 돌아가셨다. 남편이 겨우 열살 남짓한 때였다. 집에 올망졸망 어린 아이들만 남게 되었고, 고모댁에서 사촌들에 의탁해 생활을 이어갈 수밖에 없었다. 집에 30마지기 정도 땅이 있었다지만 나이 어린 남편과 누나들이 제대로 건사할 수 없었다. 시조부님이 4형제 중 막내다 보니 어느 순간 모든 재산은 친척들 차지가 되어 버렸다.

일제의 강제징용으로 집안을 이끌던 장남이 없어져버렸고, 그 이후로 집안은 걷잡을 수 없이 쓰러져 갔다. 든든한 울타리가 되어 줄 아버지가 없어지자 아이들은 고아처럼 방랑해야 했다. 남편은 부모님의 사랑은커녕 가난과 배고픔으로 눈물겨운 하루하루를 이어가야 했다. 머슴 부리던 집에서 곱게 클 수도 있었던 남편은 남의 집 머슴이나 다름없는 신세로 떠돌았다. 그러다보니 아버지에게 온 편지며 사진 같이 소중한 것들을 제대로 챙기지 못했다. 남편과 나는 부모님 사진 한 장 남기지 못한 것을 늘 아쉬워했지만 후회를 해도 소용없었다. 이것은 비단 내 남편만의 눈물겨운 사연이 아닐 것이다. 일제 강제동원 유족들 대부분이 겪은 고통이다.

고생만 하다 먼저 떠난 남편

나는 1953년 김제에서 태어났다. 우리 집은 아버지가 좀 속을 썩이셨던 터라 일찌감치 언니들이 서울로 올라가 직장을 잡고 생계를 책임졌다. 나는 아버지가 제일 예뻐하셨다. 하지만 형제들 중에 학교도 제일 늦게 열살에 보내주셨다. 초등학교 졸업 후 중학교 진학할 돈도 없어 언니들을 쫓아 서울로 올라왔다. 언니들과 셋째인 내가 열심히 뒷바라지 한 덕분에 내 밑의 동생들은 다 들 고등학교까지 마쳤다.

해병대 시절 늠름한 남편의 모습

서울에서 직장을 다니다 남편과 만났다. 1972년 혼인을 해 첫 신혼집은 마포경찰서 뒤 산꼭대기에 있는 월세 5천 원짜리 방이었다. 나중에 안 사실이지만 그것도 큰 시누이가 삼촌에게 말해

남편과 아이들과 함께 찍은 가족사진

서 땅 3마지기를 팔아 마련해 준 것이었다. 얼마나 산꼭대기였는지 그 집을 찾아가느라 땀을 뺐던 기억이 생생하다.

내 나이 스물 두, 세살 한참 어린 나이였고, 해병대 나온 건장한 남편이 있으니 두려울 게 하나 없던 시절이었다. 2~3만원 월급쟁이를 그만두고 우리는 북아현동에 와이셔츠 맞춤집을 차렸다. 따로 집도 없이 가게에 돗자리를 깔고 자면서 일을 했다. 그때는 열심히 일한만큼 돈이 벌렸다. 1974년에 낳은 아들이 초등학교 갈 무렵에는 그때 유행하던 호프집을 새로 시작했다. 내가 공부를 못한 게 한이 남아서 그랬는지 아들, 딸은 모두 사립학교를 보냈다. 집을 하나 둘 늘려가고 아들딸도 무난하

손녀 돌잔치 때 가족사진

게 잘 커주었다. 그렇게 행복한 시간은 영원할 줄 알았다.

남편과 한참 행복하게 지낸 지 10년이 못 된 것 같다. 어느 날 남편에게 병마가 찾아왔다. 너무 어렸을 때 못 먹고 고생을 해서 그런지 폐병이 심했다. 우리가 젊을 때 다녔던 봉제공장의 환경이 너무 열악해서 폐병이 악화되었는지도 모르겠다.

그로부터 한 10년 동안 병원신세를 지게 되었다. 갑작스레 발작처럼 호흡 곤란이 오면 무조건 빨리 병원으로 달려가는 수밖에 없었다. 1980년대 후반, 당시 신촌 근처에서 매일 데모가 심했다. 어느 날 신촌 세브란스 병원 응급실에 가려고 택시를 탔는데 신촌 기차역을 경찰이 다 막고 있어서 못 가게 하는 게 아닌가. 택시기사한테 무조건 뚫고 가자고 했다. 내려서 난리를 치고 경찰과 싸우고 밀치고 나갔다. 경찰이 죄다 막고 최루탄도 많이 쏴대는 통에 정문으로 나오지도 못하고 후문으로 다니고 그랬다. 그게 하도 고생스러워 나는 그 때 운전면허를 땄다. 직접 운전하고 남편을 병원에 데리고 다녔다.

1992년 우리 아들이 고등학교 3학년이라 수학능력시험을 보는 날 남편은 그만 야속하게도 세상을 떴다. 아이 담임선생은 수능을 봐야 대학을 가니 시험 다 보고 아버지 소식을 알리겠다고 했다. 그 아이에게도 그 날은 잊을래야 잊을 수 없는 날이 되었다.

남편은 그렇게 병을 이기지 못하고 나와 두 남매들만 남기고 한창 활동해야 할 마흔아홉 살의 나이로 세상을 떠났다. 외롭고 힘겨운 성장기 때 받았던 마음의 상처와 생활의 고통, 그리고 아버지 흔적을 찾기 위해 애썼던 마음의 병이 깊어 결국 아버지의 기록도 찾지 못한 채 한을 품고 세상을 떴다. 살아있는 동안 아버지에 대한 그리움과 괴로움 속에 살았을 남편을 생각하면 지금도 마음이 아리다.

남편 뒤를 이어 시아버지의 기록 찾기에 나서

남편을 떠나보내고 나니 남편이 짊어졌던 것을 내가 고스란히 떠맡게 되었다. 남편이 돌아가기 직전인 1991년 피해자 단체를 찾아가 회원 가입을 해놓았다. 뭔가 유언처럼 내게 숙제를 남기고 떠난 셈이다. 그리고 아들과 딸에게는 아버지 없는 빈자리를 채워가야 하는 무거운 책임도 있었다.

남편은 경기지부에 신청을 했지만 서울 용산에 가면 태평양전쟁희생자유족회가 있다고 해서 찾아가서 또다시 가입 신청을 했다. 그 때부터 용산에 있던 유족회 사무실에 회의도 나가고, 행사에도 참여했다. 며느리지만 시아버지를 위해 해야 할 일이라 생각해서 최선을 다했다. 1998년 8월 용산역 광장에서 열린 노제는 잊을 수가 없다. 장례식도 치르지 못한 강제동원 희생자들을 추모하는 상여행사를 아주

일본 모리총리 방한 반대집회(2000.5.29)

크게 준비했다. 그러나 하필이면 비가 양동이로 퍼 붇듯 내려서 공들여 준비한 것들이 엉망이 되어버렸다. 정성껏 준비한 음식은 제대로 차리지도 못했다. 그래도 처음으로 제대로 올리는 노제였고, 유족회원들의 정성을 가득 담은 행사라 어려움은 많았지만 가장 기억에 남는 행사이기도 했다.

1999년 원래 유족회와 분리되는 상황이 벌어졌다. 서울지부는 따로 종로오피스텔에 둥지를 틀었다. 조직도 독립해서 보추협을 만들었다. 초창기에는 참으로 힘든 일들이 많았다. 내가 제일 어린 축에 속해서 늘 출근하다시피 사무실에 나가 일을 도왔다.

우리 유족들은 그 당시 기록 찾기에 열중하고 있었다. 나도 시아버지 기록을 찾을 수 있을 것이라고 생각했지만, 일본에서 행방불명된 시아버지 기록은 더 이상 한국에서 찾을 수가 없었다. 강제동원 피해자들과 유족들은 한국에 기록이 없는 경우 일본 관계 기관에 직접 서

보추협 사무실이 있던 종로오피스텔 앞에서

신을 보내 관련 기록을 찾는 노력을 기울였다. 일본 사회보험업무 센터나 우정성, 후생성에 연금가입기간 등에 대한 조회 요청서를 여러 번 보냈다. 하지만 돌아온 것은 모두 '없다', '기다려라'는 답변뿐이었다.

그래서 시아버지를 기억하는 동네 어른들을 찾아 나섰다. 화성 옛 시댁이 있던 마을 노인정을 찾아다니며 당시 이야기들을 물었다. 같은 면 사람들이면 대충 당시 일들을 기억도 하고 아는 사람도 소개해 주었다. 한밤중에도 쫓아가서 그 분들을 만나고 그랬다. 일제시대에 면에 근무하던 분이 있다고 해서 찾아 갔더니 정확이 기억이 안 난다고 전혀 말씀을 안 해 주셨다. 무슨 불이익이 갈까봐 이야기를 안 해 주셨는지 아쉬운 발걸음을 돌릴 때가 한두 번이 아니었다.

내가 직접 고향에 가서 찾기 시작했을 때는 이미 당사자들이 다 돌아가시고 안 계신 경우가 많았다. 송귀순이란 어른도 마찬가지였다. 그 분이 바로 우리 시아버지의 마지막을 생생하게 증언해 주신 유일한 분이었다. 후쿠오카에서 귀국하기 위해 같은 동네 출신 세 분이 배를 탔다고 한다.

근데 배가 너무 비좁아 송귀순 씨만 그냥 타고 오고, 시아버지와 또 한 분은 뒷배를 타고 온다고 했단다. 그러니 내일쯤이면 올 것이라고 귀국하자마자 우리 시댁에 알려준 분도 그 분이었다. 그러나 며칠을 기다려도 시아버지는 돌아오지 않았다.

내가 송귀순 어르신을 찾아 갔을 때는 이미 돌아가신 뒤였다. 아들 되는 분의 연락처를 얻어 그분에게 편지를 보내고, 서울 홍제동에 있던 스위스그랜드호텔 커피숍에서 만났다. 그러나 그 아드님도 딱히 더 아는 바가 없었다. 상황이 이러하니 기록 찾기는 우리 유족들이 감당하기에 너무나 버거운 일이었다. '일제강점하 강제동원진상규명특별법'이 만들어졌고, 강제동원진상규명위원회가 발족했지만 여전히 기록이 없는 유족들의 막막한 처지는 달라지지 않았다.

국가가 나서서 기록을 찾아 달라

피해자와 유족들의 피나는 노력으로 2004년 2월 13일 일제강제동원피해자를 위한 강제동원진상규명특별법이 통과되었다. 11월 10일 위원회가 문을 열자 나는 2005년 1월 21일자로 피해신고서를 작성했다. 보추협 사무국의 안내가 없었으면 쉽지 않았을 것이다. 그리고 2005년 2월 1일 보추협 회원들과 함께 단체로 신청서를 제출했다.

하지만 신청서를 내고도 번듯한 피해 입증 자료를 제출하지 못한 나로서는 무척 불안했다. 위원회에서 피해자와 유족들을 모아 간담회를 한다고 해서 한 번 가보았다. 그랬더니 기록 없는 사람들에게는 아무 설명도 없고 대책도 없어 보였다.

결정 통지를 받은 사람들은 어떻게 하면 빨리 돈을 받을까만 몰두하는 분위기였다. 위원회가 생기면 유족들을 대신해 기록도 찾아주고 어떻게 돌아가셨는지 알려도 주고 할 줄 알았는데, 달라지는 건 하나도 없었다. 그 때 나는 스스로 나서서 찾지 않으면 안 되겠구나 하는 것을 깨달았다.

밑져야 본전이라는 심정으로 나는 다시 한 번 국가기록원에서 명부를 찾아보기로 했다. 그런데 그렇게 찾아 헤매던 시아버지의 기록이 국가기록원에 있었다. 『왜정시피징용자명부(경기도)』라는 자료에 시아버지 이름이 있었다. 이희자 대표는 이 명부가 이승만 정부 때 만들어진

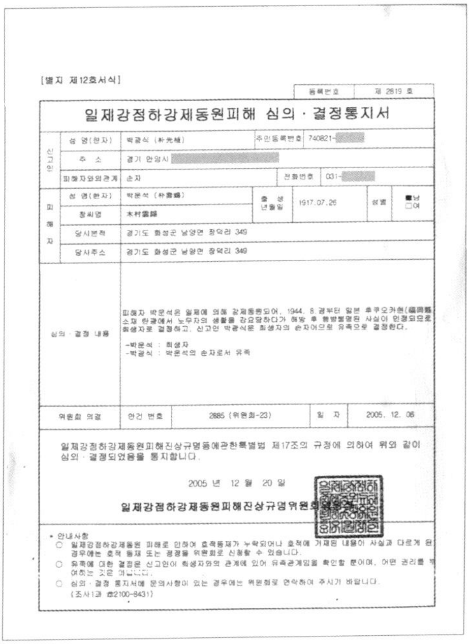

[별지 제12호서식]

등록번호	제 2819 호

일제강점하강제동원피해 심의 · 결정통지서

신고인	성 명(한자)	박광식 (朴光植)	주민등록번호	740821-		
	주 소	경기 안양시				
	피해자와의관계	손자	전화번호	031-		
피해자	성 명(한자)	박운석 (朴雲錫)	출 생 년월일	1917.07.26	성별	■남 □여
	창씨명	木村雲錫				
	당시본적	경기도 화성군 남양면 장덕리 349				
	당시주소	경기도 화성군 남양면 장덕리 349				
심의 · 결정 내용		피해자 박운석은 일제에 의해 강제동원되어, 1944. 8.경부터 일본 후쿠오카현(福岡縣) 소재 탄광에서 노무자의 생활을 강요당하다가 해방 후 행방불명된 사실이 인정되므로 희생자로 결정하고, 신고인 박광식은 희생자의 손자이므로 유족으로 결정한다. -박운석 : 희생자 -박광식 : 박운석의 손자로서 유족				
위원회 의결	안건 번호	2885 (위원회-23)	일 자	2005. 12. 06		

일제강점하강제동원피해진상규명등에관한특별법 제17조의 규정에 의하여 위와 같이 심의 · 결정되었음을 통지합니다.

2005 년 12 월 20 일

일제강점하강제동원피해진상규명위원회

• 안내사항
○ 일제강점하강제동원 피해로 인하여 호적등재가 누락되어나 호적에 기재된 내용이 사실과 다르게 된 경우에는 호적 등재 또는 정정을 위원회로 신청할 수 있습니다.
○ 유족에 대한 결정은 신고인이 희생자와의 관계에 있어 유족관계임을 확인할 뿐이며, 어떤 권리를 부여하는 것은 아닙니다.
○ 심의 · 결정 통지서에 문의사항이 있는 경우에는 위원회로 연락하여 주시기 바랍니다.
(조사1과 ☎2100-8431)

일제강점하강제동원피해 심의·결정통지서
(2005.12.20)

것이라고 알려 주었다. 전산화가 되어서 좀 더 찾기 쉬워졌다는 설명도 해 주었다. 일단 시아버지가 후쿠오카현에 징용되셨다는 사실은 한국 정부의 기록을 통해 명확해졌다. 이 자료를 단서로 더 많은 기록을 찾을 수 있을 것이라는 기대를 안고 위원회에 진상조사 신청도 했다.

시아버지는 호적에 1971년 12월 30일자로 사망신고가 되어 있다. 시아버지의 막내 동생인 박옥석 명의로 '1945년 8월 일시 미상 일본국 구주탄광에서 사망'한 것으로 등록되었다. 시아버지와 같은 곳에서 일하다가 귀국한 송귀순 씨의 증언을 근거로 호적 일제 정리기간에 사망신고를 한 것이다. 혹시나 도움이 될까 하는 마음에 '사망신고에 대한 사유서'도 10월 11일자로 위원회에 제출했다.

나는 그렇게 보추협의 도움으로 내가 가야 할 방향을 찾아나갔다. 김은식 사무국장이 일일이 설명해 주면 나는 곧장 현장으로 달려갔다. 보추협에서 일러주는 대로 현장에 가서 시아버지에 대해서 물어보고, 노인정에 가서 사람도 찾아보았다. 그렇게 주워 모은 사실을 들고 다시 보추협 사무실로 찾아가서 또 상담을 받고 그 다음 내가 해야 할 일을 찾곤 했다. 그렇게 시아버지의 흔적을 쫓아 한 걸음씩 내디딜 수 있었다.

그해 12월 20일, 드디어 시아버지의 강제동원 피해사실을 한국 정부로부터 인정받았다. 보추협에서 기록 없는 유족으로서는 가장 빨리 결정 통지서를 받은 것이다.

> 피해자 박운석은 일제에 의해 강제동원되어, 1944.8경부터 일본 후쿠오카현福岡縣 소재 탄광에서 노무자의 생활을 강요당하다가 해방 후 행방불명된 사실이 인정되므로 희생자로 결정하고, 신고인 박광식은 희생자의 손자이므로 유족으로 결정한다.

이 몇 줄의 결정문을 받기까지 수십리 길을 마다 않고 뛰어다니고, 전화통에 불이 나도록 수소문을 했던 고생스런 순간들이 스쳐지나갔다. 이제 애들 아버지 얼굴을 떳떳하게 볼 수 있을 것만 같았다. 하지만 이 결정통지서는 우리 피해자들이 그렇게 애를 써서 찾아낸 선친

일본 시민활동가들이 안내해 준 후쿠오카 강제징용 현장 (2010.10.18)

제13회 김학순할머니 추모제(2010.12.16)

의 과거 흔적을 그대로 인정해 준 것이나 다름없었다.

우리 유족들이 이미 알고 있는 사실 이외에 위원회가 더 샅샅이 조사해서 속 시원히 알려 주길 바랐지만 단 한 글자도 보탬이 없었다. 도대체 우리나라 정부는 배움도 짧은 유족들이 기록 한 장을 찾기가 얼마나 고생스럽고 힘겨운지 알기나 하는 걸까. 그래서 피해자와 유족들이 나서서 국가가 우리 대신 제대로 파헤치고 찾아달라고 특별법을 만들고 위원회를 만들었는데 이게 다였다. 심의·결정 통지서를 받아들고 보니 나는 기쁜 마음 한편으로 허탈하기 짝이 없었다. 시아버지는 과연 후쿠오카 어디에서 어떤 일하셨는지, 얼마나 고생을 하셨는지, 정말 돌아오는 귀국선이 침몰해 돌아가신 게 맞는지 우리 가족들은 아직도 그 행방을 알지 못한다.

일본이 가진 모든 기록을 공개하라

얼마 전 보추협의 최낙훈 운영위원장이 일본 시민단체 활동가들의 도움으로 72년만에 아버지의 기록을 찾았다. 한편으론 부럽고, 한편으로 이 긴 기다림을 언제 끝낼 수 있을까, 이제 그만 끝내고 싶다 하는 마음도 들었다. 어딘가에 우리 시아버지의 흔적이 담긴 종이 한 장이라도 남아 있겠지 그런 희망으로 오늘도 보추협 사무실을 찾는다.

우리 시아버지와 같은 노동자의 기록은 일본 기업이나 정부가 가지고 있는 모든 명부와 기록을 공개할 때만 그 진실을 알 수 있다고 한다. 일본정부는 피해자 유족들의 슬픔과 고통을 외면하지 말고 피해자의 생사를 확인할 수 있도록 하루라도 빨리 일본정부가 가지고 있는 강제동원에 관련된 기록을 모두 공개해야 한다.

일본정부가 모든 것이 끝났다고 하지만 유족이 끝났다고 하기 전에

'빼앗긴 어버이를 그리며' 망향의 동산 합동추모제(2011.5.8)

강일출 할머니와 나(경기도 광주 나눔의 집, 2010.5.28)

끝난 것이 아니다. 기록이 없다고 하지만 찾으면 또 나오지 않는가. 있는 기록을 숨길 수는 없을 것이다. 피해자들과 유족들이 일본에 대해 품고 있는 분노와 의심은 일본정부 스스로가 책임지고 풀어야 할 숙제이다. 이렇게 애타게 노력하는 유족들이 있다는 사실을 많은 사람들이 귀 기울여 주었으면 좋겠다.

일본에 양심 있는 일본인들이 모여 재판도 도와주고, 기록조사도 해주고 있지만 언제 정확한 기록을 찾게 될는지. 위원회가 없어진 지금도 우리 유족들은 희망의 끈을 놓지 않고 있다. 늘 우리의 손을 잡아주며 기록과 유골을 찾기 위해 애쓰고 있는 일본인들이 있다는 사실에 위안을 삼는다. 우리 보추협 일꾼들, 민족문제연구소 일꾼들과 일본인들의 헌신적인 노력으로 시아버지의 기록을 찾는 날을 간절히 기대해 본다.

• 김승은

동토의 땅,
사할린에 묻힌 아버지

정태랑

가족을 데리러 오신다고 했는데

내 고향은 경북 선산군 고아면 관심리 700번지. 옛날에는 고아읍이어서 50~100여 호가 사는 꽤 큰 마을이었다. 그러나 내가 실제 태어난 곳은 관심리에서 10리 쯤 떨어진 송림리로 30여 호 정도가 모여 사는 마을이었다. 나를 임신한 뒤 어머니가 송림리 외가에서 지내다가 낳은 것이다. 그래서 고향은 관심리지만 어릴 때는 송림리에서 자랐다.

아버지는 7남매 중에 다섯째로 위로 큰 형님과 누님 3명, 아래로 2명의 남동생을 두었다. 어릴 때 기억이라 정확하지는 않으나 종가라 해서 특별히 부유하지는 않았다. 마을 사람들은 농사일을 했지만 아버지는 건축 관련 일을 했다. 예전에는 지붕을 일 때 양철을 사용했기 때문에 아버지는 그쪽 계통의 일을 하신 것 같다. 부모님은 1940년에 혼인을 했으며, 다음해인 1941년 5월 28일에 내가 태어났다.

아버지는 내가 태어나고 얼마 되지 않아 사할린으로 갔기 때문에 아버지에 대한 기억이 전혀 없다. 편지가 남아 있으면 좋겠지만 그 동안 오고간 편지는 한국전쟁 때 폭격으로 집이 불타면서 모두 소실되었다. 낙동강 전투가 치열해 온 동네가 다 초토화되다시피 해서 집들이 거의 불타버렸다. 이제는 달랑 사진 한 장만 남아 나와 아버지를 이어주고 있다.

1941년에 사할린에 간 아버지는 잠시 후 조선으로 귀국했다. 그때 가족들을 함께 이주시키는 정책이 있었는데 어머니와 나를 데리러 잠시 온 것이었다. 하지만 어머니가 배 멀미를 심하게 해 사할린까지 갈 수 없었기 때문에 결국 아버지만 다시 사할린으로 돌아갔다. 그 후

사할린의 버려진 탄광 시설(2008.7)

아버지는 어머니가 살고 있는 외가 쪽으로 편지를 보내왔다. 해방 되고 나서 한국전쟁이 일어나기 전까지도 편지 왕래가 있었다고 한다.

이모들이 시집 갈 때까지 송림리에서 함께 살았기 때문에 외가 친척들은 아버지에 대해서 여러 가지를 기억하고 있다. 게다가 외가가 있던 마을은 한 30호 정도였기 때문에 사람들이 서로 잘 알았던 모양이다. 아버지와 함께 징용 간 다른 두 명도 모두 결혼한 후에 갔기 때문에 부인들이 마을에서 징용 간 사람들의 소식을 함께 나누면서 지냈다고 한다.

어머니는 친정에 살면서 시장에서 물건을 떼다 파는 행상 일을 했다. 그러다 내가 초등학교 6학년 때 병을 얻어 돌아가셨다. 결혼 후 얼마 안 되어 처자식을 두고 동원된 뒤 돌아오지 않는 지아비를 기다리며 힘겹게 살다 돌아가신 것이다. 그 때 내가 10리 쯤 떨어져 있던 친가까지 걸어가서 소식을 전했던 기억이 난다. 그러나 당시는 어려서 죽음이 무얼 의미하는지 잘 몰랐다. 초상에 쓸 버드나무를 구해 오라고 해서 그걸 꺾으면서도 재미있어 했다. 나중에 커서 보니 한국의 장례 풍습에는 결혼한 자식은 대나무를 꺾어 지팡이로 쓰고, 결혼하지 않은 자식은 버드나무를 꺾어 지팡이로 쓴다는 걸 알았다. 한 마디로 철이 없었던 게다.

어머니 바로 아래 이모도 남편이 일본으로 징용가고 혼자 아이를 키우고 있었다. 그래서 어머니가 죽은 뒤 고아가 된 나를 그 이모가 키워주셨다. 바로 앞집에 살던 외할머니, 외할아버지 방에 자주 가서 자고 사랑도 받았다. 외손자가 부모 없이 혼자 남았으니 불쌍하다고 외가 어른들이 거둬준 것이다. 지금도 그 때를 생각하면 가슴이 아련하게 저려온다.

학교에서는 성적이 좋았고 임원을 했기 때문에 선생님들도 잘해주셨다. 부모님이 없다고 따돌림 당하거나 놀림을 당하지는 않았다. 하지만 부모가 없는 아이는 무얼 하든 위축되고 다를 수밖에 없었다. 학교에서 부모님을 모시고 오라 하면 나는 모시고 갈 부모가 없었다. 이모는 일하느라 항상 바빴기 때문에 주로 외할머니, 외할아버지가 대신 학교에 왔다. 어린 마음에 그게 정말 부끄럽고 슬펐다. 이렇게 사소한 것들이 모여 자연스럽게 혼자 지내는 것이 편하기도 했다. 이모와 집안 어른들이 돌봐주었지만 마음은 항상 외로웠다.

초등학교 2학년 때 구미로 이사 갔다. 외삼촌들이 생활 터전을 구미로 옮겼기 때문에 나도 따라 갔다. 큰아버지가 학비를 도와주셔서 구미에서 중학교까지는 마칠 수 있었다. 그러나 공부에 대한 욕심이 생겨 고등학교에 진학하고 싶었다. 당시 구미에는 고등학교가 없어 고등학교를 가려면 대구로 가야 했다. 마침 큰집도 대구에 있어서 큰집을 찾아가 도움을 구했다.

큰아버지가 계속 학비를 대주셨기 때문에 염치는 없지만 어떻게든 방법이 생기지 않을까 하는 기대가 실은 있었다. 허나 큰집에도 내 또래의 사촌들이 많았다. 사촌형님과 남동생이 둘 있었고, 누이도 셋이어서 꽤 많은 식구인데다, 그때 모두 고등학교와 대학교를 다니고 있었다. 경제적으로 부유해도 내게까지 신경을 쓸 형편은 되지 못했다.

사촌 형과 누이들이 학교를 다니는 동안 나는 일을 해야 했다. 큰집에서 양조장도 하고 있었기 때문에 술을 만들고 배달도 하고 여러 가지 잡일을 한 일년 정도 했다. 시간이 지나면서 '이대로는 안 되겠다'는 생각도 깊어져 갔다. 그러던 차에 마침 중학교 은사님에게서 연락이 왔다.

대구에 유외과라는 하는 개인병원이 있는데, 거기서 일 하면서 야간학교를 다니는 게 어떻겠냐는 것이었다. 중학교 때 내가 전교 일등을 줄곧 할 정도로 머리는 있었지만 사정상 고등학교에 진급하지 못한 걸 안타깝게 여긴 선생님이 이래저래 자리를 알아보시다가 유외과를 알게 된 것이다.

나는 선생님 연락을 받고 곧장 병원으로 갔다. 외과병원이어서 조금의 여유는 있었고, 내 적성에도 잘 맞는 것 같았다. 또 병원 원장님과 사모님이 부모처럼 도와주셔서 그토록 원하던 야간학교를 다닐 수 있게 되었다. 낮에는 수술보조나 병원시설 관리 같은 단순한 일을 하고 밤에는 협성상업고등학교 야간반을 다녔다. 말 그대로 주경야독이었다.

어떤 때는 밤에 학교를 다녀오면 환자를 돌보거나 수술을 보조하는 경우가 있어 눈코 뜰 새 없이 바쁜 적도 있었다. 바쁘고 힘들었지만, 독립해서 일하며 공부했기 때문에 성취감도 있었고 배우는 기쁨도 컸다. 항상 전교 1, 2등을 놓치지 않을 만큼 열심히 공부했다.

군인의 길

고등학교를 졸업하고 대학에 입학해서 공부를 더 하고 싶었다. 하지만 중고등학교와 달리 대학에 가는 것은 커다란 벽이었다. 생활비를 벌기 위해 일 하면서 학비를 마련하고 학업까지 함께 하는 것은 불가능했다. 결국 고등학교 졸업 후에 진학을 포기하고 1961년 8월 군에 입대했다. 상업고등학교 출신이어서 경리 계통으로 보직을 명령받았다. 3년간의 군 복무를 마칠 무렵 고민에 빠졌다. 제대를 하더라도 당장 먹고 살 생활이 걱정이고, 공부는 하고 싶지만 그건 꿈에 지나지 않았다.

중령 시절의 나(1987)

장래에 대한 전망이 있다면 힘들더라도 도전을 해볼 것인데 전혀 앞이 보이지 않았다. 그래서 군에 있으면 밥은 먹고 살 수 있어 하사관으로 진급하기로 했다. 속된 말로 군대에 말뚝을 박은 것이다. 1965년 중사로 베트남전쟁에 파병 갔다가 1966년에 돌아왔다. 1년 만이었다. 베트남전에서는 맹호부대의 연대본부에서 근무했기 때문에 직접 전투에 참가하진 않았다.

귀국한 후에 직업군인으로 살기로 마음 먹고 다시 장교시험을 봐 소위로 임관했다. 당시 소위로 함께 임관한 내 동기들 중에서는 나이가 좀 든 사람들이 많았다. 나처럼 하사관으로 있다가 이왕 직업군인으로 살기로 한 거 장교로서 복무하기 위해 시험을 쳐 임관한 것이다.

장교가 된 후에 2차로 베트남 파병을 갈 기회가 있었다. 당시 파병 간 사람의 월급이 5~6천원 정도였고, 해외근무 수당이 50달러 정도였다. 월급이 적어 밀가루 배급도 받은 적이 있던 시절이라 월급보다 수당이 더 많았다. 또 파병 경험이 진급에도 좋은 경력이 돼 지원을 심각하게 고민했다. 그러나 막상 파병 갈 생각을 하니 아버지가 떠올랐다. '만약 내가 외국에 나갔다가 돌아오지 못하면 내 아이들도 나와 같은 일을 당할지 모른다'는 생각이 들었다.

1987년 중령으로 예편한 후 1988년 2월 군무원 생활을 하다 3급 부이사관으로 군 예산과 경리업무를 맡아 2001년에 퇴직했다. 40여 년 동안 군 생활을 한 것이다. 맡은 일은 군의 회계와 재정이었다. 직접 돈을 관리하고 운영하는 일보다는 예산을 편성하고 군의 재정을 연구하는 일을 주로 했다.

군 생활이야 대동소이하지만, 특별히 기억나는 건 국방참모대학과 정보사 등 이른바 합동부대를 만들 때 거의 한 달 이상을 집에도 들

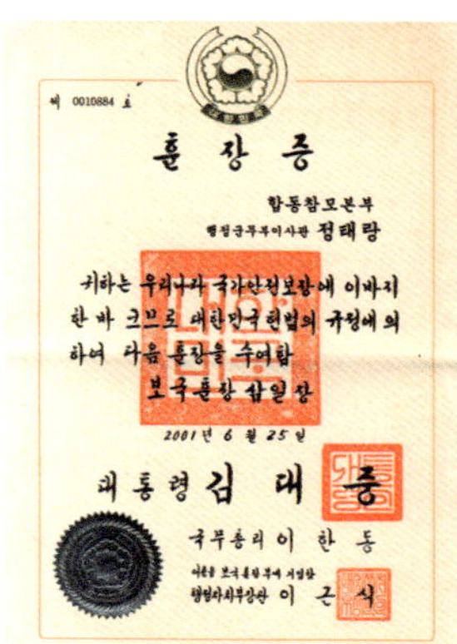

제 0010884 호

훈 장 증

합동참모본부
행정군무부이사관 정태랑

귀하는 우리나라 국가안전보장에 이바지한 바 크므로 대한민국 헌법의 규정에 의하여 다음 훈장을 수여함

보국훈장 삼일장

2001년 6월 25일

대통령 김 대 중

국무총리 이 한 동

행정자치부장관 이 근 식

보국훈장 삼일장

어가지 않고 부대에서 밤새워 예산안을 만든 일이었다. 내가 쓴 숫자 하나에 부서별 예산이 바뀔 수도 있고, 최종적으로는 기획예산처를 설득하는 기초자료로 사용되는 일이었기에 매우 신경이 쓰이는 작업이었다. 그럴 때는 신경이 날카로워지긴 하나 워낙 천성이 낙천적이라 잘 버텼던 것 같다. 마지막 기획안이 완성될 때면 무에서 유를 만들어냈다는 기쁨도 컸다. 군인연금 연구위원 등으로 각종 연구 활동에 참여해 군 재정의 현대화에 기여한 바가 있다 하여 장관 표창이나 훈장 등을 많이 타기도 했다. 전투병과가 아닌 일종의 기술병과에서 중령으로 진급한 것도 사실 드문 경우라 나름의 자부심을 갖고 있다.

아버지의 기록 찾기에 나섰지만

1975년 11월에 아버지 흔적을 찾아보려고 대구에 있는 중소이산가족회에 가입했다. 마침 아버지를 찾는 내 이야기가 방송을 타 내심 기대가 컸다. 그러나 그 뿐이었다. 아버지를 찾기 위해 여러 가지로 노력했지만 소식은 전혀 없었다. 1945년 일본이 패망한 이후 사할린은 소련 땅이 되었고, 아버지를 찾던 그 시기는 냉전으로 인해 소련과 국교조차 맺지 못한 상태였다. 그래서 뭘 해보려 해도 잘 되지 않았다.

그러다가 1991년도에 신문을 보니 태평양전쟁희생자유족회라는 단체가 강제동원 피해자들의 잃어버린 권리를 되찾기 위한 활동을 한다는 광고가 났다. 그걸 보고 곧바로 회원으로 가입했다. 유족회 사무실이 용산에 있어, 일 때문에 용산의 '용사의 집'에 갈 때마다 자주 들렀다.

그런데 시간이 지나면서 보니 기대와 달리 제대로 활동을 하지 않는 것 같았다. 무슨 일을 하는지 잘 설명도 없고 그저 회비를 내라는 연락만 와 실망이 컸다. 그래서 '이건 아니다'라고 생각하던 차에 유족회 서울지부가 태평양전쟁피해자보상추진협의회(보추협)로 독립해서 출범한 것을 알았다. 보추협은 유족회와 달리 피해자들의 자료 찾기와 일본정부와 기업을 상대로 한 소송 등을 활발하게 추진하고 있어 나도 자연히 보추협으로 마음이 갔다.

보추협 회원으로 가입하기 위해 유족회에 가서 내가 회원 가입하면서 제출했던 아버지 관련 자료를 달라고 했다. 그런데 웬걸, 자료를 주지 않으려 하는 게 아닌가. 그래서 내가 '보기나 하자'고 한 뒤 그 자리에서 철해 둔 자료를 빼서 가지고 나왔다. 아마 내가 장교 지위에 있는 군무원이었기 때문에 막지를 못했던 같다.

퇴직하고 나서부터 본격적으로 아버지의 자취를 찾기 시작했다. 작은 단서라도 하나 찾을 수 있을까 해서 여러 차례 고향엘 갔다. 그때마다 외삼촌과 이모들은 반갑게 맞아주며 많은 이야기를 나누고 함께 노력했다. 예전에는 글을 읽지 못하는 사람들이 많아 편지 같은 것을 대필하는 일을 하는 사람이 있었다. 외가가 있는 송림리에도 옛날부터 대필 일을 하던 분이 있어 외사촌 여동생과 함께 그 분을 찾아간 적이 있다. 처음에는 잘 기억하지 못하다가 여러 가지 옛날이야기 끝에 내 이름을 떠올렸다.

"가만 있자. 네가 태랑이냐?"

"예, 그렇습니다. 어르신."

그 때부터 예전에 오고간 편지 내용이나 여러 이야기가 조금씩 망각을 뚫고 살아나기 시작했다. 아버지는 1941년에 송림리에서 다른 두

명과 함께 사할린에 갔다. 그 중 한 명은 1990년 경에 사할린에서 영주 귀국했고 다른 한 명은 아버지와 마찬가지로 행방불명되었다. 귀국한 분은 고향으로 오지 않고 김천에 자리를 잡았기 때문에 나는 오랫동안 그 사실을 모르고 있었다. 그 분을 만나기 위해 김천을 찾아갔을 때는 이미 딴 세상 사람이었다.

그 분의 아들을 만나 여러 가지를 물었으나 징용 간 사람들이 사할린 미쓰비시 나이호로 탄광에 있었다는 것 외에 자세한 것을 알 수 없었다. 조금만 더 일찍 소식을 알았더라면, 살아 돌아온 그 분을 직접 뵙고 아버지가 어떻게 지냈으며, 어떤 일이 있어 돌아오지 못했는지, 돌아가셨다면 어디에 묻혔는지 설명을 들었을 텐데 답답하고 후회가 컸다.

나는 사실 아버지가 돌아가셨다는 설명을 확실하게 들은 적이 없다. 그런 자료를 본 적도 없고 돌아가셨는지 살아 계신지 어떤 소식도 듣지 못했다. 그래서 항상 살아계실 거라 생각하고 찾아다녔다. 태평양전쟁이 끝나고 소련과 일본이 국교를 맺으면서 사할린에 있던 일본인들은 고향으로 돌아갔다. 하지만 소련 정부가 정치적인 이유로 조선인들이 고향으로 돌아가지 못하게 했기 때문에 조선인들은 배를 탈 수가 없었다. 이렇게 억류된 사람들 가운데 어떤 사람들은 그 곳에서 새로운 삶을 시작하기도 했지만, 어떤 사람들은 그리움을 견디지 못하고 배가 떠나는 항구가 보이는 절벽에서 바다로 몸을 던지기도 했다고 한다.

2008년 '일제강점하강제동원피해진상규명위원회'가 주최한 추도순례에 참여해서 처음으로 사할린에 갔다. 그 때 아버지 사진을 목에 걸고, 사연을 적은 전단지를 러시아어로 번역하고 복사해서 만나는 사람마다 나눠줬다. 혹시라도 알아보는 사람, 기억하는 사람이 있을까 희망을 갖고 다녔다. 이제는 세월이 많이 흘러 당시 아버지를 만났던 사람도 대부분 살아계시기 어렵기 때문에 점점 힘들어진다고 생각했지만 포기할 수는 없는 일이었다.

추도순례 중 나는 아버지 사진을 목에 걸고 인적사항을 러시아로 번역한 뒤 만나는 사람마다 '이런 분 보신 적 있는지' 물었다. 사할린 항구에서 위령제를 할 때 어떤 사람이 소식을 안다고 연락이 왔다. 그런데 안내하던 분이 '그런 일이 많아요. 안다고 해놓고는 돈을 뜯어가는 일이 많습니다. 위험하니 가지 마세요'라고 말했다. 조금 겁이 나기도 했지만 어쩐지 그 정보가 믿음직스럽지 않다는 생각도 들은 데다 개인행동을 하기도 편치 않아 따라가지 않았다. 돌이켜 생각하면 '그래도 가볼걸 그랬나'하는 후회도 든다. 당시로는 아버지가 계신 곳에 왔다는 생각만으로도 흥분되었던 것 같다.

위령제가 열린 장소는 조선 사람들이 배를 타지 못해 자살을 많이 한 곳이란다. 강제동원된 조선인들 가운데 일본 여성들과 결혼한 사람들은 일본으로 돌아가는 배를 탔고, 나머지 사람들은 귀국을 시키

해외추도순례행사 중 아버지의 행방을 수소문하며(2008.7. 왼쪽) 제사상에 붙인 아버지 사진(2008.7. 오른쪽)

12 2008년 7월23일 수요일 한겨레

"아버지~" 백발의 자식들 통한의 '망부가'

대한민국 정부 수립 60돌을 맞는 사할린 동포들의 심정은 착잡하다. 일제 때 젊은 나이에 강제동원된 1세대들은 나라 잃은 설움을 가슴에 묻은 채 하나 둘 세상을 등지고 있다. 살아남은 이들은 정부수립 60년을 맞은 '고국'을 바라보며 이국땅에서의 쓸쓸한 죽음을 예감할 뿐이다. 지금도 4만여 '한국인'이 살고 있는 사할린에서 만난 동포들은 "이제 너무 늦은 것 같다"고 말했다.

강제동원 행불자 후손들 60년만에 현지 위령제
영정 속 20대 청년 안고 "조금만 일찍 왔어도"
'혹시 살아계실지도…' 사진 돌리며 수소문도

러시아 사할린주 사할린 희생사망동포 위령탑 앞에서 지난 15일 일제 때 강제동원된 뒤 행방불명된 이들을 위한 위령제가 열렸다. 제사상 앞에 선 정태랑(67· 오른쪽에서 두번째)씨는 "1940년 강제동원된 부친의 소식을 아는 사람이 있을지도 모른다"며 부친의 사진을 목에 걸고 있다.

소리 내어 울지 못했다. 빳빳한 상복을 입은 채 침묵을 지키던 노인들 사이에선 가는 흐느낌만 새어나왔다.

"우리, 아버지를 세 번만 불러봅시다." 정태랑(67)씨의 제안에 백발이 된 자식들은 "아버지!"를 목놓아 외쳤다. 하지만 세 번을 다 채우진 못했다. 노인들은 눈물을 닦지도 않은 채 땅만 바라봤다. 흑백 영정 속 20대 청년으로 남은 '아버지'의 얼굴은 멀쑥했다.

지난 15일 러시아 사할린주 유즈노사할린스크시의 사할린 희생사망동포 위령탑 에서 특별한 위령제가 열렸다. 1938~1945년 사할린으로 강제동원됐다 해방 뒤 고국으로 돌아오지 못한 채 행방불명된 이들을 위해 고국의 자식들이 직접 제사상을 차린 것이다. 일제강점하 강제동원피해 진상규명위원회(위원회)에서 2006년부터 벌이고 있는 '해외 추도 순례' 사업이 사할린을 찾은 건 이번이 처음이다. 위원회는 부모가 사할린에 강제동원된 것이 증명된 이들의 신청을 받아 18명을 선발했다. 같은 마을에 살던 이들의 증언, 사할린에서 온 편지 한 통이 '사할린에 있었다'는 증거가 됐다.

"굴 안에 들어가 작업을 하다가 현기증이 났습니다. … 환약 십원어치 사서 먹었으니 그리 아십시오. … 일전 편지에 현시에 태중이어서 창월이 임산이라 하였으나 나는 자세히 몰라서 궁금하오니 차후 편지하실 적에 분명히 적어 보내 주기를 바랍니다."

부친이 1942년 강제동원된 이재순(64)씨는 80살 모친이 간직해 온 편지 한 통을 달달 외우다시피 했다. 편지 속 '태아'였던 이씨는 "어렸을 때 어른들이 '아버지 언제 오나 머리를 긁어보라'고 할 때 난 항상 앞머리를 긁었다고 한다"며 "곧 오실 거라 믿었는데 얼굴 한 번 못 보고 60년이 지났다"며 눈물을 쏟았다.

"골목길 들어올 때부터 생글생글 웃던 아버지의 모습이 나랑 꼭 닮았다고 한다"며 웃던 김수웅(63)씨도 제사상에 술을 놓을 땐 "아버지, 너무 원통합니다. 아버지 …" 하며 가슴을 쳤다. 눈물을 훔치며 지켜보던 현지 동포 이명희(55)씨는 "한국에서 오신 분들을 생각하니 다 형제처럼 느껴진다. 사할린에 사는 1세대 부모들은 '언제 조국에서 배를 보낼지 모른다'며 항상 대문을 열고 기다렸다"고 말했다.

생사를 알 수 없는 부친이 올해로 90살이 된다는 정태랑씨는 부친의 젊었을 때 사진 70여장을 인쇄해 왔다. 그는 "혹시라도 소식을 들은 분이 있으면 연락을 달라"며, 위령제에 참석한 현지 주민들에게 사진을 나눠줬다. 사진은 금세 동이 났지만, 귀국행 비행기를 탈 때까지 부친의 소식을 전해온 이는 없었다. 동정남(64)씨는 1988년부터 러시아와 일본을 여덟 차례나 오간 끝에 부친이 숨진 장소를 알아냈다. 그는 "제사 날짜라도 알고 싶어 혼자 찾아다녔는데 국가 기관엔 어디 한 군데 물어볼 데도 없었다"며 "나처럼 돌아다니지 않는 한 사망 사실도 모른 채 하늘만 바라보고 사는 가족들이 대부분"이라고 말했다. 현지에 살고 있는 안해준(70)씨는 "1세대 동포들의 소식을 알 만한 이들은 최근 10년 새 거의 다 돌아가셨다"며 "이제 와서 진상을 규명하기에는 너무 늦었다"고 말했다. 현지 주민들은 "10년만 일찍 왔어도, 10년만 일찍 왔어도 …"라고 되뇌었다.

유즈노사할린스크/글·사진 송경화 기자 freehwa@hani.co.kr

한겨레신문에 실린 추모행사(2008.7.23)

지 않았다. 그래서 귀국선이 떠나간 바다를 보며 그 절벽에서 떨어져 자살한 사람들이 있었다는 것이다.

사할린에 끌려온 조선 사람들의 억울한 마음이 전해지는 것처럼 마음이 아팠다. 행사 내내 눈물이 멈추지 않았다. 지금도 생각하면 눈물이 난다. 나뿐만 아니라 그날 행사에 참석한 사람 모두 어릴 때 아버지와 헤어진 분들이라 가슴마다 한이 서려서 다들 서로 붙잡고 울었다.

아버지는 1919년생이니까 나이를 생각하면 지금 살아계시기는 어려울 것이다. 그렇지만 어떻게든 동토의 땅에서 살아남아 그 곳에서 새로운 삶이라도 꾸렸으면 하는 게 솔직한 심정이다. 형제들이 없기 때문에 자손이라도 남아서 서로 인연이 이어졌으면 얼마나 좋을까.

DNA라도 남겨 놓아야

2012년 8월에 4일부터 7박 8일 일정으로 다시 사할린에 갔다. 이때는 재외동포 대회가 사할린에서 열렸는데 지구촌동포연대KIN라는 NGO의 안내를 받아 자비를 들여서 참가했다. 처음 사할린에 갔을 때 충분히 조사를 못했기 때문에 개인적으로 더 찾아봐야겠다는 생각을 하고 있었다. 그래서 두 번째 갔을 때는 처음 사할린에 갔을 때와 달리 아버지가 있던 나이호로탄광에서 일했던 사람들을 수소문해서 어렵게 만났다. 함께 비포장도로를 2시간 정도 달려 아버지께서 일하던 탄광으로 갔다. 오래전에 탄광의 탈의실로 사용하던 건물이 남아 있었지만 광산이 문을 닫으면서 지금은 폐허가 되어 있었다. 버려진 갱도 앞에서 헌화를 하고 제를 올렸다.

당시 탄광에서 죽은 사람을 매장했다는 공동묘지로 갔다. 해방되기 전부터 그 곳에서 살아온 한국 사람이 묘지로 가는 언덕을 오르

버려진 탄광시설 내부(2012.8, 왼쪽) 사할린 공동묘지에서 제를 올리다(2012.8, 오른쪽)

며 여러 가지 설명을 해주셨다.

"해방되고 조선 사람은 고향으로 가는 배를 탈 수가 없잖아요? 여기에서 일본으로 가는 배가 보였거든. 저기 보이는 섬에서 사람들이 얼마나 죽었는지…"

공동묘지 앞에서 한 번 더 제를 올렸다. 아무도 찾지 않아 풀이 우거진 묘지를 보고 한숨부터 나왔다. 아버지도 돌아가셔서 어디 모셔졌으면 이렇겠구나 싶었다.

'아버지는 이 섬에서 어떤 생각을 하셨을까? 내가 보고 싶지 않았을까, 어머님이 걱정되지 않았을까.'

여러 생각이 들었다. 그 곳 사람들의 말이 세월이 흘러 묘지가 허물어지면 모두 걷어내고 그 위에 다시 묘를 쓴다고 한다. 아버지가 혹시 일찍 돌아가셨으면 그런 분들은 어떻게 하나 싶은 생각이 들었다. 여기 묘비에는 사진이 붙어 있는 게 많아 매우 이채로웠다.

지금 내 나이 칠십이 넘었다. 내가 죽더라도 나중에 혹시 뼛조각이라도 발견되면 딸아이들이 할아버지를 모실 수 있게 정부에서 DNA 샘플을 채취해서 기록을 남기는 일을 해줬으면 하는 바람이 있다.

나는 지금도 아버지가 돌아가신 것을 확인하지 못했기 때문에 마음 한 켠에 아버지가 사할린 어딘가에 살아있을지도 모른다는 생각을 가지고 호적정리를 안하고 있다. 돌아가신 어머니만 신고하고 아버지는 그대로 남겨두고 있다. 그래서 지금도 호적등본을 발급 받아 보면 아버지 이름은 있지만 주민등록번호가 없다. 사람들은 이를 두고 부질없는 짓이라고 할지도 모른다. 그렇다. 어찌 보면 부질없는 일일 수도 있다. 그걸 알면서도 정리하지 않는 건 일종의 오기이기도 하지만 아버지에 대한 최소한의 예의라고 생각하기 때문이다. 찾아볼 수 있는 데까지 찾아보고 언젠가는 내 손으로 정리를 해야 하겠지. 그런데 또 혹시 돌아가셨는데 제사도 안 지내면 자식으로서 도리를 못하는 것 같아 지금은 어머니의 기일인 음력 11월 6일에 밥 한 그릇을 더 떠 놓고 어머니, 아버지 제사를 함께 지내고 있다.

나는 정부에서 주는 보상금 이런 것보다 내가 살아있는 동안 아버지의 소식을 확인한 뒤 돌아가셨다면 뼈 한 조각이라도 찾아서 고국으로 모시고 싶은 마음이 더 크다. 고향으로 모셔 어머니와 함께 계실 수 있도록 해드리고 싶다. 왜 아버지가 돌아오지 못했는지, 돌아가셨다면 어디서 어떻게 돌아가셨는지 러시아 정부나 일본정부, 기업은 갖고 있는 자료를 내놓아야 한다.

일본정부가 해외에서 죽은 사람들의 유골을 수집하기 위해 막대한 예산을 들여 사업을 하고 있다는 소식을 들었다. 일본사람 유골을 수집하면 자연히 한국사람 유골도 함께 발굴될 텐데 그럴 경우는 수집하지 않고 그대로 둔다고 한다. 도대체 이게 무슨 경우일까. 유골에 한국인, 일본인 이렇게 쓰여 있기라도 한 걸까. 더구나 자신들이 벌인 전쟁에 강제로 끌고 가서 죽게 만들지 않았는가. 그렇다면 조사과

둘째 딸 정문영 석사학위 수여식에서(2011)

가족과 함께

사할린에서 전단지로 만들어 나눠준 아버지 사진

정에서 한국인 유골로 확인된다면 당연히 그 유족에게 돌려보내야 하는 것이 일본 정부가 져야 할 최소한의 도의적인 책임이다. 그걸 무슨 외교 핑계를 대며 탁구공 치듯이 책임을 떠밀고 있는 모습을 보니 요즘 말로 국가의 격이 심히 의심스러울 수밖에 없다.

한국인 유골은 당연히 한국 유족들에게 보내야 한다. 내 나이 벌써 일흔 일곱 살이다. 언제까지 계속 활동할 수 있을지 모르겠지만 살아있는 동안에는 아버지의 기록과 유골을 찾기 위해 애쓸 생각이다. 나 같은 유족들이 죽은 후에라도 유골이 발굴되면 가족들에게 돌려보낼 수 있도록 유족들의 DNA를 채취해서 데이터베이스를 만들어 주기를 바란다. 이 바람이 실현될 수 있도록 일본 정부는 물론 한국정부도 적극 외교 교섭에 나서길 빈다.

• 김진영

끝나지 않은 망부가

최낙훈

겨울바람을 막아준 아버지 편지

나는 1940년 경성부 전농정 115번지에서 태어났다. 청량리역 부근이었다고 하나 기억에 없다. 아버지는 전농정에 있는 학교에서 일을 했으나 어느 학교인지 무슨 일을 했는지 모른다. 생활은 비교적 괜찮았다. 내가 두 살 때 아버지는 가족들을 데리고 서울 생활을 정리한 뒤 농사를 지으러 고향 김제로 내려갔다. 아버지는 4남매 중에 둘째였다. 큰집에는 할아버지, 할머니와 큰아버지, 큰어머니, 아직 결혼하지 않은 고모 한 명과 사촌 3남매가 함께 살고 있었다. 할아버지는 교회 장로였으며 서당 훈장을 하고 계셨다. 근방에서는 이름만 대면 모르는 사람이 없을 정도로 마을 어른이었다.

아버지가 고향으로 내려갈 때는 농사지으며 마음 편히 살 생각이었으나 농사일도 몸에 익숙하지 않고 대가족이 한 집에서 사는 것도 힘들어 다시 서울로 갔다. 혼자 서울로 떠나면서 아버지는 살집을 마련하고 자리 잡으면 데리러 오겠다고 했다. 한 달 후 편지가 왔다. 그 편지에는 우리 가족을 데리러 오겠다는 내용이 아니라 일본에 간다는 내용이 담겨 있었다.

그런데 일본으로 출발하는 날짜는 편지가 집에 도착한 다음 날이었다. 어머니는 아버지를 만나기 위해 김제 부용역으로 향했다. 그때 작은 외삼촌이 호롱불을 들고 앞서 갔다. 어머니는 나를 업고 한 손에는 형님의 손을 부여잡고 다른 한 손에는 보따리를 들고 있었다. 동생을 임신한 지 7개월째라 몸이 무거웠다. 마음은 벌써 기차역에 가 있었지만 애들과 둔한 몸을 이끌고 마을 어귀를 벗어나는 데만 몇 시간이 걸렸다. 설상가상으로 길을 안내하던 외삼촌이 산으로 이어지는 지름길로 간다는 것이 그만 엉뚱한 방향으로 길을 잡았다. 산속에서 캄캄한 밤길을 헤매다 기차역 근처에는 가보지도 못하고 새벽녘이 되어서 큰집으로 돌아왔다. 아침에 부용역에 도착해서 서울 가더라도 이미 아버지는 떠난 후여서 갈 필요가 없었던 것이다.

징용 간 아버지로부터 한 달에 두, 세 번 편지가 왔다. 편지는 대부분 건강히 잘 지내고 있다는 소식이었다. 그 많은 편지에 모두 잘 지내고 있다는 똑같은 소식만 있지는 않았겠지만 할아버지 앞으로 편지가 왔기 때문에 어머니는 자기 남편이 어떻게 지내길래 잘 지내고 있다는 건지 알 수 없었다. 편지를 읽어볼 수도 물어볼 수도 없었다. 다만 할아버지가 '아범이 잘 지내고 있단다'라고 말해주었을 뿐이다.

내가 어릴 때는 겨울이 정말 추웠다. 지금처럼 풍족한 것은 아무것도 없었다. 불 때는 나무와 식량을 충분히 준비해서 추위를 대비하지 않으면 한 겨울을 보내기 힘든 시절이었다. 방문이 모두 창호지로 되어 있어서 구멍이 숭숭 뚫린 곳이 많았다. 그래서 집에 있던 종이는 풀칠해서 문에 난 구멍을 막거나 입담배를 말아 피우느라 남아나질 않았다. 아버지에게서 온 편지도 그렇게 우리 가족들의 추위를 막는데 모두 사용되었다.

왼쪽부터 어머니, 아버지, 첫째 외삼촌, 가운데 아기가 나(1942)

아버지가 일본으로 간 지 오래지 않아 어머니는 우리

를 데리고 큰집에서 나와 작은할머니 집에서 살게 되었다. 모두가 가난하고 어렵던 시절, 남편 없는 집에서 시집살이 하는 것이 힘들어 큰집에서 나온 것 같다. 아버지가 고향엘 내려가면서 마련해뒀던 돈을 헛된 곳에 다 써버리고 없게 되자 졸지에 식구들이 찬밥 신세가 되었다. 큰집에서 괄시가 심해지자 어머니는 혼자 사는 작은 할머니 집으로 이사했다. 어머니는 새벽부터 멀리 군산 어시장에 나가 생선을 떼어다 머리에 이고 동네마다 팔러 다녔다. 어떤 때는 항아리를 이고 다니면서 팔기도 했다. 그렇게 어머니는 행상을 하며 우리 삼형제를 키웠다.

밤에는 혼수로 가져온 미싱을 돌려 동네 삯바느질을 했다. 형님은 하루 종일 논으로 들로 다니며 일을 했다. 작은할머니 집으로 이사 온 뒤 태어난 동생은 너무 어렸기 때문에 내가 돌봐야했으며, 틈틈이 어머니를 도와 집안일을 하였다. 밤에 자주 어머니가 우는 모습을 봤다. 형님은 농사 일이 힘들어 금방 잠들었고 동생은 애기라 아무 것도 몰랐다. 어머니가 울고 있으면 내가 말없이 어머니 옆에 가만히 앉아 있다가 잠이 들곤 했다. 내 나이 여섯 살 때의 일이었지만 어머니가 울던 모습은 선명하게 내 기억 속에 남아 있다.

가출소년이 되다

나는 학교를 제대로 다니지 못했다. 학교까지 거리는 4km 정도로 걸어 다니기에 그리 멀지는 않았다. 하지만 봄, 여름, 가을, 겨울 4계절 중 내가 학교에 나갈 수 있는 때는 겨울 뿐이었다. 집에서 키우던

소, 돼지를 먹이고 살림을 하다보면 학교에 갈 수 있는 날은 한 달에 네, 다섯 번이었다. 열네댓 살 때는 품삯을 벌기 위해 사금 파는 일도 했다. 논을 한 4~5m 파 내려가면 진흙 아래에 모래자갈들이 나온다. 그러면 그걸 퍼내서 물로 행군 뒤 금을 골라내는 일을 했다. 조금만 늦어도 일하러 온 사람들이 많아 좋은 곳을 차지하지 못했다. 그래서 새벽같이 일어나 형을 따라다녔지만, 형 역시 어린 나이였기 때문에 대부분은 먼저 온 어른들에게 자리를 뺐기기 일쑤였다.

학교를 제대로 다닐 수 없으니 열 여섯 살이 되었을 때 나는 아직 5학년에 머물러 있었다. 전쟁 탓도 있어 두 살 어린 동생하고 같은 학년을 다녔다. 어머니는 항상 '낙훈아, 학교를 제대로 다닐 수 없어 미안하다. 그래도 애비 없는 놈이라고 욕 듣지 않게 절대 남에게 피해주지 말고 착하게 살아라'라고 하였다. 어머니는 내가 비뚤어진 생각을 가질까봐 걱정되어 항상 착하게 살라고 말씀하셨지만 내 귀에는 좋게 들리지 않았다.

그러던 어느 날 동생이 대들어서 심하게 때렸다. 어머니와 형은 항상 동생을 불쌍하다 했는데 동생을 때린 사실을 알면 어머니에게 혼나고 형한테 매 맞을까봐 두려웠다. 매일 20리길을 오가며 산에서 나무를 하거나 어머니가 행상을 나간 사이 동생을 돌보며 밥이며 빨래며 온갖 집안일을 하는 것도 지겨웠다. 딸이 없었으니 내가 딸 노릇까지 한 셈이었다. 그런 게 쌓여서였을까. 갑자기 집을 나가야겠다는 생각뿐이었다. 갈등은 길지 않았다. 집에 있던 쌀 1말을 들고 무조건 전주로 향했다. 전주에서 한 달을 보내면서 그 돈으로 뭔가 장사를 해보겠다 했지만 쉽지 않았다. 가족들 생각도 났지만 집으로 돌아가기는 싫었다. 돈도 떨어지고 고민하다 다시 서울로 가는 기차를 무작정 탔다.

돈이 없었으니 몰래 기차에 올라탔다. 기차를 타고 가는 도중 검표하는 차장이 오는 기척이 있으면 얼른 숨었다가 다시 객실로 오고 하다가 결국 발각되어 잡혔다. 어느 역인지는 기억나질 않으나 도중에 내려 역 사무실로 데려갔다. 차장이 내게 벌을 준다고 하여 깍지를 끼게 하더니 내 손가락 끝을 잡고 꽉 눌렀다. 순간 너무 아파 '악' 소리와 함께 눈에서 눈물이 주르륵 흘렀다. 다행히 상황은 거기서 마무리됐다. 차장은 서울로 가는 다음 기차를 그냥 타게 해주었다. 당시에는 몰래 도둑 기차를 타는 일이 자주 있어, 틀키면 벌을 주는 정도로 해서 수습하곤 했다.

그렇게 해서 서울역에 도착했으나 당장 갈 데가 없었다. 대합실 같은 데서 쪽잠을 자고, 낮에는 식당을 기웃거렸다. 다행히 잡일이라도 생겨 밥 한 끼 얻어먹는 날이면 운수 좋은 날이었다. 가만히 생각해보니 내가 시골에서 교회도 다녔고, 할아버지도 교회 장로로 계셨으니 교회 계통으로 가면 밥은 얻어먹겠다 싶어 서소문에 있는 평안교회를 찾아 갔다. 마침 평안교회의 장집사라는 분이 내 사정을 묻더니 구두 닦는 약과 솔을 사주셨다. 놀지 말고 작은 일부터 배운다는 생각으로 열심히 하라고 충고도 해주셨다. 정말 고마운 분이었다. 구두통은 합판을 구해다 톱으로 썰어 직접 만들었다. 지리를 잘 몰라 교회 앞에서 구두닦이를 시작했다.

그런데 웬걸. 조금 있으니 몇 명의 구두닦이 무리들이 우르르 몰려와 나를 위협했다. 이미 걔네들이 자리 잡고 있던 구역이었다. 구두닦이들이 나를 끌고 간 곳이 홍제동에 있는 천사학교였다. 서대문경찰서에서 보호하고 서대문형무소에서 식비를 지원하던 일종의 직업소년학교였다. 집 나온 청소년들을 데려다가 수용소와 같은 천막을 치고 저녁에는 공부도 가르치고 낮에는 각자의 재주에 따라 돈벌이를 하게 한 곳이었다. 먹을 거라고는 콩나물을 넣고 끓인 보리죽이 다였지만, 그거라도 먹을 수 있으니 천만다행이었다. 그런데 당시 내 나이가 열여섯 살이어서 다른 구두닦이 소년들보단 나이가 많았다. 그래서 한 일 년 정도 구두 닦는 일을 하다가 서소문 중앙시장 부근에 있는 어묵을 만드는 공장에 들어갔다.

내가 쌀 한 가마니도 번쩍 들고 다닐 정도로 힘이 좋았고, 붙임성이 있었던지 어묵공장 사장이 나를 사환으로 삼았다. 공장에서 얼음을 만들거나 생선이 들어오면 그걸 갖다가 상자 채 나른 뒤 머리를 자르고 씻는 일들을 했다. 낮엔 그렇게 일하고 다섯 시가 되면 전무와 친한 누나들이 도와 줘 일을 마치고 천사학교에 공부하러 가게 해줬다. 그런데 기초가 없으니 천사학교에서 가르쳐주는 게 전혀 머릿속에 들어오지 않았다. 뭐 영어로 ABC 해도 내 귀에는 전혀 들리지 않았고, 수학도 잼뱅이였다.

어묵공장에서 일 년 정도 일한 뒤 주물공장으로 직장을 옮겼다. 어묵공장에서는 특별한 기술 같은 것을 배울 수 없어 발전 가능성이 없었다. 마침 어묵공장에서 생선대가리 같은 것을 가져다가 닭 모이 주는 일을 하던 친한 선배가 소개해서 주물공장엘 가게 된 것이다. 그러나 기술은 가르쳐 주지 않고 쇳물을 녹이는 풀무질 일만 시켰다. 게다가 그 집이 국수공장을 하고 있어 국수 빼는 일도 함께 했다. 주물공장에서 일하는 것보다는 국수공장에서 일하는 시간이 더 많았다. 주물공장이라고는 하지만 워낙 영세해서 집 창고에다 공장을 차린 수준이었고, 기술자 혼자 일할 정도로 주문도 적었기 때문에 일할 게 별로 없었다.

기술도 못 배우고 국수 빼는 일만 하는 게 불만이어서 버스 조수라도 해서 운전을 배우려 했다. 그조차 버스 사고가 나서 회사가 없어지는 바람에 결국 다시 구두 닦던 친구들에게로 갔다. 몇 명이 소년학교를 나와 서대문 영천시장 근처에서 하숙을 하고 있어 잠시 거기로 갔다. 당시는 일하면서도 월급은커녕 용도도 거의 받지 못했다. 대부분 밥만 먹여주면 고맙다고 일하던 시절이었기에 일을 못하면 그냥 빈털터리 신세였다. 배운 것도 없고 아는 사람도 없는 서울 생활은 하루하루가 내겐 생존을 위한 싸움과 같았다.

친구들 집에서 기거하던 중 마침 중고등학교 강당 공사가 있어서 막노동을 하게 됐다. 내가 힘도 좋고 일도 잘 하니까 다른 사람보다 품삯을 더 받게 되었고 일한 지 석 달만에 벽돌 쌓는 기술자가 되었다. 벽돌 쌓는 것은 생각보다 단순해서 부지런히만 하면 금방 기술을 익힐 수 있을 것 같았다. 그래서 다른 사람들이 밥 먹고 쉬는 동안에도 나는 쉬지 않고 벽돌 쌓은 일을 익혔다. 미장일은 품삯이 많지만 매우 복잡해서 배울 생각을 아예 하지 않고 단순 작업을 몸에 익히는 데 집중했다. 그 덕분에 친구들보다 훨씬 빨리 벽돌 쌓기 기술자가 될 수 있게 되었다. 그때 내 나이 열아홉 살이었다.

똥물까지 먹어가며 배운 건축일

스무 살이 되던 해의 어느 날이었다. 대동상업고등학교를 증축하는 현장에서 일하다가 발을 헛디뎌 3층에서 떨어지는 사고가 일어났다.

허리를 다쳐 꼼짝할 수 없게 되었다. 움직이는 것도 쉽지 않으니 일은 자연히 못하게 되었다. 그렇게 병원 치료를 받고 있을 때 박상준 현장 소장이 찾아와서 똥물(인분)이 특효약이라며 직접 똥물을 먹을 수 있도록 만들어 가져왔다. 내가 '죽어도 못 먹겠다'고 하니까 소장이 먼저 마시면서 '죽어도 내가 먼저 죽으니 걱정하지 말고 먹으라'고 한 사발을 내밀었다. 그렇게까지 하니 나도 먹을 수밖에 없었다.

19살의 최낙훈(1958)

당시는 매를 맞거나 어디 높은 데서 떨어지면 어혈 때문에 인분을 먹으면 빨리 낫는다는 속설이 있었다. 소장이 그 말을 듣고 직접 만들어 온 것이다. 그러나 인분을 먹었다고 몸이 바로 낫겠는가. 당분간 일을 할 수 없게 되자 소장이 고향에 가서 쉬고 오라며 여비를 줬다. 그래서 고향으로 돌아왔다. 집을 나온 지 4년만의 귀향이었다. 기차를 타고 김제역에 도착하여 버스를 타고 집이 있는 동내에 내렸는데, 신기하게도 다친 허리가 아프지 않았다. 집에 돌아왔다는 안도감 때문이었을까. 아니면 정말 인분에 효험이 있었기 때문이었을까.

집에 들어섰는데 어머니, 형님, 동생이 반갑게 맞아주었다. 며칠 있는 동안 형님이 논에 일하러 가는데 나도 따라가서 일을 할 수 있게 되었다. 내가 허리를 다쳤다는 것을 알면 걱정할까봐 아무 말도 하지 못했는데, 일 할 정도가 되었으니 그런 속앓이를 할 필요가 없었던 것이다. 그렇게 얼마 동안 지내다 다시 서울로 돌아와서 건설현장에서 일을 했다.

그 즈음에 5.16 군사쿠데타가 일어났다. 그때 육군으로 지원하여 육군군의학교로 들어갔다. 당시는 고등학교 이상을 나와야 군 위생병으로 갈 수 있었다. 내가 초등학교도 제대로 나오질 않았는데 위생병으로 갈 수 있었던 것은 사촌형이 당시 논산훈련소의 신체검사반에 있었기 때문이다. 사촌형이 고등학교를 졸업했다 하고 서류를 가져오라 했다. 그게 너무 심하다 싶어 중학교를 졸업했다고 써 제출했다. 그런데 그게 나중에 문제가 됐다. 어느날 사촌형이 내게 와서 "야, 너는 고졸로 써오라 했더니 중졸로 써오면 어떡하냐. 너 잘못하면 영창가게 생겼다"고 화를 냈다.

"아이고 형님, 김제고등학교 나왔다 하면 영어로 뭘 물어볼 건데 내가 뭐라 답할 수 있어야지. 영어를 알지도 못하는데."

나로서는 생각해서 한다는 게 그만 일을 그르치고 만 것이다. 자격미달과 학력 위조가 문제가 됐으나 다행히 유야무야되었다. 지금 같아서는 어림도 없는 일이겠지만, 당시는 병역비리가 그처럼 만연했다.

위생병으로 34개월 복무한 후 제대하고 다시 건축현장으로 돌아갔다. 그 때는 건축 경력이 있었기 때문에 바로 현장에서 제법 잘나가는 기술자로 일할 수 있었다.

이후에 직접 집을 지어서 팔다 보니 집 장사로 시작해서 건축 사업가가 되었다. 점점 생활이 안정되어 1966년 1월에 결혼을 하고 내 집을 마련해서 시골에 계시는 어머니와 형님 가족, 동생까지 서울로 오게 했다. 그렇게 한 집에서 생활하면서 형님과 동생이 함께 일을 했고 형님, 동생도 건축 일을 배워서 우리 형제들이 서울에서 건축 쪽으로 안정된 생활을 하면서 정착하게 되었다.

동생은 상계동에서 시멘트 벽돌 공장을 운영하기 시작했다. 이것을 토대로 동생은 건축 일을 키워갔고 지금도 변함없이 그 계통에서 꾸준히 성장하고 있다. 형님도 옆집을 사서 어머님을 모시고 분가했다. 나도 나름대로 건축 사업이 잘 되었는데 그 때는 남부럽지 않게 살다보니 욕심이 생겨서 이런, 저런 사업을 벌였다. 그런데 IMF라는 악재가 내 인생을 덮쳤다. 내 동생은 다른 사업에 손대지 않고 꾸준히 건축사업을 했다. 이런 동생을 보면서 내 마음은 흐뭇하다. 아버지의 얼굴도 모르고 유복자로 태어난 동생의 어린 때를 생각하면 항상 가슴이 메인다.

사업에서 실패한 나는 동생에게 여러 차례 도움을 받아 재기하려고 했으나 그게 뜻대로 되지 않았다. 내가 시도한 일이 계속 실패하자 동생은 "형님은 왜 좋은 기술, 재주를 가지고 있으면서 계속 실패하는 사업만 하느냐"고 타박하기도 했다. 형을 위해서 한 말이라 서운하지 않다. 그런 말을 들을 때면 오히려 형으로서 동생 볼 면목이 없어 미안할 따름이다.

일찍 고향을 떠나 서울에 와서 안 해본 일 없이 많은 고생을 했고, 건축현장에서 똥물까지 먹어가며 건축 일도 배웠다. 튼튼한 몸 하나를 밑천으로 쉬지 않고 땀을 흘린 결과 나름의 터전을 잡을 수 있게 되었고, 그 덕분에 어머니, 형님, 동생 모두 서울로 올라오게 해서 함께 살 수 있었기 때문에 후회는 없다. 아버지의 빈자리를 채워주던 어머니와 형님, 그리고 아버지의 손길 한 번 느껴보지 못한 채 유복자로 태어난 내 동생이 있어 서로 의지하며 함께 산 것만으로도 큰 기쁨이다.

어머니는 힘들 때마다 아버지 이야기를 하며 "일본 대판이 얼마나 좋아 꽃 같은 나와 생떼 같은 자식들 두고 갔느냐"고 우시곤 했다. 자식이라 하지만 아버지를 그리워하며 평생 혼자 사신 어머니의 애틋한 마음을 어찌 다 헤아릴 수 있을까. 그런 생각을 할 때면 가끔 아버지가 야속하기도 했지만 그렇다고 아버지를 원망하지는 않았다. 아버지가 없었다면 우리 3형제가 이 세상에 나올 수도 없었을 것이다. 단지 아버지가 어떻게 살았으며, 어떤 죽음을 맞이하게 됐는지 전혀 알 수 없다는 게 무척 속상했다.

아버지의 기록을 찾아 나서다

어머니를 모시고 가족들이 함께 한 태국여행 (1993)

1990년 초 용산에 있는 태평양전쟁희생자유족회에 피해자로 회원가입을 했다. 당시에는 활발하게 활동하지 못했고 가끔 집회 할 때만 참석했다. 그 때 단체가 하는 일은 주로 데모하는 것이었다.

아버지의 기록을 찾기 위해 본격적으로 활동하기 시작한 것은 1999년~2000년 즈음이다. 사무국장 김은식을 만나면서 직접적으로 아버지의 기록을 찾기 시작했다. 외교통상부에 탄원서를 보내고 일본 후생성, 노동성, 사회보험업무센타 등에 아버지의 기록조사를 요청했지만 아버지의 기록이 없다거나 기다리라는 답변만 돌아왔다. 그래서 김은식과 함께 자비를 들여 일본에 직접 가서 기록을 찾기 시작했다. 2000년 7월 16일부터 19일까지 아버지의 빛바랜 사진 한 장을 들고 일본에 다녀왔다. 그때 나를 직접 도와준 분이 야노 히데키 씨였다. 야노 히데키 씨의 친구(의사)가 니가타역까지 차를 가지고 나와서 수고해주셨다. 지금도 그 고마운 마음은 잊지 못한다.

다음의 글은 아버지의 기록을 찾기 위한 일정과 그 과정에서 만난 일본인 연구자와 활동가들에 대한 이야기를 김은식 사무국장이 정리해서 『전후보상실현』이라는 회보에 발표한 것이다. 나로서는 최초의 시도였기 때문에 조금 길지만 전체를 소개하고 싶다.

부친의 생사를 확인하기 위하여
– 일본의 동경과 니이가타를 다녀와서

그리운 아버지, 가엾은 어머니

1942년 4월 아버지는 서울에서 일본으로 가신다는 전갈만 보내신 후 홀연히 떠나가셨다. 아버지에 대해 남겨진 기록은 사진 한 장뿐이었으며, 그 사진에 기록된 내용은 '협화훈련대원 소화 17년 9월 13일 기념 촬영'이라고 되어 있었다.

홀로 자식을 키우시면서 모진 세파와 맞서 싸우셨던 어머니가 돌아가시기 전에 나는 아버지의 정확한 생사라도 확인해 드려야 한다는 생각에 일본으로 가기로 결심했다.

조사를 위한 단서

당시 협화훈련소는 각 기업마다 존재했던 것으로 어느 특정 지역을 알 수 없다면 정확한 행선지를 찾기는 어렵다고 하여 일단 고향에 내려가 아버지에 대한 좀 더 구체적인 정보를 수집하기로 하였다.

아버지를 보았다는 분의 유족을 찾아가 그 지역이 어디인지를 확인하기로 하였는데, 일본에 계신 분이 보내온 편지에는 주소지와 약간의 안부만 적혀 있는데, 그 곳은 니이가타였다.

우리는 먼저 기록을 확인하기 위한 문제 접근방법부터 논의하기 시작하였다. 우선 아버지를 보았다는 분의 행적을 추적하는 일이 가장 중요한 작업이라고 보고, 징용자 기록 중 예금에 관한 기록과 후생연금에 관한 기록을 찾을 수 있는지의 여부를 확인하기로 하였다.

니이가타로 출발

니이가타는 도쿄에서 약 2시간 가량 떨어진 거리로 우리는 도쿄에서 신간센을 타고 니이가타로 가서 보다 구체적인 정보를 수집하기로 하고, 니이가타에서 조선인 강제연행 문제를 조사하고 있는 마유즈미라는 분의 협조를 구하기로 하였다.

니이가타에는 미쓰비시가 경영하였던 사토광산이라는 곳에 가장 많은 조선인들이 있었으며, 그 밖에도 여러 지역에서 조선인들이 노역한 것으로 되어 있다.

우리는 먼저 재일거류민단을 찾아가 아버지를 보았다는 분이 어디에 계셨는지를 추적하였고, 최초 그 분은 무라마츠라는 곳에서 거주하였다는 것을 확인하였다. 우리는 무라마츠의 관공서를 찾아가 당시에 근무하였던 분들의 명단이 있는지 문의하여 보았으나 그런 명단은

강후보상실현

기획기사

부친의 생사를 확인하기 위하여..

일본의 동경과 니이가타를 다녀와서..

그리운 아버지,가엾은 어머니

42년 4월 아버지는 서울에서 일본으로 가신다는 전갈만 보내신 후 홀연히 떠나가셨다. 아버지에 대해 남겨진 기록은 사진 한장 뿐이었으며, 그 사진에 기록된 내용은 '협화훈련대원 소화 17년 9월13일 기념 촬영'이라고 되어 있었다. 홀로 자식을 키우시면서 모진 세파와 맞서 싸우셨던 어머니가 돌아가시기 전에 나는 아버지의 정확한 생사라도 확인해 드려야 한다는 생각에 일본으로 가기로 결심했다.

조사를 위한 단서

당시 협화훈련소는 각 기업마다 존재했던 것으로 어느 특정 지역을 알 수 없다면 정확한 행선지를 찾기는 어렵다고 하여 일단 고향에 내려가 아버지에 대한 좀 더 구체적인 정보를 수집하기로 하였다.

아버지를 보았다는 분의 유족을 찾아가 그 지역이 어디인지를 확인하기로 하였는데, 일본에 계신 분이 보내온 편지에는 주소지와 약간의 안부만 적혀 있는데, 그곳은 니이가타였다.

우리는 먼저 기록을 확인하기 위한 문제접근방법부터 논의하기 시작하였다. 우선 아버지를 보았다는 분의 행적을 추적하는 일이 가장 중요한 작업이라고 보고, 징용자 기록중 예금에 관한 기록과 후생연금에 관한 기록을 찾을 수 있는지의 여부를 확인하기로 하였다.

니이가타로 출발

니이가타는 동경에서 약 2시간 거랑 떨어진 거리로 우리는 동경에서 신간선을 타고 니이가타로 가서 보다 구체적인 정보를 수집하기로 하고, 니이가타에서 조선인 강제연행문제를 조사하고 있는 마유즈미라는 분의 협조를 구하기로 하였다.

니이가타에는 미쓰비시가 경영하였던 사도광산이라는 곳에 가장 많은 조선인들이 있었으며, 그 밖에도 여러지역에서 조선인들이 노역한 것으로 되어 있다.

우리는 먼저 재일거류민단을 찾아가 아버지를 보았다는 분이 어디에 계셨는지를 추적하였고, 최초 그분은 무라마츠라는 곳에서 거주하였다는 것을 확인하였다.

우리는 무라마츠의 관공서를 찾아가 당시에 근무하였던 분들의 명단이 있는지 문의하여 보았으나 그런 명단은 지금 남아있는 것이 없다는 답변을 얻었으며, 지역내 가장 연장자의 진술을 확보하면 뭔가 단서가 될 것으로 보고 연장자들을 찾아 문의를 해 보았다.

니이미에서 조사

아버지를 보았다는 분은 70년대까지 무라마츠에서 국수집을 하였는데 그 이후로는 니이미쪽으로 가서 연락이 없다고 하여 우리는 다시 니이미로 향하였다.

니이미에 있는 주소지에 할머니 한 분이 살고 계셨는데 편지에 적혀 있는 분은 이미 돌아가셨고 그 가족들은 북송선을 타서 그 이후로는 연락이 없다는 답변을 들었다.

사회보험업무센타를 방문

사회보험업무센타는 정부기관중 당시의 기록을 보관하고 있는 정부기관중 하나이다.

조선인 징용자들이 어느 기업에서 근무하게 될 경우 후생연금보험에 가입한 경우가 많았으며 사회보험업무센타가 이를 관리하였다.

우선적으로 후생연금보험은 각 기업별로 작성되어 있으며, 소화 37년부터는 전산화되어 있지만, 그 이전 기록은 전산화되어 있지 않기 때문에 정확한 기업을 알지 못하면 찾기가 쉽지 않다는 답변을 들었다.

단서가 될 만한 것들이 없어진 지금에서 다시금 그때로 되돌아가서 더듬는 일은 참으로 막막한 짓이라는 것을 느끼지 않을 수 없었다.

너무나 막막한 조사과정이었지만 우리는 결코 포기할 수 없으며, 끝까지 추적하여 반드시 규명해 나갈 것이다.

- 6 -

지금 남아있는 것이 없다는 답변을 얻었으며, 지역내 가장 연장자의 진술을 확보하면 뭔가 단서가 될 것으로 보고 연장자들을 찾아 문의를 해 보았다.

니이미에서 조사

아버지를 보았다는 분은 70년대까지 무라마츠에서 국수집을 하였는데 그 이후로는 니이미쪽으로 가서 연락이 없다고 하여 우리는 다시 니이미로 향하였다. 니이미에 있는 주소지에 할머니 한 분이 살고 계셨는데 편지에 적혀있는 분은 이미 돌아가셨고 그 가족들은 북송선을 타서 그 이후로는 연락이 없다는 답변을 들었다.

사회보험업무센타를 방문

사회보험업무센타는 정부기관 중 당시의 기록을 보관하고 있는 정부기관 중 하나이다.

조선인 징용자들이 어느 기업에서 근무하게 될 경우 후생연금보험에 가입한 경우가 많았으며 사회보험업무센타가 이를 관리하였다. 우선적으로 후생연금보험은 각 기업별로 작성되어 있으겨, 소화 37년(1962년)부터는 전산화되어 있지만, 그 이전 기록은 전산화되어 있지 않았기 때문에 정확한 기업을 알지 못하면 찾기가 쉽지 않다는 답변을 들었다.

단서가 될 만한 것들이 없어진 지금에서 다시금 그 때로 되돌아가서 더듬는 일은 참으로 막막한 짓이라는 것을 느끼지 않을 수 없었다. 너무나 막막한 조사 과정이었지만 우리는 결코 포기할 수 없으며, 끝까지 추적하여 반드시 규명해 나갈 것이다.

포기할 순 없다

2003년 국회에서 일본의 조선인강제연행진상조사단이 수십년 간 조사하고 수집해 온 일제강제동원 피해자명부 전시회가 있었다. 이 전시회는 강제동원 피해에 대한 국내 여론을 불러일으키기 위해 민족문제연구소 김민철 연구실장이 기획하고 김희선 의원실에서 적극 추진해서 열렸다. 당시 김희선 의원실의 초청으로 온 조선인강제연행진상조사단의 사무국장 홍상진 씨는 조총련계 출신이어서 국가정보원에서 입국을 허락하지 않았다.

그러나 김희선 의원이 국정원을 설득해 마침내 자료와 함께 들어올 수 있었다. 나는 혹시나 하는 마음에 홍상진 씨를 찾아가 아버지 사진을 보여주고 아버지가 일하던 곳을 꼭 찾고 싶다고 말했다. 그는 아주 흔쾌하게 약속한 뒤 2005년 6월 10일~12일까지 나를 일본으로 초청했다. 그 때 보추협 간사였던 민연수 씨와 함께 갔다. 홍상진 씨의 도움으로 일본 국회의원도 여러 명 만났고 지역에서 활동하는 일본 사람들을 모아놓고 설명을 하면서 그 자리에서 아버지의 사진을

아버지가 보내온 협화훈련소 사진으로 뒷줄 왼쪽에서 첫 번째가 아버지

복사해서 여러 사람들에게 나눠주면서 부탁을 했다. 그리고 기록을 찾는데 필요한 증명서와 위임장, 자료를 그에게 전달했다.

그러나 부푼 기대와 달리 돌아온 소식은 매우 어두웠다. 사진에 나와 있는 협화훈련소는 여러 사업체에 있었기 때문에 사진 기록만으로 아버지께서 끌려간 곳을 찾기는 힘들다는 것이었다. 내가 직접 나서서 아버지의 기록을 찾아보니 피해자가 스스로 이런 조사를 한다는 게 사실 불가능하다는 것을 알게 되었다.

2004년 2월 13일, 국회 본회의에서 마침내 '일제강점하 강제동원 피해 진상규명특별법'이 통과되었다. 2001년부터 법안을 발의한 뒤 국회의원들을 일일이 찾아다니며 설득하기 위해 피해자와 유족들이 얼마나 많은 노력을 했는지 그 때 함께 활동해 보지 않은 사람들은 잘 모른다. 국회에서 살다시피 하며 의원들을 쫓아다니며 때로는 호

일제강점하 강제동원 진상규명특별법 제정을 촉구하는 여의도 집회(2002.2.)

한일협정문서공개 소송을 하면서 김종필 집 앞에서 벌인 1인시위(2002. 9. 28)

소하고 때로는 협박하면서 지속적으로 괴롭힌 결과 얻어낸 성과였다. 2005년 2월 1일, 광화문 새한빌딩 7층에 있던 일제강제동원진상규명위원회에 아버지의 사진과 함께 피해자 신고서류를 냈다.

그리고 2006년 1월 20일, 일제강제동원피해심의결정 통지서를 받았다. 위원회에서 받은 결정 통지서에는 "피해자 최천호는 일제에 강제동원되어 1942년 4월경부터 후쿠오카에서 노무자 생활을 강요당하던 중 현재까지 귀환하지 않아 행방불명 된 것이 인정되므로 희생자로 결정하고 신고인 최낙훈은 희생자의 아들임으로 유족으로 결정한다."고 기록되어 있었다. 열심히 피해자 운동을 하고 기록을 찾으러 돌아다녔던 만큼 국가로부터 정식으로 강제동원 희생자라는 인정을 받긴 했지만 위원회의 결정통지서 내용은 실망스럽기 짝이 없었다.

나는 아버지가 남긴 유일한 단서인 사진을 들고서 직접 일본에 갔다. 그러나 가는 곳마다 돌아오는 것은 '행방불명'이라거나 '알 수 없다'는 답변뿐이었다. 그럴 때마다 허탈감과 좌절감을 느껴 찾는 일을 그만 둘까 하는 생각도 했다. 그러나 2005년 7월 일본에서 강제동원진상규명네트워크가 결성되었고, 후쿠도메 노리야키 씨가 사무국장을 맞게 되면서 또 다시 실오라기 같은 희망을 갖고 계속 활동을 이어갔다.

2006년 8월, 강제동원진상규명네트워크가 강제동원 관련 기록이 없는 유족들을 초청해 몇 개 지역에서 유족 증언대회를 열었다. 후쿠도메 씨 생각은 한국 유족들이 아버지 없이 어떻게 살아 왔는지 그 아버지의 기록을 찾기 위해 어떤 노력을 하고 있는지 일본사람들이 알아야 한다는 것이었다. 증언대회는 그런 목적으로 마련되었다. 이때 나는 후쿠오카 쪽으로 초청되었는데 그 때 후쿠오카 공항에 후쿠도메 씨의 부인이 승용차를 가지고 마중 나왔다. 말은 통하지 않았지만 표정으로 인사를 나눴다. 지금도 그 때 만났던 많은 사람들의 따뜻한 마음을 충분히 느낄 수 있다.

2010년 봄, 후쿠도메 씨는 일본 전 지역을 돌면서 증언대회를 준비하면서 한국에 와서 유족들을 만나 구체적인 내용을 상의했다. 나와 다른 유족들은 서울에서 만났고 전라북도 진안에 있는 김동관 씨를 만나기 위해 4월 29일에 민족문제연구소의 승합차에 다른 유족 5명과 후쿠도메 씨를 태우고 아침 일찍 서울에서 출발했다. 김동관 씨 아버지는 홋카이도에 징용 가서 돌아가셨다.

가는 길에 진안에 있는 마이산 탑사에 들러 진성스님을 만나고 그곳에서 점심을 먹고 기념사진을 찍고 헤어졌다. 2000년 6월에 강제동원희생자 천도재를 지내준 절이어서 가끔 들리는 곳이었다. 시간이 없어 더 머물지 못하는 아쉬움을 뒤로 하고 김동관 씨를 만나러 새만금으로 갔다. 4월의 끝자락이었지만 그 날은 유난히 바람도 강하고 추웠다.

김동관 씨를 만나 군산에 가서 저녁을 먹고 헤어진 뒤, 서울로 올라오면서 차안에서 후쿠도메 씨와 많은 이야기를 나눴다. 앞으로 무엇을 할지, 어떤 활동을 할 수 있는지에 대한 계획을 세우면서 새로운 희망을 갖게 되었던 분주한 하루 일정이었고 즐거운 시간이었다. 그리고 며칠 안 되어 후쿠도메 씨의 부고가 전해졌다.

정말 믿기 어려운 뜻밖의 소식에 나는 내 형제를 잃은 느낌이었다. 말로 표현할 수 없는 슬픔에 숨이 막혔다. 후쿠도메 씨를 떠나보낸 슬픔은 오랫동안 내 마음속에서 떠나지 않았다. 후쿠도메 씨는 떠났지만 계획했던 증언대회는 2010년 10월에 일본 전국에서 계획대로 진행되었고 나는 오사카와 고베 등에서 증언을 하게 되었다.

마이산탑사 방문 때(2010.4.28)

강제동원진상규명네트워크 주최 일본 전국순회 증언회(고베, 2010.10.9)

그 때 오사카에서 활동하며 오래전부터 보추협과 인연을 맺고 재판지원을 해주던 교류단체 분들은 내 증언을 듣고 재판뿐만 아니고 기록을 찾지 못한 유족들의 마음을 알게 된 것 같다고 했다. 그 후에 그 분들은 기록 찾기, 군사우편저금 조사, 유골조사, 입법활동 등으로 활동의 방향을 넓혀왔다. 이 분들은 지금도 기록을 찾지 못한 유족들을 돕기 위해 조사활동을 계속하고 있다. 나도 여러 차례 아버지의 기록을 찾기 위한 서류들을 보냈고, 한국에 와서 유족들을 직접 만나 이야기를 듣고 기록도 한 후 이걸 토대로 조사 활동을 계속하고 있다.

2013년 6월, 보추협과 강제동원진상규명네트워크가 공동으로 유족증언대회 '2013 강제동원피해자에 듣는다. 아직 끝나지 않은 한 맺힌 이야기들'을 일본에서 개최할 때 기록 없는 유족의 한 사람으로서 참가했다. 이때는 아버지 기록을 찾아 나선 지 벌써 13년이 도는 해였다. 보추협과 일본 지원단체의 도움으로 관청과 기업 등에 수소문을 하고, 실낱같은 기대를 갖고 아버지의 흔적을 찾으러 현장에도 갔지만 모두 헛수고였다. 그래서 이번에는 좀 다른 방법이 없을까 고민하다가 어릴 때 집에서 봤던 재떨이가 생각났다. 그 재떨이는 청자로 만들었는데, 미쓰이三井 회사 건물 모양을 하고 있었다. 옛날에는 왜 그게 집에 있었는지 생각해 본 적이 없었는데, 가만 보니 좀 이상

기억을 더듬어 직접 만든 미쓰이회사 빌딩 모양의 재떨이

했다. 아버지가 있었으면 산 것일 수도 있으나 집에는 어머니와 어린 애들뿐인데 재떨이가 있을 이유가 없었다.

2010년 일본을 갔을 때 이 이야기를 우에다 씨와 나카다 씨에게 했더니 "어떻게 생긴 것인지 볼 수 있었으면 좋겠다"고 해서 종이로 모형을 만들어 전해주고 왔다. 그런데 돌아와 생각해보니 아무래도 그 재떨이가 아버지와 무슨 연관이 있지 않을까 생각해서 직접 찰흙으로 만들어 가져갔다. 아버지보다 10살 아래인 외삼촌도 1944년 지시마비행장의 노동자로 징용갔는데, 외삼촌 이야기로는 아버지가 후쿠오카에 있었다고 했다. 하지만 그 이상은 확실하게 알 수 없었다. 내 생각엔 훈련을 마치고 훈련대원들에게 기념으로 주었거나 미쓰이 회사에서 훈련받은 사람들에게 준 것이 아닌가 생각했다. 혹시라도 이 재떨이를 아는 사람이 나타나서 어떤 단서라도 얻었으면 하는 마음에서 증언대회 때 가져가 소개했다.

아버지, 목놓아 부릅니다

2014년 5월, 후쿠도메 씨를 추모하는 행사에 참석하게 되어 이희자 대표와 만나서 후쿠오카에 갈 준비를 하기로 하고 전철을 타고 약속

장소로 가고 있었다. 그런데 도중에 우에다 씨로부터 국제전화가 왔다. 아버지 기록을 찾았다는 것이다. 아버지 기록을 확인했으니 아버지 추모 준비도 해오는 것이 좋겠다고 했다. 마치 기적처럼 출발 이틀 전에 소식을 들은 것이다. 그 말을 듣고 나니 멍하기도 하고 기쁘기도 하고 슬프기도 하고 내 마음이 어떤 것인지 한참 동안 말을 할 수 없었다. 여러 번 포기할까 했던 때가 있었지만 포기하지 않으니 이런 날이 있구나 하는 생각이 들었다. 가슴에서 갑자기 뜨거운 것이 올라오고, 슬픔이 복받쳤지만 차안에서 울 수 없고 꾹 참았다.

약속 장소에서 이희자 씨를 보는 순간 포기할 때마다 '여자인 이희자 씨도 아버지 기록을 찾겠다고 열심히 활동을 이어가고 있는데 나는 남자이면서 아버지 기록도 찾지 못하다니, 포기하면 자식된 도리가 아니다'는 생각을 하면서 활동했던 기억이 떠올랐다. 이런 것을 기적이라고 해야 하는 것인지. 어쨌든 너무 좋았다. 아버지의 추모식 준비를 하는 내내 아버지가 어디선가 내 모습을 보시고 계시는 것 같다는 생각을 하면서 정성껏 음식준비를 할 수 있었다.

'아버님, 찾았어, 찾았어요' 하는 우에다 씨의 흥분된 목소리를 가슴에 안고서 2014년 5월 17일 후쿠오카 공항에 도착했다. 후쿠도메 씨는 일본의 과거청산을 위해 한국과 일본의 시민연대를 통해 열정적으로 활동하다 2010년 5월 갑자기 세상을 떠났다. 생전에 후쿠도메 씨는 유족들 일을 마치 자기 일처럼 여기며 누구보다 앞장서서 지원 활동을 했다. 후쿠도메 씨의 추도식을 앞두고 내 아버지의 기록을 찾은 것은 후쿠도메 씨가 저승에서 내게 보내준 너무나 귀한 선물이었다. 추모식에 모인 사람들 모두 입을 모아 같은 말을 했다.

그런 얘기를 들으니 더 마음이 울컥했다. 기록을 찾는 일이 피해자

탄광터에서 제사를 지낸 후 관계자들과 함께(2014.5.18)

후쿠오카 가이지마 탄광터에서 지낸 아버지 제사 (2014.5.18)

의 마음만으로 되는 게 아님을 누구보다 잘 알고 있다. 그래서 일본에서 그렇게 애써서 찾아준 것에 대해서 진심으로 고맙고 감사할 뿐이다. 이 순간에도 애써준 일본 친구들에게 감사하고 아직 기록을 찾지 못한 유족들에겐 미안한 마음이 든다. 오랫동안 함께 활동하면서 느껴왔던 끈끈한 정 때문일 것이다.

2014년 5월 18일 삼베옷을 갖춰 입고 가이지마탄광 오노우라광업소具島炭礦 大之浦礦業所 제5광구 옛터에서 한국에서 가져온 북어포며 과일, 한과, 떡들을 정성스레 차리고 술잔을 올리며 인사를 올렸다.

'빼앗긴 어버이를 그리며' 망향의동산 합동추모제(2011.5.8)

'아버지 이제야 찾아뵙습니다. 아버지. 아버지.'

후쿠오카의 허공을 향해 가슴속 깊은 곳으로부터 우러나오는 큰 목소리로 아버지를 불렀다. 이 곳 어딘가에 떠돌고 있을지 모르는 아버지의 영혼을 목이 터져라 불러봤다. 은은히 번지는 향내가 숙연하게 주위를 감싸는 듯했다.

뙤약볕 아래에서 제사를 지내는 동안 나는 흐르는 눈물을 주체할 수 없었다. 나이가 칠십이 넘어서도 이렇게 눈물이 나오는구나 하는 생각이 들 정도였다. 그날 저녁 나와 강종호 씨, 그리고 일본 친구들 모두 시모노세키에서 뒤풀이를 했다. 뒤풀이 하는 내내 우리는 너무 기뻐서 웃다가 울다가를 몇 번이나 되풀이했는지 모른다.

아버지와 헤어진 지 72년 만에 난생 처음 아버지를 목 놓아 부르는 그 순간에 어머니의 생각이 아른거렸다. 스물일곱 나이에 3형제를 키우며 행상을 다니던 어머니의 탄식 섞인 목소리가 들리는 듯했다. '일

어머님을 모시고 선산에서 가족과 함께(1995)

본 대판이 얼마나 좋아서 꽃 같은 나를 두고 연락선을 탔느냐'하며 울던 불쌍한 어머니의 모습이 떠올랐다. 나이가 든 뒤에는 가끔 TV에서 강제동원 이야기가 나오면 "네 아버지 유골이라도 한 번 봐야 되지 않겠냐" 하시던 게 눈에 선하다.

그러던 중 어머님을 모시던 형님이 세상을 떠난 후 형님의 빈자리는 나와 동생이 채워 드렸다. 그러나 우리가 아무리 잘 해드려도 어머니는 나보다 먼저 떠난 큰아들을 그리워 하셨다.

나는 어머니가 살아계실 때는 아버지 사망신고를 하지 못했다. 2006년 7월 13일에 어머니께서 한 많은 생을 뒤로 하고 돌아가신 뒤에야 두 분의 사망신고를 함께 했다. 그 전에는 일부러 하지 않았다. 만약 사망신고를 해버리면 어머니에게서 기다리는 희망마저 없애버리는 것이 되기 때문에 어머니가 돌아가실 때까지 기다린 것이다. 2006년, 결정통지서를 받던 그해 어머니는 92세의 나이로 돌아

어머니 미수 기념연(2003.8.16)

식민지역사박물관에 자료기증한 뒤 (2010.4.20)

가셨다.

가이지마 탄광에서 제사를 지내는 동안 그 곳에 계신 분들도 자신의 아버지를 찾은 듯이 함께 기뻐하고 또 슬퍼하며 눈물을 흘렸다. 그날 함께 울어준 벗들이 있었기에 아버지를 찾느라 돌고 돌아온 지난날이 외롭고 힘들지 않았다. 그저 고맙다는 말 이외에 달리 더 보탤 게 없다. 마지막 바람이 있다면, 아버지가 거쳐 간 가이지마탄광 이후의 행적을 찾고 싶다. 그리고 만에 하나라도 아버지의 유골을 찾는다면 어머니 묘 옆에 함께 모시고 싶은 욕심을 부려본다.

이런 생각을 하는것이 나도 늙었나 보다. 그러나 아직 해야 할 일이 남아있다. 그것은 아버지의 뼈 한조각이라도 찾아서 어머님 옆에 함께 모시는 것이 내가 마지막 할 일이다. 나를 도와주셨던 모든 분께 감사하다는 말씀을 드린다. "고맙습니다."

• 김진영

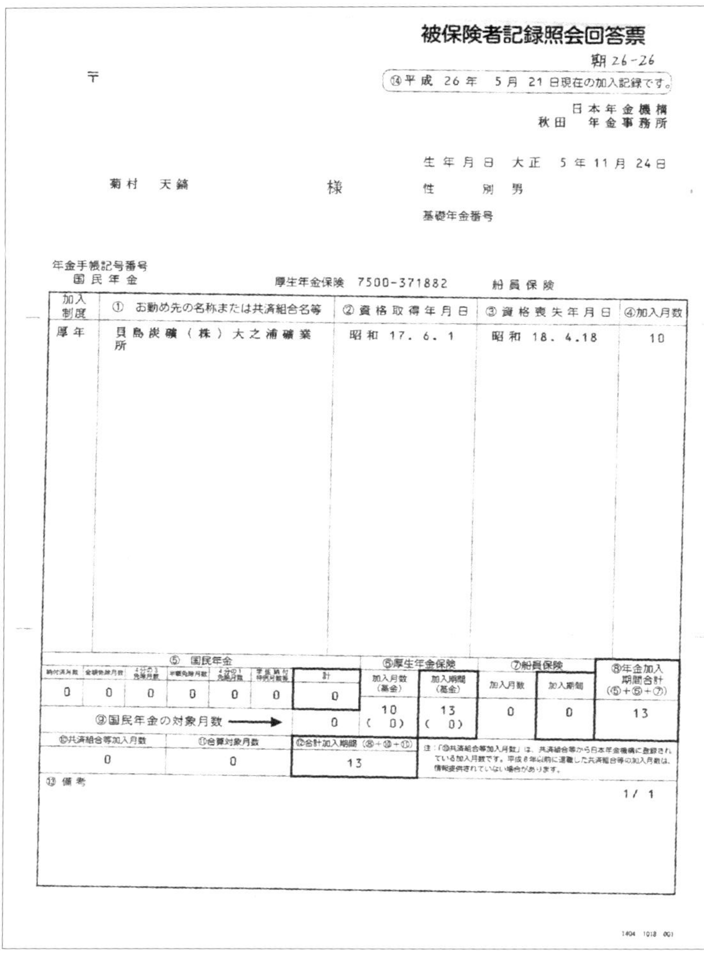

被保険者記録照会回答票

期 26-26

〒

⑭平成 26 年 5 月 21 日現在の加入記録です。

日本年金機構
秋田 年金事務所

生年月日 大正 5 年 11 月 24 日
性別 男
基礎年金番号

菊村 天鎬 様

年金手帳記号番号
国民年金　厚生年金保険 7500-371882　船員保険

加入制度	① お勤め先の名称または共済組合名等	② 資格取得年月日	③ 資格喪失年月日	④加入月数
厚年	貝島炭礦（株）大之浦礦業所	昭和 17. 6. 1	昭和 18. 4.18	10

⑤ 国民年金							⑥厚生年金保険		⑦船員保険		⑧年金加入期間合計
納付済月数	全額免除月数	4分の3免除月数	半額免除月数	4分の1免除月数	学生納付特例月数	計	加入月数（基金）	加入期間（基金）	加入月数	加入期間	(⑤+⑥+⑦)
0	0	0	0	0	0	0	10 (0)	13 (0)	0	0	13
⑨国民年金の対象月数 →						0					

⑩共済組合等加入月数	⑪合算対象月数	⑫合計加入期間（⑧+⑩+⑪）
0	0	13

注：「⑩共済組合等加入月数」は、共済組合等から日本年金機構に登録されている加入月数です。平成8年以前に退職した共済組合等の加入月数は、情報提供されていない場合があります。

⑬ 備考

1/ 1

1404 1018 001

후생연금보험 조회에 대한 일본연금기구의 회신(2014.5.21)

탄 원 서

수신 : 외교통상부장관 귀하
참조 : 동북아1과장 귀하

탄원인 : 서울 중랑구 면목동 209번지3 8 25/5
최 낙 훈
(전화번호 : 02-496-6682)

탄 원 내 용

본인의 부친은 일제치하 강제연행되어 현재까지 귀환하지 않고 있으며, 생사사실을 알지 못하여 호적정리도 하지 못하고 있는 상태입니다.

본인의 부친은 1916년 전북 김제군 용지면 용수리에서 출생하여, 본인 부친이 27세되는 해, 본인이 2세때에 강제징집당하여 현재까지 연락이 없는 상태에 있으며, 아버지가 징용가신 장소에 대하여 정확히 알고 있지 못하고 있습니다.

본인 부친이 보내주신 사진을 보면 소화17년도(1942년) 9월 13일에 제1협화훈련소에서 함께 근무한 훈련대원들끼리 기념사진을 찍은 사진만 가지고 있으며, 함께 가셨던 분 가운데 일본 현지에서 생존해 계신 분의 기록을 보면, 日本國新潟県新津市本町3丁目에서 서신이 온 것으로 보아 그 근방에서 근무하신 것으로 생각하고 있습니다.

본인 부친의 생사확인과 유해확인을 위하여 백방으로 노력하여 왔으나 어느 곳에서도 속 시원한 확인을 하지 못한 채 오늘에 이르고 있습니다.

정부문서보존소에서 징용자명단을 조회하였으나 아무런 단서도 찾지 못하였으며, 본인이 죽기 전에라도 부친에 대한 생사확인과 유골이 있다면 고향으로 봉안하고 싶습니다. 한국정부에서 이를 조사해 주시기를 간절히 탄원드립니다.

○ 징집자의 인적사항

성명 : 최천호(崔天鎬)
창씨명 : 菊村天鎬
본적 : 전북 김제군 용지면 용수리540
피징집구분 : 노무자
피징집자 근무처 : 정확히 알 수 없음.

2000. 1.

탄원인 서명 (인)

아버지 생사확인을 요청하는 외교통상부에 대한 탄원서(2000.1)

외 교 통 상 부

보불
110-760 서울 종로구 세종로 77-6 정부종합청사 / 전화 (02)720-2531 / 전송 (02)738-4353
동북아1과 과 장 이 혁 담당자 사무관 이오석

문서번호 아일 20070 - 170
시행일자 2000. 2. 29.(1년)
(공 개)

선람			지시		
접수	일자 시간		결재·공람		
	번호				
처리과					
담당자					
심사자			심사일		

수신 최낙훈 귀하
서울시 중랑구 면목동
209번지 38 (27/5)
우. 131 - 200

제목 민원 회신

1. 귀하가 우리부에 제출하신 민원에 대한 회신입니다.

2. 먼저 일제 식민지 지배로 인해 귀하와 귀하의 가족이 겪으신 고통과 고난에 대해 심심한 위로의 말씀드립니다.

3. 우리 정부는 일본 정부로부터 일제하 피징용·징병 한국인 명부를 아래와 같이 전달받아 이를 정부기록보존소 등에 보관하고 있습니다.
   - ○71.10 군인·군속 전사자 명부 21,699명분
   - ○91.3 피징용자(노무자) 명부 90,804명분
   - ○92.12 피징용자(노무자) 명부 17,107명분
   - ○93.10 군인·군속 명부 243,992명분(71년 건수분과 중복)

4. 한편, 귀하와 같이 정부기록보존소에서 명부를 확인하지 못한 경우와 관련, 우리 정부는 일본 정부에 대해 피징용·징병자 명부가 추가로 있을 경우 이를 전달해 줄 것을 요청하고 있으나, 일본 정부는 우리측에 기 전달한 명부이외에 추가로 제공할 명부가 없다는 입장인 바, 현재로서는 귀하가 요청하신 피징용자의 신원 확인은 불가능한 상황임을 알려드립니다. 끝.

외 교 통 상 부 장 관

아버지의 생사확인 요청에 대한 외교통상부의 답변서(2000.2.29)

"징용 아버지 아직도 기다려요"

■ 최낙훈씨의 '望父歌 58년'

"두살때 떠나 얼굴몰라도 잊은적 없어"
양국 오가며 조사했지만 흔적 못찾아
"이제는 사망신고 해야하나" 한숨만

최낙훈씨의 아버지 최천호(맨 왼쪽)씨가 1942년 일본에서 집으로 보내온 사진. 당시 동료들과 함께 찍은 사진 위쪽에는 '협화훈련대원 소화 17년(1942년) 9월13일 기념촬영'이라고 적혀있다.

■ 이미 58년이 흘렀지만 최낙훈(63·서울 중랑구 망우동·사진)씨는 지금도 1945년 8월의 기쁨을 생생히 기억하고 있다. 당시 다섯살이라 우리나라가 일본의 압제에서 해방됐다는 의미는 잘 이해하지 못했지만 일본으로 징용갔던 아버지로부터 '다음달에 돌아간다'는 편지를 받고 들뜬 맘으로 어머니의 손을 잡고 매일 아침 역에 나갔기 때문이다. 하지만 9월이 훌쩍 지나 징용갔던 마을 사람들이 다 돌아올 때까지 아버지의 모습은 보이지 않았다.

"아버지 얼굴도 기억 못하죠. 아버지가 떠나실 때 저는 겨우 두살이었으니…." 1941년 서울 청량리의 한 학교에서 직원으로 일하던 아버지 최천호(1916년생)씨는 어느날 '일본으로 떠나게 됐다'는 편지 한 장만 남기고 사라졌다. 이후 한달에 한번 정도 편지가 왔지만 내용은 그저 '잘 있다'는 이야기뿐이었다.

돌아오지 않는 남편을 기다리며 행상으로 어렵게 3형제를 키운 어머니 밑에서 가난한 어린시절을 보낸 그는 한국전쟁이 끝난 후 16세 때 무작정 서울로 올라왔다. 구두닦이부터 시작해 닥치는 대로 일을 하며 '살아남기 위해' 버둥거려야 했던 시간들.

"힘들 때마다 아버지 생각을 했지만 사는 게 하도 바빠 아버지를 찾을 엄두를 못냈어요." 차츰 안정을 찾아가던 지난 91년에야 '아버지 생사라도 알 수 있지 않을까' 싶어 태평양전쟁희생자유족회의 문을 두드렸다.

유족회 관계자들과 함께 국립문서보관서의 징용자 명단을 뒤지고 당시 신문기사까지 모두 찾았지만 아버지의 흔적은 발견할 수 없었다. 외교통상부에도 조사를 요청했으나 일본에서 보내온 징용자 명단 외에 다른 자료는 없다는 답변만 들었다. 2001년에는 일본에서 아버지가 보내줬던 빛바랜 사진 한장을 들고 일본 후생성과 우정국 등을 직접 방문해 조사를 요청했지만 아직 명확한 답변을 듣지 못한 상태다.

거동이 불편한 어머니 장순옥(88)씨는 요즘 "죽기 전에 네 아버지 유골이라도 찾아야 할텐데…"라는 말을 부쩍 자주 한다. 그런 말을 들을 때마다 안타깝지만 이제 그가 할 수 있는 일은 별로 없다. "나라에서 우리같은 사람들의 한을 푸는데 관심을 가져줘야죠. 그런데 정부는 '이미 다 지난 일'이라며 팔짱만 끼고 있으니 답답하네요."

"어머니가 돌아가시면 아직 못하고 있는 아버지 사망신고를 하고 어머니와 함께 제사를 지내는 수밖에 없겠다고 생각한다"는 그의 입에선 길고 낮은 한숨이 흘러나왔다.

이영희기자 misquick@munhwa.co.kr

문화일보 2003.8.15

징용, 그리고 60년의 기다림

|특파원 칼럼|

조헌주
도쿄특파원
hanscho@donga.com

"63년 전 헤어진 아버지가 오늘이라도 돌아올 것만 같다며 제사를 못 지내게 하는 아흔 살 어머니의 마음을 어떻게 풀어 드려야 할지 누구 아는 사람 있으면 답해 주십시오."

부친의 빛바랜 사진을 들고 선 최낙훈(崔洛勳·65) 씨의 애절한 호소에 장내를 메운 200여 명의 유족과 시민, 보도진은 고개를 들지 못했다. 11일 일본 도쿄(東京)에서 열린 한국인 징용희생자 관련 모임에서였다.

그의 아버지는 일본에서 돈 한 푼 보내온 일 없고 유일하게 보낸 사진 뒷면에는 '협화회(協和會) 훈련대원'이라고 씌어 있었다. 협화회란 재일 한국인을 감시·통제하기 위해 일제가 만든 기관이었으니 이곳에서 '황국신민' 정신교육을 받고 어디에선가 강제노동을 했을 것이다. 광복 직후인 1945년 9월 중순 '곧 귀국하겠다'는 편지를 끝으로 소식이 끊겼다.

최 씨는 어머니의 한을 풀어 드리고자 한국 외교통상부와 일본 후생노동성, 우정성, 사회보험청 등을 찾아다녔으나 허사였다.

이날 모임에서는 민간단체가 종합 정리한 징용희생자 753명의 신원 명세를 보도한 본보 10일자 기사가 복사돼 배포됐다. 다들 잊어버린 때에 관심을 가져 주어 고맙다고 유족들이 입을 모았다. 그간 사회의 무관심이 오죽했기에 감사의 말을 듣나 싶어 부끄러웠다.

최근 발굴된 일본 외무성 자료에 따르면 1962년 한일 수교협상 시 일본 측은 한국인 징용자 중 4만여 명의 사망자 명단을 확보한 상태였다. 한국이 당시 제시한 '사망 1만 2000명, 부상 7000명' 자료를 일본 측은 기록에 남겨 놓았다. 납치와 다를 것 없는 범죄 실상을 감춘 채 일본 측은 목숨을 흥정거리로 삼고 있었던 것이다. 테이블에 마주한 한국 정부 대표단의 엉터리 숫자를 비웃으며.

분노는 일본의 비인도적 처사뿐 아니라 한국 정부의 무책임·무성의한 태도로도 향한다.

1971년 2만1000여 명의 희생자 명부가 처음 건네진 이래 1991년과 93년 등에 모두 48만여 명 분의 군인·군속·징용자 명부가 한국에 전달됐다. 그중엔 야스쿠니(靖國)신사에 합사됐다는, 도장도 선연한 서류도 포함돼 있다. 하지만 정부가 유족을 찾아 이런 사실을 전해 주려 한 흔적은 찾을 길 없다.

정부가 '일제 강점하 강제동원 피해 진상규명위원회'를 만든 것은 그나마 다행스럽지만 활동을 보면 생색내기 수준인 것 같다. 예산, 인력 탓에 피해자 신고만 받기에도 바쁘다고 한다.

진상규명위에만 맡겨 둘 일이 아니다. 정부 각 부처와 지방자치단체가 함께 나서 확보된 자료를 확인하고 유족을 찾아나서야 한다. 고령의 유족들은 오늘도 한을 품은 채 세상을 떠나고 있다.

또 일본에는 30여 년간 징용 문제를 다뤄온 '조선인 강제연행 진상조사단' 등 민간단체가 많다. 총련계 인사가 많다는 등 편견으로 이를 외면하고 있는 인상이 짙다. 망국의 설움 속에 비극적으로 숨져 간 징용 희생자들을 위해 남북의 벽을 넘어야 한다.

60여 년의 긴 기다림에 이런 노력이 흡족한 답은 될 수 없을 것이나 오랜 세월 버림받아 온 한을 그래도 조금은 달래 줄 수 있지 않겠는가.

동아일보 2005.6.14

2005. 6. 12

遺骨返還60年目の道

朝鮮半島出身徴用者

市民ら協力 各地で調査

日 関係改善狙う 韓「動員解明を」

時時刻刻

아사히신문 2005.6.12

アボジの消息 知りたい

戦時中 韓国から日本に徴用

73歳息子、宮若の石炭記念館へ

아사히신문 2013

The Japan Times NEWS

Cold trail: South Korean Choi Rak-hun, whose father is believed to have worked at the Kajima coal mine in Fukuoka Prefecture during World War II, looks at exhibits of the mine in June in Miyawaka, Fukuoka Prefecture. | KYODO

NATIONAL

South Korean's 20-year search for dad leads to Kyushu mine

BY KEISUKE SUNAMI
KYODO

ARTICLE HISTORY JUL 29, 2013

FUKUOKA – A South Korean man's 20-year mission to trace the steps of his long-lost father recently brought him to the site of an old coal mine in Fukuoka Prefecture.

JapanTimes 2013.8.1

축음기를 사 오신다고 했는데

최두용

어린 시절의 기억

아버지 최승봉崔承鳳은 1908년 2월 18일 경기도 평택군 청북면에서 6형제의 막내아들로 태어났다. 할아버지는 우편배달부 일을 하였고 아버지는 농사를 지었는데 우리 가족은 할아버지 댁과 한 마을에서 따로 살고 있었다. 나는 1938년에 같은 마을에서 태어났다. 세 살 위의 누나와 두 살 어린 남동생이 있었는데 모두 어렸을 때 죽었기 때문에 나는 외아들로 할아버지, 할머니를 비롯하여 가족들의 많은 사랑을 받으며 자랐다.

어렸을 때 한 번은 긴 칼을 찬 일본 순사가 사랑채에서 가마니를 짜고 있던 큰아버지를 때리는 것을 본 적이 있다. 예전부터 어린 아이들이 울면 '순사 온다'고 그치라고 어른들이 채근하던 그 무서운 일본 순사 말이다.

우리 윗집에는 부유한 이웃이 살고 있었는데 넓은 마당에 큰 창고가 있었다. 가을이 되면 그 집 마당 가득히 쌀가마니가 높이 쌓였다. 일본으로 공출되는 쌀이라고 했다. 그 집에는 축음기가 있었는데 나는 그 축음기가 너무 갖고 싶어 아버지에게 축음기를 사달라고 조르기도 하였다. 아버지와 갯벌이 펼쳐진 아산만 바닷가로 놀러 간 적도 있다. 바다에서 해초를 뜯어 나물을 해 먹은 기억도 있다. 내게는 무척 다정한 아버지였다. 아버지가 전쟁터로 떠난 뒤에 동네 어른들이 '아버지 보고 싶으면 너를 보라'고 할 정도로 내가 아버지와 닮았다고 했다.

아버지는 1944년 2월 15일 일본군에 군속으로 징용되었다. 아버지가 전쟁터로 떠날 때 나는 여섯 살이었다. 나는 아버지의 바짓가랑

이를 붙잡고 가지 말라고 울었다. 내가 울음을 그치지 않자 아버지는 축음기를 사 갖고 온다며 나를 달랬다. 내가 울음을 그치지 않자 할머니가 나를 등에 업은 채 눈물을 흘리며 아버지를 떠나보냈다. 그 때 우리들을 뒤로 하고 청북면의 너른 들판을 걸어가는 아버지의 뒷모습을 한참 동안 바라보며 눈물을 흘리던 것을 지금도 또렷하게 기억하고 있다. 울면서 자신을 붙잡는 어린 아들을 뒤로 하고 죽을지도 모르는 전쟁터로 떠나가야 했을 아버지를 생각하면 지금도 가슴이 저려 온다.

세상에 홀로 남겨져

아버지를 떠나보내고 남겨진 어머니와 나는 큰아버지 댁의 농사를 도우며 살았다. 1945년 해방이 되고 아버지와 함께 마을에서 징용으로 끌려간 사람은 돌아왔지만 아버지는 돌아오지 않았다. 전사통지서도 오지 않았다. 어느 마을에 전쟁터로 끌려갔다가 돌아온 사람이 있다는 소문이 들리면 어머니는 당장 그 집을 찾아가 아버지의 행방을 물었다. 그러나 아버지의 소식은 들을 수 없었고 아버지는 끝내 돌아오지 않았다. 해방이 되고 한두 해쯤 지나 어머니는 재혼을 했다. 나는 그 때 어렸기 때문에 어머니를 따라가게 되었다. 어머니는 재혼한 분과의 사이에서 아이를 낳았고 나는 그 집에서 더 이상 사는 것이 싫어져 가출을 했다. 갈 곳이 없어 평택역 근처에서 구걸을 하며 살았다. 이 세상에 홀로 남겨진 듯 느껴져 너무나 힘들고 비참한 시절이었다.

그러다가 큰아버지가 나를 찾는다는 것을 알고 큰아버지 댁에서 농사일을 도우며 살게 되었다. 농사일이 바쁠 때는 학교에도 가지 못했다. 농사일이 없을 때만 틈틈이 학교에 다닐 수 있어서 국민학교는 가까스로 졸업할 수 있었다. 함께 농사일을 돕던 사촌이 병으로 죽었기 때문에 농사일은 거의 내가 도맡아서 해야 했다. 아버지는 돌아오지 않고 어머니도 없는 외로운 몸이었지만 내게 주어진 일은 열심히 하며 살았다. 골치 아픈 일은 잊어버리자 생각하며 몸이 아프도록 밤낮없이 농사일만 했다.

군대시절. 오른쪽이 나(1962)

그렇게 일만 하다 보니 나이가 차서 1959년에 입대했다. 요즘과 달리 그때는 34개월간 군 복무를 해야 했다. 나는 군대 생활을 열심히 한 편이었다. 그래서 나름대로 부대에서 인정도 받았다. 군 생활을 하는 동안에도 아버지 생각을 종종 했다. 그럴 때마다 그걸 잊기 위해서 몸을 정신없이 움직였다. 무의식적으로 '부모 없는 자식'이라는 소리를 듣지 않기 위해서 아무리 힘들더라도 겉으로 드러내지 않고 이를 악물고 하는 게 몸에 배었기 때문일지도 모른다. 그렇지만 아버지, 어머니의 빈자리는 결코 채워지지 않았다. 마음 한 구석은 늘 허전했다.

1959년 군 입대를 앞두고 어머니에게 인사를 하러 갔다. 내가 어머니를 따라갔다가 가출을 하여 큰 집으로 돌아온 뒤로는 친가에서 외갓집에 왕래도 못하게 했기 때문에 실로 오랜만에 어머니를 만난 것이다. 그 때는 너무나 억울하고 서러웠다. 어머니는 참으로 고왔다. 아버지가 전쟁터에 끌려가 돌아오지 않아 어머니는 어쩔 수 없이 재혼을 해야 했지만 그 집에서도 식구들 뒷바라지 하느라 갖은 고생을 다 했을 것이다. 그 고생을 어떻게 말로 다 표현할 수가 있을까. 아버지가 계셨다면 우리 세 식구가 행복하게 살 수 있었을 텐데 너무나 원통할 뿐이었다.

어머니 회갑(1978)

그 때부터 나는 어머니와 왕래를 이어갔다. 1965년에 결혼할 때는 어머니를 모시고 결혼식을 올릴 수 있었다. 1978년에는 친지들을 모시고 회갑잔치도 해 드렸다. 1992년에 어머니가 위암에 걸려 6개월 시한부 선고를 받았다. 나는 그 때 서울에서 정육점을 하고 있었기 때문에 어머니 몸에 좋다는 고기는 뭐든지 갖다 드렸다. 결국 어머니는 시한부 선고보다 3개월을 더 사시다가 75세에 돌아가셨다. 어머니의 인생을 생각하면 가슴이 먹먹할 뿐이다.

아버지에 대한 이야기를 처음으로 듣다

나는 1968년 무렵에서야 아버지 이야기를 처음으로 듣게 되었다. 아버지와 같은 부대에 있던 분이 살아서 돌아왔는데 그 분이 아버지가 돌아가실 때의 일을 알고 있다는 것이었다. 그 해는 아버지가 살아있었다면 회갑이 되는 해였기 때문에 어머니도 모시고 손님들도 초대해서 회갑잔치를 열었다. 잔칫날 그 분이 아버지의 이야기를 들려주었다. 아버지가 전쟁터에서 부상당해 그 분이 병원에 데리고 갔는데, 다음에 병원에 찾아갔을 때는 아버지가 이미 돌아가셨다는 것이었다. 당시에 병원에서 죽은 사람들은 웅덩이를 파서 한꺼번에 매장을 했는데, 그 분이 아버지의 유해를 관에 넣어 양지 바른 곳에 묻었으니 찾을 수 있을 것이라는 말도 했다. 처음으로 아버지의 죽음에 대해 알게 된 순간이었다. 너무나 슬프고 가슴이 아팠다.

그런데 그 분은 해방 직후에 어머니를 만나 아버지에 대해 이야기해 준 적이 있었다고 했다. 그러자 어머니는 살아서 돌아올 사람인데 왜 그런 이야기를 하느냐며 믿지 않았다고 한다. 어머니는 아버지가 죽었다는 것을 절대로 믿고 싶지 않았던 것일까. 그 이야기를 들었을 때 어머니가 얼마나 슬퍼하고 절망했을지 감히 안다고 말하지 못하겠다.

1973년 말인가 1974년 초에 수원세무서에 징용자명부가 있다는 이야기를 듣고 나는 바로 찾아갔다. 명부에는 창씨개명된 아버지의 이름 '山本承鳳'이 정확히 적혀 있었다. 1945년 7월 19일, 중국 광시성廣西省 취안현全縣 제181병참병원에서 사망했다는 아버지의 기록을 처음으로 확인했다. 아버지가 돌아가신 날짜를 보니 1945년 7월 19일이었다. 한 달만 지나면 해방을 맞아 고향으로 돌아올 수 있었을 터인데. 아버지는 끝내 고향으로 돌아오지 못하고 머나먼 타국에서 가족을 그리며 돌아가신 것이다. 그 때 숨을 거두며 아버지의 마음이 얼마나 아팠을까를 생각하면 눈물이 멈추질 않는다.

어머니와 가족사진(1974.12.7)

어머니, 가족들과 함께(1984.5)

1974년에는 유골이 부산으로 돌아온다는 이야기를 듣고 나는 혹시나 하는 마음에서 아버지의 유골을 받으러 부산으로 달려갔다. 그런데 유골이 들어있다는 상자를 열어보니 사람 뼈가 아니라 동물 뼈 같은 것이 몇 조각 들어있을 뿐이었다. 사람 뼈라고는 도저히 생각할 수 없는 것이었다. 나는 이전에 아버지를 직접 묻었다는 분의 이야기를 들었기 때문에 도저히 그 뼈를 아버지의 유골이라고 믿을 수 없었다. 그것은 분명히 아버지의 유골이 아니었다.

일본이 일으킨 침략전쟁에 끌려가 이국땅에서 죽어간 것도 억울한

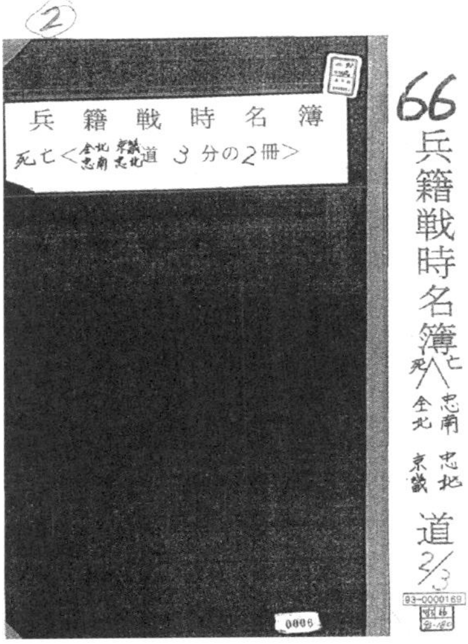

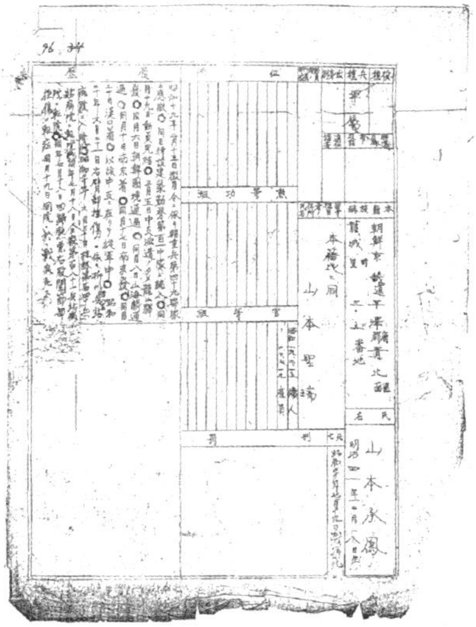

아버지의 병적전시명부 표지와 내용

데 어떻게 이렇게 죽고 나서도 유족들을 속일 수가 있는지 일본정부의 처사에 너무나 분통이 터졌다. 그 때 받은 동물 뼈 같은 것은 태워서 강물에 띄워 보냈다.

2009년 태평양전쟁피해자보상추진협의회(보추협)에 참여하여 활동을 하면서 9월에 당시 일본정부가 발행한 공식 문서인 『병적전시명부』와 『현인증명서』現認證明書를 통해 아버

靖調第 七四二号
平成二十五年九月二十七日
崔 斗 鎬 殿
靖國神社社務所
御祭神調査の件（回答）
首標の件、この度御照会の御祭神につきまして、当神社資料に基づき左記の通り回答申し上げます。
記
山 本 承 鳳 命
一、階 級・陸軍雇員
二、所 属 部 隊・特設建築勤務第百一中隊
三、死 殁 年 月 日・昭和二十年七月十九日（戦病死）
四、死 殁 場 所・中華民国廣西省全県第百八十一兵站病院
五、死殁時本籍地・朝鮮京畿道平沢郡青北面竜城里三〇五
六、死殁時御遺族・（父） 聖瑞
七、合 祀 年 月 日・昭和三十四年四月六日
以上

야스쿠니신사의 합사확인 회신서 (2013.9.27)

지의 행적을 좀 더 자세하게 알게 되었다.

기록에 따르면 아버지는 1944년 2월 15일 군속으로 징용되어 특설 건축근무 제101중대에 편입되었는데, 3월 5일 용산역을 출발하여 중국의 산하이관山海關, 난징南京, 한커우漢口 등의 전쟁터로 끌려 다녔다. 또한 기록에는 아버지가 "1945년 6월 5일 류저우柳州비행장에서 파손된 비행장 복구 작업을 실시하던 중 20시경 적 전투기 2대가 기습해 와 이를 피하기 위해 방공호로 뛰어가던 중 앞으로 넘어져 오른쪽 팔이 부러졌다"고 적혀 있었다. 그 뒤에 아버지는 6월 21일 류저우 제182병참병원에 입원하였고, 6월 30일 구이린桂林 제140병참병원을 거쳐, 7월 18일 취안현 제181병참병원으로 이송되었다. 그리고 마지막에는 7월 19일 회귀열回歸熱과 오른쪽 다리 관절부 좌상으로 병이 커져 결국 전병사戰病死한 것으로 기록되어 있었다. 고향을 떠나 머나먼 중국의 전쟁터로 끌려 다니다가 결국 부상을 당해 병원에서 돌아가신 아버지를 생각하니 말이 나오질 않았다.

야스쿠니신사에 합사된 아버지

2010년에 나는 아버지가 야스쿠니신사에 합사되어 있다는 사실을 처음으로 알았다. 그것을 처음 안 순간 도저히 이해가 되지 않았다. 일본이 침략전쟁을 일으켜 식민지 조선에서 끌고 간 사람들을 죽게 해 놓고 어떻게 자기들 마음대로 가족들에게 알리지도 않고 야스쿠니신사에 합사를 할 수 있단 말인가? 침략전쟁을 일으킨 전범들과 우리 아버지가 같이 합사되어 있다는 것을 나는 도저히 용서할 수가 없었다. 그리고 국제사회로부터도 그렇게 많은 비판을 받고 있는데 일본의 수상과 정치인들이 왜 야스쿠니신사에 참배를 계속하는지도 이해할 수 없다.

아버지를 일본의 침략전쟁에 빼앗긴 뒤로 어머니와 나는 말로 할 수 없는 고생을 했다. 부모가 없어 공부를 하지 못한 것이 지금까지 평생의 한으로 남아 있다. 아버지가 없었기 때문에 초등학교도 농사일을 하면서 겨우 마칠 수 있었다. 공부가 너무 하고 싶어 초등학교를 마치고 서당에서 천자문을 배웠고 한자도 독학으로 공부했다. 어렸을 적에 나는 배우가 되고 싶은 꿈을 갖고 있었다. 마을에서 연극을 할 때 주인공을 맡기도 했다. 라디오를 들으며 소리를 터득하여 지금도 노래를 즐겨 부르곤 한다. 그러나 이러한 나의 꿈은 일본이 일으킨 침략전쟁 때문에 모두 빼앗겨 버렸다. 일본이 아버지를 끌고 가지 않았다면 우리 가족도 행복하게 살 수 있었을 터인데 너무나 억울하다. 일본이 일으킨 전쟁 때문에 아버지, 어머니, 그리고 나의 꿈과 우리 가족의 행복도 모두 빼앗겨 버렸다.

나는 야스쿠니합사 철회 2차 소송의 원고로 참여하여 2017년 4월 25일 도쿄지방재판소 103호 대법정에서 열린 11차 구두변론에서 법

제2차 야스쿠니무단합사 철폐소송 보고집회 (2017.4.25)

제2차 야스쿠니무단합사 철폐소송 보고집회 후 재판지원회 관계자와 변호인단 기념사진 (2017.4.25)

정 진술을 하였다. 시력이 너무 약해져 글씨를 제대로 볼 수 없기 때문에 큰 글자로 작성한 진술서의 글씨를 돋보기를 통해서야 겨우 한 자 한 자 읽어 낼 수 있었다.

법정 진술 마지막 부분에서 나는 다음과 같이 주장했다.

"일본은 침략전쟁을 일으켜 이렇게 우리 가족을 불행에 빠트리게 한 것에 대해 사죄하고 책임을 져야 할 것이다. 나는 일본정부와 야스쿠니신사가 가족들에게 알리지도 않고 억울하게 죽어간 아버지를 야스쿠니신사에 합사시킨 것을 도저히 용서할 수가 없다. 일본이 일으킨 침략전쟁에 끌려가 머나먼 타국 땅에서 죽은 것도 억울한데 아직까지도 야스쿠니신사에 합사되어 있는 아버지를 생각하면 기가 막힐 뿐이다. 또한 지금까지 유족들에게 희생자의 유골을 제대로 돌려주지 않고 있는 것에 대해서도 일본정부는 사죄하고 책임을 져야 할 것이다. 일본정부와 야스쿠니신사는 지금이라도 나를 비롯한 유족들에게 자신들의 죄를 사죄하고 하루빨리 아버지의 이름을 야스쿠니신사에서 지워야 할 것이다."

나는 법정에서 아버지의 죽음과 그로 인해 고통을 받은 어머니와 내 인생을 증언하고 야스쿠니신사에서 아버지의 이름을 뺄 것을 강력하게 주장하였다. 돌이키고 싶지 않은 지난날의 어려움을 이야기하니 속이 시원하기는 했지만, 일본정부와 야스쿠니신사가 하루빨리 자신들의 잘못을 인정하고 이 문제를 해결해야 하는데 안타까운 마음도 들었다.

'빼앗긴 어버이를 그리며' 합동추모제 (2011.5.8.)

그런데 나는 일본에 가서 우리 유족들을 위해 애써주시는 일본 변호사들과 아침부터 나를 응원하러 오신 재일동포들, 일본 시민들에게 큰 감명을 받았다. 어떤 일본 시민은 내 이야기를 듣고 눈물을 흘렸다며 손을 잡아주셨다. 우리들의 이야기에 귀를 기울여주니 감사할 따름이었다. 일본에 다녀온 뒤로 내가 살아 있는 동안에 하루라도 빨리 아버지의 이름을 야스쿠니신사에서 빼 내고 싶은 마음이 더욱 간절해졌다.

제7회 합동추모제에서 술잔을 올리는 모습(2017.5.8)

이전에는 아버지 이야기나 이런 문제에 대해 자식들에게 이야기를 한 적이 없었는데 일본에 다녀와서 자식들에게 갖다온 이야기를 했더니 관심을 보여 매우 기뻤다. 내가 죽고 나면 자연히 잊혀질 이야기라 생각했는데, 뜻밖에도 내 말에 귀 기울여준 자식들에게 한편으로는 고맙고 또 한편으로는 뿌듯했다. 잘은 모르겠으나 고아나 다름없이 살아오면서 겪었던 힘든 일과 고통, 그리고 삶의 흔적들이 그렇게 가볍게 다루어지지만은 않는구나 하는 위안을 얻었다. 지난 5월 8일에는 아내와 막내아들과 함께 망향의 동산에서 열린 강제동원 희생자 추모제 '빼앗긴 어버이를 그리며'에 다녀왔다. 자식에게 내 존재의 뿌리를 알려줄 수 있는 시간이 되었을 게다.

2009년부터 보추협 활동을 하면서 나는 같은 처지의 유족들과 만나 서로의 아픔을 나누고 소통할 수 있는 시간을 가지게 되어 좋았다. 무엇보다 2011년에 망향의 동산에서 전통상여행사로 추모제를 치른 행사는 내게는 잊을 수 없는 기억으로 남아 있다.

민족문제연구소와 보추협, 그리고 많은 시민들의 도움을 받아 치른 전통적인 합동장례식은 나를 비롯하여 유족들에게 큰 위안을 주었다. 이제 망향의 동산에 아버지 위패를 모셔 자식으로서 해야 할 최소한의 도리는 한 셈이다. 그러나 여기서 만족하지 않고 앞으로도 유족들과 함께 열심히 활동해 우리들의 이야기들이 잊혀지지 않고 계속 기억되도록 노력할 것이다.

• 김영환

사진 속의 아버지를 그리며

최상남

동생 대신 지원병으로 입대한 아버지

아버지 최판룡崔判龍, 창씨명 平山福次郎은 1920년 3월 4일 전라남도 무안군 지도면에서 2남 2녀의 장남으로 태어났다. 목포에서 66킬로미터 떨어진 섬인 지도智島가 나와 아버지의 고향이다. 당시에 할아버지는 우편배달을 하며 농사를 짓고 있었다. 우리 가족은 할아버지, 할머니, 어머니, 아버지, 삼촌과 고모 두 명 그리고 나와 갓난아기였던 남동생이 함께 살고 있었다.

입대 전 친척들과 함께, 뒷줄 오른쪽 첫 번째가 아버지(1941.3, 왼쪽)
부산 병참경비대 근무 당시의 아버지(1943.5.9, 오른쪽)

아버지는 1941년 9월 5일에 일본이 일으킨 침략전쟁에 동원되어 집을 떠났다. 장남인 아버지는 자신이 전쟁터로 가지 않으면 동생이 대신 가야 한다는 주변 사람들의 이야기를 듣고 어쩔 수 없이 지원병으로 입대했다. 당시 조선에서 일본인의 의사에 반하는 것은 불가능했기 때문이다. 아버지는 1941년 12월 20일 육군특별지원병 1941년도 제3기생으로 훈련소에 입소했다.

1936년 11월 19일 아버지(16세)와 어머니(18세)는 결혼을 했고, 1938

년에 내가 태어났다(호적에는 1940년 생으로 되어 있다). 아버지가 전쟁터로 갈 때 나는 세 살밖에 되지 않은 어린 아이였지만 당시에 아버지가 배를 타고 전쟁터로 떠나던 모습을 지금도 기억하고 있다. 내 고향 섬마을 지도의 부둣가에서 할머니, 어머니의 손을 잡고 아버지를 떠나보냈다. 배에는 아버지와 같이 전쟁터로 가는 사람들이 가득 타고 있었다. 그 때 아버지는 스물한 살, 어머니는 스물세 살이었다. 두 분이 결혼하여 가정을 이루고 5년밖에 되지 않아 아버지는 전쟁터로 떠난 것이다.

경성시내 부대행렬(1942.1.15, 왼쪽) 제3기생 기념사진(1942.3.8, 오른쪽)

아버지는 이듬해인 1942년 음력 6월에 훈련을 마치고 집에 한 번 다녀간 적이 있다. 그 때 아버지가 이질에 걸려 앓고 있던 동생을 품에 안고 눈물을 흘리던 모습이 기억난다. 결국 동생은 음력 6월 15일에 첫 돌이 갓 지나자마자 세상을 떠났다. 그리고 아버지는 동생의 죽음을 뒤로 한 채 음력 7월에 다시 집을 떠났다. 한 살짜리 아들을 저 세상으로 떠나보내고 아버지는 원치 않는 전쟁터로 가야만 했다.

아버지가 남긴 사진들의 기록에 따르면 아버지는 1943년 9월까지 부산의 병참경비대에 배속되어 있었다. 그 때 아버지가 보내 온 사진들을 나는 지금도 소중히 간직하고 있다. 사진 뒷면에는 날짜, 장소, 이름 등 아버지가 직접 손으로 쓴 기록들이 멋진 글씨로 자세하게 적혀 있다. 사진 속의 아버지는 밝게 웃고 있지만 머나먼 타국 땅 전쟁터에서 죽어갈 자신의 운명을 상상이나 할 수 있었을까. 그 사진들이 아버지가 보내 온 마지막 소식이 될 줄이야. 부산에서 전쟁터로 떠난 이후 아버지에게선 아무런 연락도 오지 않았다.

유골이 되어 돌아온 아버지

1945년 전쟁이 끝나고 해방이 되자 우리 가족들은 얼마나 애타게 아버지를 기다렸는지 모른다. 아버지를 기다리다 못한 할아버지, 할머니와 숙부는 고향에서 66킬로미터나 떨어진 목포까지 작은 고깃배를 직접 몰고 가서 그곳에서 아버지가 돌아오기를 기다렸다. 아들이 돌아오면 하루라도 빨리 고향집으로 직접 데려오고 싶어 목포까지 나선 것이다.

할아버지는 목포에서 무려 한 달 반 동안이나 아버지를 하염없이 기다렸지만 아버지는 끝내 돌아오지 않았다. 사지死地에서 살아남아 고향으로 돌아온 다른 젊은이들을 보며, 돌아오지 않는 자식을 하염없이 기다렸을 할아버지, 할머니가 얼마나 크게 실망하고 슬퍼하셨을까 생각하면 너무나 마음이 저리다. 나도 자식과 손주들을 키우는 할아버지가 되고 보니 그 슬픔이 얼마나 컸을까 조금이나마 그 심정을 알 수 있을 것 같다.

결국 아버지는 돌아오지 않았고 이듬해인 1946년 8월 13일 무안군

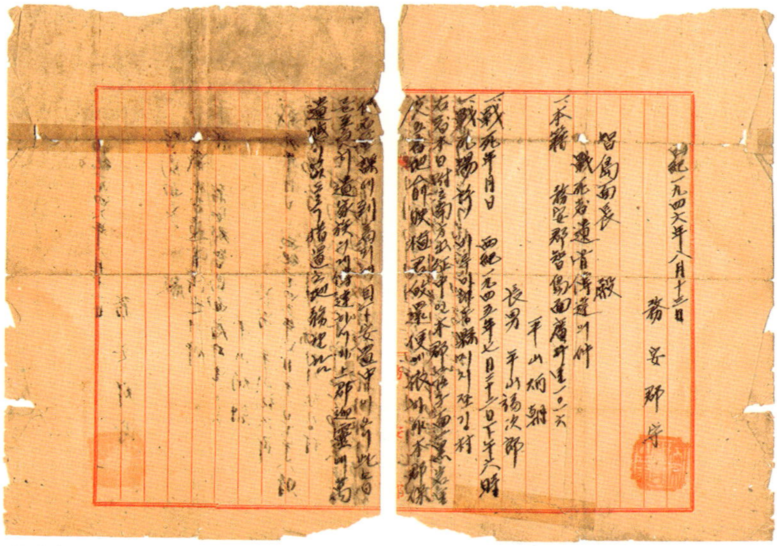

해방 후 무안군청에서 지도면장 앞으로 보낸 아버지 유골 관련 공문(1946.8.13)

청에서 지도면사무소를 거쳐 아버지에 관한 연락이 왔다. 아버지가 1945년 7월 22일 오후 6시 버마에서 전사했고, 전쟁터에서 돌아온 유영식俞映植이라는 사람이 아버지의 유골을 가져와 군청에서 보관하고 있다는 것이었다.

유골이라고는 했지만 상자 안에 들어있던 것은 작은 가루 같은 것이었다고 한다. 제대로 된 유골은 아니었지만 가족들은 선산에 아버지의 묘를 쓸 수밖에 없었다. 그런데 그 뒤로 할머니가 이상한 꿈을 꾸기 시작했고 어머니도 시름시름 앓는 일이 많아졌다. 할머니 꿈에 전남 보성 출신이라는 사람이 일본식 모자(도리우찌 모자)를 쓰고 집 안의 영실靈室 앞에 자꾸 나타난다는 것이었다. 안 그래도 가족들은 유골이 잘못 온 것이 아닐까 의심하고 있었는데, 어머니마저 자주 아프고 할머니도 이상한 꿈을 꾸니 잘못 전달된 유골이 가족들에게 해를 끼치고 있기 때문이라 생각하게 되었다. 결국 가족들은 아버지의 묘를 파냈고 신기하게도 어머니는 건강을 되찾았다.

끝내 아버지는 살아서 돌아오지 못했다. 해방이 채 한 달도 남지 않은 때에 머나먼 이국의 땅 버마에서 가족을 그리다 돌아가신 아버지를 생각하면 너무나 슬프다. 유골이 되어 돌아온 자식을 눈앞에 두고 할아버지, 할머니가 얼마나 큰 충격을 받았을까 말로 표현하기 힘든 심정이었을 것이다. 할머니는 거의 매일 아버지의 유골이 묻힌 묘소를 찾아 돌아오지 않는 아들을 그리며 살았다. 그리고 젊은 나이에 남편을 빼앗긴 어머니의 슬픔은 어떠했을까 생각하는 것만으로도 가슴이 먹먹해진다.

답십리 집에서 왼쪽부터 아내, 어머니, 할머니, 나 (1979.1.29)

아버지가 돌아가시고 나서 외갓집에서 외삼촌이 어머니를 재혼시키려고 한다는 이야기가 들렸다. 나는 어린 마음에 어머니가 나를 두고 어딘가로 갈까 두려워 어머니를 따라 가려고 늘 책 보따리를 싸서 준비를 하고 있었다. 외삼촌은 강력하게 어머니의 재혼을 권유했지만 외할머니가 "눈 까만 어린 새끼를 두고 어디를 가느냐"며 말렸다고 한다. 그 때 나는 늘 어머니 치맛자락을 부여잡고 졸졸 따라다녔기 때문에 동네 사람들의 놀림을 받기도 했다. 그 뒤로 어머니는 유일한 자식인 나만을 바라보며 나에게 평생을 의지하며 살았다.

우리 가족들은 아버지가 전사했다는 것을 믿고 싶지 않았기 때문에 혹시나 아버지가 뒤늦게라도 살아서 돌아올지도 모른다는 생각을 하고 살았다. 그래서 1961년이 되어서야 뒤늦게 사망신고를 하고 호적을 정리했다.

사진을 몰래 보며 아버지를 그리워하다

나는 중학교에 진학하기 위해 고향을 떠나 목포로 갔다. 그런데 집안의 가장 역할을 해야 할 작은아버지가 주색에 빠져 가산을 모두 탕진하고 말았다. 공납금을 내지 못해 교실에서 쫓겨난 일도 있었다. 너무나 서러운 날들이었다. 돈이 없어 아침도 먹지 못하고 학교에 가는 날도 많았다. 학비도 내지 못하는 상황에서 관절염까지 앓게 되어 나는 어쩔 수 없이 학교를 그만둘 수밖에 없었다.

그 뒤 고향으로 돌아와 농사를 지으며 살았지만, 경제적 사정이 나아지지 않아 고향에 있는 땅도 모두 팔아야 했다. 할아버지가 어머니와 내게 물려준 논마저 팔아야 했다. 그 때 어머니가 하루 종일 논에서 울었다는 이야기를 나중에 전해 듣고 나는 마음속으로 피눈물을 흘렸다. 그리고 언젠가는 내가 돈을 벌어서 그 논을 꼭 다시 사서 어머니에게 돌려주겠다고 결심했다. 그 때는 정말 아

남원 광한루 앞 오작교에서 왼쪽부터 나, 아내, 어머니(1982.10.4)

답십리 집에서 가족사진(1979.1.29)

버지가 없는 것이 너무나 큰 아픔이었다. 아버지가 살아있었다면 공부도 할 수 있었을 것이고, 어머니가 그렇게 고생도 하지 않았을 것이라 생각하니 아버지가 원망스럽기도 하였다. 그러나 나는 아버지의 존재를 숨길 수밖에 없었다. 아버지가 일본군에 지원을 했다는 사실 때문이었다. 나는 아버지가 일본의 침략전쟁에 협력을 했다고 생각했기 때문에 아버지의 사진을 늘 책 속에 꽂아두고 그리워하면서도 다른 사람들에게는 말도 못하고 숨길 수밖에 없었다. 아버지의 사진을 보고 눈물을 흘리며 아버지를 그리워했지만 속으로 삼켜야만 했다.

나는 1963년에 결혼을 하였다. 1976년에는 할머니, 어머니를 모두 모시고 고향을 떠나 서울로 왔다. 할머니, 어머니, 우리 부부와 자녀 5남매 등 모두 아홉 명의 대가족이 한 집에서 살았다. 몇 차례 장사를 하며 실패도 했지만 떡 방앗간을 하며 어떻게든 살기 위해 모든 노력을 다했다. 어려울 때마다 아버지가 생각나 그렇게 그리울 수가 없었다.

그런데 어머니는 젊은 나이에 홀로 되어 온갖 고생을 했으면서도 아버지가 그립다거나 힘들다는 내색을 한 번도 보이지 않았다. 아마 자식에게 걱정을 끼치고 싶지 않았을 것이다. 아버지의 전사통지서가 온 후 외삼촌이 끈질기게 재혼을 권유했지만 내게 상처가 될까 평생을 희생하며 자식만을 생각하며 살아온 우리 어머니. 그렇게 인고의 세월을 살아온 어머니는 6년 전인 2011년에 93세의 나이로 돌아가셨다.

일본이 일으킨 침략전쟁 때문에 남편을 빼앗기고 23세에 홀로 되어 70년 이상을 나 하나만을 의지하며 살아 온 어머니의 삶을 생각하면 지금도 눈물이 멈추지 않는다. 내가 없었다면 다른 인생을 살았을지도 모르는데 내가 어머니에게 걸림돌이 된 것만 같아 죄스러울 뿐이다. 어머니가 말년에 치매를 앓으셔서 가족들이 모두 고생을 했는데 내가 너무 힘들 때는 뻔히 알면서도 어머니를 윽박지르기도 했던 것이 너무 후회가 된다. 그리고 고향에 있는 땅을 내 손으로 사서 꼭 돌려드리고 싶었는데 그렇게 하지 못한 것이 죄송할 뿐이다.

숨겨왔던 아버지를 존경하게 되다

나는 평생 동안 아버지의 빈자리를 느끼며 외롭게 살았지만 무엇보다 공부를 하지 못한 것이 가장 큰 한이 되었다. 목포까지 가서 중학교에 진학했지만 학비를 내지 못하니 학교에 갈 수가 없었고 관절염까지 겹쳐 포기할 수밖에 없었던 것이 너무나 슬펐다. 그래서 나는

어린이대공원 가족나들이(1979.10.7)

그 이후로 혼자서라도 공부를 하려고 늘 책을 가까이 하며 살아왔다. 지금도 책방에 들르는 것을 무척 좋아한다. 혼자서 법률을 공부하여 몇 차례 소송을 하기도 했다. 그리고 내가 공부를 할 수 없어서 느낀 설움을 자식들에게는 물려주지 않기 위해 자식들이 언젠가는 볼 수 있도록 가급적이면 책을 많이 사둔다. 비록 넉넉한 형편은 아니었지만 5남매의 학비는 한 번도 밀리지 않고 낼 수 있도록 최선을 다하며 살아온 것을 자랑으로 여기고 있다.

아홉 식구의 가장으로 먹고 살기 위해 고생을 하면서도 아버지에 대한 그리움은 지워지지 않았다. 그래서 유족회에 참여하여 활동을 하며 아버지의 기록을 찾게 되었다. 앞에서도 이야기했지만 나는 그동안 아버지가 일본군에 지원했다는 것 때문에 부끄러움과 원망을 갖고 살아왔다.

그런데 나는 유족회에서 다른 유족들과 함께 활동하고 역사를 공부하게 되면서 일본의 조선에 대한 식민지 지배의 실상을 알게 되었다. 일본이 일으킨 침략전쟁 때문에 아버지는 어쩔 수 없이 전쟁터로 가야 했다는 사실이 그것이다. 지원병이라고 하지만 실제로는 조선총독부가 실적을 높이기 위해 말단 공무원들에게 경쟁을 시켜 강제적으로 지원병들을 모았다는 것이다. 너무나 가난해서 먹고 살기 위해서 어쩔 수 없이 지원병으로 일본군에 입대한 사람들도 많았다고 한다.

동생을 위해 어쩔 수 없이 전쟁터로 가야 했던 아버지를 생각하자 그동안 가져왔던 아버지에 대한 원망과 미움이 존경하는 마음으로 바뀌었다. 그리고 내가 잘못 알고 있었기 때문에 그동안 아버지에 대해 숨기고 살아 온 것이 오히려 안타깝고 부끄러웠다. 아버지가 끝내 돌아오지 않아 갖은 고생을 하며 살아 온 할아버지, 할머니, 어머니 그리고 내 인생을 생각하니 너무나 억울하게 느껴졌다.

아버지의 이름을 야스쿠니에서 빼라!

나는 유족회 활동을 통해 2002년에 비로소 아버지의 기록을 찾았다. 『버마방면군 예하사단 유수명부』緬甸方面軍隷下師団留守名簿에는 아버지가 전신에 탄창弾創을 입어 즉 총탄이나 파편에 맞아 전사했다고 기록되어 있었다. 또한 야스쿠니신사가 작성한 합사증명서에 따르면 아버지는 육군 제49사단 위생대 소속으로 버마 타웅우에서 1945년 7월 22일에 전사했으며 1959년 4월 6일에 야스쿠니신사

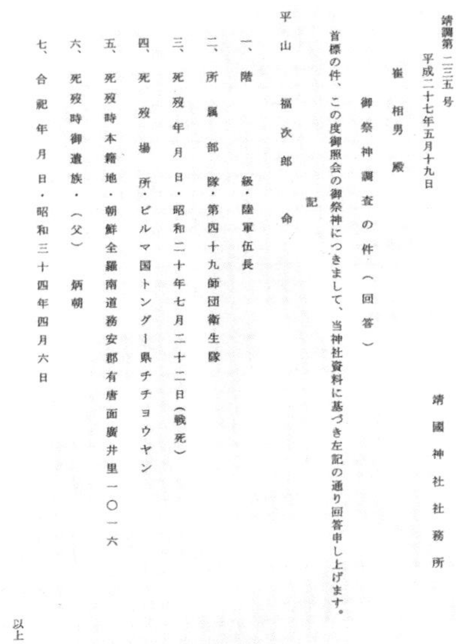
靖調第二三五号
平成二十七年五月十九日
崔 相男 殿
靖國神社社務所
御祭神調査の件（回答）
首標の件、この度御照会の御祭神につきまして、当神社資料に基づき左記の通り回答申し上げます。
記
平山 福次郎 命
一、階 級・陸軍伍長
二、所 屬 部 隊・第四十九師団衛生隊
三、死 歿 年 月 日・昭和二十年七月二十二日（戦死）
四、死 歿 場 所・ビルマ国トングー県チチヨウヤン
五、死歿時本籍地・朝鮮全羅南道務安郡有唐面廣井里一〇一六
六、死歿時御遺族・（父） 炳朝
七、合 祀 年 月 日・昭和三十四年四月六日
以上

야스쿠니합사증명서(2015.5.19)

에 합사되었다. 나는 아버지가 야스쿠니에 합사되어 있다는 사실을 처음 알고 너무나 화가 났다.

일본정부와 야스쿠니는 어떻게 가족들에게 알리지도 않고 자기들 마음대로 합사를 시킬 수 있단 말인가? 아버지를 일본이 일으킨 침략전쟁에 빼앗겨 너무나 많은 고통을 받으며 살아온 어머니와 내 인생을 생각하면 억울한 마음을 금할 수 없다. 일본정부와 야스쿠니신사에게 입장을 바꿔 놓고 생각해 보라고 하고 싶다. 나는 도저히 이해할 수도 없고 용서할 수가 없다. 그래서 나는 2003년 6월에 강제동원 피해자들과 우리 유족들이 일본정부를 상대로 제소한 '재한군인군속재판(일명 군군재판)' 2차 소송에 원고로 참여했다. 군군재판은 2011년 11월 30일 일본의 최고재판소에서 상고 기각으로 패소했다.

나는 2013년 10월에 제소한 야스쿠니합사철회 2차 소송의 원고로도 참여했다. 그래서 2017년 2월 15일 2시에 도쿄지방재판소 103호 대법정에서 열린 10차 구두변론에서 진술을 할 기회를 얻었다. 법정에서 나는 아버지의 이름을 야스쿠니신사에서 빼 줄 것을 강력하게 요구했다. 아버지의 억울한 죽음과 어머니의 한 많은 인생을 말할 때는 눈물이 나오는 것을 참을 수가 없었다. 아버지, 어머니를 언급할 때마다 목이 메어 왔다.

방청석에서 우리 유족들을 지원해주는 분들이 많은 성원을 보내주신 덕분에 진술을 무사히 마칠 수가 있었다. 재판이 끝나고 열린 보고집회에서는 우리 재판을 지원해 주는 일본 시민들과 재일동포 분들이 내 이야기에 귀를 기울여주었고 내가 가져간 아버지의 옛날 사진들을 유심히 들여다보며 큰 관심을 보여주었다. 우리 유족들을 위해 오랫동안 애써 오신 변호사님들과 지원회의 여러분들에게 감사할 따름이다. 이 사진들은 모두 민족문제연구소가 만들고 있는 식민지역사박물관에 기증했다. 아버지가 물려 주신 소중한 기록들이 나만의 것이 아닌 우리 모두의 기록으로 남을 수 있다 생각하니 너무 기쁘다.

제2차 야스쿠니 무단합사 철폐소송 재판보고회 (2017.2.15)

나는 하루라도 빨리 아버지의 이름을 야스쿠니에서 빼내고 싶다. 나는 매년 아버지의 생일에 제사를 지내고 있는데, 그 때마다 야스쿠니신사에 아버지에 합사되어 있다는 것을 생각하면 죄송한 마음을 금할 수 없다. 야스쿠니신사에서 아버지의 이름을 뺄 때만이 나는 비로소 어머님 영전에 부끄럽지 않게 고할 수 있을 것이다. 그래야 진정한 의미의 제사도 지낼 수 있다. 그리고 그것이 자식으로서 당연히 해야 할 도리라고 생각한다. 일본정부와 야스쿠니신사는 너무 늦었지만 지금이라도 유족들에게 진심으로 사죄하고 자신들의 책임을 다해야 할 것이다.

• 김영환

내 마음에 평화의 촛불을 켜며

최인재

아버지의 죽음과 어머니의 고된 시집살이

내 나이 일흔 한 살이던 2008년 여름. 그 해 가을 나는 아버지가 일제 때 끌려가 돌아가신 머나먼 남양군도 트럭섬으로 추모 방문을 앞두고 있었다. 그런데 생전 처음으로 아버지가 꿈에 나타났다. 단 한 장의 사진도, 단 하나의 유품도 갖고 있지 못해 얼굴조차 제대로 모르고 언제나 희미한 기억과 함께 떠올리는 아버지……. 아버지는 내 방 벽에 기대어 서 계셨다.

가만히 "아버지!"하고 불러봤다. 아버지는 아무런 대답이 없었다. 나는 꿈에서도 '아, 아버지는 돌아가셨는데. 돌아가신 분을 꿈에서 뵈면 말씀이 없다는데. 돌아가신 분이라 말씀이 없으신 건가'하고 생각했다.

다시금 "아버지!"하고 나지막이 불러봤다. 아버지는 여전히 말씀이 없었지만 나를 따스하게 바라보셨다. 부드러운 눈길이 마치 내게 뜨거운 열대의 그곳, 아버지가 설사병을 앓다가 억울하게 눈을 감으신 그 곳 트럭섬으로 어서 오라고 하는 것만 같았다. "내 딸아, 한걸음에 달려 오거라"라고 말씀하시는 것만 같았다.

꿈에서라도 나는 얼마나 아버지를 만나고 싶었던가. 얼마나 간절히 바랐던가. 꿈에서 깨는 것이 못내 아쉬웠다.

아버지가 돌아가셨다는 것을 알게 된 것은 해방 후였다. 내가 열 살이던 1948년이다. 그 때 나는 청주에 있는 아버지의 친가에서 할아버지, 할머니, 어머니, 아버지의 형제자매들과 함께 살고 있었다. 아버지는 1916년 10남매 중 둘째로 태어났는데 27살이던 1943년 6월 징용에 끌려가셨다고 했다.

청주 남이국민학교에 다니던 나는 어느 날 오후 작은 아버지와 대청마루에 앉아 있었다. 작은 아버지는 내게 공부를 가르쳐주고 있었다. 대문이 열리더니 우체부가 하얀 상자를 들고 왔고 작은 아버지께서 상자를 받더니, 이내 내게 고개를 돌리며 “네 아버지께서 돌아가셨다”고 하셨다. 하얀 상자에 아버지가 입었던 베적삼, 손톱, 머리카락이 들어 있었다. 지금도 작은 아버지께서 “네 아버지께서 돌아가셨다”고 하셨던 그 목소리가 또렷이 기억난다.

어린 나는 아버지의 죽음이 무엇을 의미하는지 잘 알지는 못했지만, 아버지의 죽음이 식구들에게 상처를 줬다는 점은 어렴풋하게나마 짐작할 수는 있었다. 할머니와 할아버지는 더 이상 전과 같이 어머니를 대하지 않았다. 할머니와 할아버지는 어머니에게 “네가 신랑을 잡아먹었다”고 구박하며 온갖 굳은 일을 시켰다.

어머니는 눈물을 뚝뚝 흘리면서도 시부모님이 시키는 일은 뭐든 다 했다. 일을 하느라 끼니를 챙기지 못하는 때도 자주 있었다. 친가는 농사를 크게 짓고 살아서 살림이 넉넉한 편이었는데도 어머니는 날마다 새벽 두세 시까지 호롱불을 켜고 바느질에 다림질을 했다. 졸려죽겠는데 다림질 하는 소리가 시끄러워 애꿎은 어머니에게 불평을 한 게 기억난다.

한 번은 이런 일이 있었다. 아침에 일어나 할머니랑 고모들이 밥 먹으라고 해서 어머니에게 밥 먹자고 알리러 갔는데 어머니가 눈물을 뚝뚝 흘리는 것 같았다.

“엄마, 왜 그래?”

“아니, 아무 것도 아냐.”

어머니를 고개를 돌리며 내 눈길을 피했다. 뒤를 돌아보니 할머니가 홑이불을 북 북 뜯어가지고서는 물속에다 풍덩 갖다 집어넣었다. 어린 마음에도 '엄마가 뭘 잘못해서 홑이불을 뜯어 물에 넣으시나' 했다.

나중에 물어보니 할머니가 조금이라도 뭔가 수틀리는 게 있으면 어머니에게 일 시키려고 그렇게 한 거라 했다. 이불을 풀어서 삶은 뒤 홍두깨로 다듬질해서 씻은 지 며칠 되지도 않았는데, 그걸 다시 뜯어서 물에다 던져놓은 것이다. 그렇게 할머니는 혹독하게 시집살이를 시켰다. 지금도 그 생각을 하면 속에서 '욱'하고 뭔가가 치솟는 것 같다.

돌이켜 생각해보면 아마도 할머니와 할아버지도 자식을 잃은 슬픔, 일제의 징용에서 자식을 보호하지 못한 죄책감이 컸기 때문에 엉뚱하게 어머니에게로 그 화살이 돌아갔던 것 같다. 아버지는 다른 형제들과 달리 집안에서 농사를 짓지 않고 만주와 같은 외지를 돌며 요리사로 일했는데 10남매 중 으뜸가는 효자로 할머니와 할아버지의 자랑거리였다. 아버지가 살아 있을 적에는 할머니와 할아버지를 정성스럽게 모시며 공경하는 아버지와 어머니를 두고 '세상 어디에도 없을 효자, 효부'라고 마을사람들에게 흐뭇해하며 말씀하셨다고 한다.

애꿎은 며느리 탓을 하는 것으로 소중한 아들을 잃은 당신들의 고통스러운 마음을 풀려는 것을 이해하지 못할 바는 아니나 그래도 그건 너무 정도가 지나쳤다. 그때는 너무 어려서 이런 사정을 잘 알아차리지 못했다. 그래서 나까지 야단을 맞을 때면 나도 '어머니는 왜 매번 잘못이나 실수를 해서 야단맞는 거지' 하고서 어머니를 내심 원망한 적도 있었다.

생계를 책임지게 된 나

어머니는 결국 나를 데리고서 친가를 나왔다. 어머니와 나는 아무것도 가진 것 없이 단둘이서 서로의 손만 붙잡고 서울로 나왔다. 빈손으로 친가를 나온 터라 아버지 유품 하나, 사진 한 장 제대로 챙기지 못했다.

우리가 올라온 서울 마포구 창천동은 어머니가 아버지와 신혼살림을 시작하며 나를 낳은 곳이었다. 어머니는 마포에서 나를 키우며 혼자 살아갈 작정이었지만 여자가 혼자서 아이를 키우며 도저히 살아가기가 어려웠던 때였다. 주변에서 재가를 권유했고 어머니는 나를 데리고 새아버지와 결혼을 했다.

새로운 가정은 정말 가난했다. 새아버지는 목수로 일하셨지만 몸이 아파 그다지 벌이가 좋지 못했다. 새아버지는 나보다 나이가 한 살 많은 아들을 두고 있었다. 나는 새아버지의 아들을 오빠라고 부르며 곧잘 따랐다. 오빠는 내게 잘해줬지만 새로운 가정생활은 힘들었다. 항상 배가 고팠다. 매일 끼니를 걱정해야 했다. 아버지의 친가에서 살 때는 밥도 잘 먹고 공부도 여유롭게 할 수 있었지만, 더 이상 그렇게 편안히 지낼 수는 없었다. 나와 오빠도 벌이를 해야 했다.

어머니는 나까지 벌이에 나서는 것을 안타까워했다. 넉넉지 않은 살림인데도 어머니는 내 국민학교 월사금을 따로 준비해서 건네주었다. 그렇지만 나는 학교에 가지 않았다. 가난한 살림도 살림이지만 어머니가 재가한 게 너무 싫었다. 어머니가 재가한 뒤 흑석동에서 살았는데, 을지국민학교가 바로 옆에 있어 6학년까지 다녔다. 그러나 졸업은 하지 못했다. 어머니가 학비를 주지 않아서 학교를 다니지 못한 게 아니라 어머니에 대한 반항심 때문에 학교를 가지 않았다. 어머니가 어떻게 어떻게 해서 월사금을 구해 주면 그 돈을 갖고 학교는 가지 않고 친구들이랑 관악산으로 놀러다니면서 다 써버렸다. 재가한 어머니에 대한 사춘기 소녀의 반항심에 어머니의 속도 무척 상했을 것이다.

아래로 남동생 둘이 태어났다. 그 후 어머니는 자주 병치레를 했다. 어머니가 몸이 아파 누운 후부터 나는 오빠와 함께 생계를 도맡아 책임져야 했다. 열 살을 갓 넘긴 우리가 할 수 있는 일은 그리 많지 않았다. 흑석동 집에서 매일 관악산까지 걸어 올라가서 산에 있는 참나무를 베어다가 시장에 내다팔아 쌀을 샀다.

오빠가 참나무를 쪼개면 나는 옆에서 그 일을 도왔다. 참나무를 쪼갠 뒤 오빠는 자기가 한 살이라도 더 먹었으니 혼자 다 짊어지고 산을 내려가겠다고 우겼다. 착하고 든든한 오빠였고 정다운 오누이였지만, 오빠도 나도 다 자라지 않은 나이라 나무를 베는 일은 무척 힘에 부쳤다. 시장에서 어린이 둘이서 나무를 팔고 있으면 부끄럽다는 생각이 들기도 했다.

어찌나 일이 고되고 창피하던지 차라리 한국전쟁 때 관악산으로 피난 가서 살 때가 편할 정도였다. 나는 오빠와 함께, 새아버지, 어머니, 동생들을 데리고 관악산에 피신을 갔다. 관악산 주변에 있는 감자를 캐서 감자국을 끓여 먹었다. 굴을 파서 생활했다.

휴전되고서도 나무를 베어 파는 일을 하다가 나는 '삼양직물'이란 회사에 취직했다. 본견本絹을 짜는 일을 했다. 누에고치를 쳐서 나오는 비단을 짜는 것이다. 손재주가 제법인 나는 일을 곧잘 했다. 회사 공장 기숙사에서 살면서 식구들의 생계를 돌봤다.

위암으로 돌아가신 어머니

내가 스물세 살 때 어머니는 위암으로 돌아가셨다. 돌아가시기 전에 정말 많이 아팠다. 시름시름 앓던 어머니는 어느 날 "네 아버지가 딱 세달만 어디서 숨어 지내셨더라면 징용에 가지 않으셨을 텐데. 살 수 있었을 텐데. 목숨은 건졌을 텐데"라고 말씀하셨다.

사랑하며 믿고 의지하던 남편을 한날에 잃고, 고된 시집살이에 견디다 못해 어린 딸을 데리고 나와 어떻게든 살아보고자 재가를 했건만 지독한 가난에 시달린 어머니. 잘 키우려고 싶었던 어린 딸이 자신의 병 때문에 학교는커녕 산으로 나무만 하러 다니는 것을 볼 때 어머니는 얼마나 괴로웠을까. 어머니의 그 마음을 감히 내가 말로 다 표현할 수 있을까 싶다.

지금도 내게 학교에 가라고 월사금을 쥐어주던 어머니를 생각하면 가슴이 미어진다. 너무 힘들어서 너무 마음이 아파서 어머니는 그만 그렇게 중한 병을 얻은 게 아닐까. 마음의 병이 끝내 몸까지 헤친 것이다.

나는 병이 걸린 어머니를 수술시켜 어떻게든 살려야겠다고 결심했다. 그렇지만 도움을 구할 데가 없었다. 새아버지는 지병으로 이미 돌아가신 상태였다. 오빠가 나서줘서 함께 새아버지 쪽 작은 아버지를 찾아갔다. 새아버지 쪽 작은 아버지는 경무대에서 경호원 일을 하며 경무대

태평양전쟁피해자보상추진협의회 야유회 (2008.5.22)

안에 있는 집에서 살고 있었다. 우리는 물어물어 경무대를 찾아갔다. 작은 어머니는 우리가 "어머니가 편찮으시니 도와 달라"고 하자마자 펄쩍 뛰고, 우리를 안에 들어가게 하지도 못하게 했다. 낙담한 오빠는 "다시는 작은 아버지를 안 볼 거다"라고 하고서 돌아섰다. 나는 오빠의 축 쳐진 어깨를 차마 쳐다볼 수가 없었다. 늘어진 어깨가 꼭 내 마음만 같았다. 스무 살의 나는 어머니를 위해 해드릴 수 있는 게 많지 않았다.

생각다 못한 나는 친가 쪽에 하소연했다. 당시 넷째 작은 아버지가 중부경찰서 형사과에서 일하고 있었다. 그래서 작은 어머니에게 쫓아가서 '엄마가 많이 아프니 도와달라'고 했다. 다행히 국립의료원에 먼 친척이 있다고 해서 수술 예약을 해 놓겠다고 했다. 며칠 뒤 수술 예약을 잡아두었다는 연락을 받았다. 그런데 막상 수술 날짜가 되었지만 어머니가 움직이지 못하니 데리고 갈 방법을 찾지 못했다. 발을 동동 구르다가 외사촌이 어디선가 리어카를 빌려 끌고 왔다.

'빼앗긴 어버이를 그리며' 합동추모제(망향의 동산, 2011.5.8)

아픈 어머니를 리어카에 싣고 흑석동 집에서 을지로6가에 있는 국립의료원까지 갔다. 외사촌이 리어카를 끌고 내가 밀었다. 리어카에 누워 계신 어머니 모습을 보며 나는 울음을 삼켰다. 그토록 고생을 하셨건만 어머니는 수술 후 고작 삼년밖에 살지 못했다. 어머니마저 돌아가셨을 때는 나도 따라 죽고만 싶었다. 나는 가족과 인연이 자주 끊어지는 불운한 사람이라고 생각했다.

지금 나는 팔십 살인데 어머니가 돌아가신 이래, 지금까지 죽 한 달에 한 번씩 어머니 산소를 방문하고 있다. 어머니 산소를 가지 않으면 마음이 불안하다. 산소를 다녀오면 살아가는 데에 정말 큰 의지가 된다. 어머니 산소 말고도 천안에 있는 국립 망향의 동산에도 자주 방문하는 편이다. 천안 망향의 동산에는 아버지 위패가 있다. 비록 아버지의 유해는 없지만 비석도 세우고 묘도 만들었다. 내가 살아가는 땅에 아버지가 편안히 누울 자리를 마련해 드리고 싶었고 내 마음도 위로받고 싶었다.

제2회 '빼앗긴 어버이를 그리며' 합동추모제(2012.5.8)

2000년도부터 태평양전쟁피해자보상추진협의회에 유족으로 참가하게 되면서 아버지를 망향의 동산에 모실 수 있었다. 이곳에 가면 아버지의 사진을 단 한 장도 갖고 있지 못한 내 처지나 내 삶의 서러움보다 아버지의 삶을, 아버지의 심정을 헤아려보게 된다. 아내와 어린 자식, 늙으신 부모님을 두고 전쟁터로 끌려 나가야 했던 아버지. 어떻게든 살고 싶지 않았을까. 어떻게든 살아서 고향으로, 아내와 딸, 부모형제가 있는 집 대문을 열고서 "여보, 나 왔소"라고 소리치고 싶지 않았을까. 설사병에 걸려 쓰러진 아버지는 고향이 얼마나 그리웠을까.

나를 살린 아버지

어머니가 돌아가신 뒤, 오빠와 나는 살아갈 길이 막막했다. 그래서 두 남동생을 청주 희망고아원에 보내기로 했다. 오빠가 그렇게 하자고 해서 어쩔 수 없이 동의했지만 지금도 그걸 완강하게 막지 못한 것이 평생 나를 괴롭혔다. 아무리 생활이 어려웠어도 함께 살아야 했는데 그걸 이겨내지 못하고 동생들을 고아원에 보냈으니 나중에 다시 함께 산 뒤에도 미안한 마음은 없어지지 않는다.

동생들을 고아원에 보낸 뒤 나는 공장 기숙사에서 생활을 했다. 어머니가 돌아가신 이듬 해 나는 결혼을 했다. 남편은 내가 다니던 회사 인근 공장에 다니는 사람이었는데 건축 일을 했다. 결혼하던 해 큰 아들을 낳고, 3년 후에는 작은 아들을 낳았다. 아이들을 키우고 살림을 하며 정신없이 바쁘게 살았지만 생활은 별로 나아지지 않았다.

큰 아이가 고등학교 2학년 때 남편이 교통사고로 갑자기 죽고 말았다. 살 길이 막막한 나는 청담동에 사는 외사촌 언니에게 부탁해서 그 집에 들어갔다. 지금의 청담동이야 부촌 중의 부촌이지만 당시는 여름철에 배를 타야만 집에 갈 수 있을 정도로 불편하고 외진 곳이었다.

나는 두 애를 언니에게 맡기고 몇 년간 화장품 장사를 했다. 그러던 어느 날 고아원에 보냈던 큰 남동생이 어떻게 알고서 찾아왔는지 내가 사는 언니네 집으로 왔다. 언니네 집은 방이 두 갠데 하나는 언니네가 살고 하나는 우리가 쓰고 있는데 큰 남동생이 온 것이다. 얹혀사는 일도 미안한데 동생까지 찾아왔으니 좌불안석이었다. 큰 동생을 다른 데 보낼 수도 없어 염치불구하고 언니와 형부에게 사정해 같이 살게 되었다. 한 방에 다 큰 아들 둘과 나, 그리고 남동생 네 명이서 그렇게 몇 년을 살았다. 큰 남동생이 자립해서 별도로 방을 구해 나가게 되자 작은 남동생을 고아원에서 올라오게 해 함께 살았다.

화장품 장사를 하다가 수입이 신통치 않아 청담동 집 근처에서 한식당을 열었다. 지금 리베라 호텔이 있는 곳 뒤편에서 '동진식당'이라는 식당을 운영했다. 강남 일대가 막 개발되던 무렵이라 아파트나 호텔을 짓는 건설업자들이 주요 손님이었다. 식당을 크게 했고 정말 열심히 일했다. 그러나 손님들의 외상 밥값을 떼이기도 하고, 친정 조카에게 돈을 빌려줬다가 떼이기도 해서 돈을 모으지 못했다. 열심히 살았지만 떼인 돈을 받지 못해 무일푼이 되고서 나는 죽을 결심을 하고 한강에 들어간 적이 있었다. 물이 제법 깊은 곳까지 걸어 들어갔다. 죽을 것만 같았는데 죽지를 못했다.

죽음을 앞두니 왜 그랬을까. 아버지 생각이 났다. 나는 스스로 물에서 나와 살았다. 나는 물에서 나오면서 "아버지께서 좋은 구경 시켜주셨군요" 했다. 아버지께서 내 마음을 돌이켜 주신 것 같다. 아버지께서 나를 살렸다. 이밖에도 여러 가지 우여곡절이 있었지만 그래도 다행히 아이들은 바르게 잘 자라줬고 공부도 잘 했다. 아버지께서 어디선가 지켜주시기 때문이라고 생각한다.

한일협정 문서공개를 촉구하는 기자회견 및 규탄대회(2003.5.13)

제49회 보추협 운영위원회(2010.7.8)

그렇게 모진 세월을 보내고 예순이 넘어 2000년에야 비로소 본격적으로 유족으로서 아버지의 죽음에 관한 진실을 찾는 활동을 시작할 수 있었다. 어릴 적 친가로 아버지 사망 소식이 왔기 때문에 나는 아버지의 죽음을 비교적 이른 시기에 알았지만, 아버지께서 어떤 날 어떻게 돌아가셨는지, 어디로 끌려가셨는지 알 길이 없었다.

남동생이 용산에 태평양전쟁희생자유족회가 있다고 알려줘서 찾아가게 됐고, 거기서 다른 유족들도 만나고 현재 태평양전쟁피해자보상추진협의회 이희자 대표도 만나게 됐다.

야스쿠니에 감금된 아버지의 영혼이 해방되기를

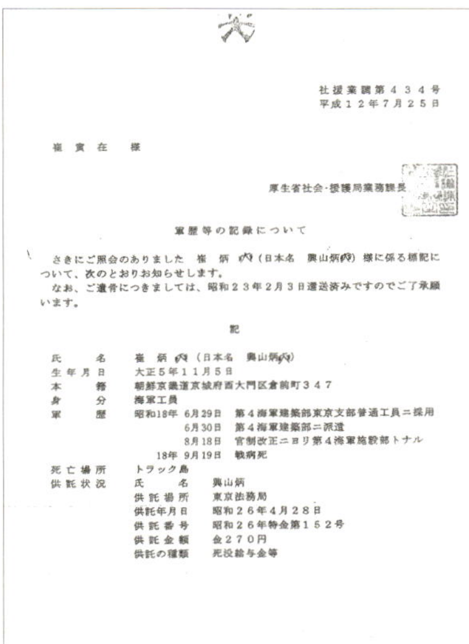

社援業調第４３４号
平成１２年７月２５日

崔 寅 在 様

厚生省社会・援護局業務課長

軍歴等の記録について

さきにご照会のありました 崔 炳 丙（日本名 興山炳丙）様に係る標記について、次のとおりお知らせします。
なお、ご遺骨につきましては、昭和２３年２月３日還送済みですのでご了承願います。

記

氏名　崔 炳 丙（日本名 興山炳丙）
生年月日　大正５年１１月５日
本籍　朝鮮京畿道京城府西大門区倉前町３４７
身分　海軍工員
軍歴　昭和18年 6月29日 第４海軍建築部東京支部普通工員ニ採用
　6月30日 第４海軍建築部ニ派遣
　8月18日 官制改正ニヨリ第４海軍施設部トナル
　18年 9月19日 戦病死
死亡場所　トラック島
供託状況　氏名　興山炳
　供託場所　東京法務局
　供託年月日　昭和２６年４月２８日
　供託番号　昭和２６年特金第１５２号
　供託金額　金２７０円
　供託の種類　死没給与金等

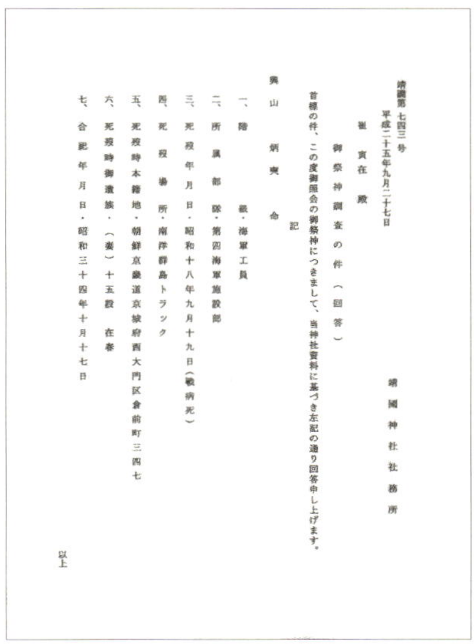

靖調第七四三号
平成二十五年九月二十七日

崔 寅在 殿

靖國神社社務所

御祭神調査の件（回答）

首標の件、この度御照会の御祭神につきまして、当神社資料に基づき左記の通り回答申し上げます。

記

興山 炳爽 命

一、階　級・海軍工員
二、所属部隊・第四海軍施設部
三、死殁年月日・昭和十八年九月十九日（戦病死）
四、死殁場所・南洋群島トラック
五、死殁時本籍地・朝鮮京畿道京城府西大門区倉前町三四七
六、死殁時御遺族・（妻）十五殺 在奉
七、合祀年月日・昭和三十四年十月十七日

以上

아버지 공탁금 조회에 대한 후생성 사회원호국의 답변(2000.7.25, 왼쪽)
합사확인 요청에 대한 야스쿠니신사의 회신서(2013.9.27, 오른쪽)

이희자 대표의 도움을 받아 2000년 5월, 나는 일본의 후생성에 아버지의 기록 확인을 요청했다. 7월 25일 일본 후생성 사회원호국 업무과장 이름으로 온 '군력軍歷 등의 기록에 대하여'라는 답장을 확인해보고 나는 아버지가 해군 군속으로 끌려갔고, 1943년 9월 19일 남양군도 트럭섬에서 병사한 것을 알게 됐다. 다음은 후생성에서 보내온 답변서의 내용이다.

씨　명 : 崔炳奭(일본명 興山炳奭)
생년월일 : 1916년 11월 5일
본　적 : 조선 경기도 경성부 서대문구 창전정 347
신　분 : 해군 공원
군　력 : 1943년 6월 29일 제4해군건축부 동경지부 보통공원에 채용
6월 30일 제해군건축부로 파견
8월 18일 관제개정으로 제4해군시설부로 됨
9월 19일 : 전병사戰病死
사망장소 : 트럭섬
공탁상황 : 씨 명　興山炳奭
공탁 장소　동경법무국
공탁연월일　1961년 4월 28일
공탁 번호　쇼와26년(1961)특금제152호
공탁 금액　금270엔
공탁의 종류 사망급여금 등

야스쿠니반대공동행동 한국위원회 결성식(2006.5.23)

그리고 2004년 3월 31일자로 정부기록보존소(지금의 국가기록원)에서 확인한 『구해군군속신상조사표』에 따르면 아버지는 아메바성 이질에 걸려 사망했다.

끌려간 지 불과 석 달 여만에 비참한 병을 얻어 돌아가신 것을 알게 되니 참으로 원통한 마음이 들었다. 내가 나서서 기록을 확인하기 전까지 언제 어떻게 돌아가셨는지조차 알려주지 않은 일본정부가 참으로 야속하다는 생각이 들었다. 자기들의 전쟁을 위해 그 수많은 조선사람들을 데려다가 다 죽게 해놓고는 사과도 보상도 없는 것을 보면 일말의 양심도 없다는 생각을 한다.

게다가 내가 더욱 몸서리치게 놀란 사실이 또 있었다. 아버지가 1959년 10월 17일에 야스쿠니신사에 합사되었다는 것을 알았다. 현재 우리 아버지 '최병석崔炳奭'은 야스쿠니에 무단으로 합사되어 있다. 일제가 벌인 침략전쟁에 강제로 끌려 가 비참한 죽음을 당한 것도 모자

'평화의 촛불을 야스쿠니의 어둠에' 도쿄 촛불행동(2011.8.13)

라 아버지의 영혼마저 제 멋대로 야스쿠니신사에 합사해 침략국가를 지키는 수호신으로 만들었다고 한다. 세상에 어떻게 이런 일이 가능한가. 내가 왜 이런 말도 안 되는 행위로 고통을 받아야 하는지 도저히 이해할 수 없다. 정말 참담한 심정이다.

나는 비록 노령의 나이지만 아버지가 야스쿠니 신사에 합사되어 있다는 것을 알고 난 후 야스쿠니합사철폐 소송에 원고로 참여하고 있다. 아버지가 야스쿠니에 합사되어 있는 한 내 삶에 빛이 없다고 생각하기 때문이다. 이 세상의 삶을 떠난 후 아버지를 뵐 때 떳떳하게 인사드리고 싶다. 아버지가 나를 지켜주셨으니 나도 아버지의 영혼을 야스쿠니라는 그 지옥에서 빼내 편안히 지낼 수 있도록 해드리고 싶다.

여태까지 유족으로서 활동해온 지난 20여년을 돌아보니, 다른 유족들과 함께 한 활동 가운데 강제동원피해자 유족들을 깡그리 무시한 한일협정을 만들어 낸 김종필의 집 앞에 가서 한 시위가 우선 기

'평화의 촛불을 야스쿠니의 어둠에' 도쿄촛불행동(2006.8.10)

억이 난다.

또 2006년 광복절 전에 일본에 갔을 때의 활동도 뇌리에 깊이 남아 있다. 이때는 침략신사인 야스쿠니신사 반대운동의 일환으로 '어둠의 야스쿠니에 평화의 촛불을!'이란 기치를 내걸고 일본 국회 주변에서 촛불집회를 열었다. 촛불을 켜고 높이 들면서 나는 아버지를 여의고 감내해야 했던 내 삶의 고통과 아픔이 평화로 승화되기를 간절히 기원했다. 함께 가서 촛불을 켰던 유족들도 아마 나와 같은 마음이었을 것이다.

이 절실한 마음, 이 소중한 마음을 오래오래 기억하며 앞으로 내 목숨이 다하는 날까지 활발히 활동하려 한다. 오늘도 나는 내 마음에 평화의 촛불을 켠다.

• 김민철

아버지, 그리운 아버지

한광수

가수가 되고 싶었던 멋쟁이 아버지

"아버님 영혼 앞에 무릎 꿇고 통곡합니다. 70년이란 긴 세월이 흘렀지만 반인륜적 가혹 행위를 저지른 일본은 아직까지도 반성과 사죄의 말은 하지 않고 있습니다. 세월이 갈수록 통곡과 절규만이 남아 마음을 아프게 합니다.

아버지 용서하십시오. 그 모진 세월, 어머님과 함께 갖은 역경과 고통 속에서 살아왔습니다. 그러나 더 참을 수 없는 것은 강제징용으로 혹독한 폭력과 노동의 역경 속에 돌아가신 것을 생각하면 원통하고 억울합니다. 하고 싶은 일도 많고 행복한 가정을 꿈꾸었을 스무 살이라는 젊은 나이, 아무 것도 하지 못하고 허망하게 돌아가신 아버님 영혼 앞에 통곡합니다."

어머니를 모시고 참석한 해남도 위령제(2013.11)

2013년 11월 25일 아침 10시 30분, 머나먼 이국 땅 해남도. 우리 가족의 힘겨운 삶처럼 잡초가 무성하고 쓰레기가 도처에 널려 있는 '일제시기 박해받은 조선동포사망추모비' 앞에 섰다. 그리고 나는 힘들게 살아온 삶에 잠시 잊었던 아버지를 기억에서 힘겹게 꺼내 이렇게 목 놓아 불렀다.

나는 1942년 1월 30일, 경기도 양평군 양평면 회현리 70번지에서 아버지 한기석韓琦錫과 어머니 이강희李康姬의 장남으로 태어났다. 이때 우리 가족은 이제 막 마흔이 된 할아버지와 여섯 살 많은 할머니, 아버지와 어머니, 3명의 고모와 나보다 열흘 먼저 나온 동갑내기 삼촌을 포함한 5명의 삼촌, 그리고 나까지 무려 열세 명의 식구가 함께 살았다. 대가족이 모여 살고 있으니 끼니가 문제였으나 다행히 물려받은 땅에서 농사도 짓고, 양평면사무소에서 면서기로 일하시는 아버지가 돈을 벌었기 때문에 풍족하지는 못했으나 그럭저럭 입에 풀칠할 정도는 되었다.

아버지는 끼가 많은 분이었다. 학교 다닐 때부터 노래 부르는 것을 좋아해 틈만 나면 아무데서나 노래를 불렀고 또 잘 부른다고 칭찬도 많이 받았다고 한다. 어찌나 노래를 좋아했던지 심지어 가수가 되고 싶어 당시에 한창 잘나가던 가수인 고복수를 만난다고 한껏 차려 입고는 무작정 서울로 올라가기도 했다. 하지만 할아버지는 가수가 되겠다는 아버지를 그리 반기지 않았다. 양반 가문에 '딴따라'가 무슨 말이냐며 서울에서 아버지를 찾아 끌고 내려왔다. 그렇다고 한 번에 포기할 아버지가 아니었다. 할아버지의 감시가 느슨한 틈을 노렸다가 다시 상경했다. 그러나 그때마다 할아버지가 아버지를 찾아서 데리고 집으로 왔는데 그런 일이 몇 번 반복되자 결국 아버지는 할아버지의 뜻에 따라 꿈을 접고 말았다.

대가족을 이끌어가야 할 장남이라는 위치가 아버지의 꿈을 포기하게 만들었을까. 가수 대신 공무원이 되기로 한 아버지는 양평면사무소 면서기로 취직을 했다. 집에서 면사무소까지 십리 길을 자전거로 출퇴근을 하셨는데 아침마다 식사는 대충하고 거울 앞에 서서 옷매무새를 다듬었다. 타고난 끼는 숨길 수 없었는지 밥은 못 먹어도 옷은 잘 입고 다녀야 한다고 늘 멋쟁이처럼 차려입고 다녔다고 한다. 할아버지는 그런 모습이 마음에 들지 않아 아버지에게 잔소리를 계속했지만 아랑곳하지 않고 가방을 자전거에 싣고 직장으로 갔다. 멋쟁이 아버지는 마음씨까지 좋아 출근길에 지나가는 마을 사람들을 자전거 뒤에 태워 다녔다. 그렇게 우리 아버지는 다른 아버지들과 마찬가지로 멋진 아버지였다. 그러나 나는 이렇게 멋진 아버지를 한 번도 느낄 수 없었다.

감언이설에 속아 누명 쓰고

내가 아직 돌도 지나지 않은 어느 날, 가족들은 아버지가 감옥에 가게 되었다는 믿을 수 없는 소식을 접하게 되었다. 이유인 즉 아버지의 면사무소 상급자가 횡령을 했는데 그 죄를 아버지가 대신 뒤집어썼다는 것이다. 상급자는 신참인 아버지에게 이 건만 대신 처리해 주면 대우가 좋은 양평군으로 보내주겠으니 조금만 고생하면 된다고 했다. 아버지는 그 제안을 받아들였다. 지금의 나로선 정말 믿을 수 없는 사실이었다. 겨우 그 정도의 제안으로 대신 누명을 쓰고 그 차디찬 감옥에 가서 죄를 받고 결국 범죄자가 된다는 것인데 도대체 이것을 어떻게 믿을 수 있겠는가. 어떤 강압과 폭력이 있지 않고서야 가능한 일인가.

상황이 이렇게 되자 가족들은 어떻게든 아버지를 감옥에서 빼내려고 안간 힘을 썼다. 할아버지는 형량을 덜 받게 하려고 여기저기 수소문을 하고 다녔다. 어머니는 친정에서 돈을 빌려 사건을 해결하려고 했다. 그러나 무엇보다 중요한 것은 아버지가 재판에서 정직하게 사건의 전말을 설명하고 누명을 벗는 것이었다.

재판 당일 온 가족이 출동했다. 어머니는 걷지도 못하는 나를 업고 재판정에 들어가려고 했으나 들어가지 못했다. 내가 열이 나고 계속 설사를 하면서 울자 저지당한 것이다. 어머니는 내가 계속된 설사를 감당하지 못하자 얼마나 급했던지 입고 있던 치마를 찢어서 기저귀를 만들어 입혔다. 남편의 재판을 꼭 봐야 하겠기에 그 상태로 나를 잠시 맡겨 놓고 재판정에 들어갔다고 한다. 그런데 이것이 아버지와 내가 앞으로 두 번 다시 볼 수 없게 만들게 할 줄이야.

가슴을 졸이며 재판을 지켜보았으나 아버지는 이미 상급자와 맺은 약속을 지키고자 입을 다물었다. 결국 진실은 묻혀 지고 아버지는 서대문형무소에 수감되었다. 하지만 시련은 여기서 끝나지 않았다.

유골이 되어 돌아온 아버지

어느 날 수감 중인 아버지가 중국의 해남도 어느 곳에서 일을 하게 되었다는 소식이 날아왔다. 이건 또 무슨 소리인가. 가족들은 도대체 어떻게 된 영문인지 알지 못했다. 수형자를 왜 뜬금없이 해외로 보내

노동을 시킨다는 말인가. 사정을 알아볼 틈도 없이 아버지는 그렇게 해남도로 끌려가 버렸다.

소식을 알 수 있었던 것은 그로부터 석 달 후에 도착한 아버지의 편지를 통해서였다. 지금은 남아 있지 않은 그 편지에서 아버지는 어머니와 아들 사진을 꼭 좀 찍어서 보내달라고 하셨단다. 어머니는 그 길로 사진을 찍기 위해 나가려고 했지만 할아버지가 허락하지 않아 감히 찍을 수 없었다. 어쩔 수 없이 사진은 찍지 못한 채 아버지의 다음 편지를 기다리는 수밖에 없었다.

1944년 3월, 매서운 추위가 지나가고 꽃이 피는 봄이 왔다. 이제나 저제나 자나 깨나 남편의 소식만을 기다리던 어머니에게 드디어 아버지의 소식이 왔다.

"한기석, 1944년 2월 17일 해남도 능수陵水에서 사망."

해남도로 간 지 1년도 안 된 때였다. 청천벽력과도 같은 소식이 전해지자 집안은 쑥대밭이 되었다. 억울하게 누명을 쓰고 감옥살이를 한 것도 모자라 머나먼 타국에 끌려가 힘든 노동까지 하였는데 결국은 시체가 되었다니 어찌 통곡하지 않을 수가 있겠는가. 할머니는 할아버지에게 '노래도 잘하고 얼굴도 잘생긴 내 아들, 차라리 가수하겠다고 했을 때 그냥 내버려뒀으면 이렇게 되진 않았을 것을 왜 끌고 내려왔냐'고 한탄하셨다. 겨우 두 돌배기 아버지 얼굴도 모르는, 아버지의 처음이자 마지막 자식인 나를 보며 어머니는 그저 망연자실할 수밖에 없었다.

그 해 7월, 아버지의 유골이 왔으니 찾아가라는 통보를 받았다. 할아버지와 삼촌들이 서대문형무소에 가서 유골을 전달받았다. 마음

한 켠으로 이것이 정말 내 아들, 내 남편, 내 형님 오빠의 흔적이 맞는지 의심스러웠지만 달리 확인할 방도가 없었다. 전달받은 채로 그냥 선산에 묻었다. 도대체 아버지는 그곳에서 어떤 일을 하다가 무슨 연유로 1년도 채 되지 않아 돌아가신 걸까. 엉망이 되어버린 집안 꼴에 넉넉하지 못한 형편으로 그저 세월만 흘러 보내게 되었다.

아버지는 죽어서도 편치 않으셨다. 오지 않을 것 같던 해방이 문득 와 버렸지만 그것도 잠시, 얼마 지나지 않아 한국전쟁이 터졌다. 마을에 사단사령부가 들어와 주둔하게 되었는데 아버지 묘가 있는 땅을 점령하고는 묘를 이장하라고 했다. 할 수 없이 우리는 묘를 옮길 수밖에 없었다.

그런데 이장을 하고 나서 이상한 일이 일어났다. 나보다 두 살 어린 삼촌이 원인 모를 병으로 몸이 자꾸 비실비실해지고 아픈 것이었다. 그럴 때마다 삼촌은 꿈속에 큰 형님의 묘가 보인다고 가족들에게 호소하였다. 그 때만 해도 묘를 건드리는 것을 금기시하던 시절이었다. 그러나 어머님이 일단 산 사람이라도 살고 보자며 아버지 묘를 파서 화장을 하여 산에 뿌렸다. 그런데 이게 웬일인가. 시름시름 앓던 삼촌은 정말 거짓말처럼 자리를 박차고 일어났다. 하지만 그나마 있던 아버지의 묘도 없어지고 이제 아버지의 흔적이라곤 영원히 사라져 버리고 말았다.

첩첩산중이라 했던가

전쟁은 너나 할 것 없이 모두에게 큰 상처를 남겼지만 우리에게는 더 말할 수 없는 큰 시련을 안겨 주었다. 1.4후퇴 때 피난을 가기 위해 급히 짐을 꾸렸다. 한시가 급한 까닭에 아버지의 유품을 챙길 수 없었지만 어머니는 기어코 사진 한 장을 품에 넣었다. 그 때 챙긴 한 장의 사진이 없었더라면 나는 아버지의 얼굴을 지금도 알지 못했을 것이다. 대식구가 남쪽으로 피난을 가면서 빈 집을 찾아다니며 쪽잠을 잤고 심지어는 논바닥에 짚을 깔고 덮으며 잔 적도 많았다.

힘든 피난생활이었다. 그러나 무엇보다 큰 고통은 할아버지의 죽음이었다. 몇 달이나 걸린 피난생활을 접고 집으로 돌아오자마자 어떤 낯선 사람들이 할아버지를 끌고 갔다. 무슨 연유였는지 할아버지는 싸늘한 주검으로 돌아오셨다. 아버지와 마찬가지로 할아버지가 왜 돌아가셨는지 우리 식구는 그 누구도 알지 못한다.

일제의 식민지 신민으로 강제징용에 끌려가 유골이 되어 돌아온 아버지와 남북으로 분단된 비극적인 전쟁의 희생자가 된 할아버지. 이로써 집안의 구심점을 모두 잃게 된 우리 가족의 앞날은 바람 앞의 등불이었다. 그리고 어머니의 기나긴 고통은 이제 시작되었다.

평생 고생만 하신 어머니

이런 삶도 있을까. 일제에 남편을 빼겨 스무살에 과부가 되었고, 집안의 가장이던 시아버지의 원인 모를 죽음으로 시어머니를 모시면서 9명이나 되는 시동생을 키우기 위해 밤낮으로 일을 해야만 하는 삶. 이 모든 고통은 오로지 아들인 나 하나를 바라보며 견딘 삶이었다.

할머니는 무려 25년 동안 임신과 출산을 거듭하며 호적에 올리지 못하고 사망한 아이 둘까지 모두 12남매를 낳았다. 아버지가 돌아가신 이후로 2명의 자식을 더 낳아 나보다 어린 삼촌과 그모가 한명씩 더 있다. 할머니는 생활력이 전혀 없던 탓에 집안 살림은 모두 어머니의 몫이 되었다. 나이가 찬 시동생은 결혼시키고, 공부할 시기가 된 시동생은 학교를 보냈으며, 심지어 젖먹이 시동생은 당신의 젖을 먹여가며 키웠다.

한 순간에 집안의 가장이 된 어머니는 가족들을 먹여 살리기 위해 돈을 벌어야 했다. 이리저리 돈을 빌려 큰길가에 조그단 구멍가게를 하나 마련했다. 어머니는 새벽부터 가게에 나가 하루 종일 빵과 과자를 팔았다. 심지어 휘발유도 떼다 팔면서 한쪽에서는 바느질까지 하셨다. 동네에서 그리 멀지 않은 곳에 군부대가 주둔해 있었는데 군복 수선할 일이 많아 틈틈이 바느질도 함께 한 것이다.

가게에서 일을 할 때 가장 곤란한 문제는 식사였다. 혼자서 일을 하셨기 때문에 가게를 비울 수 없어 구석 자리에서 끼니를 때우거나 누군가 교대를 해드려야 제대로 식사를 할 수 있었다. 그런데 가게는 우리 집과 꽤 떨어진 곳에 있었다. 다 큰 삼촌, 고모들이 잠시나마 가게를 봐주면 좋으련만 아무 생각 없이 밥을 늦게 먹고 자기들끼리 놀기만 하는 모습을 보면 한숨이 나왔다. 나는 어머니에게 식은 밥을 드리기 싫어 밥을 먹는 둥 마는 둥 하고는 어머니한테 달려갔다. 이런 일도 한두 번이지 매일같이 나 혼자 하기에는 힘이 들었다. 형제가 한 명이라도 있었으면 좀 나았을까. 고된 일을 하며 시동생들에게 월사금도 주고 밥도 먹게 해주는 어머니에게 신경도 쓰지 않는 삼촌, 고모들을 보면서 정말 동생 같았으면 한 대 때려주고 싶었다.

이렇게 힘들고 어려운 살림에도 어머니는 아끼고 또 아껴 집도 사고 땅도 샀다. 교육도 제대로 받지 못한 어머니였지만 오로지 자식 하나만 바라보며 억척같이 버텨냈다. 기억력이 어찌나 좋은지 그 많은 식구의 생일과 제사, 가게 매출까지 장부 하나 없이 다 챙기셨다. 사실 그런 것을 일일이 적을 시간조차 부족하게 일을 했던 것이다.

오랜 시간이 흐른 뒤 어머니에게 나는 어머니께 이렇게 물은 적이 있다.

"스무 살이라는 꽃다운 나이에 아버지를 그렇게 보내고 자식이라고는 아들인 나 하나뿐인데, 그냥 한 씨 집안에 줘버리고 좋은 곳으로 재가해서 편안하게 살지 왜 이렇게 고생을 사서 하셨어?"

"양반은 한 번 시집가면 그 집 귀신이 되어야 한다고 해서 재가는 꿈에도 생각하지 못했다. 더구나 핏덩이 같은 자식이 있는데 어찌 그리할 수 있었겠냐."

세상의 모든 어머니는 강하다지만 우리 어머니만큼 특별하지는 않은 것 같다.

아버지를 잠시 지우고

사실 나는 아버지를 떠올릴 여력이 없었다. 오로지 나를 위해 삶을 희생한 어머니의 바람대로 걱정을 끼치지 않고 바르게 자라서 어떻게든 고생을 덜어드리는 것이 내 임무처럼 생각되어 아버지를 잠시 기억에서 지웠다.

대학교 졸업(1968)

월사금을 제때 내지 못하는 일이 빈번해지자 학교에서는 계속 독촉을 하는데 어머니에게 월사금 달라는 말이 차마 입 밖으로 나오질 않았다. 그래서 선생님의 눈을 피해 혼자 학교 운동장에서 놀다가 학교가 끝날 때쯤 집으로 돌아갔다. 어려운 집안 형편에 학교 다니는 것조차 어머니에게 죄송한 마음이 들었던 것이다. 그런데 동갑내기 삼촌이 어머니에게 학교를 가야 되는데 월사금을 주지 않는다고 투정을 부리곤 했다. 하루 끼니를 깡보리밥이나 밀가루로 때우던 날이 대부분이었는데 무슨 수로 월사금을 마련한다고 그 떼를 부리는지. 한 대 쥐어박고 싶은 마

기다림, 한광수 그림

음이 굴뚝같았다. 하지만 하나밖에 없는 아들의 월사금을 주지 못해 억장이 무너지는 어머니의 마음에 비하랴.

어찌되었건 나는 끼니가 부족할 때면 삼촌, 고모들과 음식도 나눠 먹고 어떨 때는 주린 배를 움켜쥐면서도 모두 양보해 버렸다. 절대 어머니 마음을 아프게 하지 않기 위해서. 그리고 남한테 손가락질 받는 일은 결코 해선 안 된다고 다짐하고 또 다짐했다. 친구들이 술 마시고 담배를 피워도 나는 절대로 하지 않았다. 혹시나 '애비 없는 자식'이라는 소리를 들을까봐, 아니 어머니에게 그런 소리를 듣게 할 수는 없기에 온갖 유혹이 와도 전부 참아냈다.

그러나 어머니의 고통을 조금이나마 덜어드리기 위해 나름대로 열심히 노력했지만 어머니의 바람대로 하지 못한 것이 있다. 나도 끼 많은 아버지를 닮았을까. 어려운 환경에서도 나 하나 가르치겠다고 고생하며 학교를 보냈는데 나는 학교 공부에 취미가 없었다. 기억력 좋은 어머니를 닮았으면 외우고 계산하는 수업이 재미있었을 텐데 내게 그런 학업은 전혀 맞지 않았다. 대신 그림을 그렸다. 운동장에서 안마당에서 혹은 운 좋게 갱지 같은 것이 생기면 무조건 그림을 그렸다. 그런 내 모습을 못마땅하게 여긴 어머니는 '그림 그려봤자 밥 빌어먹을 팔자밖에 안 된다'며 그림 그리는 도구는 아무것도 사주질 않으셨다. 어머니를 위해서는 어떤 일이든 다 하려고 했는데 기대를 저버린 것이 바로 그림 그리는 것이었다.

여느 어머니의 생각처럼 법대나 상대를 가서 안정적인 삶을 살길 원했지만 결국 어머니를 속이고 몰래 그림 공부를 해서 미술대학을 지원했다. 자식 이기는 부모 없다고 합격증을 보여드리니 어머니도 어쩔 수 없이 인정할 수밖에 없었다.

가족사진

잠시 어머니의 뜻을 거역했지만 대학 생활을 열심히 하고 군대도 무사히 제대했으며 좋은 직장까지 얻었다. 나의 서울 생활은 안정된 직장 생활로 조금씩 나아졌다. 1971년에 결혼도 하여 3명의 딸과 1명의 아들을 낳았다. 이 정도면 어머니의 반듯하고 자랑스러운 아들이 조금은 되지 않았을까.

잊혀진 아버지를 깨우다

어머니는 아버지 얘기를 그리 많이 해주시진 않았다. 초등학교에 다닐 때 아버지가 그리울 때면 가끔 한 번씩 말씀해 주시곤 했다. 우리 가족은 모두 힘든 집안 살림에 아버지를 완전히 잊은 듯 생활했다. 그러나 생활이 안정되고 나도 네 자식의 아버지가 되면서 한 장의 사진 속에 남아 있는 아버지가 그리워졌다.

유일하게 남은 아버지 사진

내가 아버지의 발자취를 알아가기 시작한 때는 2000년 7월 어느 날 태평양전쟁피해자보상추진협의회(보추협)의 문을 열고 들어 간 후부터다. 보추협에서 만난 여러 유족들과 그동안 힘겹게 살아왔던 이야기들을 서로 나누며 아버지의 기록을 찾기 위한 고군분투가 나에게 큰 도움이 되었다. 그리고 보추협을 통해 알게 된 '기슈광산의 진실을 밝히는 모임'의 김정미 씨로부터 아버지가 '조선보국대朝鮮報國隊'로 해남도에 끌려가신 내막을 조금이나마 알 수 있었다.

일제 말기 계속된 전쟁으로 노동력이 부족해지자 조선총독부가 형무소에 있던 죄수들까지 강제노역에 동원하기로 했다. 경성형무소 등 전국의 형무소에 수감되어 있던 조선인들 가운데 적당한 사람들을 골라 해남도로 보냈는데 이것이 조선보국대였다는 것이다. 동원된 조선인 수감자들이 모두 2,000여 명에 달했으며 젊고 건강하고 순하고 일 잘하게 생긴 것이 선발의 기준이었다고 한다. 그리고 무엇보다 '형기 단축'을 조건으로 내세웠으니 수형자들에게는 엄청난 제안이었을 것이다. 그러나 해남도에 도착한 조선보국대원들은 얼마 지나지 않아 자신들이 속았다는 것을 알았다.

해남도로 끌려가자마자 이들은 비행장, 철도, 방공호 등의 건설현장에서 극심한 노동에 시달렸다. 강제노동은 새벽부터 12시간 이상 계속되었고 제공되는 식사는 부실하기 그지없었다고 한다. 그러나 무엇보다 가장 고통스러운 것은 여전히 죄수 신분이었기 때문에 일상적인 구타와 살해 위협 속에 살아야 했다는 것이다. 노예처럼 부려졌고, 인간 이하의 대접을 받았다. 이런 환경 속에서 아버지는 결국 유골이 되어 돌아온 것이었다. 말로는 형용할 수 없는 아픔이 느껴졌다.

아버지의 혼이 서려 있는 땅에서 그들에게 묻는다

2010년과 2011년 2차례에 걸쳐 일본을 방문했다. 일본 시민활동가 김정미 씨의 초청으로 아버지를 뺏긴 후 남은 가족들의 설움에 대해 털어 놓으러 갔다. 나는 무엇보다 제대로 사과도 보상도 하지 않는 일본이 싫다는 말을 하고 싶었다. 일본인들에게 내 아픔을 제대로 전달하기 위해 일본어로 하고 싶었지만 일본어를 배우지 않아 한국어로 말할 수밖에 없었다. 직장 일로 일본에 갈 상황이 많았고 일본어를 배울 기회도 있었지만 절대로 배우지 않았다. 아버지를 잡아먹은 나라의 말을 내가 왜 배우랴 싶어서였다. 그래도 이 말을 꼭 해주고 싶었다.

"일본이 아직도 군국주의 망령을 버리지 못하고 평화헌법도 깨고 전쟁할 수 있는 나라를 만들려고 한다. 겉으로는 미래지향적인 관계를 말하는 나라가 늘 호시탐탐 침략의 기회를 노리고 있는데 무슨 좋은 관계를 원하는지. 사과도 없이 어떻게 미래지향적인 관계가 되는지 알 수 없는 노릇이다."

2012년 겨울 쯤이었다. 보추협으로부터 내년에 중국 하이난성海

해남도 근현대사연구소 제5회 총회(2011.10.28)

南省에서 위령제를 여니 참석하겠냐는 연락이 왔다. 한국불교종단협의회가 제16차 한중일불교우호교류대회 참석차 중국 하이난성을 방문하는데 공식 일정 전에 천인갱千人坑을 방문해 위령제를 연다고 했다. 원래 어머니만 초청받아 혼자 갈 예정이었으나 워낙 고령이시라 내가 보호자로 함께 가게 되었다.

아버지가 끌려가서 온갖 고통을 겪으며 수난을 당하셨던 그 곳. 결국 사랑하는 가족들의 품에 처참한 주검이 되어 돌아올 수밖에 없던 바로 해남도로 간다는 말에 벌써부터 가슴이 저미어 왔다.

2013년 11월 25일. 우리나라 종단 대표 스님들이 하이난성 산야시 조선촌(현 난딩촌, 南丁村)에 세워져 있는 「일제시기 박해받은 조선동포사망추모비」 앞에서 위령제를 봉행했다. 한중일의 우호교류를 위

오사카 산업대학에서 열린 유족증언대회(2010.8.21)

어머니와 함께 천인갱에 가는 길(2013.11)

한 불교행사였지만 중일관계가 좋지 않아 일본 관계자들이 대거 빠졌다. 일본이 저지른 만행을 이곳에서 참회하길 바랐지만 위령제에도 한국측 관계자들만 참석하게 되었다.

아버지가 돌아가신 지 70년 만에 아버지의 혼이 서려 있는 해남도 땅 추모비 앞에 아흔이 넘은 고령의 아내와 백발의 아들이 함께 섰다. 추모비 근처에는 천 명이나 되는 조선인 강제동원 노동자들이 학살당한 현장, 천인갱이 있었다. 수많은 사람이 죽은 곳인데 국가가 전혀 신경을 쓰지 않아 관리가 되지 않은 모습을 보고 너무 안타까웠다. 일본제국주의의 반인권적인 만행을 다음 후대에 교육시키기 위해 잘 보존하기는 커녕 개발 때문에 사라질지도 모르는 현실 앞에 분

종단 대표들의 헌화(2013.11)

노가 차올랐다.

아버지! 원통함과 목매인 절규만이 남았으나 이제 저 높고 아름다운, 행복하고 편안함이 있는 좋은 곳에 가셔서 영원한 안식을 누리길 어머님과 저, 우리 가족 모두 이렇게 기도합니다.

추도사를 하면서 지난 70여 년의 짧지 않은 세월이 주마등처럼 지나갔다. 그리고 남편없이 오로지 자식 하나만 바라보며 그 모진 세월을 견뎌낸 백발의 어머니가 그저 하염없이 눈물만 흘리고 계셨다.

왜 우리가 여기 서있어야 하는가. 도대체 왜.

아버지가 어떤 사연으로 형무소로 갔는지, 무슨 이유로 그 머나먼 이국 땅 해남도까지 끌려갔는지, 거기서 어떤 고초를 겪으며 생활했

망향의 동산에서 올린 추도식(2013.5.8.)

는지, 그리고 왜 돌아가셨는지 나는 아무것도 알 수가 없다. 그 모든 일은 일본 정부가 알려주어야 한다. 나는 알아야 할 권리와 의무가 있다. 아버지가 해남도에서 무슨 일을 했으며, 왜 돌아가셔야 했는지를.

• 강동민

日 新 聞 2010年(平成22年)8月22日 日曜日 14版 社会 30

日本に 父奪われた

朝鮮人軍属らの遺族、証言

韓国併合条約100年で集会

日本が朝鮮半島を植民地化した韓国併合条約が結ばれてから22日でちょうど100年。朝鮮半島では戦時中、多くの朝鮮人が日本や日本軍のために働き、命を落とした。幼い時に父と引き離された韓国人遺族2人が市民団体の招きで大阪を訪れ、21日、市民の前で証言した。（千種辰弥）

韓国・ソウルに住む韓光洙さん(88)に、父、瑞錫さんの記憶はない。

村の書記だった父は1942年2月、韓さんが生まれた4日後に、公金を横領した前任者の罪をかぶって逮捕された。最後の消息はソウルの刑務所から届いた手紙。「息子の顔を見たい。写真を送ってほしい」と記されていた。

44年3月、木の箱に入ったひとかけらの骨だけが戻ってきた。母は、その場で気絶してしまったという。

いま、父の面影をしのばせるのは、20歳ごろに撮ったスーツを着て涼しげな表情をした写真1枚だけだ。

2004年、韓国で植民地時代の被害実態を調べるための特別法が成立した。被害申告のため取った父の戸籍には、「昭和拾九年弐月拾七日午后五時海南島陵水朝鮮報国隊ニ於テ死亡」とあった。

朝鮮報国隊は、朝鮮半島にあった刑務所の収容者で組織され、中国・海南島で強制労働させられた部隊。父はそこで亡くなっていた。

詳しい状況を知りたいと、今も父の記録を探し続ける。

初めて日本で体験を語ることを決めたのは「心の底からわき上がる悲しみやつらさを理解してほしい」との気持ちから。「父の死の真相が分かり、本当の謝罪があればこそ、韓日の未来の関係を築くことができる」

◇

李煕子さん(67)の父の思鉉さんは、李さんが1歳のときに陸軍軍属として徴用された。「2年で帰ってくるから。娘の面倒を頼む」。故郷の江華島をたつ際、そう言い残し、消息は途絶えた。

92年、日本政府から韓国政府へ70年代に引き渡された、朝鮮人軍人・軍属の死亡者名簿を調べると、45年6月11日に中国・広西省（現・広西チワン族自治区）の病院で戦傷死していた。記述は、そのことを伝える1行だけ。「父の死をたったこれだけで片付けるなんて」。悔しさと疑問が募った。なぜ、どうやって命を落としたのか――。

その後、別の資料で父が病院に患者を運ぶ途中に右足を撃たれ、亡くなったことを知った。靖国神社に合祀されていることもわかった。2001年、「父の名が靖国に残っている限りは、植民地支配が続く」と、合祀取りやめなどを求める裁判を起こした。

「事実を共有することで変わることがある。韓日が近くて近い国になるため、証言を続けたい」と話した。

◇

2人の証言集会は22日午後1時、大阪市浪速区浪速西3丁目のリバティおおさか（06・6561・5891）でも開かれる。

亡くなった父の思い出などを語る韓光洙さん(手前)と李煕子さん＝21日午後、大阪市北区、小玉重隆撮影

『아사히신문』 2010.8.22.자에 소개된 나와 이희자 대표 기사

태평양전쟁피해자보상추진협의회 연혁

1997.07.28 오키나와전 조선인 희생자를 위한 위령비 건립사업 제안
(오키나와전쟁 생존자 강인창)
1997.12.24 일본제철 오사카제철소 징용피해 손해배상 청구소송 제소(오사카지방재판소)
1998.08.14 태평양전쟁 희생자 합동위령제(용산역)
1998.09.28 전후보상을 촉구하는 한일연대 기자회견 및 결의대회(프레스센터, 탑골공원)
1998.12.16 故김학순할머니 1주기 추모집회(국립망향의동산)
1999.08.12 태평양전쟁 오키나와전 피징발자 한의비 제막식(경상북도 영양군)
1999.12.13 전후보상운동의 성과와 과제 토론회
1999.12.16 故김학순할머니 2주기 추모식(국립망향의동산)
2000.01.15 태평양전쟁피해자보상추진협의회 사무소 개소식(종로오피스텔 505호)
2000.03.01 일제강제동원 피해자의 공탁금 반환을 촉구하는 한일연대 서명운동(탑골공원)
2000.04.09 미쓰비시중공업 징용공 손해배상 청구소송 재판비용 마련을 위한 일일호프
(종로 하이트광장)
2000.05.01 미쓰비시중공업 징용공 손해배상 청구소송 제소(부산지방법원)
2000.05.29 일본 모리총리방한에 따른 연대규탄집회(세종문화회관 앞)
2000.06.11 태평양전쟁 희생자 합동 천도제(전라북도 진안 마이산 탑사)
2000.08.23 전후보상재판 공개토론회(한국기독교연합회관 중강당)
2000.08.24 우키시마호 폭침희생자 전국합동위령제(서울 종묘공원)
2000.10.05 일본군 위안부 징용문제에 대한 국회 청원과 미국 내 제소에 관한 기자회견
(국회의원회관 소회의실)
2000.11.28 한국정부에 대한 유골인도 청구소송 제소(서울중앙지방법원)
2000.12.05 다다요코 반권력 인권상 공동수상(도쿄)
2000.12.16 故김학순할머니 3주기 추모식(국립망향의동산)
2001.01.08 태평양전쟁피해자보상추진협의회 설립 준비위원회 소집(종로오피스텔 505호)
2001.02.14 일본의 전후보상문제해결을 위한 워크샵(종로성당)
2001.02.23 일제하 강제동원피해자 문제해결을 촉구하는 기자회견(서울YMCA)
2001.02.23 태평양전쟁피해자보상추진협의회 결성대회 개최(종로5가 종려나무 레스토랑)
2001.03.16 포항제철-신일본제철 제휴를 저지하기 위한 강제동원 피해자들의 집회
(포항제철 서울사무소 앞)
2001.03.19 미쓰비시중공업 징용공 손해배상 청구소송의 공정한 판결을 촉구하는 서명운동
(서울 탑골공원)
2001.03.24 일본 역사교과서 개악 저지를 위한 범아시아 연대집회(탑골공원)
2001.03.27 일본제철 오사카제철소 징용피해 손해배상 청구소송 1심 판결
(원고청구기각, 오사카지방재판소)
2001.04.24 일제강점기 강제동원 진상규명 특별법 제정을 위한 공청회(국회의원회관 소회의실)
2001.06.29 재한군인군속재판 1차 제소(도쿄지방재판소)
2001.07.16 일본의 역사왜곡 교과서 불채택을 호소하는 일본현지 광고비 마련을 위한 범국민

모금운동(인사동)

2001.08.13 야스쿠니신사참배 및 한국인합사 무엇이 문제인가 공청회(국회의원회관 소회의실)

2001.08.24 우키시마호 폭침희생자 전국합동위령제(서울 남산감독협회 시사실)

2001.10.12 일제강점하강제동원피해진상규명등에관한특별법 발의를 위한 기자회견 (국회 귀빈식당)

2001.12.11 일제강제동원피해진상규명특별법 제정 추진위원회 발족

2001.12.16 故김학순할머니 4주기 추모식(국립망향의동산)

2001.12.19 '구술자료로 복원하는 강제연행의 역사' 심포지엄(국회헌정기념관)

2002.02.04 일제강점하 강제동원피해 진상규명 어디까지 왔나? 공청회 후 집회 (국회의원회관 소회의실, 한나라당사 앞)

2002.03.09 일제강제동원피해진상규명특별법 제정을 위한 서명운동(종로 인사동, ~03.16)

2002.03.14 일제강제동원피해진상규명특별법 제정 촉구와 반성없는 고이즈미 방한 반대집회 (세종문화회관 앞)

2002.03.26 일제강제동원피해진상규명특별법 제정을 촉구하는 서명 활동(인사동)

2002.06.05 한국정부에 대한 유골인도 청구소송 1심판결(원고청구기각, 서울중앙지방법원)

2002.06.21 한일협정 문서공개를 촉구하는 일제강제동원 피해자 100인 기자회견 (민주사회를위한변호사모임 사무실)

2002.07.27 일제강제동원피해진상규명특별법 제정을 위한 전국순례(~08.03)

2002.07.31 일본제철 오사카제철소 징용피해 손해배상 청구소송 원고항소(오사카고등재판소)

2002.09.21 한일협정 굴욕협상에 관한 해명을 요구하는 강제동원피해자의 김종필 집 앞 1인 시위(~09.30)

2002.10.11 한일협정문서정보공개청구 소송 제소(서울행정법원)

2002.11.19 일본제철 오사카제철소 징용피해 손해배상 청구소송 항소심 판결 (항소기각, 오사카고등재판소)

2002.12.16 故김학순할머니 5주기 한일공동추모식(국립망향의동산)

2003.01.29 일본제철 오사카제철소 징용피해 손해배상 청구소송 상고

2003.02.10 태평양전쟁피해자보상추진협의회, 통일시대민족문화재단 합류 (종로오피스텔에서 청량리로 사무실 이전)

2003.02.17 일제강제동원피해진상규명특별법 제정을 위한 활동 보고대회 (국회의원회관 소회의실)

2003.02.24 고이즈미 일본총리 방한 반대 연대집회(탑골공원)

2003.02.28 일제 강제연행 40만 명부공개 전시회(국회의원회관, ~03.04)

2003.03.03 일제하 조선인 강제연행에 대한 우리의 진상규명노력은 어떠한가 심포지엄 (국회의원회관 소회의실)

2003.04.01 제2차 후지코시에 대한 손해배상 청구소송 제소(도야마지방법원)

2003.04.07 일제강제동원피해진상규명특별법 제정을 위한 간담회(국회의원회관 소회의실)

2003.04.29 일제강제연행 명부 전국순회전시회(안양, 전주, 인천, ~06.06)

2003.05.13 한일협정문서공개를 촉구하는 기자회견 및 규탄대회(광화문 세종문화회관 뒤)

2003.05.19 김완섭『친일파를 위한 변명』명예훼손 소송 제소

2003.06.10 일본 유사법제 옹호발언 관련 항의시위(자유민주연합 당사 앞)
2003.06.12 재한군인군속재판 2차 추가제소
(시베리아억류피해자, BC급전범피해자 등, 도쿄지방재판소)
2003.06.17 일제강제동원피해진상규명특별법 제정촉구 국회 앞 1인 시위
2003.06.20 한일청구권협정과 과거사청산 심포지움 (서울지방변호사회관 대회의실)
2003.08.13 일제강제동원피해자들의 국적포기서 제출에 관한 기자회견과 집회
(서울 종로구 엘림부페)
2003.10.09 일본제철 오사카제철소 징용피해 손해배상 청구소송 상고기각
2003.10.24 일제강제동원피해진상규명특별법 제적촉구 집회(한나라당사 앞)
2003.12.16 故김학순할머니 6주기 추모식(국립망향의동산)
2004.01.02 일본 고이즈미 총리의 야스쿠니신사 기습참배 관련 항의집회(일본대사관 앞)
2004.01.05 일제강제동원·친일반민족행위 진상규명법 제정촉구 지자회견(국회 귀빈식당)
2004.01.30 중앙일보의 대일과거사 왜곡보도 규탄 집회(중앙일보사 앞)
2004.02.02 과거청산 입법의 의의와 그 역사적 정당성 공청회(국회의원회관 소회의실)
2004.02.11 과거청산법 제정을 촉구하는 강제동원피해자의 1인 시위(국회 앞)
2004.02.13 일제강제동원피해진상규명특별법 통과
2004.02.13 한일협정문서정보공개청구 소송 판결(원고일부승소, 서울행정법원)
2004.02.25 일제강제동원피해진상규명특별법 통과 축하행사
2004.06.14 일제 강제동원 특별법 관련 피해자 토론회(국회 헌정기념관)
2004.07.03 태평양전쟁 오키나와전 전사자 여한비 건립(경상북도 영양군)
2004.07.29 국회의원을 대상으로 하는 야스쿠니신사 참배 중단 촉구 서명활동
(중경고 역사탐구반, 국회, ~07.30)
2004.08.01 고이즈미 수상의 야스쿠니 신사참배 중지와 야스쿠니신사 조선인 합사취하를
촉구하는 대한민국 국회의원 서명' 국회 서명활동
2004.08.06 야스쿠니신사 참배중단 및 합사취하 촉구 서명지 일본국회, 총리내각부,
야스쿠니신사 측 전달
2004.08.11 '일제강제동원진상규명위원회의 역할과 과제' 공청회
2004.08.17 한일협정 관련 불법정치자금 수수 진상규명을 위한 기자회견(국회 귀빈식당)
2004.08.22 우키시마호 폭침희생자 위령굿(부산대교 옆)
2004.10.26 고이즈미 야스쿠니신사참배 반대와 한국인 합사취하 촉구 공청회(국회도서관 강당)
2004.11.05 올바른 과거 청산을 위한 전국 피해자 합동위령제(여의도)
2004.11.24 철저한 진상규명을 위한 일제강제동원전국피해자대표 연수회
(대전 삼성화재 유성연수원)
2004.12.16 故김학순할머니 7주기 추모식(국립망향의동산)
2005.01.17 한일협정 외교문서 공개에 따른 피해자·시민사회단체 기자회견
(안국동 느티나무카페)
2005.01.31 일제 강제연행 90만 명부공개 전시회(국회, ~02.01)
2005.01.31 한일협정 문서공개에 따른 일제 강제동원피해자 문제해결을 위한 토론회
(국회의원회관 소회의실)

2005.02.28 신일본제철 한국1차소송 제소(서울지방중앙법원)
2005.02.28 주식회사 포스코방문 올바른 역사인식과 과거청산 요구서 전달
2005.03.01 일제강제동원피해자단체 대국민 호소 기자회견(정동 세실레스토랑)
2005.03.11 소리없는 전쟁 일본의 역사왜곡을 말한다 전시회(국회도서관, ~03.27)
2005.04.20 일본 고이즈미 총리 방한 반대집회(광화문)
2005.05.16 주식회사 포스코에 2번째 올바른 역사인식과 과거청산 요구서 전달
2005.06.20 일본 고이즈미 총리 방한 반대집회(광화문)
2005.06.24 안녕, 사요나라 제작발표회(서울 YMCA)
2005.08.03 야스쿠니신사 참배운동 중단을 촉구하는 기자회견(국회 기자회견실)
2005.08.27 광복60주년 일제강점 희생자위령제전(부산)
2005.08.28 폭침60년 우키시마호 희생자 위령굿 및 위령비 제막식(부산 연안부두 수미르공원)
2005.08.31 김완섭 「친일파를 위한 변명」 명예훼손 소송' 판결(원고 승소)
2005.10.11 안녕, 사요나라 부산국제영화제 상영, 최우수 한국 다큐멘터리상 수상
2005.11.09 조선인 BC급전범, 시베리아억류 피해자 문제 재협상을 촉구하는 기자회견
(외교통상부 본관 앞)
2005.12.12 강화군내 일제강제동원피해자를 위한 제1차 설명회 개최(강화문예회관)
2005.12.16 故김학순할머니 8주기 추모식(국립망향의동산)
2005.12.16 안녕, 사요나라 서울독립영화제 대상 수상
2006.04.26 동북아역사재단설립을 촉구하는 기자회견(국회 기자회견실)
2006.05.13 아시아태평양전쟁 오키나와전 피징발 한반도 출신자 한의비(오키나와) 제막식
2006.05.23 야스쿠니반대공동행동 한국위원회 결성식(남산식물원 분수대)
2006.05.25 재한군인군속재판 1심 판결(원고청구기각, 도쿄지방재판소)
2006.06.02 재한군인군속재판 원고 항소(도쿄고등재판소)
2006.07.05 야스쿠니반대공동행동 선포식(민주화운동기념사업회)
2006.07.20 세계의 눈으로 야스쿠니를 본다-문명과 야만사이 심포지움
(명동 은행연합회관, ~07.21)
2006.08.10 2006 평화의 촛불을 야스쿠니의 어둠에 도쿄촛불행동
2006.09.01 강제동원피해자 지원법안 설명회(국가인권위원회)
2006.10.10 김완섭 「친일파를 위한 변명」 명예훼손 소송 항소심(원고 승소)
2006.12.08 야스쿠니 무단합사 철폐소송에 관한 기자회견(인사동)
2006.12.16 故김학순할머니 9주기 추모식(국립망향의동산)
2007.02.02 미쓰비시중공업 징용공 손해배상 청구소송 1심판결(원고청구기각, 부산지방법원)
2007.02.26 제1차 야스쿠니 무단합사 철폐소송 제소(도쿄지방재판소)
2007.03.06 미쓰비시중공업 징용공 손해배상 청구소송 원고항소(부산고등법원)
2007.07.31 2007 평화의 촛불을 야스쿠니의 어둠에 도쿄촛불행동(~08.08)
2007.09.19 제2차 후지코시에 대한 손해배상 청구소송 1심 판결
(원고청구기각, 1명은 청구각하, 도야마지방법원)
2007.10.01 제2차 후지코시에 대한 손해배상 청구소송 원고항소(나고야고등재판소)
2007.11.01 2007 야스쿠니반대 공동행동 미주캠페인(~11.10)

2007.11.22 권리·박탈·주장·책임 강제동원피해자 지원법 관련 토론회(민주화운동기념사업회)
2007.12.15 故김학순할머니 10주기 추모식(국립망향의동산)
2007.12.28 기업재판에 대한 한국·일본 법원의 판단과 전후보상 심포지엄
(동북아역사재단 대회의실)
2008.01.07 대만 카오친수메이 의원에 대한 정치탄압 중단을 요구하는 집회
(광화문 대만대사관 앞)
2008.04.03 신일본제철 한국1차소송 1심 판결(원고청구기각, 서울중앙지방법원)
2008.04.24 신일본제철 한국 1차소송 항소(서울고등법원)
2008.06.23 조선인 BC급전범 희생자 위령제(망향의 동산)
2008.07.10 일제강제동원희생자 위로금 지원법 관련 설명회(국가인권위원회)
2008.08.10 2008 평화의 촛불을 야스쿠니의 어둠에 도쿄촛불행동
2008.08.27 야스쿠니 비영리민간단체등록 행정소송 제소(서울행정법원)
2008.12.16 故김학순할머니 11주기 추모식(국립망향의동산)
2008.12.31 야스쿠니 비영리민간단체등록 행정소송 판결(원고승소, 서울행정법원)
2009.02.03 미쓰비시중공업 징용공 손해배상 청구소송 항소심 판결(항소기각, 부산고등법원)
2009.02.27 시베리아 억류자 귀환 60주년 기념식 및 전시회(국회도서관, ~03.15)
2009.02.28 시베리아 억류자 귀환 60주년 기념 위령제(경기도 연천군 전곡리 38선 기념탑)
2009.03.16 미쓰비시중공업 징용공 손해배상 청구소송 상고
2009.05.01 재한군인군속재판부에 올바른 판결을 촉구하는 엽서 1,000통 보내기 운동(~07.31)
2009.07.16 신일본제철 한국 1차소송 항소심 판결(항소기각, 서울고등법원)
2009.08.05 신일본제철 한국 1차소송 상고(대법원)
2009.08.07 2009 평화의 촛불을 야스쿠니의 어둠에 도쿄촛불행동(~08.10)
2009.10.29 재한군인군속재판 항소심 판결(원고청구기각, 도쿄고등재판소, ~11.02)
2009.11.04 침략신사, 야스쿠니' 특별전시회 개최(국회도서관)
2009.11.10 재한군인군속재판 원고 상고(최고재판소)
2009.11.18 침략신사, 야스쿠니' 특별전시회 연장개최(국회의원회관)
2009.12.04 한일 양국의 문서공개로 본 1965년 한일협정과 청구권문제 심포지엄
(동북아역사재단)
2009.12.16 故김학순할머니 12주기 추모식(국립망향의동산)
2010.03.05 제2차 후지코시에 대한 손해배상 청구소송의 올바른 판결을 촉구하는 기자회견
(일본대사관에 요청서 전달)
2010.03.08 제2차 후지코시에 대한 손해배상 청구소송 항소심 판결
(항소기각, 나고야고등재판소)
2010.07.29 제2차 후지코시에 대한 손해배상 청구소송 상고(최고재판소)
2010.08.06 2010 평화의 촛불을 야스쿠니의 어둠에 도쿄촛불행동(~08.13)
2010.08.30 태평양전쟁피해자보상추진협의회 10주년 기념식(종로 이화예식장)
2010.12.16 故김학순할머니 13주기 추모식(국립망향의동산)
2011.05.08 제1회 빼앗긴 어버이를 그리며-일제 강제동원희생자 합동추모제(국립 망향의 동산)
2011.07.21 신일본제철 강제징용 문제 해결을 촉구하는 한국 국회의원 61명의 서명서 대법원 제출

2011.07.21 제1차 야스쿠니 무단합사 철폐소송 1심 판결(원고청구기각, 도쿄지방재판소)
2011.08.03 제1차 야스쿠니 무단합사 철폐소송 원고항소(도쿄고등재판소)
2011.08.13 2011 평화의 촛불을 야스쿠니의 어둠에 도쿄촛불행동
2011.10.24 신일본제철 한국 1차소송 원고 여운택 신일철 본사 방문(면담거절)
2011.10.24 제2차 후지코시에 대한 손해배상 청구소송 상고기각(최고재판소)
2011.11.30 재한군인군속재판 상고기각(최고재판소)
2011.12.15 공동대표 장완익 신일본제철 본사 방문(면담거절)
2011.12.16 故김학순할머니 14주기 추모식(국립망향의동산)
2012.02.21 공동대표 이희자 신일본제철 본사 방문(면담거절)
2012.05.08 제2회 빼앗긴 어버이를 그리며-일제 강제동원희생자 합동추모제(국립 망향의 동산)
2012.05.24 미쓰비시중공업 징용공 손해배상 청구소송 상고심 판결(파기 환송, 대법원)
2012.05.24 신일본제철 한국 1차소송 대법원 판결(파기환송, 대법원)
2012.06.04 일제 강제동원 관련 대법원 판결에 따른 기자회견(정동 프란치스코회관)
2012.08.10 2012 평화의 촛불을 야스쿠니의 어둠에 도쿄촛불행동(~08.12)
2012.10.16 일본 강제동원피해자 지원재단 설립을 촉구하는 국회의원 서명 1차
2012.10.23 일본 강제동원피해자 지원재단 설립을 촉구하는 국회의원 서명 2차
2012.12.16 故김학순할머니 15주기 추모식(국립망향의동산)
2013.01.29 통일시대민족문화재단 함세웅 이사장 취임식(조계사 한국불교문화역사기념관)
2013.02.02 2013년 한일과거청산 시민운동 관계자 전략회의(인천시 강화군 산마을 학교, ~3)
2013.02.14 후지코시 한국 1차소송 제소(서울중앙지방법원)
2013.03.11 신일철주금 한국 2차소송 제소(서울중앙지방법원)
2013.04.29 뉴기니아 조선인강제동원 피해자 유골조사 보고회(동북아역사재단 대회의실)
2013.05.08 제3회 빼앗긴 어버이를 그리며-일제 강제동원희생자 합동추모제(국립 망향의 동산)
2013.07.10 신일본제철 한국 1차소송 파기환송심 고등법원 판결(원고승소, 서울고등법원)
2013.07.30 미쓰비시중공업 징용공 손해배상 청구소송 파기환송심 판결 (원고승소, 부산고등법원)
2013.07.30 신일본제철 한국 1차소송 피고 재상고(대법원)
2013.08.09 2013 평화의 촛불을 야스쿠니의 어둠에 도쿄촛불행동(~08.11)
2013.08.20 미쓰비시중공업 징용공 손해배상 청구소송 피고 재상고(대법원)
2013.08.29 일제강제동원 관련 일본전범기업 재판 판결에 대한 설명회 (동북아역사재단 대회의실)
2013.10.22 제2차 야스쿠니 무단합사 철폐소송 제소(도쿄지방재판소)
2013.10.23 제1차 야스쿠니 무단합사 철폐소송 항소심 판결(항소기각, 도쿄고등재판소)
2013.12.21 노근리평화상 인권상 수상(충청북도 노근리 평화공원)
2014.01.03 故김학순할머니 16주기 추모식(국립망향의동산)
2014.01.03 故황금주할머니 1주기 추모식(국립망향의동산)
2014.05.08 제4회 빼앗긴 어버이를 그리며-일제 강제동원희생자 합동추모제(국립 망향의 동산)
2014.06.23 한국인 전사자 유골, DNA문제 해결을 위한 기자회견(도쿄 참의원 회관)
2014.08.08 2014 평화의촛불을 야스쿠니의 어둠에 도쿄 촛불행동(~08.10)

2014.08.21	일본의 우경화와 야스쿠니 문제 대응을 위한 국제회의(국회도서관, ~08.22)
2014.10.30	후지코시 한국 1차소송 1심 판결(원고승소, 서울중앙지방법원)
2014.11.14	후지코시 한국 1차소송 피고항소(서울고등법원)
2015.01.03	故김학순할머니 17주기 추모식(국립망향의동산)
2015.01.03	故황금주할머니 2주기 추모식(국립망향의동산)
2015.02.23	다음스토리펀딩 : '해방70년, 나는 싸우고 있다' 시작
2015.04.07	후지코시 한국 2차소송 제소(서울중앙지방법원)
2015.04.08	후지코시 한국 2차소송 제소 및 재상고사건에 대한 대법원 판결을 촉구하는 기자회견(민주사회를 위한 변호사 모임)
2015.05.01	제5회 빼앗긴 어버이를 그리며-일제 강제동원희생자 합동추모제(국립 망향의 동산)
2015.05.06	2015 야스쿠니반대공동행동 독일 캠페인(~05.13)
2015.05.12	신일철주금 한국 3차소송 제소(서울중앙지방법원)
2015.05.22	후지코시 한국 3차소송 제소(서울중앙지방법원)
2015.06.27	한일협정 50년 특별전 "나는 싸우고 있다"(서울역사박물관, ~08.16)
2015.08.07	2015 평화의 촛불을 야스쿠니의 어둠에 도쿄촛불행동(~08.09)
2015.09.01	한일협정 50년, 광복 70년 특별강좌(서울 정동 프란치스코회관, ~ 09.22)
2015.09.12	다음스토리펀딩 : '강제동원, 망각의 현장을 가다' 시작
2015.11.13	신일철주금 한국 2차소송 1심선고(원고승소, 서울중앙지방법원)
2015.12.01	신일철주금 한국 2차소송 피고항소(서울고등법원)
2015.12.16	故김학순할머니 18주기 추모식(국립망향의동산)
2016.01.03	故황금주할머니 3주기 추모식(국립망향의동산)
2016.05.08	제6회 빼앗긴 어버이를 그리며-일제 강제동원희생자 합동추모제(국립 망향의 동산)
2016.08.13	2016 평화의 촛불을 야스쿠니의 어둠에 도쿄촛불행동
2016.08.19	신일철주금 한국 3차소송 1심 판결(원고승소, 서울중앙지방법원)
2016.09.05	신일철주금 한국 3차소송 피고항소
2016.10.24	국제인권의 시점에서 야스쿠니를 보다 국제회의
2016.11.23	후지코시 한국 2차소송 1심 판결(원고승소, 서울중앙지방법원)
2016.12.01	후지코시 한국 2차소송 피고항소(서울고등법원)
2016.12.19	구 일본군 군인군속 유골조사와 봉환에 관한 국제회의(국회 의원회관 간담회의실)
2017.01.03	故김학순할머니 19주기 추모식(국립망향의동산)
2017.01.03	故황금주할머니 4주기 추모식(국립망향의동산)
2017.03.16	후지코시 한국 3차소송 1심 판결(원고승소, 서울중앙지방법원)
2017.03.31	후지코시 한국 3차소송 피고항소(서울고등법원)
2017.05.08	제7회 빼앗긴 어버이를 그리며-일제 강제동원희생자 합동추모제(국립 망향의 동산)
2017.05.30	일제 강제동원 문제의 종합적 해결을 모색하는 국제회의(국회도서관 소회의실)
2017.06.20	증언집 '빼앗긴 어버이를 그리며' 출판기념회(민족문제연구소 역사자료관)